KB019469

기로에 선 대한민국

패권경쟁 시대에서의 자주와 동맹

스콧 스나이더(Scott A. Snyder) 지음

권영근 · 권율 옮김

기로에 선 대한민국

패권경쟁 시대에서의 자주와 동맹

스콧 스나이더(Scott A. Snyder) 지음

권영근 · 권율 옮김

일러두기

1. 이 책에서는 Autonomy를 자율성 또는 자주로 번역했다. 학문적으로는 통상 자율성으로 표현하고 있다. 그러나 자율성이 비교적 생소한 용어란 점에서 이 책에서는 상황에 따라 자율성 또는 자주로 번역했다.

2. 이 책에서는 South Korea를 문맥에 따라 한국 또는 남한으로 번역했다.

목차
CONTENTS

서문

한국의 역사는 주변 강대국의 끊임없는 위협에도 불구하고 지속적으로 생존을 유지해온 국가의 이야기다. 한국의 역사는 한반도란 지정학적인 상황에서의 생존에 필요한 적응 능력뿐만 아니라 자신의 정체성 유지를 위한 놀라운 수준의 자존심이 혼합되어 있는 이야기다. 한국사는 지정학적인 특성으로 인해 외부 사건이 국가의 모든 것을 위기에 처하도록 만들 수도 있지만 전략적인 선택을 통해 국가의 생존과 번영을 추구할 수도 있는 그러한 지역에서 벌어지는 이야기다.

필자는 지난 30여 년 동안 한반도 역사를 다양한 시각에서 관찰해왔다. 이 같은 관찰을 통해 필자는 전략적 선택과 관련된 한국인들의 사고방식과 행동방식을 어느 정도 이해할 수 있었다. 필자는 이 같은 능력을 구비하게 되는 과정에서 여러 선생님들의 도움을 받았다. 이 책은 한국의 민주화와 근대화의 발현으로써의 한국 외교정책의 진화를 관찰하며 필자가 터득한 시각에 주로 기인하고 있다. 필자는 한국의 많은 외교관, 학자, 전문가들과 대화할 수 있었는데 이는 개인적으로 감사한 일이었다. 이들 대화가 한국의 전략적 선택을 결정하는 요인에 관해 필자가 이해하는 과정에서 도움이 되었다.

필자가 이 연구를 시작하게 된 직접적인 계기는 2015년 여름 한미 양국의 전문가가 참석한 한국의 전략적 선택에 관한 워크숍이었다. 이 워크숍 도중의 대화가 이 책의 전반적인 구조와 내용에 도움이 되었던 것이다. [감사의 말씀 생략]

역자 서문

이 책은 2018년 1월 미 외교협회의 스콧 스나이더(Scott A. Snyder)가 저술한 "기로에 선 대한민국: 패권경쟁 시대에서의 자주와 동맹(South Korea at the Crossroads: Autonomy and Alliance in an Era of Rival Powers)" 란 제목의 책을 번역한 것이다.

책의 저자가 미 외교정책 측면에서 상당한 영향력이 있는 미 외교협회 연구원이란 사실과 한반도 문제를 삼십여 년 동안 연구해왔다는 사실이 상당한 의미가 있어 보인다. 미 외교정책 측면에서 매우 권위 있는 기관인 미 외교협회에서는 한미동맹 측면에서 주요 분기점으로 생각되는 순간마다 한반도와 관련된 보고서 내지는 책을 발간했는데 이들 보고서와 책이 상당한 영향력이 있었다.

저자가 이 책을 저술하게 된 주요 동기는 아태지역 질서 유지 측면에서 대단히 중요한 지역인 한반도의 급격한 상황 변화 가능성에 관한 미국 내부의 우려 때문인 듯 보인다.

간략히 말해 미국은 한반도의 현상유지를 원하고 있다. 저자는 한반도의 급격한 변화를 초래할 요인으로 남북통일, 안보적 측면에서 한국의 독자 노선 추구, 한미동맹을 해체한 후 안보적으로 중국과 가까워지는 상황을 가정하고 있다. 저자는 남북통일 가능성이 크지 않으며, 한국이 자국 안보 측면에서 한미동맹이 아닌 또 다른 대안을 강구하기도 쉽지 않을 것으로 판단하고 있다. 독자적인 노선 추구도 쉽지 않을 것으로 판단하고 있다. 저자는 이 같은 사실을 고려하여 지난 수십 년 동안과 마찬가지로 한반도 상황에 변화가 없을 것이라는 전제에서 미국이 아태지역 전략을 구상해도 별 문제가 없을 것임을 암시하고 있다.

저자는 한반도가 지구상에서 주요 4강의 이익이 걸려 있는 유일한 지역인 반면 자국의 국력이 북한을 제외하면 나머지 주변국들과 비교하여 미약한 수준이란 점에서 한국이 주변국과 무관하게 독자적인 노선을 견지하기가 쉽지 않을 것으로 생각하고 있다.

또한 저자는 한국이 한미동맹을 해체한 후 안보적 측면에서 중국과 긴밀한 관계가 되기도 쉽지 않다고 생각하고 있다. 경제적 측면에서 보면 중국이 미국을 추월할 가능성도 없지 않다. 그러나 군사력, 국제사회의 질서 유지에 필요한 규범 제정 능력 측면에서 미국이 상당한 우위에 있다는 점에서 한국은 지속적으로 미국과 동맹관계를 유지하는 것이 자국의 이익 측면에서 최상일 것이라고 말하고 있다. 한편 지난 수십 년 동안 한미동맹에 투자한 비용, 한미동맹을 유지시켜주는 제도란 부분 그리고 한미가 민주주의를 공유하고 있다는 사실로 인해 한국이 미국을 버리고 중국과 안보적으로 가까워지기가 쉽지 않을 것이라고 말하고 있다. 저자는 한반도 방위 능력과 의지 측면에서 미국을 대체할만한 국가가 없다는 점에서 한국이 현재는 물론이고 통일 이후에도 미국과 동맹관계를 유지해야 할 것이라고 주장하고 있다.

저자는 남북통일 가능성도 크지 않다고 주장하고 있다. 남북통일은 적어도 미국의 지원과 중국의 묵인이 있어야 가능한데 통일 방법은 물론이고 통일한국의 정치 및 외교적 성향에 관한 주변 4강의 관점이 대립된다는 점에서 남북통일이 결코 쉽지 않은 일이라는 것이다.

이 책은 미국인뿐만 아니라 한국인을 대상으로 하고 있는 듯 보인다. 미중 패권경쟁 측면에서 한국이 대단히 중요한 지역에 위치해 있다는 사실을 저자는 인정하고 있다. 그러나 오늘날 한국인 가운데에는 중국의 부상을 의식하는 사람이 없지 않은데 한국이 상황을 제대로 알고서 미국과 중국 가운데 특정 국가를 선택해야 할 것이라고 주장하고 있다. 저자는 한국의 선택이 한국의 운명뿐만 아니라 아태지역 질서에 엄청난 영향을 줄 것이라고 말하고 있다.

저자는 한국이 한미동맹 안에서 자율성 증진을 위해 노력할 수는 있지만 한미동맹 밖에서 그처럼 하지 않을 것으로 생각하고 있다. 이 같은 본인의 논리를 입증할 목적에서 저자는 이승만 대통령에서 박근혜 대통령에 이르는 역대 한국 대통령의 외교정책을 분석하고 있다. 한국이 한반도의 지정학적인 한계를 벗어나기가 쉽지 않음을 보이기 위해 주변 4강과 한국의 국력을 비교·분석하고 있다. 중국이 아니고 지속적으로 미국과 동맹관계를 유지할 가능성이 높다는 사실을 보이기 위해 군사력, 경제력, 국제사회 규범 제정 능력 등 다양한 측면에서 미국과 중국을 비교하고 있다. 마찬가지로 남북통일이 쉽지 않음을 보일 목적에서 한반도에 관한 주변국의 선호와 이익을 분석하고 있다.

이 책이 우리에게 주는 주요 의미는 무엇인가? 첫째는 오늘날 한국이 미국을 필요로 하는 것 이상으로 미국 또한 한국을 절실히 필요로 하고 있다는 사실이다. 두 번째는 한반도가 강대국들이 정의하는 국제 구조의 영향을 가장 많이 받는 지역이란 사실이다. 결과적으로 한미동맹이 체결된 지난 60여 년 동안 한국에서 벌어진 주요 사건의 이면에는 미국이 있었다는 사실이다. 셋째는 한국이 자율성을 증대시키고자 하는 경우 국제사회가 아니고 동북아지역에서의 위상을 확보해야 한다는 사실이다. 자주국방이 중요한 의미가 있다는 사실이다.

첫째, 왜 오늘날 한국이 미국을 필요로 하는 것보다 미국이 한국을 보다 많이 필요로 할까? 한미동맹은 지구상 최강국인 미국과 최빈국인 한국이 맺은 비대칭동맹이다. 비대칭동맹에서 약소국은 안보를 보장받는 반면 자율성을 희생하게 된다. 한국은 한미동맹 체결로 지난 수십 년 동안 북한 위협으로부터 비교적 안전할 수 있었다. 그러나 한국은 자국 군대에 대한 작전통제권을 미국에 위임하는 등 국가의 자율성을 상당 부분 상실했다.

일반적으로 동맹에서 강대국은 약소국의 국익 추구 행위에 연루될 가능성을 우려하는 반면 약소국은 강대국이 자국을 방기(放棄)할 가능성을 우려한다. 그러나 한반도가 미국 입장에서 너무나 중요한 지역이란 점에서, 패권 경쟁 측면에서 가장 중요한 지역이란 점에서 1950년대 이후부터 미국 또한 한국이 한미동맹을 해체할 가능성을 지속적으로 우려했다. 그러나 한국이 북한의 재침을 너무나 우려했다는 점에서 미국은 한국이 한미동맹을 폐기할 가능성을 비교적 우려하지 않아도 되었던 것이다.

이승만 대통령은 이 같은 한반도의 지정학적인 의미를 잘 알고 있었다. 이승만이 미국을 상대로 북진통일을 주장하는 등 '벼랑 끝 전술'을 구사할 수 있었던 것은 미국 입장에서 한반도가 갖는 의미를 정확히 알고 있었기 때문이었다.

냉전 이후 상황이 급변했다. 한국과 비교하여 북한의 국력이 급격히 저하된 것이다. 결과적으로 한국 입장에서 북한의 남침 우려가 지속적으로 줄어들었다. 반면에 중국의 부상으로 한반도가 지속적으로 미국에 중요한 의미가 있었다. 이는 주한미군의 지속적인 한반도 주둔을 보장하기 위해 미국이 많은 노력을 기울여야만 하는 상황이 되었음을 의미한다. 한미동맹 해체 가능성을 한국이 아니고 미국이 보다 우려해야 할 상황이 된 것이다. 한국이 미국과 중국 가운데 어느 국가의 편에 서는지가 미중 패권경쟁에서 대단히 중요한 의미가 있다는 점에서 미국은 한국의 전략적 선택에 신경 쓰지 않을 수 없는 입장인 것이다.

한국은 이 같은 상황 인식에 입각하여 전시작전통제권 전환 문제, 국방개혁 문제 등 안보적 측면에서의 주요 사안을 접근해야 할 것이다.

두 번째는 한미상호방위조약이 체결된 1953년 10월 1일 이후 한반도에서 벌어진 주요 사건의 이면에 미국이 있다는 사실이다. 역대 한국정부의 외교정책은 물론이고 국방정책 또한 미국의 한반도 정책에 많은 영향을 받았던 것이다. 이는 미국이 한반도 상황을 자국 이익 측면에서 지속적으로 관리해온 결과였다. 미국이 한반도 상황을 이처럼 지속적으로 관리했던 것은 패권경쟁에서의 승리 측면에서 한반도가 갖는 지정학적인 의미 때문이었다. 외교정책을 수립할 당시 한국은 이 같은 사실을 고려해야 할 것이다.

셋째, 김영삼 정부의 세계화, 이명박 정부의 글로벌 코리아에서 보듯이 냉전 종식 이후 역대 한국정부는 국제사회에서의 기여를 강조한 측면도 없지 않다. 그러나 결국 한국의 자율성 확보는 동북아지역에서의 한국의 비중을 높이는 문제와 관련이 있다. 주변국을 군사적으로 압도할 수는 없지만 주변국이 침략을 꿈꾸지 못할 정도의 군사력을 유지해야 할 것이다. 이 같은 측면에서 보면 전시작전통제권 전환과 올바른 방향으로의 국방개혁이 중요한 의미가 있을 것이다.

한국인들은 한반도가 4강의 이익이 교차하는 지구상 유일 지역이란 점에서 보면 한반도에 대한 주변국의 시각, 특히 미국의 시각에 관해 잘 알고 있어야 할 것이다.

이 책이 보다 중요한 의미가 있는 것은 지난 수십 년 동안 미국인들이 한반도와 관련하여 저술한 글에서 지속적으로 확인 가능한 인식, 한반도에 관한 미국의 거시적인 인식을 비교적 정확하게 보여주고 있다는 사실 때문이다.

끝으로 이 책이 발간되는 과정에서 도움을 준 연경문화사의 이정수 사장과 최종호 변호사에게 감사의 마음을 전하고자 한다.

권영근

제1장
한국의 전략적 선택

한반도는 동북아지역 강대국들 간의 상호경쟁 측면에서 중심에 해당하는 지역이다. 한반도가 역사적으로 강대국 정치 비극의 희생물이 되었던 것은 이 같은 이유 때문이었다. 한반도 지도자들은 역사적으로 자국의 운명을 결정할 능력이 거의 없었다. 6.25 전쟁 이후 수십 년 동안 한국은 자국을 효과적으로 보호해준 미국에 의존하는 것 이외에 별다른 대안이 없었다. 이 같은 한국이 오늘날 자신의 미래를 결정해야 할 뿐만 아니라 동북아지역 질서에 영향을 주는 형태의 전략적 선택을 해야만 하는 입장이다.

이 같은 전략적 선택을 위해 한국은 중국의 부상과 한미동맹의 지속 유지 가능성 여부로 인해 초래된 불확실한 전략 환경에서 자국의 전략을 재평가해야 하는 입장이다. 자국 안보와 번영 측면에서 한국은 향후에도 한미동맹에 지속적으로 의존해야 할 것인가? 아니면 부상하고 있는 중국을 자국 안보를 새롭게 보장해줄 국가로 간주하여 지지해야 할 것인가? 아니면 외부 도움 없이 한국이 자국을 방어할 정도의 능력을 갖고 있는 것인가? 재차 격렬해지고 있는 동북아지역 경쟁의 희생물이 되지 않고자 하는 경우 한국은 점증하는 북한 위협에 대처하는 과정에서 강대국들과 공조해야 할 것이다. 또한 전략적으로 현명히 선택하고 이들 강대국의 경쟁에 연루되지 않도록 외교력을 최대한 발휘해야 할 것이다. 그러나 한국은 또한 동북아지역 안정 측면에서 한국이 갖는 전략적 의미가 반감될 가능성 내지는 미군의 한반도 철수 가능성에 직면해 있다. 이 같은 상황이 전개되는 경우 안보적으로 한국이 선택할 수 있는 대안이 급격히 줄어들면서 점차 중국에 의존하게 될 수도 있을 것이다.

19세기 후반부터 20세기 초반 한반도는 제국주의 열강들 간의 투쟁의 주요 희생자였다. 결과적으로 한반도는 주권을 상실했다. 서구 제국주의 열강들의 침략으로 청 왕조가 쇠퇴하자 세력이 약해진 중국은 제국주의 일본의 도전에 제대로 대응할 수 없었다. 문화 및 정치적으로 중국 영향권 안에 있었던 반면 전략적으로 일본에 중요한 의미가 있던 조선이 강대국 경쟁의 주요 대상이 되었다. 결과적으로 1894년과 1895년에 청일전쟁이 벌어졌다. 그 후 1904-1905년 일본은 한반도를 놓고 벌어진 러일전쟁에서 러시아에 승리했다. 1905년의 카츠라(桂)-테프트 밀약과 포츠머스 조약으로 1910년에 일본이 조선을 공식적으로 병합할 수 있는 길이 열렸다.

2차 세계대전이 종료된 직후인 1945년 8월과 9월 일본의 식민지 통치에서 조선이 해방되었다. 그러나 한반도가 재차 강대국 경쟁 측면에서 주요 지역이 되면서 독립의식이 있는 많은 한국인들 입장에서 보면 해방은 환상에 다름이 없었다. 이번에는 한반도에서 미국과 소련의 경쟁이 시작된 것이다. 냉전 초기 한반도에서 미국과 소련을 대변하고 있던 남북한 당사국들이 한반도 전체를 놓고 세력경쟁을 시작하면서 남북한 분단이 고착화되었으며, 한반도에 2개 정부가 출현했다. 뿐만 아니라 6.25 전쟁의 비극이 초래되었다. 3년에 걸친 전투와 수백만 인명이 손상된 이후인 1953년에는 평화협정을 체결하지 않은 상태에서의 정전협정 체결로 남북한 분단이 보다 고착화되었다. 지난 70년 동안 남북한 양측은 한반도 전체에 대한 소유권을 주장하며 상호 경쟁했다.

6.25 전쟁을 종료시킨 정전협상의 일환으로 한국의 안보와 안정을 목적으로 한미상호방위조약이 체결되었다. 한미상호방위조약으로 인해 지난 수십 년 동안 남북한 분쟁을 억제할 수 있었으며, 군사력을 이용한 북한의 남침으로부터 한국을 보호할 수 있었다. 또한 외국인들이 한국에 안심하고 투자할 수 있었으며 한국은 국제사회에서 안정적으로 물건을 팔 수 있는 시장에 접근할 수 있었다. 결과적으로 한국이 수출주도형 시장자유화를 누릴 수 있었으며 외부세계와 접할 수 있었다.

6.25 전쟁 이후 부존자원이 거의 없이 가난에 찌들어 있던 한국은 1950년대 당시 지구상에서 가장 가난한 국가 가운데 하나였다. 그러나 성공적인 경제 근대화로 2000년 한국은 세계 15위 안팎의 경제대국이 되었다. 1980년대 후반 한국은 경제성장 덕분에 권위주의 국가에서 민주주의 국가로 전환할 수 있었다. 정부가 수립된 1948년 이후 2년도 지나지 않아 북한의 남침으로 지구상에서 사라질 뻔했으며, 많은 전문가들이 발전 가능성이 거의 없는 등 빈곤의 악순환 상태에 있는 국가로 진단했던 한국 입장에서 보면 앞에서 언급한 실적은 경이적인 것이었다. 한국은 국제 평화유지활동, G20, 국제금융제도, 세계보건, 국제사회 발전에 기여했다. 결과적으로 국제사회의 안보 측면에서 순수 도움을 받는 입장에서 도움을 주는 입장이 되었다. 이처럼 성공적인 한국과 달리 건국 이후 자주를 표방했던 북한은 동맹국들로부터 버림받은 가운데 지도자 숭배를 지속하고, 가혹하게 주민을 통치하며, 외부 세계와 완벽히 단절되어 있는 상태에서 생존을 유지하고 있는 실정이다.

남북한 분쟁 재개 가능성이 지속적으로 한국의 안보와 번영을 어렵게 하고 있다. 더욱이 한국의 외교정책은 건국 이전 한국의 선택에 영향을 미쳤던 여러 요인들과 한반도 전략 환경의 산물이다. 첫째, 2차 세계대전 이후 한국의 건국과 생존은 한반도로부터 멀리 떨어져 있는 미국이 제공해주는 안보에 의존했다. 둘째, 한국의 외교정책은 내부 지향적인 민족주의를 겨냥한 질주와 경제발전에 따른 국제주의의 요구 간의 지속적인 투쟁의 결과였다. 한국이 권위주의 국가에서 민주주의 국가로 전환하면서 진보와 보수 간의 정치적 대립이 증대되었다. 국제주의와 민족주의 간의 투쟁은 이 같은 배경에서 진행되었다. 셋째, 한국 지도자들은 국가목표로서 남북통일을 지속적으로 추구했다.

수십 년 만에 처음으로 한국은 자국의 안전과 번영을 보장하기 위한 또 다른 전략을 놓고 적극 논쟁하고 있다. 중국의 부상으로 미국과 중국 간에 긴장과 대립이 점차 고조되고 있다. 이들 긴장과 대립이 점차 동북아지역 환경을 재조성하고 있으며, 자국의 전략적 선택에 관한 한국 내부의 논쟁을 재차 점화시키고 있다. 이 같은 한국의 전략적 선택에는 한미동맹의 지속 유지 여부에 관한 질문이 포함되어 있다. 한국은 중국이 미국의 글로벌 리더십에 성공적으로 도전장을 내밀거나 미국의 안전보장을 신뢰할 수 없다고 생각되는 경우 자국의 안보와 번영을 지속적으로 보장하기 위해 또 다른 전략적 선택을 해야 할 것이다. 오랜 기간 동안 한국은 미국이 자국을 방기할 가능성을 우려했다. 그러나 한국이 한미동맹이 아닌 또 다른 대안을 준비하는 경우 한미관계 측면에서 마찰과 긴장이 초래될 것이다.

이 책은 한국의 전략적 선택에 영향을 미치는 주요 요인들을 살펴보고 있다. 한국의 모든 지도자들은 한편에서는 강력한 한미동맹 유지 필요성, 또 다른 한편에서는 자국의 자율성을 보다 많이 신장시켜야 한다는 열망 간에 적절히 균형을 맞추고자 노력해왔다. 이 책은 북한 위협에 주로 초점을 맞추었던 미약한 수준의 한국이 경제발전을 통해 어떻게 보다 국제적 수준의 외교정책을 추구할 수 있게 되었는지를 살펴보고 있다. 그러나 한반도 전략 환경의 성격으로 인해 한국의 기동 공간이 종종 제약을 받았으며, 민주화 이후에서조차 한국이 한미동맹에 대거 의존하지 않을 수 없었던 것이다. 국내정치와 전략 환경 간의 상호작용을 보면 한국의 외교정책에 가장 중요한 영향을 미친 부분은 전략 환경과 같은 외적인 요인이었다. 보수와 진보란 국내정치 구도는 전략 환경이 비교적 원만했던 시절에 한국의 외교정책 방향에 주로 영향을 미쳤음을 알 수 있다. 한국의 외교정책 수립가들은 국내정치와 미중 패권경쟁의 사이에서 자국의 진로를 모색해야 하는 보다 어려운 상황에 처하게 될 것이다. 지금까지와 달리 한미동맹을 통한 안전보장이 없는 상태에서 그처럼 해야 할 가능성도 없지 않을 것이다.

한국은 미국의 한반도 방위 공약의 지속성에 의문을 제기하고, 부상하는 중국과의 공조 가능성을 검토하거나 단일의 외부 세력에 의존하는 것이 아니고 중립국과 같은 형태로 완벽한 자주를 추구할 수도 있을 것이다. 이 경우 한국은 자국의 향후 진로에 관한 국내 논쟁이 격렬해질 뿐만 아니라 한국을 놓고 강대국들 간의 경쟁이 보다 치열해지면서 국가적으로 보다 많은 압박을 받게 될 것이다. 한국의 외교정책 변화, 주변국과 비교한 한국의 상대적 파워, 선택 가능한 전략적 대안을 놓고 보면, 예측 가능한 미래에 한국이 선택할 수 있는 유일한 방안은 자국의 안보 소요 충족을 위해 지속적으로 미국에 의존하고, 한미동맹 강화를 위한 조치를 취하는 것이다. 국력 신장에도 불구하고 한국은 신뢰할만한 동맹국의 신뢰할 수 있는 보장과 공약이 없는 상태에서 자국의 안보를 보장할 수 없을 것이다. 중국의 부상으로 중국이 점차 한국에 경제 및 정치적으로 영향력을 행사할 수 있게 되었다. 그러나 중국은 미국을 대신하여 한국의 안보를 보장해줄 정도의 국력, 영향력 또는 열정을 갖고 있지 않다.

미국의 세력이 위축될 가능성에도 불구하고 미국이 한반도 방위 공약을 포기할 가능성은 거의 없다. 향후에도 미국은 한국이 선택 가능한 국가 가운데 가장 많은 능력과 열정이 있는 전략적 동맹국일 것이다. 한국은 미국의 한반도 방위 공약에 관한 우려를 불식시키고, 이들 공약 준수 의지를 지속적으로 유지시키고자 하는 경우 한미동맹에 지속적으로 투자할 필요가 있을 것이다. 그러나 한국은 중국이 한국에 안보를 제공해줄 수 있는 잠재 국가로 또는 통일한국의 안보 동반자로 부상하는 정도에 비례하여 미중 간에 애매한 입장을 취하고 중국의 비위를 맞추고자 노력할 가능성이 있을 것이다.

이 같은 상황에서는 자국의 영향권으로 한국을 끌어들이기 위한 미국과 중국의 경쟁이 격화될 가능성이 있을 것이다. 이 경우 자국의 전략적 선택과 관련된 한국 내부의 논쟁이 격화될 가능성이 있으며, 한국은 가능한 한 장기간 동안 구체적인 선택을 피하고자 할 것이다. 한국은 중국의 부상에 따른 부정적인 영향은 물론이고 미국의 한반도 방위 공약 관련 불확실성 모두를 고려하여 애매한 입장을 취하고자 할 것이다. 그러나 한반도의 미래에 관한 보다 격렬한 논쟁과 고조되는 마찰에도 불구하고 주변국과 비교하여 한국이 상대적으로 열세란 점을 고려해보면 향후에도 한미동맹은 한국의 안정을 보장하기 위한 필수적인 수단일 것이다.

지정학적 제약과 한국의 외교정책 열망

여타 국가와 마찬가지로 한국은 자국의 경제 복지를 보장하고 촉진시킨다는 핵심 전략 목표를 달성하고자 노력했다. 또한 분단국가의 일부인 한국은 남북통일이란 전략 목표를 지속적으로 추구했다. 한국은 국가안보와 번영을 추구하면서 미국뿐만 아니라 여타 주요 열강과 관련해서 또한 보다 많은 자율성을 염원했다. 한편 한국은 국력이 신장되면서 개발 및 보건과 같은 특정 영역에서 국제사회 복지에 기여함으로써 국제사회 공동체에서 자신의 위상을 높이고자 노력했다.

한미동맹 유지 필요성과 국가적 자율성 증진 열망

안보, 번영, 남북통일이란 주요 전략목표를 추구하는 과정에서의, 한국 외교정책 측면에서의, 주요 갈등과 항구적인 갈등은 주요 열강으로 둘러싸여 있는 약소국들이 직면하는 전통적인 딜레마다. 보다 강력한 안보 제공 국가와의 동맹의 필요성과 국가적 자율성 증진 열망은 이 같은 약소국이 직면하는 전통적인 딜레마다.[1] 한미동맹 유지 필요성과 국가적 자율성 증진 열망은 2차 세계대전 이후 건국한 한국의 거의 모든 외교정책에서 갈등의 근원이었다. 이 같은 갈등은 한국이 미국 입장에서 대단히 중요한 동반자일 정도로 지정학적으로 중요한 지역에 있는 국가란 사실과 위협에 취약한 동북아지역의 주변부 국가이지만 주변 강대국들의 안보 이익이 교차하는 지역의 국가란 사실을 고려해보면 자연스런 현상이다.

국제주의와 민족주의

한국의 외교정책은 내부지향적인 민족주의란 특정 극단과 경제적 상호의존성에 입각한 국제주의란 또 다른 극단 간의 투쟁의 결과였다. 건국 이후 얼마 기간 동안의 한국의 민족주의적인 시각은 자국의 세력이 미약했다는 사실과 보다 막강한 세력의 북한이 자국의 생존을 위협했다는 두 가지 사실 때문이었다. 한반도 중심의 한국의 이익과 한반도에서 미국이 추구하는 세계적 수준 이익 간의 괴리[2]는 한미동맹 측면에서 양국의 상이한 시각을 관리할 당시 지속적으로 갈등과 긴장의 원천이었다. 그러나 한국의 남북통일 정책은 국제사회와 동북아지역 상황이 남북통일에 영향을 미치는 정도에 비례하여 국제적 성격일 수밖에 없었다. 남북한은 6.25 전쟁을 종결시킨 1953년의 정전협정 이후 체제 정당성을 놓고 상호 경쟁했다. 이들 국가가 이 같은 경쟁에서 자신의 입지 강화를 위해 국제사회의 지원을 얻고자 노력하면서 이들 경쟁은 국제적 성격이 되었다.

한국은 국가경제가 발전하고 여타 국가들의 경제와 통합되면서 보다 지속적으로 범세계적인 행위자로, 글로벌 거버넌스에 건설적으로 기여하는 세력으로 부상했다. 이 같은 부상은 한국이 무역과 경제성장에 입각한 광범위한 국제적 네트워크를 발전시켰다는 사실, 경제 근대화 과정을 모방하고자 노력하는 개발도상국가들 입장에서 매력적인 모델이었다는 사실에 기인했다. 지난 20년 동안 한국은 점차 민족주의에서 탈피하여 국제주의를 추구했다. 결과적으로 한국의 시각은 북한과의 정당성 경쟁에서 승리하고자 노력했던 국가에서 국제사회 안보와 발전 측면에서 세계적인 리더십에 기여하는 국가로 변모했을 정도로 바뀌었다.

한국의 외교정책 발전 도식화

1948년에 건국한 한국의 외교정책 학파는 국제주의에 대항한 민족주의 관련 논쟁에, 보다 많은 자율성 신장 추구에 대항한 동맹 강조 관련 논쟁에 기인하는 갈등의 결과였다. [그림 1.1]에서 보인 바처럼 이들 갈등은 외교정책 논쟁 차원에서 한국의 지도자가 고려할 가능성이 있는 4가지 분명한 대안이 있음을 의미했다. ⑴ 동맹에 의존하는 민족주의 ⑵ 동맹을 통해 가능해진 국제주의 ⑶ 자율성과 국제주의 결합 ⑷ 중립화를 통한 독립 추구가 바로 그것이었다.

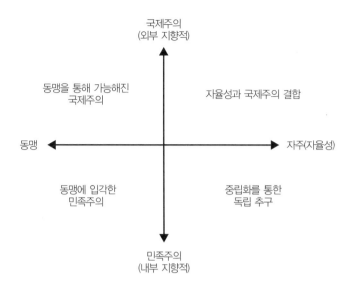

[그림 1.1] 한국의 외교정책을 이해하기 위한 프레임

동맹에 입각한 민족주의: 안보 목적으로 강력한 동맹국과 제휴

초창기 한국의 외교정책 접근 방안은 동맹과 민족주의를 혼합한 형태였다. 이 같은 접근 방안은 냉전 당시 한미 양국의 관계인 후원-피후원 관계에서 가장 분명히 목격되었다. 당시 한국은 세력이 미약했으며, 북한 위협에 거의 전적으로 초점을 맞추었다. 한국은 자국의 안전보장 차원에서 미국에 의존하는 것 이외에 별다른 대안이 없었다. 냉전 당시 한국의 주요 외교정책 결심의 대부분은 미국의 한반도 방위 의지에 관한 한국의 인식에 좌우되었다. 한일국교정상화, 베트남전쟁 파병, 1970년대 초반의 남북대화, 1970년대 중반 박정희의 은밀한 핵무기 개발 결정조차 이와 같았다. 가장 중요한 부분이지만 미국이 한국을 방기할 가능성, 즉 한미동맹을 해체할 가능성에 좌우되었다.

동맹을 통해 가능해진 국제주의:
한국의 목표 달성 차원에서 국제사회의 압박 이용

두 번째 접근 방안은 외교정책 근간으로서 강력한 한미동맹을 유지하는 한편 국제사회에서의 역할과 관계 신장을 추구하는 것이었다. 이 같은 학파는 냉전 종식 이후 외교 범주 확대 목적으로 새로운 기회를 이용하기 위한 한국의 조심스럽지만 적극적인 노력에 잘 나타나 있다.

노태우 대통령(1988-1993) 당시 한국은 소련, 중국, 여타 공산국가들과 새로운 관계 구축을 위해 분주히 움직이면서도 항상 미국과 긴밀한 관계를 유지했다. 김대중 대통령(1998-2003) 당시 한국은 보다 국제주의적인 성향뿐만 아니라 남북관계 개선을 염두에 둔 햇볕정책을 추구하고자 노력했지만 강력한 미국의 지원 아래 이처럼 했다. 이명박 대통령(2008-2013)과 박근혜 대통령(2013-2017) 당시의 한국은 북한에 대항하는 과정에서 국제사회의 지원을 얻을 목적으로 미국과 긴밀히 공조하면서 글로벌 공공재에 기여하는 행위자가 되었다.

이 같은 측면에서 보면 한국은 국제사회에서의 역할과 영향력 확대로 보다 독자적인 외교정책을 추구할 수 있었지만 국제무대에서의 자국의 외교적 영향력 신장을 위해 미국의 지원을 항상 간구(干求)하는 입장이었다. 한편 한국은 외교정책 방향의 주요 축으로써의 한미동맹의 중요성을 자국이 망각하고 있다고 미국이 인식하지 않도록 할 필요가 있었다. 이 같은 측면에서 한국은 미국의 지원을 항상 간구하는 입장이었다.

자율성과 국제주의 결합: 협력적 안보 추구

세 번째 접근 방안에서는 한반도를 초월하는 형태의 보다 포괄적인 이익과 다자외교정책을 추구했을 뿐만 아니라 한미동맹으로부터의 보다 많은 자율성 신장을 추구했다. 한국이 동북아지역에서 협력적 안보구도를 추구한 시점은 냉전 종식 이후로 거슬러 올라간다. 그런데 이 같은 추구는 글로벌 문제에 효과적으로 참여할 수 있을 정도로 한국의 국력이 신장된 결과였다. 핵 안보, G20, 세계보건 등 다양한 주제에 다자주의를 적용하고, 이들 다자적 회합에 참여하여 회합을 선도하고자 하는 노력은 한국 외교정책의 성숙을 보여주는 부분이었다.

그러나 전반적인 외교정책 관점에서 보면 한국이 진정한 의미에서 국가적 자율성 신장을 위해 노력했던 유일한 시점은 노무현 정부(2003-2008) 초기 몇 년의 기간이었다. 당시 노무현 정부는 동북아지역에서 협력적 안보를 가능하게 하고 보다 영향력 있는 글로벌 국가가 될 수 있도록 영향력 있는 균형자가 되어야 한다는 외교정책 모델을 고려했다. 그러나 궁극적으로 노무현 정부는 이 모델을 포기했다. 노무현 정부, 보다 작은 수준이지만 김영삼 정부(1993-1998)는 이 같은 접근 방안을 염원했지만 구현하지 못했다. 대부분 이는 한국의 국력이 주변국과 비교하여 상대적으로 미약하다는 점에서 이 같은 접근 방안이 비현실적이었기 때문이었다.

중립화를 통한 독립 추구

네 번째 접근 방안에서는 한반도 중립화를 통해 독립을 추구했다. 이 같은 이상적인 방안을 통해 한국은 중립을 선언함으로써 주요 열강들 간의 경쟁으로 인한 부정적인 영향으로부터 자국을 차단시키거나 한미동맹 안에서 또는 한미동맹으로부터 독립을 추구하는 것이다. 이 같은 방식으로 외교정책 측면에서의 독자적인 역할 천명을 추구하고 있다. 중립을 통한 독립된 한국이란 개념을 종종 학자들이 그리고 전략에 관한 한국 내부의 논쟁에서 제기해왔지만 어느 한국 정부도 이 같은 대안을 진

지하게 고려하지 않았다.[3)]

이들 4가지 접근 방안은 상호 배타적인 성격이 아니다. 분명히 말해 어느 한국 정부는 특정 학파의 외교정책을 추구했다. 다양한 학파들 간의 경계선에 해당하는 외교정책을 추구한 정부도 있었다. 어느 정부는 특정 외교정책에 보다 가까운 외교정책을 채택했다. 이들 외교정책 유형은 한국의 국내정치가 역동적인 성격임을 고려해보면 한국의 국내 논쟁에서 지속적으로 확인 가능한 부분이었다. 이들 유형은 외교정책 선택과 관련한 한국의 국내 논쟁에 영향을 주었다.

한국의 외교정책 영향 요인과 제약 요인

자율성 증진 열망과 한미동맹 유지 필요성 간의 갈등, 국제주의와 민족주의 간의 갈등뿐만 아니라 한국의 지정학적인 상황, 국력 신장, 국내정치가 한국의 외교정책에 영향을 미쳤다. 이들 요인 가운데 동북아지역 전략 환경의 성격, 특히 세력균형 및 상호대립 수준과 한국의 독자적인 국력이 가장 중요한 부분이었다. 반면에 국내정치는 동북아지역 안보환경이 상대적으로 원만할 당시 보다 영향력이 있는 것은 사실이지만 상대적으로 영향력이 작았다.

지정학적인 환경

한반도의 지정학적인 상황은 한국의 외교정책에 영향을 미치는 가장 중요한 요인이었다. 보다 막강한 행위자들의 능력과 선호에 영향을 많이 받는 환경에서 생활하고 있다는 사실을 고려해보면 동북아지역에서의 세력균형과 상호대립 수준이 필연적으로 한국의 선택을 제한시켰던 것이다. 냉전 종식과 한국의 경제성장으로 한국이 한미동맹에 의존하는 정도는 물론이고 주변국 선호가 한국의 외교정책을 제약하는 정도가 어느 정도 줄어들었다. 그러나 한미동맹은 상기 역학에서 가장 중요한 부분이었다.

이외에도 한국경제는 국제시장과 상호의존성이 매우 높을 뿐만 아니라 국제시장의 효과적인 기능에 대거 의존하고 있다. 이 같은 사실이 또한 한국이 민감하게 반응하는 국제상황에서 중요한 부분이 되었다. 세계경제 침체, 국제 금융시장 혼란 가능성은 물론이고 주요 열강의 경제정책이 한국의 수출 전망에 영향을 줄 수 있는데 한국 지도자들은 이 같은 사건 또는 경향을 통제할 능력이 거의 없다.

한국의 국력

한국의 외교정책에 영향을 미치는 두 번째 요인은 경제력, 군사력 그리고 성장 능력이란 부분이다. 이들 능력은 주변국과 미국의 능력은 물론이고 지구상 여타 국가들의 능력 측면에서 고려해야 할 것이다. 경제성장으로 한국의 국력이 신장되었으며, 이 같은 국력 신장으로 한국이 자국의 전략 환경을 통제할 수 있게 된 것은 아니지만 다양한 방식으로 전략 환경에 영향을 미칠 수 있게 되었다. 경제 성장이 또한 자율성 증진 열망과 한미동맹 유지 필요성 간의 갈등의 성격과 그 표현 방식에 영향을 주었다.

한국은 자국 국민의 의식주 해결이 상당히 어려웠으며, 주변국들과 상대적으로 미미한 정치관계를 유지하고 있던 개발도상국일 당시 주변국 또는 미국에 영향을 미칠 능력이 거의 없었다. 이 같은 영향력 결여로 한국의 외교정책은 동맹국인 미국과의 우호적인 관계 유지에 초점을 맞추는 성격이었는데 이는 당연한 현상이었다. 이들 상황에서 한국이 상대적으로 힘이 없었음에도 불구하고, 아마도 이처럼 힘이 없었다는 이유로 한국의 지도자들은 상징적인 차원에서나마 다양한 방식으로 미국에 지속적으로 이의를 제기했던 것이다.

냉전 종식 이후 한국 외교정책의 범주, 목표 및 반경이 신장되었다. 경제 근대화가 이것을 가능하게 해준 주요 요인이었다. 한편에서 보면 무역신장과 해외업무 기회 확대로 한국의 외교관계를 지구상 여타 국가들로 확대시킬 필요가 있었다. 한국은 이 같은 역량 변화로 주변 환경에 보다 많은 영향을 미치고, 보다 자율성을 신장시킬 수 있는 입장이 되었다. 한미동맹 측면에서 보다 훌륭한 동반자가 될 수 있었다. 한국은 거의 전적으로 한미동맹에 초점을 맞추었던 초기 성향에서 탈피하여 외교정책 범주를 확대시켰는데, 이는 경제 근대화 덕분이었다.

한국은 경제적 능력 증진으로 무역 및 투자 관계에 입각하여 보다 많은 국가들과 외교관계를 발전시킬 수 있었다. 경제 근대화로 이전의 적국들과 관계를 쉽게 변환시킬 수 있었던 것이다. 예를 들면 중국 및 소련과 같은 국가들과 새로운 관계를 구축할 수 있었다. 이외에도 경제 근대화로 북한경제를 추월하고 최종적으로 압도할 정도가 되면서 남북관계 역학이 변했다. 한국의 국력 신장으로 한미동맹 측면에서 새로운 역학관계가 조성되었다. 이는 경제 발전으로 한국이 한미동맹과 무관하게 또는 한미동맹에 보완적인 형태로 자주국방을 추구하고, 궁극적으로 국제적으로 기여할 수 있게 되었기 때문이었다. 결과적으로 한미동맹의 성격과 범주가 후견-피후견 관계에서 포괄적인 안보동맹으로 변신했던 것이다.

민주화와 국내정치 부상

한국의 전략적 선택에 영향을 미치는 세 번째 요인은 국내정치 변혁이란 부분이었다. 특히 민주화 이후와 민주적 거버넌스 정착 이후의 국내정치 변혁이란 부분이었다. 민주화로 외교정책에 영향을 미치는 이익 집단의 숫자가 늘어났다. 재벌의 경우 세계적으로 한국의 경제관계를 선도적으로 확대시켰을 뿐만 아니라 종종 정치 및 외교적으로 새로운 기회를 마련해 주었다. 이들 이익 집단은 이 같은 재벌을 포함한 특정 기업에서부터 지역 차원의 공공-이익 집단에 이르기까지 다양했다. 국회는 주변국 의회와의 외연 확대를 통해 선도적으로 민간 교류를 확대시켰다.

한국의 국내정치 구조는 상이한 성향, 우선순위 및 경향을 견지하고 있는 진보진영과 보수진영 간의 깊고도 장기간 지속된 이념 대립의 결과이기도 하였다. 전통적으로 한국의 보수진영은 상위 엘리트 집단의 이익을 대변했으며, 한미동맹을 지원하고, 대북 강경노선을 견지했다. 반면에 진보진영은 권위주의에 대항하여 투쟁했으며, 독재자 지원과 관련하여 미국에 대항했다. 진보진영은 이념 대립보다는 민족을 강조하는 방식으로 남북 화해와 통일을 추구했다. 이처럼 한국 내부가 진보와 보수로 나누어져 있다는 사실로 인해 보수진영과 진보진영 인사들이 대립하게 되었던 것이다. 국외 요인만큼 강력한 수준은 아니지만 정부의 이념적 성향에 따라 국내정치의 이념 양극화란 부분이 한국의 외교정책에 영향을 주었다.

민주화로 대중의 선호가 외교정책 변수와 방향에 영향을 줄 수 있었다. 종종 민주화가 한국의 정치 리더십을 규제하는 요인으로 기능했을 뿐만 아니라 외교정책을 대중 의지와 일치되는 방식으로 형성하고, 공개적이고도 투명한 방식으로 이행되도록 하였다. 독재정부 시절에는 대통령의 결심이 대중의 의지와 무관하게 종종 결정적인 의미가 있었다. 민주정부 당시 대통령은 투명한 형태로 대중 지원을 얻고자 노력해야만 하였다. 그렇지 않은 경우 외교정책 노력이 좌절되거나 번복될 위험이 있었다.

이들 요인이 한국의 외교정책 방향에 미친 영향

[도표 1.1]에서 보는 바처럼 국력 신장으로 한국의 외교정책은 민족주의적인 편협한 시각에서 국제주의적인 시각으로 변모해갔다. 한국은 지정학적인 상황과 국력에 무관하게 한미동맹 중심의 외교정책을 추구했다. 그럼에도 불구하고 한국이 한미동맹에 의존하는 정도는 동북아지역 전략 환경의 성격에 따라 상당한 차이가 있었다. 냉전 당시 한국은 미국에 대거 의존했다. 그러나 1990년대 초반부터 노무현 정부에 이르는 기간 동안 한국은 한미동맹에 의존하는 정도가 상대적으로 낮았다. 이는 동북아지역 전략 환경이 상대적으로 원만했기 때문이었다. 그러나 북한 위협과 미중 패권경쟁이 고조되면서 한국은 한미동맹에 대거 의존하는 형태의 외교정책으로 회귀했다. 그러면서도 국력 신장으로 한국은 점차 국제적인 시각을 견지했다.

한국의 국내정치는 지정학적인 상황 및 국력과 비교해보면 외교정책 선택에 영향을 주는 부차적인 요인이었다. 한국의 전략 환경이 비교적 원만했던 1990년대 초반부터 2000년대 중반까지, 보수 및 진보진영 지도자 모두는 보다 독자적인 외교정책을 추구하고자 노력했다. 진보성향의 노무현 정부는 한미동맹보다는 국가적 자율성 증진을 위해 노력했다. 그러나 노무현 정부는 국제 및 국내적인 요인들로 인해 궁극적으로 한미동맹을 포기할 수 없었다. 따라서 [그림 1.2]에서 보는 바처럼 한국의 모든 행정부는 국가의 자율성을 신장시켜야 한다는 압력에도 불구하고 한미동맹에 지속적으로 집착했다. 한편 한국은 국력 신장에 부응하여 점차 국제주의적인 외교정책 노선을 채택했다. 그러나 중국이 부상하고 있는 반면 미국의 세력이 위축되고 있다는 인식으로 인해 향후 한국 지도자들이 자국의 전략적 선택을 근본적으로 재평가하도록 만들 수도 있는 논쟁이 초래되었다.

[도표 1.1] 한국의 외교정책 성향 결정 요인들

대통령	상대적 능력	지정학적인 환경	이념 성향	외교정책 성향	민족주의와 국제주의 정도	동맹 의존도
이승만 (1948–1960)	낮음	적대적, 냉전 대립	권위적/ 보수적	민족주의 동맹 의존	매우 민족주의적	매우 높음
박정희 (1961–1979)	낮음, 점차 성장	적대적, 냉전 대립	권위적/ 보수적	민족주의 동맹 의존	매우 민족주의적	매우 높음
전두환 (1980–1988)	낮음, 점차 성장	비교적 덜 적대적, 냉전대립 완화	권위적/ 보수적	민족주의 동맹 의존	비교적 민족주의적	높음
노태우 (1988–1993)	낮음, 점차 성장	원만, 탈냉전 시대	보수적	동맹을 통해 가능해진 국제주의	민족주의적 그러나 점차 국제주의적	중간 정도
김영삼 (1993–1998)	낮음, 중간 수준	원만, 탈냉전 시대 그러나 북한과 안보적으로 긴장	보수적	동맹을 통해 가능해진 국제주의	민족주의적 그러나 점차 국제주의적	중간 정도
김대중 (1998–2003)	중간 수준	원만, 남북협력	진보적	동맹을 통해 가능해진 국제주의	국제주의적	중간 정도
노무현 (2003–2008)	중간 수준	원만, 남북협력, 북미긴장 증대	진보적	동맹을 통해 가능해진 국제주의	국제주의 성향에도 불구하고 민족주의적	동맹 안에서 자주 추구
이명박 (2008–2013)	중간 수준	지역긴장 증대, 남북대립, 북미긴장 증대	보수적	동맹을 통해 가능해진 국제주의	국제주의적	동맹/ 동반자 관계
박근혜 (2013–2017)	중간 수준	지역긴장 증대, 남북대립, 북미긴장 증대	보수적	동맹을 통해 가능해진 국제주의	국제주의적	동맹/ 동반자 관계

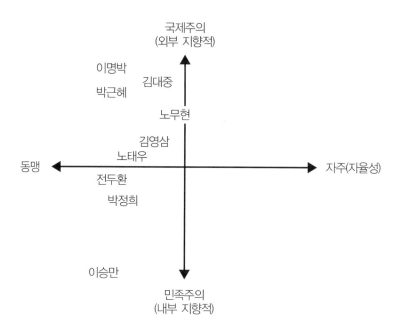

[그림 1.2] 한국의 외교정책 성향 도식화

책의 구성

전략적으로 주요 분기점에 도달하는 경우 국력, 국내정치, 국제정치 상황이 한국의 외교정책 방향에 영향을 미쳤다. 이 책에서는 중국의 부상에 따른 지정학적인 영향과 미국의 세력 위축에 따른 불확실성으로 인해 한국 내부에서 전략적 선택 관련 논쟁이 가속화되고 있다고 가정할 것이다. 결과적으로 한국이 한미동맹을 대체하기 위한 전략적 대안을 적극 고려할 것이며, 여기에는 중국과의 보다 긴밀한 안보관계 가능성이 포함될 것이다.

이 책에서 필자는 국제사회의 압력 고조와 격렬해지는 국가 내부의 논쟁에도 불구하고 예측 가능한 미래에 한국이 선택 가능한 유일한 전략적 대안이 한미동맹의 지속적인 발전과 강화라고 주장하고 있다. 앞에서 제시한 분석의 틀에 입각하여 필자는 한국의 전략적 결심에 영향을 줄 가능성이 있는 요인뿐만 아니라 외교정책 측면에서 한국이 선택한 부분에 영향을 미친 부분들을 제시하고 있다.

이 책은 대략 1부와 2부로 구성되어 있다. 먼저 필자는 한국 외교정책의 진화를 설명하고 있다. 그 후 오늘날 한국이 직면하고 있는 주요 3개 사안에 한국적 사고의 기저를 이루고 있는 주요 결정 요인들을 적용하고 있다. 1장에서 제시한 분석의 틀을 사용하여 2장부터 7장까지 한국의 외교정책 진화를 분석하고 있다.

2장에서는 한국의 권위주의 지도자들이 미국이 한국을 방기할 가능성에 대항하여 전개한 노력을 살펴보고 있다. 베트남전쟁 당시 박정희는 린든 존슨(Lyndon B. Johnson) 대통령이 정치적으로 필요했던 부분을 베트남전쟁 파병 협상을 통해 해결해주었다. 그러나 이 같은 박정희의 노력은 베트남전쟁이 종료되면서 의미를 상실했다. 결과적으로 미국이 한국을 방기할 가능성이 있다는 박정희의 우려가 고조되었다. 1970년대에는 주한미군 감축으로 한국이 핵무기 개발 목적의 자조(自助)적인 노력을 경주했다. 지미 카터(Jimmy Carter)가 미국 대통령에 당선된 이후 한미관계가 박정희의 인권유린과 핵무기 개발 노력으로 악화되었다. 그러나 전두환 정부(1980-1988)에 대한 로널드 레이건(Ronald Reagan) 행정부의 안전보장 재개로 미국이 한미동맹을 포기할지 모른다는 한국의 우려가 줄어들었다.

3장에서는 냉전 종식과 민주화로 한국이 맞이한 전략적 기회를 살펴보고 있다. 또한 소련, 중국 및 북한에 접근하기 위한 북방정책을 통해 이들 도전을 극복하고자 했던 노태우의 노력을 살펴보고 있다. 노태우의 북방정책으로 소련 및 중국과 한국의 외교관계가 정상화되었으며, 남북대화의 돌파구가 열렸다. 교류와 협력에 관한 이정표적인 합의가 있었으며 김영삼이 세계화를 추구할 수 있었다. 민주주의 체제로 전환하는 과정에서 국내개혁을 심화시킬 수 있었다.

4장에서는 한국 최초로 보수에서 진보로 정권을 교체했으며, 대북봉쇄에서 대북 포용으로 전환할 목적으로 국제사회 공동체를 선도하고자 했던 김대중의 노력을 살펴보고 있다. 5장에서는 노무현 정부 당시의 한국이 한미동맹으로부터의 자율성 증대와 한미동맹 안에서의 자율성 증대란 병행적인 노력을 통해 자율성을 증진시키고자 노력한 방식을 살펴보고 있다. 이 같은 접근 방안은 노무현의 균형자 정책에 가장 분명히 나타나 있다. 그런데 균형자 정책은 한국이 중국과 일본 간에서 뿐만 아니라 미중 간에 교량 역할을 할 수 있도록 하기 위한 것이었다.

이명박은 금융안정, 기후변화, 국제개발과 같은 국제적 사안 측면에서 한국의 위상과 영향력을 그 전례가 없는 수준으로 격상시켰다. 그 와중에서 나름의 발판으로 사용하기 위해 이명박은 한미동맹을 복원시켰다. 6장에서는 이 같은 이명박의 한미동맹 복원 노력을 살펴보고 있다.

7장에서는 점차 증대되고 있는 북한 위협에 대처하고자 했던 박근혜의 노력을 평가하고 있다. 한미동맹을 발판으로 미국을 아태지역 다자안보협력 발전 측면에서 공동 설계자로 초대함으로써 아시아 패러독스를 해결하고자 했던 박근혜의 노력을 살펴보고 있다. 마찬가지로 본인을 도중하차시킨 부정부패 스캔들에 기인하는 한국정치의 리더십 마비 현상에 대처하고자 했던 박근혜의 노력을 살펴보고 있다.

이 책의 2부에서는 자국의 전략적 진로가 보다 난맥상을 보이고 있다는 점에서 한국 전략가들의 마음을 사로잡고 있는 3가지 주요 사안을 분석하고 있다. 8장에서는 중견국가로서의 자국의 외교적 역할과 전망에 관한 한국의 사고가 갖는 함의를 살펴보고 있다. 9장에서는 미국과 중국 사이에서의 자국의 상대적 입지에 관한 한국의 전략적 사고를 살펴보고 있다. 10장에서는 한반도 평화통일 관리 방법에 관한 한국의 전략을 살펴보고 있다. 마지막으로 에필로그에서는 한국의 전략적 선택과 미국의 세력 위축 가능성이 한미동맹에 의미하는 바를 논의하고 있다.

제2장
권위주의 정부 시절 한국의 전략적 선택

　한미 양국이 한미동맹에 서명한 1953년 10월 1일 이후 한국의 외교
정책에서 주요 갈등의 근원은 자율성 증진 열망과 한미동맹 지속 유지
필요성이란 부분이었다. 초대 대통령 이승만은 안보적으로 미국에 전적
으로 의존해야 한다는 사실과 자유롭고 독립된 통일한국을 달성해야 한
다는 무한한 열망을 조화시키고자 노력하면서 이 같은 모순과 투쟁했다.
당연한 일이지만 이 같은 갈등은 미국 관리(官吏)와 이승만이 지속적으로
대립하게 된 근본 원인이었다.

　미국의 지원이 필요했다는 사실에도 불구하고 이승만은 미국 관리들
과 충돌했으며, 북진통일을 외쳤다. 이승만이 정전협정 서명에 반대하
지 못하도록 1953년 드와이트 아이젠하워(Dwight D. Eisenhower) 대통령
은 최종적으로 한미상호방위조약 체결에 동의했다. 정전협정으로 인해
한국군을 포함한 미국 주도 유엔군과 북한군/중국군 간의 군사적 대결이
종결되었다. 미국이 한미동맹을 체결했던 이유에는 독립 의지가 강했던
이승만이 북한 및 그 지원 세력들과 군사적으로 충돌하지 못하도록 해야
한다는 사실이 있었다.[1]

이승만의 북진통일 주장으로 한반도에서 재차 분쟁이 발발할 가능성이 있었다. 이처럼 한반도 분쟁 재발 방지 차원에서 미국이 행동을 자제시킬 필요가 있었으며 미국에 직접 도전했던 이승만과 달리 조국 근대화를 가장 중요하게 생각했던 박정희란 권위주의적 지도자는 도전적이지 않았다. 미국이 베트남전쟁과 같은 또 다른 중요한 사안에 관심이 집중되어 있던 당시 박정희는 이승만과 달리 북진통일을 외치는 등의 방식으로 미국 내부의 한국 후원 세력들을 격분시키지 않았다. 이것이 아니고 1960년대와 1970년대 당시 박정희는 베트남에서 미국이 정치적으로 중요하게 생각했던 부분과 미국의 군사목표 달성에 한국이 도움이 되도록, 필수적인 부분이 되도록 만들고자 노력했다. 박정희는 미국의 베트남 전쟁을 지원할 목적으로 1964년부터 1973년까지 30만 명 이상의 한국군을 파병하기조차 하였다.[2] 그런데 박정희의 이 같은 베트남전쟁 파병은 자신이 원하는 수준의 원조를 미국으로부터 얻을 수 있도록 협상의 지렛대로 사용하고 미국이 한국을 방기할 가능성을 줄이기 위함이었다.

베트남전쟁 파병 대가로 한국 방위와 관련하여 군사 및 경제적 지원을 미국으로부터 받아낸다는 박정희의 전략은 성공적이었다. 그러나 미국이 베트남전쟁 개입을 종료시키고 1969년의 닉슨독트린에 입각하여 아시아에서 미군 철수를 선언하면서 박정희의 이 같은 전략이 효력을 상실하기 시작했다. 결과적으로 박정희는 두 가지의 새로운 노력을 전개했다.

첫째, 그는 공산진영 국가, 특히 중국 및 소련과 접촉하기 위한 방안을 강구하기 시작했다. 둘째, 독자적인 군비 증강을 시작했는데 여기에는 은밀한 방식의 핵무기 개발계획이 포함되어 있었다. 이 같은 박정희의 핵무기 개발 노력으로 한미동맹이 와해 직전 상태가 되었다. 더욱이 박정희가 국내 반대세력을 강압적으로 진압하고 권위주의적 통치 방법을 천명했다는 사실이 한미동맹 마찰의 근원이 되었다. 이 같은 박정희의 행태를 보며 카터 대통령은 주한 미 지상군 철수를 추구했지만 성공하지 못했다.

박정희는 1979년에 살해되었다. 1980년 전두환이 쿠데타와 권력 장악 일환으로 광주민주화운동을 참혹하게 진압했다. 그럼에도 불구하고 미국은 북미 대립 상황에서 한반도 안정을 추구해야 한다는 사실과 민주화운동가인 김대중의 생명을 구해야 한다는 사실 간에 적절히 균형을 맞추고자 노력했다. 레이건 행정부는 미국의 한반도 방위 의지를 재차 천명했다. 그러나 그 과정에서 미국이 한국의 민주화 세력보다 권위주의 세력 편을 들었다는 한국인들의 인식이 고조되면서 미국의 명성이 손상되었다.

권위주의 정부가 한국을 통치했던 수십 년 동안 한국은 지정학적 측면에서의 냉전 상황과 보다 막강하고 호전적인 북한 위협에 대항하기 위해 미국에 의존하지 않을 수 없었다. 당시 한국의 외교정책을 결정지은 주요 요인은 이 같은 사실이었다. 냉전 당시 세력이 미약했다는 사실과 남북한이 지속적으로 대립했다는 사실을 고려해보면 한국은 자국 안보 측면에서 미국의 언질에 의존하는 것 이외에 별다른 대안이 없었다.

이승만과 한미동맹의 기원

초대 대통령 이승만은 한반도가 일본의 식민지일 당시 독립운동 지도자로서 거의 평생을 해외에서 망명 생활한 인물이었다. 2차 세계대전이 종료될 당시 거의 70세였던 이승만은 비교적 원로였지만 관리 또는 행정 경험이 거의 없었다. 이승만은 조지워싱턴대학 학사, 하버드대학 석사, 프린스턴대학 박사였다. 이승만은 일본의 식민지 통치로부터 한반도를 독립시킨다는 거의 가능성이 없어 보였던 대의에 미국이 관심을 기울이도록 하고 미국의 지원을 얻을 목적으로 수십 년 동안 노력했지만 성공을 거두지 못했다. 이승만은 자유롭고 통일된 한반도란 분명한 비전과 확신을 견지한 상태에서 남북통일을 위해 적극 노력했다. 그러나 이승만은 완고할 뿐만 아니라 타협이 쉽지 않은 성격이란 점에서 자신과 동일한 비전을 견지하고 있는 사람들조차 협조하도록 만들 수 없었으며, 동료들 간에 경쟁의식과 적개심을 조장하는 경향이 있었다. 이승만은 권력을 움켜쥐자 자신의 관점을 지지하는 세력을 규합할 목적이 아니고 반대 세력을 진압할 목적으로 사용했다. 이승만은 말로는 민주주의와 자유를 천명했지만 실제로는 권위주의적인 인물이었다. 완고한 성격이란 점에서 이승만을 지원하던 미국인들이 이승만에 격분했다.[3]

미국에 의존하고자 하는 한편 미국의 간섭에서 벗어나 남북통일을 달성하고자 적극 노력했다는 사실이 이승만과 미국 사이에서 지속적으로 갈등의 근원이 되었다. 이승만의 완고함으로 양측이 극한 상황에 달했다. 그러나 결과적으로 미국이 한국 안보를 보장해주기 위한 한미상호방위조약이 출현했다.[4] 이승만을 지원하던 미국인들 입장에서조차 너무나 골칫덩어리란 점에서 6.25 전쟁 이전, 도중, 그리고 이후 이승만을 제거하기 위한 논쟁이 미국의 고위급 정책가들 내부에서 주기적으로 진행되었다.

비무장지대 부근 판문점에서의 2년 동안의 간헐적이고도 비생산적인 정전협상 이후 6.25 전쟁에 대한 미국인들의 지지가 줄어들었으며, 스탈린이 사망했다. 김일성을 지원하던 중국 또한 6.25 전쟁의 지속을 통해 전략적으로 얻을 수 있는 이점이 거의 없다는 사실을 확인했다. 1953년 3월 중국수상 저우언라이(周恩來)는 포로교환 문제에 관한 공산진영의 양보 사항을 거론하는 연설을 했다. 이승만의 집요한 반대에도 불구하고 저우언라이의 연설이 정전협정 체결 측면에서 나름의 돌파구가 되었다. 이승만은 유엔군사령부에서 한국군을 빼내어 독자적으로 전투를 지속할 것이라고 위협했다. 그러나 또 다른 한편에서 이승만은 한미 양국의 안보협정 체결을 요청했다.

한국이 참여를 거부한 정전협상이 종료되기 전날, 이승만은 공산진영으로의 송환을 거부하고 있던 2만 5천여 명의 반공포로를 일방적으로 석방시켰다. 결과적으로 정전협상이 정체상태에 빠졌으며 정전협정과 관련하여 유엔군사령부가 한국 측으로부터 동의를 얻을 수 있을 것인지 의문이 제기되었다. 이 같은 이승만의 일방적인 조치에 미국이 격분했을 뿐만 아니라 미국이 이승만의 제거를 진지하게 고민하는 상황이 되었다.

그러나 이승만의 반공포로 석방이 촉매가 되어 한미상호방위조약 협상이 시작되었다. 한미상호방위조약은 이승만이 정전협정에 방해하지 않는다는 조건으로 미국으로부터 받아낸 것이었다. 따라서 한미동맹 체결은 자국의 미래 보장 차원에서 미국으로부터 안보를 지원받을 필요가 있다는 사실과 미국의 기대에 반하여 이승만이 지속적으로 행동하고자 노력했다는 사실이 상호작용한 결과였다.

정전협정이 체결되고 한반도의 정치적 미래를 결정할 목적의 1954년의 제네바회담이 실패로 끝나자 국제사회와 미국이 한반도가 아닌 또 다른 지역으로 관심을 돌렸다. 이승만은 미국으로부터 보다 많은 양보와 안보 공약을 얻고자 적극 노력했다. 이는 가까운 미래에 한국이 한미동맹에 의존하는 것 이외에 택할 수 있는 대안이 없음을 보여주는 부분이었다. 이승만 정부 외교정책의 주요 목표가 미국으로부터 가능한 한 많은 경제 및 안보 지원을 받아내는 일이 되었다.

미국은 한미동맹을 통해 한국을 경제적으로 지원해주었다. 어느 정보에 따르면 "1954년 한국예산 가운데 1/3이, 1956년에는 58.4%가, 1960년에는 대략 38%가 해외 원조에 의존했다." 1950년대 당시 한국예산의 40% 정도가 미국의 지원에 의한 것이었다. 미국이 한국 국방예산의 절반 정도를 지원해주었다.[5] 자립경제 구축보다는 미국의 개발원조

극대화에 초점을 맞추었던 한국의 경제 전략에 궁극적으로 미국이 짜증을 내었다.

그 후에도 이승만은 일방적으로 북진통일을 주장했다. 이승만의 북진통일 주장은 이승만에 대한 한국인들의 지지를 유지하기 위한 유용한 수단이었다. 그러나 미국인들은 이 같은 이승만의 북진통일 주장에 격분했다. 한국과 비교하여 신속히 경제를 회복시키고 있었으며 상대적으로 막강했던 북한과의 분쟁 결과를 고려해보면 이승만의 북진통일 주장은 공허한 성격이었다.[6]

정전협정 협상 도중과 직후 이승만은 미국이 원하는 부분을 지속적으로 거부했다. 이 같은 사실로 인해 한국이 생존 측면에서 필수적인 지원을 받지 못할 가능성이 있어보였다. 그러나 이승만은 한반도 공산화 방지 차원에서 미국이 한국을 결코 버릴 수 없다는 사실을 잘 알고 있었다. 이 같은 이유로 이승만은 종종 북진통일이란 호언을 늘어놓을 수 있었을 뿐만 아니라 미국의 지원을 당연시할 수 있는 입장이었다. 이승만은 일방적인 거부, 호언 및 협박을 통해 미국으로부터 안보조약을 받아낼 수 있었던 것이다.

그런데 결과적으로 보면 한미 안보조약은 한국의 생존과 번영 측면에서 대단히 중요한 부분이었다. 한미동맹은 미국이 이승만을 불신했다는 사실과 이승만의 행동을 억제할 필요가 있다는 사실에 기인했다. 또한 한미동맹은 아시아 지역에서의 공산세력 확장에 대항하여 한국을 보호하면서 한미 양국의 안보 이익에 기여했다. 한미 양국이 서명한 1953년 10월 1일 이후 한미동맹은 한국의 외교정책을 정의해준 주요 골격이었다.

박정희의 비전

수십 년 동안의 미국생활이 이승만에게 많은 영향을 미친 것과 마찬가지로 일본육사 생도생활과 만주에서의 일본군 장교생활이 박정희에게 많은 영향을 미쳤다. 박정희는 원만한 한미관계를 위해 자유주의적 가치를 입에 침이 마르도록 찬양했지만 실제로는 자유주의자도 민주주의자도 아니었다. 그는 이승만 정부 당시의 민주주의체제를 20세기 초반까지 한반도를 통치했지만 외세의 도전에 효과적으로 대처하지 못해 1910년에 일본에 병합된 조선 왕조의 부패하고, 무능하며, 파벌에 찌든 정치체제에 비유했다.[7]

반면에 박정희는 안보적으로 강대국에 의존하지 않는 자주적인 국가를 건설하고자 노력했다. 박정희는 북한 김일성과 마찬가지로 적대적 환경에서 생존하고자 하는 경우 국가는 자신의 능력에 의존해야 한다고 믿었다. 또한 박정희는 "충성심, 법치주의 또는 인간적인 연민과 같은 도덕적인 측면도 강대국 이익이 교차하는 한반도 상황에서는 나약함에 다름이 없다."고 생각했다.

박정희 입장에서 보면 국제정치는 "누가 옳고 그른지가 아니고 누가 싸워서 이기는지의 문제였다." 그는 한국인들이 고래 등 사이에 끼어 있는 새우와 같은 신세란 의식구조에서 탈피해야 한다고 믿었다. 그는 한국이 자신의 능력을 신봉하는 자주적인 국가가 되어야 한다고 믿었다. 왜냐하면 "하늘은 스스로 돕는 사람만을 돕기 때문이다."[8] 김일성이 주체사상을 강조했다면 박정희는 자주를 강조하고 있었다. 김일성과 박정희 모두 자주를 추구했다.[9] 박정희는 수나라 군대 및 당나라 군대와 비교하여 수적으로 열세했음에도 불구하고 성공적으로 투쟁하여 이들을 물리쳤던 고구려 병사들을 열정적으로 찬양했다.

박정희는 10년에 걸친 집요한 투쟁 이후 신라라는 작은 왕국이 당나라 군대를 물리치고 한반도 통일에 성공했다는 사실을 강조했다.[10] 박정희는 한국이 국제사회에서 보다 적극적이고 자신감 넘치는 국가가 될 수 있기를 염원했다. 박정희는 "국가, 혁명, 나(The Country, the Revolution and I)"란 제목의 자신의 회고록에서 "외세로 인해 엄청난 고통을 받았음에도 불구하고 한국이 상황 반전 목적으로 외국을 침범한 경우가 한 차례도 없었다."[11]는 사실을 애석하게 생각하였다.

박정희는 한국인들이 한국군을 본받아 자신을 단련시킬 수 있기를 원했다. 박정희는 1930년대와 1940년대 당시의 일본의 전쟁경제를 모방하고자 노력했다.[12] 장군 출신 대통령이던 박정희는 군사적 정교성과 효율성에 입각하여 한국을 통치하고자 노력했다.

박정희 정부 외교정책을 제약했던 요인들

박정희는 자주적 능력이 있는 한국을 구상했음에도 불구하고 많은 제약에 직면했다. 박정희는 이 같은 제약으로 인해 미국에 대거 의존할 수밖에 없었다. 1950년대 후반과 1960년대 초반 한국의 대미 의존도가 얼마나 심각한 수준이었는지를 사람들은 쉽게 망각하는 경향이 있다. 당시 한국은 6.25 전쟁의 참화로부터 회복 도중에 있었지만 북한과 비교하여 훨씬 더디게 회복하고 있었다. 당시 한국은 경제 및 안보적으로 미국에 거의 전적으로 의존해야만 하는 입장이었다. 1961년 한국의 1인당 국내총생산(GDP)은 100달러 수준이었다.

외국인들의 한국경제 평가는 절망적이었다. 한반도 문제를 담당하던 미 국무성 고위급 관리 도널드 맥도널드(Donald Mcdonald)는 1960년 당시의 백악관 회동에 관해 다음과 같이 회상했다. "회동에 참석했던 대부분 사람들은 한국을 생존 차원에서 미국의 지원에 항상 의존하지 않을 수 없을 정도로 경제적으로 기능이 마비된 국가로 생각하고 있었다."[13) 1960년대 초반 미국의 국제개발기구 관리 또한 이처럼 평가하고는 한국을 아무리 많이 지원해주어도 의미가 없을 것으로 생각하고 있었다.[14) 1961년에 발간된 세계은행 보고서에 따르면 동아시아 국가 가운데 일본 다음으로 산업화 가능성이 높은 국가는 필리핀과 태국이었다.[15)

6.25 전쟁 이후부터 1960년 이전까지 미국은 한국에 상당한 수준의 운용 요원을 유지했다. 1950년대 후반 미국의 경제원조가 한국정부 예산의 절반 이상을, 국방예산의 72%를 차지했다.[16) 미국의 한반도 지원 인력에는 5백 명에 달하던 경제 자문관이 있었다. 이들이 미국의 원조 자금을 관리하고, 예산을 배당했으며, 대부분의 경제정책을 통제했다.[17) [그림 2. 1]과 [그림 2. 2]는 이 기간 동안 미국의 경제 및 군사 지원 수준을 보여주고 있다. 당시 한국의 대미 의존도는 절대적이었다. 미국이 한국을 포기하는 경우 한국이 김일성 중심으로 공산화될 것이 분명했다. 오늘날의 관점에서 보면 1950년대 당시 한국의 재무정책과 경제정책에 미국이 미친 영향은 오늘날의 북한예산에 중국이 미치는 영향과 비교하

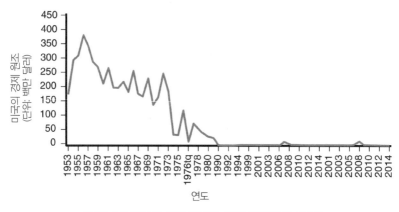

[그림 2.1] 한국에 대한 미국의 경제 원조(1953-2014)
출처: United States Agency for International Development,
Country Summary, n.d., http://explorer.usaid.gov/data-download.html

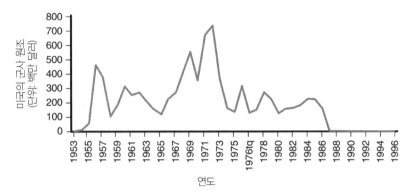

[그림 2.2] 한국에 대한 미국의 군사 원조(1953-2014)
출처: United States Agency for International Development,
Country Summary, n.d., http://explorer.usaid.gov/data-download.html.

여 훨씬 지대한 수준이었다. 그러나 경제적으로 북한이 중국에 의존하고
있음에도 불구하고 중국의 대북 영향력이 제한적인 것과 마찬가지로 한
국이 나아가야 할 방향과 정책의 통제 또는 정치적 결과의 지시 측면에
서의 미국의 영향력은 제한적이었다.

미국은 자국의 대 한국 정책 측면에서 중요하게 생각하는 몇몇 사안
이 있었다. 미국은 이들 사안의 우선순위 문제를 놓고 고민했다. 한편에
서 보면 미국의 가장 중요한 목표는 북한 위협으로부터 한국을 방위하는
것이었다. 또 다른 한편에서 보면 미국은 한국의 민주화와 경제발전을
원했다. 그러나 미국은 6.25 전쟁 이후 안보적 이익과 경제적 이익을 단
일의 포괄적인 전략으로 통합시키지 못했다. 이 같은 점에서 한국 문제
에 관여했던 미국의 경제 및 안보 관료들은 미국이 한국에 제공해준 제
한된 자원을 놓고 상호 경합을 벌이는 입장이었다. 둘째, 6.25 전쟁 이
후 한국 지도자들은 독자적인 성장과 국가의 자율성을 증진시켜줄 능력
함양보다는 미국에 지속적으로 의존하는 형태의 원조 획득에 혈안이 되

어 있었다. 자국의 경제 원조에 거의 전적으로 의존하고 있었다는 점에서 미국은 한국에 엄청날 정도의 영향력을 행사할 수 있는 입장이었다. 그러나 한국 지도자들과의 상호협력 필요성으로 인해 미국이 행사할 수 있는 정치적 압력에는 어느 정도 한계가 있었다.[18]

한국은 또한 경제 및 안보적 측면 모두에서 미국에 의존하고 있다는 사실로 인해 일종의 딜레마에 직면했다. 한국은 자신과 비교하여 전후보다 고속성장을 구가하고 있던 북한 위협에 대항하여 생존을 유지하고 이 같은 위협을 억제하고자 하는 경우 미국의 지원이 필요했다. 따라서 한국은 다양한 유형의 국내 경제 문제와 관련하여 미국의 간섭과 지도를 수용하지 않을 수 없는 입장이었다. 1950년대 당시 미국의 금융지원 구조는 보다 신속히 복구하고 있던 북한 위협을 억제해야 한다는 군사적 소요에 주로 초점이 맞추어져 있었다. 그러나 한국경제의 회복이 더딘 상태에서 미국의 안보 지원이 무한정 지속될 수 있는 것은 아니었다. 그럼에도 불구하고 한미 양국은 한국의 구조개혁 및 경제개혁 방향에 관해 상이한 시각을 견지하고 있었다.

당시 한반도에 있던 미국 관리들은 한편에서는 한국의 경제발전을 원하고 있었다. 또 다른 한편에서 이들은 민주적 관행을 간과하며 경제발전을 추구하던 박정희의 성향에 반대하는 입장이었다. 쿠데타를 통해 정권을 장악한 구일본군 장교 출신의 박정희는 이 같은 이중적 성향의 미국인 관리들의 지원을 필요로 하는 입장이었다. 박정희의 부상으로 민주주의 지지, 한반도 안보 공약, 한국의 경제안정 필요성이란 한반도에서 미국이 중요시 여겼던 부분들의 상대적 우선순위가 시험대에 올랐다. 신속한 산업화와 경제성장에 관한 박정희의 야심적인 비전이 경제적 안정과 보다 현실적인 경제기획을 추구했던 보다 점진적인 미국의 정책과 상충되었다.

그러나 박정희는 이승만과 비교하여 훨씬 현실적이었다. 이승만은 미국과 대립하는 경우 주장을 굽히지 않을 정도로 완고했다. 이승만은 자신의 뜻을 관철시킬 목적에서 미국의 의도를 무산시키고자 노력했다. 반면에 박정희는 한국의 자율성 증진을 갈망하는 경우에서조차 한미동맹의 필요성을 인정했다. 따라서 박정희는 공산주의에 대항한다는 차원에서 자신의 기여가 필수적이란 사실을 미국이 자각하도록 만들고자 노력했다. 미국이 한국을 방기할 가능성을 고려하여 미국과의 대결구도를 추구한 것이 아니고 박정희는 후원–피후원 관계란 한미관계 안에서 일종의 타협을 추구했다.

1960년대와 1970년대 전반에 걸쳐 박정희는 미국이 한국을 방기할 가능성을 지속적으로 우려했다. 결과적으로 박정희는 자신의 정치 리더십과 한국 안보를 미국이 적극 지원한다는 사실을 확인받기 위해 엄청난 노력을 경주했다. 미국이 추구하는 바를 한국이 적극 지원한다는 차원에서 박정희가 노력한 부분 가운데 가장 중요한 부분은 1960년대 중반 미국의 베트남 참전을 지원할 목적으로 가장 유능한 한국군 가운데 일부의 파병을 결정했다는 사실이 있었다.

박정희의 베트남전쟁 파병은 안보적 목적의 것이었을 뿐만 아니라 경제적 목적의 것이었다. 안보적 측면에서 보면 박정희는 주한미군 부대를 베트남으로 전개할 가능성을 우려했다. 박정희는 이처럼 주한미군이 철수하는 경우 북한이 남침할 것으로 생각했다. 박정희의 베트남 파병으로 한국군이 값진 전투 경험을 할 수 있었으며, 한국군 현대화와 관련하여 미국의 지원을 받을 수 있었다. 경제적 측면에서 보면 베트남파병으로 초보적 수준의 한국 기업들이 성장 기회를 누리게 되었다. 당시 이들 한국 기업은 미국의 베트남전쟁 노력을 지원하기 위한 물자를 생산하고 있었다. 간접적인 의미에서 보면 미국은 베트남전쟁으로 인한 금융 부담을 경감시킨다는 차원에서 한일국교정상화를 강력히 염원하는 입장이었다. 박정희의 베트남전쟁 파병 결심으로 한국이 경제 및 군사적으로 보다 많은 능력을 구비하게 되었던 것이다.

1960년대 당시 박정희의 외교정책: 미국과의 일치추구

박정희는 자주적 능력을 구비한 국가 건설을 열망했다. 그럼에도 불구하고 박정희는 자신이 권력을 장악한 1961년 당시 한국이 엄청날 정도로 취약한 상태에 있었던 반면 김일성이 이미 북한경제 중흥 측면에서 일대 진전을 이루었다는 사실을 잘 알고 있었다. 박정희는 김일성이 국내정치 기반을 공고히 다졌다는 사실, 북한의 주요 후원국인 중국 및 소련과 안보동맹을 체결했다는 사실을 간과할 수 없는 입장이었다. 또한 김일성은 한국 내부의 정치적 혼란을 이용하고 있었다. 매년 200회 정도에 달하던 비무장지대에서의 북한의 도발이 1961년에는 736회로 늘어났던 것이다.[19]

이 같은 상황을 고려해볼 때, 박정희는 한국이 미국에 대거 의존하지 않을 수 없다는 사실을 잘 알고 있었다. 박정희는 점차 베트남전쟁에 노력을 경주하고 있던 동맹국 미국이 한국을 방기할 가능성을 우려했다. 박정희의 이 같은 우려는 1959-1963년의 기간 2억 3천만 달러에 달하던 미국의 경제원조가 1964-1968년의 기간에 1억 1천만 달러로 줄어들었다는 사실로 인해 고조되었을 가능성이 있다.[20] 박정희는 한국과 자신의 리더십을 미국이 지속적으로 지지하도록 하기 위한 방안을 강구할 필요가 있었다.

따라서 박정희는 자신의 리더십을 미국이 지원하도록 만들고자 노력함과 동시에 한국 안정에 대단히 중요한 의미가 있다고 생각되었던 경제원조 또는 정치적 지원을 미국이 철회하지 못하도록 노력했다. 박정희는 민주화를 거론하며 자신이 아닌 또 다른 지도자를 미국이 지원하는 현상을 방지하고자 노력했다. 이들 목표 달성을 위한 박정희의 주요 전략은 전통적인 사안별 협상이었다. 박정희는 한일국교정상화와 한국군의 베트남전쟁 참전 대가로, 미국의 정치 및 경제적 지원뿐만 아니라 한반도 안보 공약의 지속적인 표명을 요구했다.

한편 한국 관련 미 국가안전보장회의 연구 조직에 따르면 미국이 가장 중요하게 생각했던 부분은 한국의 경제발전, 문민통치 이외에 한국군에 대한 유엔군사령부의 작전통제권 행사를 한국인이 인정하도록 만드는 일이었다.[21] 처음에 미국은 민정이양에 관한 보다 강력한 약속이 없는 경우 박정희에 대한 지지를 주저하는 입장이었다.[22] 한편 미국은 한국이 정치적 안정을 유지할 필요가 있음을 잘 알고 있었다. 따라서 미국은 박정희의 경제발전 열의와 관련하여 어느 정도 호의적인 입장이었다.

1961년 11월의 박정희의 미국 방문 이후 주한미국 대사 사무엘 버거(Samuel Berger)는 미국의 박정희 지지가 한국 안정에 기여할 뿐만 아니라 간접적이나마 한국 내부에서의 박정희의 합법성을 증진시켜줄 것이라고 판단했다.[23] 그러나 미국은 박정희의 민정이양 거부를 지속적으로 우려했다. 특히 박정희의 조카사위 김종필이 운용하던 악명 높은 중앙정보부의 권력, 영향력 및 방법과 관련하여 우려했다. 미국은 김종필을 민족주의적인, 반미적인, 좌파적인 인물일 가능성이 있다고 생각했다.[24]

한국의 베트남전쟁 참전

박정희는 미국의 베트남전쟁 참전 노력을 자발적으로 지원했다. 이는 미국의 신뢰뿐만 아니라 한반도 방위에 대한 미국의 강력한 공약을 확보하기 위함이었다. 베트남전쟁에 기여한 주요 국가였던 박정희 당시의 한국은 제한적이나마 자율성을 유지했다. 박정희가 추구하던 국내정치 및 경제 분야 의제와 관련하여 미국으로부터 암묵적인 동의를 얻을 수 있었던 것이다.

미국을 방문한 1961년, 박정희는 미국의 요청이 있는 경우 베트남에 한국군을 파병할 것이라고 말했다. 그 후 2년 뒤인 1963년 8월, 박정희는 미국이 베트남전쟁 파병을 요청하는 경우 경제 및 안보적 측면에서 파병하지 않을 수 없는 입장이라고 측근에게 말했다.[25] 미국이 파병을 요청하자 박정희는 1964년 5월과 12월 비전투부대를, 1965년 7월과 1966년 6월 전투부대를 파병하는 방식으로 이 같은 요청에 신속히 반응했다. 한국 국회는 안보 위험 가능성을 또는 이역만리 베트남 전쟁에 불필요하게 연루될 가능성을 이유로 파병을 우려했다. 그러나 박정희는 이같은 파병 반대를 쉽게 극복할 수 있었다.[26]

박정희는 베트남전쟁 파병 조치를 통해 경제 및 군사적 이득을 챙길수 있었을 뿐만 아니라 미국의 한반도 안보 공약을 보다 공고히 다질 수 있었다. 당시 미국이 한국에 제공해준 안보 공약에는 일정 수준의 주한미군 유지, 한국군 현대화 지원, 미군이 받는 것과 동일한 수준으로 한국군에 전투수당 지급, 한국군의 전사자와 부상자 보상이란 사실이 포함되어 있었다. 이들 미국의 안보 공약 가운데 일정 수준의 주한미군 유지가 박정희 입장에서 가장 중요한 부분이었다. 왜냐하면 박정희가 주한미군 철수로 인한 북한군의 남침 가능성을 매우 우려했기 때문이었다.

1967년 그는 다음과 같이 말했다. "베트남전쟁 파병을 결심한 보다 솔직한 이유를 말하겠습니다.…미국의 파병 요청에도 불구하고 파병을 거부할 수도 있었을 것입니다. 이 경우 한반도에 배치되어 있는 2개 미지상군 사단이 베트남으로 옮겨갈 것입니다. 한국군을 파병하지 않으면서 이 같은 주한미군 이동을 어떻게 막을 수 있었겠습니까? 막을 수 없었을 것입니다."[27]

베트남전쟁이 극에 달했을 당시 한국은 베트남에 50,000명의 한국군을 유지하고 있었다. 이는 미국이 파병한 55만 명 다음으로 많은 외국군이었다. 박정희가 베트남에 파병한 부대에는 한국 육군에서 가장 전투력이 뛰어났던 맹호사단과 백마사단이 포함되어 있었다.[28] 1965년과 1966년에 각각 파병된 이들 한국군 사단은 후방 피해지역의 질서복원과 재활을 주로 담당했다. 베트남에서 한국군은 1,171회에 달하는 대규모 군사작전과 576,000회에 달하는 중대 단위 작전을 수행했다. 이들 작전은 주로 베트남 해안지역의 미군 보급로를 방어할 목적의 것이었다.[29] 한국군의 베트남전쟁 참전에 소요되는 비용은 비교적 저렴했다. 예를 들면, 베트남에 한국군 병사 1명 유지하는데 매년 5,000달러가 소요되었는데 이는 미군 1명 유지에 필요했던 13,000달러와 비교하면 절반 이하 수준이었던 것이다. 미국 입장에서 보면 한국군의 베트남전쟁 참전은 경제적으로도 이득이었다.[30]

박정희는 한국군의 베트남전쟁 참전으로 미국으로부터 감사의 말을 들을 수 있었으며, 미국이 한국을 방기하지 않을 것이란 약속을 받아낼 수 있었다. 또한 박정희는 자신의 권위주의적인 통치와 관련하여, 경제 발전 노력과 관련하여 미국의 정치적 지원과 암묵적인 동의를 얻을 수 있었던 것이다. 한국군의 베트남전쟁 파병 조건에는 한국정부와 사전 협의 없이 주한미군을 감축하지 않을 것이란 약속, 한국에 대한 미국의 군사지원을 기존 수준으로 유지할 것이란 약속, 한국군의 베트남 운송에 필요한 비용을 미국이 지원해줄 것이란 약속이 포함되어 있었다.[31]

박정희는 한국의 베트남전쟁 지원 사실을 이용하여 한국군 현대화와 관련하여 미국의 지원을 얻을 수 있었다. 이들 지원에는 한국군 장비 현대화, 방어능력 개선, 장비 및 용역 관련 미국정부 계약 측면에서 한국 회사에 우호적인 조건을 보장해주는 일, 수출 촉진 차원에서 한국에 기술을 지원해주는 일이 포함되어 있었다.[32] 박정희는 자신에 대한 미국의 정치 및 군사적 지원을 이용하여 주한미군 감축을 막을 수 있었다. 한편 박정희는 베트남전쟁 참전 규모를 늘려달라고 미국이 요청하는 경우 그 조건으로 한국군의 능력 개선을 미국에 요구했다. 이처럼 박정희는 용의주도한 모습을 보였다.

김종필은 1972년 후반 F-5A 전투기 2개 대대를 베트남에 급파해달라는 주한 미국대사 필립 하비브(Philip Habib)의 사례를 거론했다. 한국공군이 운용하고 있던 이들 F-5A 전투기가 미국 자산이었음에도 불구하고 남부 베트남정부가 이들 전투기를 사용할 수 있도록 하고자 하는 경우 한국정부의 승인이 필요했던 것이다. 승인 조건으로 김종필은 F-5A와 비교하여 작전반경과 성능이 우수했던 F-4D 전투기 1개 대대를 제공해달라고 미국에 요청했다. 그 후 2년도 지나지 않아 남부베트남 정부가 멸망하자 F-5A 전투기 2개 대대가 한국으로 복귀하여 한국 자산이 되었는데 F-4D 전투기의 경우도 마찬가지였다. 특히 한국은 미국이 필요로 하는 부분을 지원해주면서 외화(外貨)를 벌어들이는 측면에서 재능을 보였다. 이들 모두가 한국에 도움이 되었으며, 한국의 능력 증진 측면에서 효과가 있었던 것이다.[33]

한일국교정상화

한국군의 베트남 파병으로 미국은 베트남전쟁 당시 미국의 아시아 전략에서 매우 중요한 요소였던 한국의 군사적 기여와 일본의 경제적 기여를 결합할 수 있었다. 1964년 10월과 1965년 5월 핵실험 이후의 중공군의 침략과 베트남전쟁 고조에 따른 나름의 압박으로 인해, 아시아에 대한 관심이 높아지면서 미국은 한일 양국의 화해 필요성을 절감했다.

박정희는 미국의 지원을 받아 한일국교정상화란 국내적으로 논란의 조치를 강구했다. 일본군 장교 출신의 박정희는 수십 년 동안 일본에 대항하여 독립운동을 하였던 이승만과 달리 한국의 경제 및 정치적 이익에 도움이 되는 실용적인 방안이라며 한일관계 개선을 선호하는 입장이었다. 일본총리를 역임한 기시 노부스케(岸信介) 또한 박정희의 지도 아래한일관계를 개선할 수 있을 것으로 생각하고 있었다. 그는 권위주의적지도자인 박정희가 한국의 국내정치를 잘 관리할 수 있을 것으로 생각했다. 기시는 다음과 같이 주장했다. "우리가 아무 것도 하지 않아 박정희가 실패하도록 방치하는 경우 심각한 결과가 초래될 것입니다. 방관하고있을 시점이 아닙니다."[34]

그러나 많은 일본인들은 한일국교정상화를 추진해야 할 별다른 필요성을 느끼지 못하고 있었다. 1965년 당시의 미국정부의 비밀문서가 주목하고 있는 바처럼 "대부분의 일본인들은 한일국교정상화의 절박성을느끼지 못하고 있었다. 경제적으로 번영을 구가하고 있던 일본의 경우한국시장이 없어도 문제될 것이 없었으며, 일본 안보는 미국의 한반도방위 공약으로 인해 별 문제가 없었기 때문이었다."[35]

따라서 동북아지역 미국의 두 동맹국 간의 국교정상화를 가능하게하는 과정에서는 미국의 지원과 관여가 대단히 중요한 의미가 있었다.한국인들이 한일국교정상화에 격렬히 반대한 결과 박정희가 한국에서심각한 불안정 상태에 놓일 수 있었다는 점에서 특히 그러하였다. 보다제한된 수준이었지만, 1950년대 이후 미국은 한일관계 개선을 위해 노력했다. 그러나 1964년 이전까지만 해도 미국은 한일국교정상화를 위해 적극 노력하지 않았다.[36] 미국은 베트남전쟁이 고조되고, 핵으로 무장한 중국이 보다 호전적으로 행동하자 1964년부터 1965년의 기간 공개및 비공개적인 방식 모두를 동원하여 한일국교정상화를 직접 지원했다.미국은 한일국교정상화 이후에도 한국을 지속적으로 지원해줄 것이라고말했으며, 공개 및 비공개적인 방식으로 박정희 정부를 지원했다. 또한미국은 한일 양국의 다양한 정파와 이익 집단들이 한일국교정상화 필요성에 동감하도록 만들 목적에서 막후에서 활동했다.

그럼에도 불구하고 일본 식민지지배의 합법성 여부, 즉 일부 경제적 차관 또는 보조금을 받는 대가로 식민지지배 관련 배상금을 포기해야 하는지 여부와 관련하여 협상 도중 박정희가 타협을 결심하자 한국인들이 대거 불만을 표시했으며, 학생들이 시위로 맞섰다. 한국인들의 분노를 초래한 또 다른 사안은 당시의 협정이 북한에 적용되지 않은 채 한국에만 해당한다는 사실, 한국 어민들의 어업 권한을 보장할 목적으로 이승만이 일방적으로 설정한 평화선을 포기하는 형태란 사실이었다. 1965년 4월 한일국교정상화 협정 초안이 거의 완벽한 상태로 외부 유출되었다. 그 내용을 확인한 한국인들이 일대 시위를 벌였으며, 한일국교정상화에 반대하는 조직, 즉 '한일 굴욕외교 반대투쟁위원회'를 결성했다. 이 위원회는 국회가 한일국교정상화 협정 비준을 거부하도록 만들고자 노력했다.[37]

주한 미국대사 사무엘 버거(Samuel D. Berger)와 주한미군사령관 해밀턴 하우제(Hamilton F. Howze)는 한일국교정상화 관련 한국인들의 불만이 매우 심각한 수준임을 고려하여 박정희에게 계엄령선포를 권유했다.[38] 1965년 말경 한일 양국 의회는 한일국교정상화 협정을 비준했다.

궁극적으로 한일국교정상화는 미국의 동맹국으로서의 한국의 중요성을 재확인해 주었다. 한국경제가 일본의 경제지원으로 발전하면서 박정희의 인기를 높여주었다. 결과적으로 박정희에게 도움이 되었다.[39] 한국은 재산청구권 차원에서 4,500만 달러, 차관과 보조금 차원에서 8억 달러를 받았다. 논란의 한일국교정상화 협정에 서명한지 불과 2년이 지나지 않은 시점인 1967년의 대통령 선거에서 박정희는 이전에 대통령을 역임한 윤보선과 경합하여 10%란 상당한 격차로 재선에 성공했다.

결과적으로 보면 18년 통치기간 가운데 절반에 해당하는 1960년대 당시 박정희는 비대칭적인 한미동맹 상황에서 탁월한 전략가이자 효과적인 협상가였다. 한미동맹이 체결된 이후 한반도에서의 미국의 가장 중요한 목표는 한반도 안정이었다. 이승만은 이 같은 미국의 근본 목표에 도전하는 형태인 남북통일을 추구하는 방식으로 한국의 자율성을 신장시키고자 노력했다. 그러나 박정희는 이처럼 하지 않았다. 박정희는 아시아에서 안보적으로 미국이 가장 중요하게 생각한 부분과 관련하여 정치 및 군사적으로 지원해주고, 그 대가로 정치, 경제 및 안보 이익을 얻고자 노력했다.

박정희는 미국에 저항하지 않았다. 박정희는 한미 양국을 보다 밀착시키고자 노력했던 것이다. 이 같은 그의 전략으로 인해 박정희는 민주주의보다 국가안보를, 자유방임주의 경제원칙보다 중앙집권적 계획수립을, 시민사회보다 국가적 차원의 억압을 우선시하는 방식으로 미국의 가치관에 근본적으로 도전할 수 있었다. 박정희는 이 같은 방식으로 통치할 정도로 자율성을 누릴 수 있었다.[40] 결과적으로 한국경제가 일대 비약할 수 있었다. 한국경제 비약은 장기적으로 한미동맹 안에서 한국이 보다 많은 발언권을 행사하도록 해주었다는 점에서 보면, 한국 입장에서 대단히 중요한 부분이었다. 그러나 결과적으로 보면 박정희 집권 나머지 절반 기간은 전반부와 비교하여 훨씬 시련이 많은 기간이었다.

1970년대 당시 박정희 외교정책의 도전과 응전

1960년대 당시의 국제 안보환경으로 인해 박정희는 자신을 미국의 아시아 및 베트남 전략 측면에서 필수적인 존재로 만들 수 있었다. 그런데 이 같은 국제 안보환경에 결국 변화의 바람이 불었던 것이다. 미군의 베트남 철수, 미중 화해, 1969년의 닉슨독트린으로 인한 아태지역에서의 미군 감축으로 박정희는 미국의 한국 방기 가능성을 우려했다. 뿐만 아니라 박정희는 자신의 권위주의적 통치에 미국이 점차 반대한다는 사실을 우려해야만 하였다.

　미군의 베트남 철수와 닉슨독트린으로 인한 국제 안보환경 변화로 1971년에는 미 7사단 병력 2만 명이 한국에서 철수했다. 이처럼 주한 미 지상군이 철수할 정도로 안보상황이 변했던 반면 박정희는 이 같은 상황을 반전시킬 능력이 없었다. 이 같은 사실로 인해 미국이 한국을 방기할 가능성이 있다는 박정희의 우려가 고조되었다. 1971년 박정희의 이 같은 우려는 북한을 지원하던 2개 주요 국가 가운데 하나였던 중국과 리처드 닉슨(Richard Nixon)이 화해를 추구했다는 사실로 인해 보다 악화되었다. 북경을 비밀 방문했다는 헨리 키신저(Henry Alfred Kissinger)의 발언에 반응하여 박정희는 서구 언론인에게 다음과 같이 고심하며 말했다. "언제까지 우리가 미국을 신뢰할 수 있을 것인가?"[41]

　닉슨의 북경 방문 이전 박정희는 미중화해 노력으로 한반도 상황이 손상되거나 영향 받지 않을 것임을 확인받고자 노력했다. 닉슨의 국가안전보장회의는 이 같은 박정희의 질문에 거의 3개월 이후 답변해주었다. 이는 박정희의 우려를 미국이 얼마나 경시했는지를 보여주는 부분이다. 그 후 박정희는 당시 상황에 관한 본인의 심정을 다음과 같이 기술했다. "이들 일련의 상황 전개는 한국인들에게 그 전례가 없는 위기를 암시하고 있다. … 이 같은 상황은 서구열강들이 한반도를 놓고 경합을 벌였던 1세기 전 조선왕조 최후의 어느 날을 연상시킨다."[42] [그림 2.2]는 1970년대 초반 한국에 대한 미국의 군사원조가 급격히 줄어들었음을 보여주고 있다.

　아시아의 세력이 재편되고 있다는 갑작스런 인식으로 인해 박정희와 김일성의 역사적인 상호작용뿐만 아니라 6.25 전쟁 이후 최초의 남북대화와 남북공동성명이 있었다. 당시의 단명한 데탕트를 남한과 북한이 추구했던 동기는 같지 않았다. 그러나 이들은 독자적으로, 평화적으로, '이념, 이상 및 체제'[43] 차이를 초월하는 형태의 민족일치에 입각하여, 남북통일을 추구해야 할 것이란 의미의 상호 선언에 동의했다. 당시 합의에서 중요한 부분은 한국이 아태지역의 지정학적인 변화에 반응하여 미국과 무관하게 주도적으로 남북관계 재정립을 추구했다는 사실이었다.

박정희는 또한 두 가지 측면에서 미국에 도전했다. 박정희는 유신헌법에 입각하여 권력 중앙집중화를 강화하는 방식으로 한국 민주화에 대한 미국의 열망을 거부했으며, 핵무기 개발을 추구했던 것이다. 박정희의 핵무기 개발 노력으로 한미안보관계가 심각한 위기에 처했다. 박정희는 안보와 자율성에 관한 본인의 열망을 결코 달성하지 못했다. 결과적으로 보면 한미동맹은 안보적 측면에서 한국에 도움이 되었다. 그러나 한미동맹은 박정희의 자주국방 노력 측면에서 보면 일종의 제약이었다. 결국 박정희는 핵무기 개발이 아니고 한미동맹을 선택했다.

마지막으로 1970년대 초반 박정희는 미국에 전적으로 의존하는 형태에서 탈피하여 중국과 소련에 손을 뻗칠 정도로 한국 외교정책의 다변화를 추구했다. 그런데 부분적으로 이는 북한을 보다 잘 관리하기 위함이었다. 이 같은 측면에서 보면 박정희의 노력이 냉전 종식 이후 중국 및 소련과의 국교정상화를 초래한 노태우의 북방정책의 근간을 마련해주었던 것이다.

남북한 데탕트 추구

박정희와 김일성 모두 미중 데탕트에 놀랐다. 그러나 이들이 놀란 이유는 상이했다. 진정 박정희는 미국이 한국을 방기할 가능성을 우려했다. 김일성이 미국에 대한 중국의 문호개방에 놀란 것은 사실이다. 그러나 한국과 비교하여 북한이 보다 막강하다고 생각했던 김일성은 미중 데탕트를 남북통일 기회로 생각했다. 이 같은 생각에서 남북한 지도자는

6.25 전쟁 이후 처음으로 남북한 직통전화를 개설한다는 놀라운 조치를 취했다. 남북한 간의 일련의 비밀회동 이후 1972년 7월 4일 남북공동성명이 발표되었다. 공동성명 첫 구절이자 가장 중요한 부분은 "외세의 강요와 간섭이 없는 가운데 독자적인 노력을 통해 남북을 통일시켜야 한다."는 부분이었다. 또 다른 두 가지 부분은 평화적으로 통일해야 하며, 이념과 제도적 차이를 초월하여 민족 일체성에 입각하여 통일해야 한다는 전제였다.[44]

박정희와 김일성 모두는 남북성명발표를 전술적인 성격으로 간주했다. 이 같은 측면에서 보면 이들이 추구한 목표는 상이했다. 박정희는 본인의 철천지원수와의 데탕트를 통해 한반도 긴장완화와 더불어 방위산업 육성과 핵무기 개발 촉진 형태로 자주국방 달성에 필요한 시간을 벌고자 노력했다.[45] 김일성은 박정희 정권을 약화시키고 전복시킬 목적으로 박정희에 대한 한국인들의 불만을 이용할 수 있을 것으로 생각했다. 마찬가지로 김일성은 주한미군을 철수시킬 목적으로 미중화해 노력을 이용할 수 있을 것으로 생각했다.[46]

주한미군 철수에 관한 김일성의 입장은 "닉슨 대통령 재임 기간 동안 모두는 아닐지라도 대부분의 미군이 한반도에서 철수하게 될 것이다."[47]는 키신저와 저우언라이의 1971년 7월 대화에 부분적으로 기인했다. 키신저는 저우언라이와의 또 다른 회동에서 다음과 같이 말했다. "극동 지역에서의 긴장이 지속적으로 완화되는 경우 한반도에는 매우 소규모 미군이 주둔하게 될 것으로 기대된다."[48] 김일성은 이 같은 목표 달성 차원에서 남북관계 개선을 통해 한국에 거짓 평화를 유도하고자 노력했다. 이는 그 후 박정희에 대항하는 민주화 세력을 이용하여 한반도 전체를 장악하는 형태로 북한 주도 남북통일을 이루겠다는 김일성의 계획에 따른 것이었다.

남북한 가운데 어느 측도 진정한 의미에서 상대방을 인정하려 하지 않았다는 점에서 당시의 남북관계 진전은 단명했다. 이 같은 단명은 당연한 현상이었다. 1972년 후반 박정희는 한국사회에 독재를 강요하고 모든 반대세력을 진압했다. 결과적으로 박정희에 대항한 민주화 봉기 가능성이란 김일성의 비현실적인 기대는 불가능해졌다. 1973년 여름 남북한 양측은 남북공동성명에서 합의한 원칙을 준수하지 않는다며 상대방을 비난했다. 한편 남북관계는 북한이 미국과의 직접 대화 목적으로 한국을 배제시키고자 노력함에 따라 남북공동성명 발표 이전 상태로 복귀했다.[49] 남북경쟁이 미중 데탕트로 초래된 국제정치 환경 격변으로 보다 복잡하고 미묘한 형태가 되었다. 남북한 양측은 외교적 지원을 얻을 목적으로 세계적 차원에서 상호 경쟁했다. 또 다른 한편에서 보면 남북한 양측은 자신의 정당성과 도덕적 우위 강화를 추구하면서 상대방의 약점을 공략하고자 노력했다.

유신헌법: 미국의 압력에 대항한 국내 통치력 강화 조치

국제 안보환경의 급격한 변화를 보며 박정희는 자신의 권력을 위축시킬 수도 있던 견제와 균형을 염두에 둔 제도를 근본적으로 제거해야 할 것이라고 생각했다. 박정희가 유신헌법을 선포한 것은 이 같은 이유 때문이었다. 그런데 유신이란 명칭은 일본의 메이지유신에 부분적으로 영감을 받은 것이었다. 새로운 유신헌법에서는 박정희에게 장기 통치를 허용해 주었으며, 국회의원 가운데 1/3을 임명할 권한을 부여해주었다. 박정희가 거의 제약 없이 포고령을 통해 국가를 통치할 수 있게 해주었다. 이 같은 박정희의 통치를 중앙정보부 및 대통령경호실과 같은 강압적 성격의 치안조직이 뒷받침해주었다.[50]

유신헌법을 보면 박정희가 국가 내부의 도전과 이견을 점차 묵인하지 않을 것임을 알 수 있다. 박정희는 또한 경제근대화 추진 수단으로서 뿐만 아니라 악화되고 있던 안보환경과 북한의 적극적인 군사도발에 대응할 목적으로 유신헌법을 공표했다. 많은 외부 관측가들은 박정희가 영구 집권을 추구했다고 생각했다. 그러나 본인의 일기(日記)와 측근들의 증언에 입각해보면 박정희가 영구 집권을 꿈꾸지 않았을 가능성이 있다. 박정희가 유신헌법을 일시적인 조치로 간주했을 가능성이 있다. 처음에 박정희는 김종필에게 다음과 같이 말했다. "강력한 저항이 있을 것입니다. 그러나 후세 사람들은 우리가 격변의 10년을 잘 극복했다고 말할 것입니다. 이 같은 국가적 위기를 극복하는 순간까지만 유신헌법을 적용하게 될 것입니다."[51] 또 다른 증언에 따르면 1980년대 초반에서 중반에 이르는 기간 박정희는 자주국방과 자립경제를 정착시키고, 핵무기를 개발한 후 대통령 직책에서 물러나기를 원했다.[52]

유신헌법을 선포했을 당시 박정희는 자신에게 도전할 가능성이 있던 엘리트 집단의 충성심을 유도하기 위해 권위주의적인 통치를 강화하고자 했다. 이 같은 목적에서 박정희는 정보기관 이용과 언론통제와 더불어, 각개격파란 방법을 사용했다. 이들 방법의 혼합사용으로 박정희 휘하 사람들이 박정희의 자비(慈悲)에 의존하지 않을 수 없었으며, 한국정치가 박정희 수중으로 들어갔던 것이다. 그럼에도 불구하고 많은 한국인들이 박정희의 이 같은 조치에 저항했는데 특히 대학생, 종교기관, 노동자 계층이 그러했다. 제도권 밖에서 야당 국회의원들과 일부 연대하고 있던 이 같은 네트워크가 폭넓은 지지 기반 아래 박정희의 극단적인 조치에 저항했다.[53]

국제사회 수준에서 보면 보다 강력한 독재를 겨냥한 박정희의 조치로 한미관계가 보다 긴장되었다. 그러나 아이러니하게도 박정희는 미국의 지원 축소와 미군 철수 위협을 보며 미국에 대한 경외심을 점차 줄여나갔다. 마찬가지로 박정희는 자신의 통치력 강화 열망을 제약하던 모든 외적인 부분을 제거했다. 역설적인 현상이지만 박정희의 이 같은 노력은 김일성 치하 북한의 정치권력 집중화와 다름이 없었으며, 이것에 영향을 받은 측면이 컸다. 이는 남북대결이 격화되고 있다는 사실 때문이었다. 뿐만 아니라 이는 박정희가 남북한 국력 격차와 한국의 대미 의존도를 줄이고자 노력한 결과였다. 미군의 베트남 철수와 아태지역 감축으로 한국의 대미(對美) 지원이 미국의 아태지역 목표 측면에서 차지하는 정치적 의미가 또한 반감되었다. 미국의 반대에도 불구하고 박정희가 중앙집권적인 통제력을 강화할 수 있었던 것은 경제 및 군사적 측면 모두에서 한국의 대미 의존도가 상대적으로 줄어들었기 때문이었다. 그런데 이는 부분적으로 박정희의 경제근대화 노력 덕분이었다. 베트남전쟁 참전으로 인한 경제 및 안보적 이득 덕분이었다. 아직도 미국은 한국 입장에서 가장 중요한 국가였으며, 북한 위협에 대항한다는 측면에서 가장 중요한 버팀목이었다.

그러나 이 같은 미국의 지원에도 불구하고 한국의 국력 신장으로 미국이 한국에 대해 누릴 수 있는 영향력은 감소했다. 따라서 한국의 대미 의존도는 더 이상 절대적인 형태가 아니었다. 이 부분과 관련하여 1975년 주한 미국대사 리처드 스나이더(Richard L. Sneider)는 다음과 같이 말했다. "미국이 인지하지 못하고 있지만 한국은 중견국가가 되고 있습니다. 경제가 매우 방대한 수준이란 점에서 보면, 한국은 더 이상 미국의 보호국이 아닙니다."[54]

그러나 북한 김일성과 달리 박정희는 미국의 반대로 한국 정치체제를 중앙집중화할 수 없었다. 미국은 공개 및 비공개적으로 박정희를 비난했으며, 박정희의 행동에 이의를 제기했다. 그런데 박정희는 미국이 제공해주는 안보 대안 이외에 또 다른 대안이 없는 상태였다. 박정희와 달리 김일성은 북한의 충성심을 사로잡기 위해 상호 경쟁하고 있던 중국과 소련이란 자신의 후원 세력들을 적절히 이용할 수 있는 입장이었다. 이 같은 목적에서 김일성은 중소분쟁을 이용했다. 이 같은 방식으로 김일성은 중국과 소련이 북한 내정에 간섭하지 못하도록 만들 수 있었다.

한국의 정치체제를 보다 더 중앙집중화시키고자 노력하면서도 박정희는 주한미군의 지속 유지와 관련하여 미국 내부에서 정치적 지원을 얻기 위해 점차 극단적인 수단을 강구했다. 여기서 주목해야 할 부분에 코리아게이트로 알려져 있는 직접적이고도 불법적인 미 의회 로비사건이 있다. 당시 사건에서 한국의 고위급 관리는 보다 강력한 한반도 방위 공약을 보장받을 목적에서 미 의회 요원 수백 명에게 수십만 달러 규모의 뇌물을 제공했다. 이 사건으로 1970년대 당시 한미관계가 보다 더 소원해졌다.

그럼에도 불구하고 1978년 카터는 한미 양국의 군사력을 통합적으로 지휘 통제하는 형태의 한미연합사령부 창설에 동의했다.[55] 이외에도 카터는 미국의 경제 및 군사 지원 재개를 제안했는데 여기에는 보다 많은 제트 전투기 판매가 포함되어 있었다.[56] 카터가 주한 미 지상군 철수를 강력히 추진하던 1979년 한미관계는 최악을 기록했다. 물론 카터는 미 정부 관리들의 반대뿐만 아니라 박정희의 저항으로 이 같은 계획을 완벽히 이행하지 못했다. 1979년 여름 회동에서 박정희는 주한 미 지상군 철수 계획을 재고할 것이란 카터의 발언에 보답한다는 차원에서 GDP 대비 6% 이상의 국방비 사용뿐만 아니라 민주화 조치를 약속했다.[57]

외교관계 다변화: 북방정책 시작

노태우(1988-1993)가 북한을 압박할 목적으로 중국 및 소련과 외교관계 정상화를 추진하기 위한 정책, 즉 북방정책이란 업적을 이룬 주요 인물로 거론되고 있다. 그러나 이 정책을 처음 시작한 사람은 박정희였다. 베트남전쟁에 참전하고 있던 미군 병력이 줄어들고 있던 상황에서 미국의 아태지역 정책이 바뀌자 동아시아 세력균형에 관한 한국의 인식이 또한 바뀌었다. 1972년 박정희의 외교안보특별보좌관 함병춘은 포린어페어스에 기고한 글에서 다음과 같이 주장했다. "미소를 중심으로 강력한 블록을 형성하는 양극체제란 특성의 냉전이 미군의 베트남전쟁 참전이 종료될 당시에는 분명히 말해 종말을 고하고 있었다."[58] 이 같은 사실을 고려하여 박정희 정부는 거의 전적으로 미국과 긴밀한 동맹관계를 유지한 채 공산세력에 대항하는 형태의 외교정책에서 탈피했다. 박정희 정부는 북한을 고립시키기 위해 중국 및 소련과 관계를 정상화할 목적의 보다 융통성 있는 정책으로 전환했다.[59]

박정희 정부는 닉슨독트린이 발표된 1969년 이후 먼저 중국, 러시아, 여타 공산국들과 한국의 관계를 검토했다. 대만과의 더 이상 접촉 확대를 저지했다. 그러면서 공산국 관리들과 한국 관리들이 접촉할 수 있도록 했다.[60] 1971년 김용식 외무부장관은 중국 및 소련과의 국교정상화 문제를 융통성과 진지성 있게 다룰 것이라고 말했다.[61] 1973년 6월 23일, 박정희는 한국의 외교정책 관련 특별 담화에서 다음과 같이 말했다. "한국은 호혜성과 동등성이란 원칙에 입각하여 지구상 모든 국가에 문호를 개방할 것입니다. 동시에 우리는 우리와 이념 및 사회적 제도가 다른 국가들도 우리에게 문호를 개방할 것을 강력히 촉구합니다."[62]

박정희가 외교정책 변화를 추구했던 것은 미국의 한반도 방위 공약이 신뢰할 수 없는 상황이 되었으며, 북한을 보다 잘 억제 및 압박하기 위해 북한의 후원국인 중국 및 소련과 관계를 정상화할 필요가 있다는 인식 때문이었다. 본질적으로 이는 북방정책의 효시로서 한국이 냉전 대립의 반대편에 서있던 숙적인 중국 및 소련과의 관계를 탐색할 수 있는 기저를 마련해주었다.

박정희의 이 같은 시도로 중국 및 소련과 한국의 관계가 곧바로 개선된 것은 아니었다. 그러나 중국과 소련이란 공산주의 주요 열강과의 초기 접촉 단계는 박정희 재임 기간 동안 시작되었다. 1973년 소련은 한국

예술인과 학자, 운동선수들이 소련의 콘퍼런스 또는 시합에 참석하도록 해주었다.[63] 1974년 중국은 조선족들이 한국의 친척들과 서신을 교환할 수 있도록 해주었으며 유엔에서 남한을 한국으로 지칭하기 시작했다.[64] 중국은 또한 조선족들이 한국을 방문하거나 한국으로 귀화할 수 있도록 해주었다.[65] 박정희 집권 말기 한국은 사소하나마 교육, 운동 및 문화 교류를 소련과 시작했으며, 중국과 간접 교역관계를 시작했다. 그러나 박정희의 이 같은 노력은 중소분쟁의 격화로 한계가 있었다. 중국과 소련 모두는 북한과 우호적인 관계를 유지할 필요가 있다는 사실로 인해 한국과의 보다 긴밀한 관계를 꺼려했다. 중국 또는 소련이 한국과 관계 개선을 추구하는 경우 북한이 이 같은 측과의 관계를 멀리한 후 또 다른 공산 열강 편에 설 가능성이 있었기 때문이었다. 중소분쟁 기간 동안 북한은 자국을 놓고 소련과 중국이 상호 경쟁하도록 만들 수 있었다.

자주적 안보와 핵무기 획득 추구

미국의 닉슨독트린에 대응하여 박정희가 강구한 가장 극단적인 조치는 핵무기 개발 추구였다. 1969년부터 한국 정부는 핵무기 개발을 논의했다.[66] 1970년경 박정희는 김종필에게 다음과 같이 말했다. "미군이 언제 한반도를 떠날지 모른다는 점에서 핵무기를 연구할 필요가 있어요. 미국이 이 같은 노력을 중지시키는 경우에도 핵무기 개발 기술은 갖게 될 것입니다."[67] 박정희는 미국이 이스라엘을 암묵적으로 핵 국가로 인정한 것과 마찬가지로 핵무기를 개발하는 경우 한국을 핵 국가로 인정하지 않을 수 없을 것이라고 생각했다.[68] 박정희는 또한 철권통치와 핵무기 개발을 통해 안보, 외교정책 측면에서의 독립과 더불어 프랑스의 명성을 회복시킨 사람으로 자신이 크게 추앙했던 드골 대통령 사례를 보며 고무되었다.[69]

그러나 박정희가 핵무기 개발 결심을 쉽게 내린 것은 아니었다. 박정희는 주한미군 감축과 관련된 미국의 노력을 되돌리기 위해 상당한 노력을 기울인 이후에나 핵무기 개발을 결심했던 것이다. 박정희가 미국의 한반도 방위 공약의 신뢰성을 의심하게 된 것은 북한 군사도발의 빈도와 강도가 높아지는 상황에서였다. 1960년대 당시 북한은 '4대 군사노선'에 입각하여 군사력 구축을 완료하고는 1960년대 후반에는 일련의 군사도발을 감행했다. 여기에는 1968년 1월의 박정희 암살 시도와 미 정보수집함 푸에블로호의 공해상 납치, 무장공비 침투, 1969년의 미 정찰기 EC-121 격추, 1970년 6월 연평도 부근에서 한국 초계정을 납치한 사건이 포함되어 있었다.[70]

이외에도 1960년대 당시 미국이 대량응징보복에서 유연반응으로 핵전략을 바꿨다는 사실이 미국의 한반도 방위 공약에 관한 박정희의 의혹을 부채질했다. 이 같은 전략 변화를 통해 미국은 전쟁 억제 목적의 핵무기 전진배치 정도를 줄였던 것이다.[71] 1971년에는 비밀리에 중국을 방문했다는 키신저의 선언이 있었다. 이 같은 선언이 미국이 한국을 방기할 가능성이 있다는 박정희의 우려를 보다 더 부채질했다.

결과적으로 박정희는 방위산업 육성 차원에서 국방과학연구소를 창설했을 뿐만 아니라 첨단무기를 개발한 후 박정희에게 직접 보고할 목적의 은밀한 형태의 무기개발위원회를 만들었다. 그런데 이곳에서 궁극적으로 박정희에게 핵무기 개발을 권유했다.[72] 1972년 9월 박정희는 핵연료 개발계획에 관한 보고를 받았는데 여기에는 핵무기 개발 계획이 포함되어 있었다. 1972년 후반부터 1975년의 기간, 박정희 정부는 해외 한국인 핵과학자를 유치하고, 프랑스와 핵물질 재처리 기술 및 시설 획득 거래에, 캐나다와 중수로 획득 거래에, 서명하고자 노력했다. 박정희는 1970년대 후반부터 1980년대 중반의 기간에 한국이 핵무기를 보유할 수 있기를 희망했다.[73]

처음 몇 년 동안 박정희의 핵무기 개발 노력은 순조롭게 진행되었다. 그러나 미국 정부가 1974년 5월의 인도 핵실험에 자극을 받았다. 결과적으로 미국 정부는 지구상 국가 가운데 핵무기 개발 가능성이 있는 국가를 식별하기 위해 노력했다. 곧바로 한국의 핵무기 개발계획이 감지되었다. 1974년 말경 주한 미국대사관은 박정희가 핵무기 개발을 추구하고 있다고 판단했으며, 1975년 3월 초순에는 미국정부 연구에서도 동일한 결론에 도달했다.[74] 핵무기 개발 관련 기술 획득을 위한 한국의 노력은 결과적으로 보면 감출 수 없었다. 미국과 캐나다의 한국인 핵과학자를 포함한 핵과학자들이 갑자기 한국을 방문한 것이다. 또한 박정희 정부가 핵물질 재처리 및 중수로 관련 기술과 장비를 놓고 프랑스 및 캐나다와 협상을 시작하면서 외부 관측가들이 쉽게 상황을 감지할 수 있었던 것이다. 더욱이 김종필에 따르면 핵무기 개발에 관여 했던 많은 사람들이 자발적으로 자신들의 활동을 외부에 노출시켰던 것이다.[75]

처음에 미국은 박정희의 핵무기 개발 노력에 경악했다. 그러나 미국은 차분히 대응했다. 미국은 1975년 봄의 대부분 시간을 한국의 핵무기 개발 문제와 관련하여 내부 논쟁하며 보냈던 것이다. 처음부터 주한미국 대사관은 보다 구체적인 조치를 취하라고 미국 정부를 압박했으며, 주저할 필요가 없다고 주장했다. 그러자 1975년 4월 미국은 프랑스로 하여금 한국과의 핵무기 관련 거래를 중단하도록 만들기 위한 노력을 전개했다.[76] 최종적으로 미국은 박정희 정부로 하여금 핵확산금지조약(NPT)에 서명하도록 만들 수 있었다.

한국이 이 조약에 서명했다는 사실은 긍정적이었다. 그러나 미국이 가장 우려했던 부분은 박정희가 핵물질의 민간 분야 이용을 빙자하여 핵무기를 획득할 의도가 있다는 사실이었다. 가장 논란이 되었던 부분은 한국정부가 민수용으로 프랑스로부터 핵물질 재처리 기술 및 시설 획득을 고집하고 있다는 사실과 관련이 있었다. 핵물질 재처리 기술을 보유하는 경우 플루토늄 기반 핵무기를 쉽게 개발할 수 있을 것이기 때문이었다.

1975년 여름을 기점으로 미국은 프랑스와의 핵 거래를 중단하라고 박정희를 설득하기 위한 노력을 강화했다. 처음에 미국은 한국이 핵무기 개발계획을 포기하는 경우 핵 기술과 원조를 보다 많이 제공해주며, 수출입은행에서 수억 달러를 융자해주고, 한국이 다국적 성격의 지역 재처리 공장의 일부가 될 수 있도록 한다는 등의 보상 방안을 제시했다.[77] 한국을 방문한 1975년 8월 제임스 슐레진저(James Schlesinger) 미 국방부장관은 박정희의 핵무기 개발 노력을 직접 비난하지는 않았다. 그러나 그는 "한미 정치관계를 악화시킬 수 있는 유일한 부분은 한국의 독자적인 핵무기 획득 노력일 것이다."[78]고 경고했다. 아직도 한국은 프랑스와의 거래는 이미 완료된 것이며, 이것이 평화적 목적이라고 주장하면서 미국의 거래 중단 요청을 지속적으로 거부했다.

1975년 12월경, 미국은 접근 방식을 바꾸어 압박 전략에 호소했다. 미국은 박정희 정부가 프랑스와의 거래를 취하하지 않는 경우 매우 심각한 결과가 초래될 것이며, 한미관계를 전면 재검토할 것이라고 반복적으로 경고했다.[79] 김종필의 말에 따르면 미국은 강력한 제재를 거론하며 한국을 위협했다.[80] 1976년 초순 박정희는 자세를 낮추고는 1월 재처리 시설 관련 거래를 포기했다. 동년 12월에는 핵무기 개발계획의 상당 부분을 줄이거나 폐기했다. 박정희가 사망한 1979년 이전까지 그 규모를 대폭 줄였지만 한국은 핵무기 개발계획을 지속했다.

핵무기 획득 노력과 더불어 박정희는 국방비를 GDP 대비 5%에서 7.5% 수준으로 상향시켰다.[81] 1976년 한국의 국방비가 2배 급증하면서 1977년에는 10억 달러에 달했다. 결과적으로 북한 국방비를 상회했다. 그러나 아직도 한국의 군사력은 양적 및 질적인 측면 모두에서 북한에 뒤쳐져 있었다.[82] 주한미군 전력을 포함시키는 경우에만 북한과 비교하

여 한국이 우위에 있었다. 당시 북한의 전쟁 도발을 저지시킨 유일한 부분은 주한미군이었다.[83]

전두환: 핵무기 개발계획 포기, 한미동맹 재확인, 북방정책 진전

박정희의 핵무기 개발 노력으로 한미동맹의 근간이 흔들렸다. 그러나 박정희가 살해된 1979년 이후 전두환 정부와 레이건 행정부가 긴밀한 관계를 유지하면서 한미동맹이 재차 활기를 띠었다. 군 지휘관 출신의 전두환은 박정희와 마찬가지로 폭력과 반대세력 진압을 통해 1979년에 권력을 장악했으며, 1980년에 대통령이 되었다. 전두환은 정권 유지에 필요한 정당성이 결여되어 있었다는 점에서 미국의 지원이 필요했다. 레이건 대통령은 자신의 최대 정적인 민주화운동가 김대중의 목숨을 살려줄 것이란 전두환의 언질에 대한 보상으로 한국에 대한 안보 지원을 보장했다. 뿐만 아니라 1981년 2월에는 레이건 행정부 최초의 백악관 국빈방문 손님으로 전두환을 초청했다. 결과적으로 전두환의 정당성이 대거 고양되었다.

그러나 한국인들이 레이건의 전두환 포용을 보며 미국을 비난했다. 이들은 미국이 민주화운동가보다 권위주의적 지도자를 지원하는 현상을, 1980년 5월에는 민주주의 회복을 촉구했던 광주 시민들에 대한 공수부대원들의 대거 학살을 노골적으로 묵인하는 현상을 지켜보았다. 레이건은 자신의 전임자인 카터가 우려한 한국의 인권상황을 간과하고는 한국에 신뢰할만한 수준의 안보를 약속했다. 레이건은 더 이상 주한미군 철수가 없을 것이라고 말했으며, 한국에 배치되어 있던 미 전술 핵무기를 1982년까지 철수할 것이란 카터의 결심을 백지화시켰다. 또한 레이

건은 한국에 더 많은 첨단 무기체계를 제공해주었다.[84]

한미동맹이 활성화되자 전두환은 박정희가 추진했던 핵무기 개발계획을 모두 백지화시켰다.[85] 또한 전두환은 방위산업 육성정책을 포기한 후 미국 무기 수입 정책으로 회귀했다.[86] 전두환 당시의 한미관계 복원은 핵무기 개발 관련 한국의 사고 측면에서 일대 분수령에 다름이 없었다. 1981년의 정상회담 도중 레이건-전두환이 서명한 공동성명에서는 미국과 북한의 모든 남북통일 관련 논의에 한국이 완벽히 참여할 것임을 강조하고 있었다.[87] 한미 안보협력이 또한 증대되었다.[88] 한편 레이건 행정부는 한국이 핵무기 개발을 완벽히 중지할 것인지 여부에 따라 한미 안보관계 개선이 좌우될 것임을 분명히 했다. 1982년의 양국 국방부장관 공동성명에서 또한 "한국이 미국의 핵우산에 의존할 것임을 분명히 했다."[89] 레이건의 1983년 한국방문 기간 거의 마지막 순간에 나온 공동성명에는 한국안보가 동북아지역 안정 측면에서 '중심적인 부분(Pivotal)'이며, 미국의 안보에 '사활적인 의미(Vital)'가 있다는 사실이 처음으로 명시되었다.[90]

전두환은 박정희와 마찬가지로 한미동맹 활성화와 더불어 한중 및 한소관계 개선을 지속적으로 추구했다. 1981년 전두환은 "한국이 이념이 다르더라도 적대적인 태도를 견지하지 않는 국가와 인적 및 물적인 교류를 할 의향이 있다."[91]고 말했다. 1982년 3월 노신영 외무부장관은 "서울올림픽을 계기로 한국이 중국, 소련, 쿠바를 포함한 10개 공산국가와 외교관계를 개설할 것이다."[92]고 말했다. 사실 북방정책이란 용어를 1983년에 만든 사람은 노신영의 후임자인 이범석 외무부장관이었다.[93] 전두환 정부 입장에서 보면 공산세력의 2대 거두였던 소련 및 중국과의 관계 설정은 "주요 외교과제"[94]였다.

1982년 한국은 북방정책 추진 관련 선의의 제스처로서 중국, 소련, 여타 공산국가들에게 최혜국 지위를 일방적으로 부여했다.[95] 1983년 한국은 대만 망명을 추구하던 중국인이 개입된 항공기 공중 납치사건을 이용하여 중국 고급관리들과의 추가 접촉을 시도했다. 이 중국 민항기는 서울 부근 미군 기지에 착륙했다. 한국은 이 문제를 처리할 목적으로 중국공산당 고위급 사절단을 초청했다. 당시는 한중 양국의 관리들이 직접 접촉한 최초의 경우였다. 양측은 항공기 납치범을 한국 영토에서 심판할 것이며 납치범을 제외한 항공기와 승객을 중국으로 되돌려 보내기로 결정했다.[96] 같은 해 중국은 국제기구가 지원하는 학술회의와 같은 중국 행사에 한국관리들의 참석을 허용하기 시작했다.[97] 1984년 3월, 한중 양국은 소위 말하는 테니스외교를 시작했다. 당시 한국 테니스 팀이 중국과의 경기를 목적으로 곤명(昆明)을 방문했다.[98] 1985년에는 한국기업들이 중국에 직접 투자하기 시작했으며, 한중간 간접교역이 북중교역 규모를 상회했다.[99]

한소 양국의 관계 진전은 일정하지 않았다. 소련이 대한항공 소속 민항기 007기를 격추시켜 모든 민간인을 사망하게 한 1983년에는 한소관계가 최악에 달했다. 그러나 1984년 한국은 한국관리들이 소련관리들과 접촉할 수 있도록 해주었다. 이 같은 방식으로 한소관계를 조심스럽게 개선했다. 당시 한국은 소련의 콘퍼런스에 대표단을 보냈으며 소련관리들을 한국에 초청했다.[100] 한중관계와 마찬가지로 한소관계는 서서히, 조심스럽게, 조용히 개선되었다. 그럼에도 불구하고, 전두환은 박정희가 이루어놓은 부분을 이용할 수 있었다. 마찬가지로 전두환은 노태우가 1980년대 말경의 범세계적인 전략 환경 변화를 이용하여 소련 및 중국 모두와 국교정상화를 이룰 수 있는 토양을 마련했다.

박정희 정부와 달리 전두환 정부는 북방정책의 일환으로 북한을 보다 긍정적인 시각에서 접근할 필요가 있다는 사실을 이해하고 있었다. 이는 매우 중요한 부분이었다. 대통령에 취임한 전두환은 공산국가들을 겨냥한 북방정책과 포용전략을 연구할 목적으로 일련의 전문가들을 결집시켰다. 이들은 북방정책이 성공을 거두고자 하는 경우 공산국가들에 화해와 협력의 손길을 뻗침과 동시에 남북관계를 개선할 필요가 있다는 결론을 내렸다.[101] 그러나 전두환은 이들의 연구 결과가 완료되기도 이전인 1982년 본인이 1981년에 한 것과 유사한 형태의 통일 및 상호협력 관련 계획을 발표했다.

당시 전두환이 제안한 부분에는 남북한 고위급 대표들로 구성되는 통일 콘퍼런스 개설이 포함되어 있었다. 당시의 제안으로 남북통일, 민주주의와 자유를 염두에 둔 통일헌법의 기초가 마련되었다. 당시의 제안에는 이 같은 헌법 차원의 계획을 공고히 하고, 최종적으로 단일 정부를 구성하기 위한 국가적 차원의 선거를 통해 통일을 이룰 목적으로 남북한 전 지역에서의 자유롭고 민주적인 선거를 제안했다. 전두환은 또한 무력사용 포기, 내정불간섭, 경제교류와 인적교류를 촉구했다.[102]

그러나 이 같은 전두환의 제안에 북한은 반응하지 않았다. 그와는 달리 1983년 10월 북한은 미얀마 양곤에 있던 아웅산기념관을 방문하던 전두환과 그의 각료를 살해하고자 노력했다. 전두환은 예정보다 약간 뒤늦게 도착한 결과 살아남을 수 있었다. 그러나 북한이 장착한 폭탄이 폭발하면서 전두환 정부의 고위급 각료 가운데 많은 사람이 사망했다.

그러나 박정희를 살해할 목적으로 김일성이 무장공비를 서울에 침투시킨 이후 박정희가 취한 조치와 달리 전두환은 강경 대응하지 않았다. 전두환은 지속적으로 북한에 화해의 손길을 내밀었다. 한국에 수재가 발생한 1984년 전두환은 북한의 수재 지원 제의를 받아들였다. 1985년에는 최초로 남북 이산가족 상봉이 있었다. 동년 전두환은 김일성과의 정상회담을 제안했다.[103] 전두환 정부 임기 나머지 기간과 노태우 정부 임기 동안 이들 두 대통령은 조용히 북한과 대화의 채널을 유지했다.[104]

그러나 남북관계 측면에서의 모든 진전이 북한의 도발로 좌절되었다. 1987년에는 2명의 북한 공작원이 장착한 폭탄으로 대한항공 858이 공중 폭파하면서 탑승자 전원이 사망했다. 남북관계는 노태우가 대통령 직책을 시작한 1988년 이전까지 더 이상 진전이 없었다. 노태우 정부는 한소 및 한중관계 개선을 북한을 겨냥한 지렛대로 사용할 수 있었다.

한국의 국력 변화가 자주-동맹 역학에 미친 영향

안보적으로 취약한 상태에 있던 한국은 보다 막강한 후원국의 보호가 필요했다. 건국 대통령 이승만이 끊임없이 북진통일 열망을 표방했던 당시에도 상황은 마찬가지였다. 고집스러울 정도의 이승만의 북진통일 주장이 실현성이 있었는지는 의문이다. 그러나 정전협정을 거부했으며, 공산주의자들과 무한정 싸울 것이란 이승만의 의지를 보며 미국은 한국의 안보 차원에서 상당한 수준의 경제 및 군사적 지원을 제공해주었다. 뿐만 아니라 미국은 한국에 정치적 공약을 해주었던 것이다. 일종의 아이러니이지만, 미국이 한국 안보에 열의를 보였던 것은 공산세력의 침략에 대항한 보루로 한국을 유지할 필요가 있었다는 사실과 이승만을 불신했다는 사실 때문이었다.

이승만과 달리 박정희는 한미동맹 안에서 자율성을 천명하고, 국내적으로 자신의 위상을 지키는 등 한미동맹을 적절히 관리했다. 물론 동맹과 자율성의 관계에 관한 박정희의 구체적인 표현뿐만 아니라 이들 동맹과 자율성에 부여한 비중이 변하면서 점차 박정희와 미국이 보다 많은 갈등을 보였다. 박정희 입장에서 보면, 베트남전쟁 파병 결심과 한일국교정상화 관련 결심이 적지 않은 의미가 있었다. 이들 결심이 박정희 정권의 경제개발 계획에 크게 기여했던 것이다. 한편 한국군의 베트남전쟁 파병 및 한일국교정상화 관련 한미 공조가 미국이 한반도 방위 공약을 지속적으로 유지하는 과정에서 도움이 되었다.

그러나 닉슨독트린과 미중화해로 안보상황이 바뀌면서 1970년대 당시 박정희는 색다른 결심을 내려야만 하였다. 1972년의 남북성명, 핵무기 개발 추구, 소련과 중국에 점차 손을 뻗친 행위 모두는 박정희가 점차 미국의 한반도 방위 공약을 신뢰할 수 없게 되었음을 의미했다. 이들 행위는 미국이 한국을 방기할 가능성을 보다 우려하게 되는 등 변화된 전략 상황에 대한 박정희의 반응으로 볼 수 있었다. 박정희 대통령 당시 국내정치는 민주화 이후와 달리 크게 부각되지 않았다. 그러나 당시에도 국내정치가 주요 의사결정에 영향을 미쳤다. 특히 박정희의 한일관계 관리와 관련하여 그러했다. 왜냐하면 박정희의 경우 한일국교정상화 관련 자신의 결심에 대한 한국인들의 불만을 해소시켜야만 하는 입장이었기 때문이다. 한편 미국 주도 동맹 구조로 인해 한국의 경제발전이 가능해졌다. 한국의 수출주도형 산업화가 일본 자본 및 기술과 미국시장 덕분이었기 때문이었다.

1970년대 말경 한국은 미국이 자국을 방기할 가능성을 우려했다. 이같은 상황을 고려하여 박정희는 핵무기 획득을 통한 자주국방 형태로 자율성을 추구했다. 이 같은 사실로 인해 한미 간의 후원-피후원 관계가 거의 붕괴 직전 상태가 되었다. 이 기간 한국의 외교정책에 영향을 준 주요 요인은 국제 상황이었다. 당시 박정희는 국내정치를 별다른 어려움 없이 자신에게 유리한 방향으로 조작할 수 있는 입장이었다. 더욱이 신속한 경제도약으로 국력이 신장되면서 한국이 미국에 의존하는 정도가 감소했으며, 한국의 국내정치에 미국이 영향을 미칠 수 있는 정도가 줄어들었다.

홍규덕 교수가 주목한 바처럼 박정희 정부 말기 "미국은 아직도 한국의 정치과정에서 존재감을 부각시킬 수 있는 입장이었다. 그러나 특정 목표를 달성할 수 있는 방식으로 자신의 존재감을 과시할 수 있는 수준은 아니었다. 분명히 말해 한국 당국이 정치적으로 상당한 의미를 부여했던 정권 합법성 문제와 관련하여 그처럼 할 수 있는 수준은 아니었다."[105] 박정희가 살해된 1979년 10월과 전두환이 정권을 장악한 1980년 5월경에는 한미동맹이 복원되었다. 그러나 그 과정에서 한국인들은 미국이 한국의 민주화를 지원하는 국가인지에 관해 의문을 제기했다. 1980년대 말경에는 한국이 민주화 운동 덕분에 민주국가로 탈바꿈할 수 있었다. 민주화 운동이 한국의 외교정책에 훨씬 막강한 영향력을 행사하는 상황이 된 것이다.

권위주의적 대통령이 한국을 통치하던 기간에는 냉전 상황이 한국 외교정책의 범주를 제약했다. 한국이 자국의 안보와 번영 측면에서 미국에 엄청날 정도로 의존하는 입장이었기 때문이었다. 그러나 한미동맹 안에서 경제 및 군사력을 확대하고자 했던 한국의 노력이 박정희의 방기 우려 완화에, 어느 정도의 기동 공간 확보에, 도움이 되었다. 특히 닉슨 독트린 이후 미국이 한국을 방기할 것이란 우려로 인해 박정희가 한미동맹을 대체하기 위한 보다 많은 자조(自助) 수단을 추구할 수 있었기 때문이다. 이들 박정희의 노력이 미국의 관심과 우려를 초래하면서 궁극적으로 미국은 한국 지도자들의 방기 우려를 완화시켜줄 정도로 한미동맹 관련 공약의 신빙성을 복원시켰다. 권위주의적 통치에 대한 한국인들의 저항이 점차 증대되고 있음에도 불구하고 미국이 그처럼 했던 것이다.

제**3**장
노태우와 김영삼

북방정책과 민주화

1980년대 말경과 1990년대 초반 노태우 정부는 국제 및 국내 상황을 결합시키고자 노력했다. 마찬가지로 김영삼 정부는 한국사회의 민주화 과정에서 이처럼 노력했다. 한국의 외교정책 발전 측면에서 보면 당시는 가장 획기적인 전환점이었다. 당시는 '아시아의 4마리 용' 가운데 하나인 한국의 경제발전 결실이 국제사회에서 인정을 받았으며, 한국이 권위주의 정치체제에서 민주주의 정치체제로의 쉽지 않은 전환에 성공한 시기였다.

한국은 1988년의 서울올림픽을 계기로 세계무대에서 주요 걸음을 내딛었다. 한국이 경제 및 정치적 측면에서 자국의 실적을 과시하고, 보다 더 국제화될 수 있는 디딤돌을 마련해준 올림픽이란 주요 국제 행사를 주최할 수 있었던 것이다. 국제통화기금(IMF)과 세계은행(World Bank)에 따르면 무역 신장으로 한국은 이미 GNP 측면에서 세계 20위 국가 가운데 하나가 되어 있었다.[1] 현대, LG, 삼성과 같은 한국의 대기업들이 글로벌 차원에서 거래하면서 글로벌 수출에 대한 정치적 관심을 고조시켰던 것이다. 이 같은 방식으로 이들 대기업이 한국 외교정책의 지평을 보다 폭넓게 해주었던 것이다. 서울올림픽으로 인해 세계인들이 한국 제품의 가격 경쟁력과 품질을 보다 더 인식하게 되었다. 세계인들, 특히 동구권 대표들이 한국의 수출 현황에 깊은 감명을 받았다. 이들이 근대화에 성공한 한국과의 경제관계와 투자관계를 추구하면서, 동구권 국가들과의 국교정상화가 보다 용이해졌다. 냉전 당시 다수의 국내 및 국제적 제약에 처해 있던 한국이 서울올림픽을 계기로 민족주의적인 편협한 시각에서 벗어나 보다 폭넓은 시각에서 자국의 목표와 목적을 추구할 수 있게 된 것이다.

한국이 국제사회에서 지평을 넓힐 기회가 적정 순간에 도래했던 것이다. 한국이 경제 및 군사적으로 북한을 압도할 정도로 곧바로 발전한 반면 미소관계와 중소관계가 개선되고, 북한이 중국과 소련으로부터 점차 고립되었다. 이처럼 냉전 종식 이후 한국 입장에서 보다 원만한 국제환경이 조성되었다. 이들 상황 발전으로 한국이 북방정책을 통해 중국 및 소련과 관계를 개선할 수 있는 외교적 기회가 도래했던 것이다. 당시의 한국의 외교관계 다변화는 안보적으로 자국을 보호해준 주요 국가인 미국의 반감을 초래하지 않았다. 그러면서도 원칙적으로는 한국이 미국과 무관하게 독자적으로 행동할 능력을 구비하게 되는 등 보다 독자적인 외교정책을 겨냥한 진일보였다. 한국의 지도자들이 이들 새로운 기회를 효과적으로 관리할 능력이 있을 것인지가 주요 문제였다. 아직도 이들은 확대된 한국의 이익과 신장된 능력을 고려하여 행동하면서도 미국의 동의와 협조를 받을 필요가 있었던 것이다.[2]

한국의 국내정치가 권위주의에서 민주주의로 바뀌면서 한미동맹 측면에서의 오랜 걸림돌이 제거되었다. 한국이 근대 경제체제를 구비한 국가로서, 민주적 변혁에 관한 사무엘 헌팅턴(Samuel Huntington)의 '제3의

물결'에 합류한 신출내기 국가로서 국제적으로 성공을 주장할 수 있게 되었다.[3] 1987년 6월에는 '6월 민주화 항쟁'으로 알려진 대규모 시위가 한국사회 도처에서 벌어졌다. 그 결과 전두환은 노태우를 자신의 후계자로 지정할 것이란 계획을 포기하고는 신헌법 아래 대통령 직선제를 채택해야만 하였다. 결국 노태우는 자신과 경합했던 대선 후보들의 갈등과 대립 덕분에 대통령에 당선되었다.

한편 민주화를 기점으로 국내정치가 남북관계와 관련하여 점차 보수진영과 진보진영으로 양분되었다. 민주화로 대중지지 확보가 중요해지면서 외교정책 구상과 이행이 새로운 제약을 받게 되었다.[4] 권위주의 정권 당시 억압받았던 진보진영들이 민주화로 한국의 미래에 관한 자신들의 관점과 열망을 거의 구애받지 않으면서, 종종 논란의 형태로 표현할 수 있었다. 이전 정부와 달리 노태우 정부는 국내정치에 관심을 표명해야만 하는 입장이었다. 노태우의 후임 대통령 김영삼은 국내정치 개혁을 중요하게 생각했으며, 한국 외교정책의 범주를 확대시켰다.

김영삼의 외교정책을 가시적으로 보여준 부분은 1996년의 경제협력개발기구(OECD) 가입으로 상징되는 세계화였다. 1990년 3당 합당을 통해 집권당에 합류한 김영삼은 금융실명제를 정착시키고, 군의 정치 개입을 종료시키는 방식으로 경제개혁과 정치개혁을 촉진시켰다. 그 와중에서 김영삼은 민주화와 국가발전을 지원했던 보수 엘리트 집단을 와해시키지도, 이들의 권위를 손상시키지도 않았다.

노태우 정부와 김영삼 정부의 주요 차이는 김영삼의 대북정책과 관련이 있었다. 김영삼 정부의 대북정책으로 한미관계가 갈등을 보였던 것이다. 이들 갈등은 김일성에서 김정일에게로의 권력 이양에 대한 반응방식 측면에서 뿐만 아니라 북한 핵무기 개발에 대한 반응 방식 측면에서의 한미 양국의 이견의 결과였다. 빌 클린턴(Bill Clinton) 행정부는 북한과의 직접 대화를 추구했다. 당시의 북미 대화는 핵확산금지조약에서 탈퇴할 것이란 1993년 2월의 자국의 선언을 북한이 이행하지 못하도록 하기 위한 것이었다. 북미 직접 대화로 한국의 안보이익 측면에서 대단히 중요한 부분과 관련하여 한국이 배제될 가능성이 있었으며, 한미 간에 새로운 갈등이 초래된 것이다.[5] 한미 간의 상이한 대북 접근 방안 관리는 결과적으로 보면 당시 한미관계 측면에서 가장 심각한 갈등 요소였다. 이 같은 갈등을 보며 일부 전문가들은 냉전 종식 이후의 원만한 국제 안보환경으로 인해 한미 안보관계가 종말을 고하게 될 것이라고 예견했던 것이다.[6]

북방정책: 그 배경, 목표, 주제

한국 외교정책 측면에서 보면 냉전 종식은 기회의 순간이었다. 한국 외교정책의 범주를 오랜 기간 동안 제약했던 부분들이 1980년대 말경의 미소 및 중소 긴장완화로 수그러들었던 것이다. 북한이 더 이상 자국을 놓고 중국과 소련을 상호 경쟁시킬 수 없었으며, 중국 및 소련과 한국의 긴장완화를 저지할 수도 없었다. 더욱이 1980년대 당시 한국은 북한을 경제적으로 훨씬 앞서가고 있었다. 1988년의 서울올림픽은 세계무대에서의 한국의 등장을 분명히 보여준 사건이었다. 결과적으로 중국과 소련이 점차 한국과의 경제 교류 필요성을 느끼게 되면서 한중 및 한소 교류에 대한 북한의 정치적 반대가 무색해졌다.[7] 이들 상황 변화로 한국이 국제관계를 다변화하고, 미국 및 서구 국가와의 관계 유지에 전념했던 전통적인 관행에서 벗어날 수 있는 그 전례가 없는 기회가 조성된 것이다.

북방정책의 목표

이들 요인을 이용하여 노태우는 민주적 절차를 통해 선출된 한국 최초 대통령으로서 집권 5개월 만에 북방정책이란 전략을 발표했다. 노태우의 북방정책은 공산국가 블록을 겨냥한 박정희, 전두환의 외교적 노력에, 특히 중국과 소련을 겨냥한 노력에 기반을 두고 있었다. 1970년대 초반 서독수상 빌리 브란트(Willy Brandt)가 제안한 동방정책에 영향을 받은 북방정책은 한중 및 한소관계 정상화를 통해 남북한 긴장을 완화시킬 목적의 것이었다. 북방정책은 대중사회 또는 시민사회의 의견을 거의 반영하지 않은 채 정부 주도 엘리트들이 정립한 정책이란 평가를 받았다.[8] 당시 한국정부는 비교적 대중 의견을 고려하지 않은 채 외교정책을 선도할 정도의 자율성을 누리고 있었다. 한편 노태우 정부는 한민족공동체통일방안에 입각한 점진적이고도 협의된 단계를 옹호했던 통일계획에 관해서 뿐만 아니라 북방정책에 관해 엘리트들의 의견을 수렴할 수 있었다. 그런데 한민족공동체통일방안은 2017년에도 한국의 공식 대북정책이었다.[9]

민족자존, 평화통일 및 번영을 염두에 둔 1988년 7월 7일 연설에서 노태우는 북방정책의 주요 과제를 제시했다. 여기서 그는 남북교류, 이산가족 상봉, 남북교역, 한국의 동맹국들과 북한의 경제관계 발전에 반대하지 않는다는 사실, 외교적 측면에서의 남북대립 종식, 북방정책 이행 과정의 문제를 다루었다.[10] 북방정책이 의도했던 바는 본질적으로 북한과의 적대관계를 청산하고, 민족주의에 입각하여 남북한 공동 번영을 촉진시키기 위한 방안을 강구하며, 여타 국가(주로 미국과 일본)와 북한의 관계 개선을 도와주고, 공산진영과 한국의 외교관계를 정상화하는 것이었다.[11]

노태우는 한국이 북방정책을 선도할 수 있기를 희망했을 뿐만 아니라 한반도와 관련이 있는 모든 열강과의 상호 협력을 추구했다. 외교안보수석 김종휘가 표현한 바처럼 "북방정책은 그 성격상 자주적인 형태였다. 미국의 우려에도 불구하고 한국이 남북관계 정책을 선도적으로 구상했다. 노태우 정부는 한국이 외교적 노력을 주도하도록 하는 한편 미국이 이 같은 주도를 지원하도록 만들었다."12) 주미 한국대사 현홍주는 북방정책을 미국의 지원을 필요로 하였지만 "분명한 한국의 노력으로서 초강대국 미국의 어떠한 대전략의 하부 변수도 아닌" 외교적 측면에서의 다변화 전략으로 표현했다. 그는 또한 북방정책을 북한이 자국의 가장 긴밀한 2개 동맹으로부터 더 이상 지원을 받지 못하도록 하기 위한 압박전술로 표현했다.

이 같은 전술을 이용하여 노태우는 남북한 간의 진지한 대화와 상호 협력 기회를 증진시킬 수 있었던 것이다.13) 그러나 노태우는 자신의 자서전에서 다음과 같이 회고했다. "북방정책에서 의도했던 대상은 남북한 주민뿐만 아니라 미국, 소련, 중국 및 일본의 지도자였다. 나는 한국이 한반도 문제를 다룰 수 있을 정도의 자율성과 지도력이 있는 국가란 사실을 주변국들에게 분명히 하고자 했다."14) 북방정책으로 인해 한중 및 한소 관계가 개선되었으며, 궁극적으로 고위급 수준에서 일련의 남북대화가 개최되었던 것이다. 결과적으로 남북한 정부의 합법성을 사실상 인정하는 효과가 있었던 것이다.

당시 한국의 자주적 노력인 북방정책이 가능했던 것은 많은 부분 국제상황 변화 때문이었다. 북방정책은 박정희가 한중 및 한소관계 개선에 관심을 표명한 1960년대 말경과 1970년대 초반을 그 기원으로 하고 있다. 그러나 북방정책이 완벽히 구현된 것은 노태우 정부 당시였다. 노태우 정부가 마침내 한중 및 한소 국교정상화에 성공했던 것이다.

북방정책의 실제

한소국교정상화

북방정책의 최초 성과는 노태우가 한국외교 확대 목적으로 국제정치 상황 완화와 고도성장하고 있던 한국의 경제력을 이용하면서 가능해졌다. 당시 노태우는 미국의 전폭적인 지원을 받았다. 한소 양국의 화해를 이면에서 조정한 주요 동력은 스포츠외교와 경제적 동기란 부분이었다.[15] 한소 화해 노력은 박정희 정부, 특히 전두환 정부 당시 시작되었다. 전두환 정부 당시 1988년 올림픽 주최국으로 한국이 결정되었던 것이다. 전두환과 노태우는 1980년의 모스크바 올림픽과 1984년의 로스앤젤레스 올림픽을 얼룩지게 만든 정치적 성격의 불참 없이 가능한 한 모든 국가가 참가하는 성공적인 올림픽을 주관함으로써 세계무대에서 한국의 발전하는 모습을 부각시키고자 했다.[16] 한국의 저명 보수 언론인 조갑제에 따르면 서울올림픽 유치는 엄청난 시련이었다.

> 서울올림픽 유치 과정에서 다수의 난관이 있었습니다. 전반적인 계획이 좌절될 수도 있었습니다. 당시 세계는 한국을 전쟁 가능성이 있는 등 지구상에서 가장 위험한 국가로 생각했으며, 한국을 아시아의 화약고로 지칭했습니다. 이처럼 위험한 지역에서 올림픽을 개최하면 안 된다며 많은 사람들이 서울올림픽을 비난했습니다. 그러나 한국이 아시아의 화약고란 바로 그 이유로 인해 평화의 씨앗을 뿌리고 전쟁을 방지할 수 있도록 서울올림픽을 개최해야 한다고 우리는 주장했습니다. 우리는 또한 올림픽이 더 이상 선진국의 전유물이 되어서는 안 된다고 주장했습니다. 이들 두 논리가 한국과 이념적으로 같지 않았던 많은 국가들을 움직였습니다.[17]

북한이 자국과 가장 가까운 동맹국인 중국과 소련의 서울올림픽 참석을 방해할 가능성이 있다는 우려가 제기되었다. 이 같은 이유로 한국은 소련과 동구권 국가들이 서울올림픽에 참여하도록 적극 노력했다. 서울올림픽은 한소 양국이 보다 가까워지게 한 첫 번째 단계였다. 서울올림픽을 통해 소련 사람들이 한국에 관해 좋은 인상을 받았기 때문이다. 서울올림픽 도중 소련의 TV 시청자들은 한국의 경제성장이 기대 이상의 것임을 확인했다. 더욱이 한국인들이 미국 선수들 이상으로 소련 선수들을 따뜻하게 맞이해주었으며, 소련 선수들의 서울올림픽 참여를 열광적으로 환영했던 것이다. 이들 모두는 남북한 교차승인 형태로 한국이 유엔에 가입해야 한다는 노태우의 생각과 일치했다. 한국이 유엔에 가입하는 과정에서는 소련이 거부권을 행사하지 않도록 하는 것이 대단히 중요한 의미가 있었던 것이다.

이외에도 한국 기업들이 양질의 소비재 시장 확대와 러시아 극동지역의 천연자원 개발 측면에서 소련과의 거래에 점차 관심을 보였다. 소련은 한국의 투자를 환영했다. 소련과 일본의 관계가 북방도서 문제뿐만 아니라 전후 문제를 최종적으로 해결하지 못하여 난항을 보이고 있었다는 점에서 특히 그러하였다. 소련의 서울올림픽 참가에 관한 상세 설명에서 돈 오버도퍼(Don Oberdorfer)와 로버트 칼린(Robert Carlin)이 기술한 바처럼, 교역 및 투자관계 강화 전망은 소련이 북한의 반대에도 한소관계 개선에 관심을 보였던 주요 이유였다.[18]

1988년 여름 노태우는 박철언을 소련에 특사로 파견하여 고르바초프를 만나게 했다. 당시 노태우는 한소국교정상화를 제안했다. 박철언은 서울올림픽 전날 고르바초프가 크란스노야르스크(Kransnoyarsk)에서 행한 연설에 주목하라는 말을 들었다. 당시의 연설에서 고르바초프는 "전반적으로 한반도 상황이 개선되면 한소 경제관계 구축 기회가 열릴 수 있다."고 말했다. 그러면서 그는 동북아지역에서의 다자간 군비통제 노력을 제안했다.[19] 노태우가 한소관계 개선을 추구한 이유에 소련의 대북 무기지원 저지가 있었다는 사실을 고려해보면 고르바초프의 상기 발언은 한국 입장에서 희소식이었다.[20]

고르바초프와 소련의 고위급 지도자들은 1988년 11월 10일의 정치국 회동에서 한소 경제관계 개선을 결정했다. 이 같은 사실을 전달하기 위해 11월 말경 소련외상 에드워드 쉐바르나제(Edward Shevardnadze)가 북한을 방문했다. 한편 고르바초프는 한소관계가 개선되면 남북관계가 성숙해질 것으로 생각했다.[21] 북한은 쉐바르나제를 제대로 영접하지 않았는데 이는 놀라운 일이 아니었다. 북한이 소련의 경제 및 정치적 구조 변화란 페레스트로이카에 이미 의혹의 눈초리를 보였다는 사실과 한소무역 증대를 우려하고 있었다는 점을 고려해보면 특히 그러하였다. 1989년 1년의 기간 동안 북한은 고르바초프의 관심을 되돌려 한소관계를 개선하지 못하도록 노력했지만 성공을 거두지 못했다.

소련은 한소관계 개선을 통해 많은 이득을 보았는데, 특히 경제 분야에서 그러했다. 그 후 고르바초프는 자신의 회고록에 다음과 같이 기술했다. "경제적 기적을 창출한 '아시아의 용' 가운데 하나인 한국에 대한 소련의 관심은 소련의 경제상황 악화 정도에 비례하여 높아졌다."[22] 한국이 소련경제 악화로 조성된 기회를 이용했던 것이다. 1988년 12월 한국은 소련 극동지역에 무역센터를 건립하기 위한 프로젝트에 4,000만 달러를, 상업차관 목적으로 3억 달러를 제공해주었다.

1990년 봄 소련은 거의 파산상태가 되었다. 국제 금융시장이 소련에더 이상의 차관 제공을 거부했다. 현찰이 궁해진 고르바초프는 서독정부에 금융 지원을 은밀히 요청했다. 고르바초프는 30억 달러를 지원해주는 경우 노태우 대통령과 정상 회담할 것임을 제안할 목적으로 아나토리 도브리닌(Anatoly Dobrynin) 특사를 한국에 파견했다. 한국이 빌려준 30억 달러 가운데 14억 7,000만 달러는 소련이 상환하였고, 소련 붕괴 이후

러시아가 나머지를 승계했다.[23]

한소 양국은 자국 외무부를 무시한 채 1990년 6월 5일 샌프란시스코에서 노태우가 고르바초프와 회동하고, 다음날 워싱턴에서 아버지 부시(George H. W. Bush) 대통령과 만나는 것에 동의했다. 미국은 한소 회담 장소를 제공해주었으며, 한소회담 자체를 적극 지원했다. 이 같은 사실이 한소관계를 강화하는 경우 한미동맹이 약화될 것이란 주장을 전개할 수도 있었던 한국 내부의 비판세력에 대항하여 노태우가 맞서는 과정에서 도움이 되었다. 노태우는 고르바초프와 자신의 회동을 북방정책 측면에서의 주요 진전으로 생각했다. 이 부분과 관련하여 노태우는 다음과 같이 묘사했다. "오늘날 남북이 대화할 수 있는 길이 모두 차단되어 있습니다. 따라서 우리는 소련과 중국을 경유하여 북한의 수도인 평양으로 간다는 또 다른 방안을 택해야 합니다. 이것이 가장 빠른 방안이 아닐 수 있습니다. 그러나 이것이 나름의 효과적인 방안이라고 생각할 수 있을 것입니다."[24]

북한이 이들 상황 발전을 보며 경악했다. 북한을 달랠 목적에서 1990년 9월 소련 외무부장관 쉐바르나제가 북한을 방문했다. 쉐바르나제의 북한 방문은 한소국교정상화 소식을 전해주기 위해서였다. 북한외상 김영남에게 그 내용을 전해주자 김영남은 소련의 이 같은 결정으로 한반도 영구분단이 정당화되고, 한국이 북한의 사회주의 파괴를 시도할 가능성이 있다고 말했다. 그러면서 북한이 소련 내부의 분리주의 운동을 인정할 수밖에 없다고 말했다. 1961년에 체결한 북한과 소련 간의 방위조약의 근간이 붕괴되고, 북한이 핵무기 개발을 포함한 자위적 수단을 강구하지 않을 수 없을 것이라고 말했다. 김영남과의 회동에 너무나 기분이 상했던 쉐바르나제는 1990년 9월 늦은 시점 유엔총회에서 한국 외무부장관을 만나자 1991년 1월 1일로 예정되어 있던 한소국교정상화 일정을 1990년 9월 30일로 앞당기는 것에 즉각 동의했다.[25]

노태우의 북방정책은 한소관계에서 곧바로 효과가 있었다. 주로 이는 소련 경제가 매우 어려운 상태에 있었다는 사실 때문이었다. 소련의 채무불이행 문제가 10년 이상 기간 동안 한러관계에 부담이 되었다는 사실을 고려해보면 한국이 한소관계 개선을 위해 지나치게 많은 대가를 지불했다고 말할 수도 있을 것이다. 그러나 그 후 노태우는 소련이 채무를 제대로 상환하지 않았다는 사실에도 불구하고 한소관계 개선이 30억 달러 이상의 가치가 있었다고 회고했다. 소련은 석유 및 석탄과 같은 필수 천연자원의 대북 교역을 최소화했으며, 대북 무기 공급을 중지했다. 결과적으로 소련은 북한 위협을 감소시키는 방식으로 한국의 안보와 안정에 기여한 것이다.[26] 더욱이 유엔 안전보장이사회에서 소련이 거부권을 행사하지 못하도록 함으로써 한소 화해가 한국의 유엔가입에 도움이 되었던 것이다. 한소 화해가 중국에 일종의 압력으로 작용하면서 중국이 한국의 유엔가입을 묵인하는 효과가 있었다. 또한 북한의 입장 변화를 유도하여 남북한이 동시에 유엔에 가입할 수 있었던 것이다.

한중국교정상화

한소국교정상화는 단기간에 이루어졌다. 반면에 한중국교정상화는 매우 서서히 이루어졌다. 한중 및 한소 국교정상화를 가능하게 한 결정적인 요인은 경제적 측면에서 한국이 이들 국가의 매력적인 파트너로 부상했다는 사실이었다. 그러나 한소국교정상화와 달리 한중국교정상화는 중국경제 실패로 중국이 한국에 경제적 지원을 요청하고, 이 같은 요청을 한국이 들어주었기 때문이 아니었다. 중국의 성공적인 경제 개혁과 성장을 배경으로 한중교역이 활발해지면서 자연스럽게 한중국교가 정상화된 것이었다. 한중 경제관계가 증대되면서 1989년 6월 천안문사태의 비교적 초기 단계에서 한국이 중국의 정치적 고립을 완화시켜줄 목적으로 중국에 도움의 손길을 뻗칠 수 있었던 것이다. 중국이 정치적으로 필요한 부분을 이 같은 방식으로 한국이 충족시켜줄 수 있었던 것이다. 궁극적으로 1992년에 한중국교정상화가 가능해진 것이다.

한국과 중국이 한중국교정상화를 적극 추진할 수 있게 한 최초 계기는 1988년의 서울올림픽이었다. 400명의 중국 선수가 한중교역 측면에서의 급속한 성장을 배경으로 서울올림픽에 참가한 것이다. 그러나 아직도 중국은 소련과 비교하여 한중 교류를 조심스럽게 접근했다. 주로 이는 중국이 북한의 지속적인 우려 표명을 간과할 수 없는 입장이기 때문이었다. 이미 1981년 북한은 한중 교역관계 발전을 비난했다. 결과적으로 1982년과 1983년 중국은 인위적으로 한중교역을 저지했다.[27] 한반도는 소련과 비교하여 중국에 훨씬 중요한 의미가 있었다. 소련의 중심부인 모스크바로부터 한반도가 수천 마일 떨어져 있는 반면 중국의 중심부인 북경으로부터는 얼마 떨어져 있지 않은 것이다. 따라서 한중관계 증대 관련 북한의 저항이 한중국교정상화 측면에서 주요 걸림돌이었던 것이다.

1989년에는 북경은 물론이고 중국 전역에 걸쳐 천안문 학생시위가 벌어지면서 한중관계 발전이 잠시 지체되었다. 중국이 시위자들을 무자비하게 탄압하는 모습에 세계인들이 관심을 집중시키고 있었다. 이 같은 점에서 당시 중국은 외교적으로 엄청난 압박을 받았다. 따라서 중국은 자국의 정치적 고립을 완화시키고, 자국에 대한 일반적인 이미지를 개선하며, 아시아 국가 및 서구 국가들과의 관계 개선을 통해 경제발전에 우호적인 환경을 조성하기 위한 방안을 강구할 필요가 있었다.[28] 이 같은 중국의 입장을 십분 이용하여 한국은 대부분 국가와 달리 자국민의 중국 관광을 지속적으로 장려했던 것이다.[29] 더욱이 한국은 중국을 국제사회에서 고립무원 신세가 되도록 만든 천안문위기 당시 중국에 과도한 조치를 취하지 못하도록 미국, 영국, 여타 국가들을 상대로 로비했다. 이 같은 한국의 노력을 중국이 주목했다.[30] 중국 입장에서 위기의 순간에 중국과 지속적으로 접촉하는 방식으로 한국은 한중관계 개선을 위한 기반을 다질 수 있었던 것이다.

노태우는 북한에 관한 중국의 우려를 불식시킬 목적에서 북일관계 및 북미관계 정상화 가능성에 반대하지 않았다. 이 같은 방식으로 한국은 북한의 반대에도 불구하고 중국이 한중국교정상화를 추진할 수 있을 정도의 정치적 정당성을 중국에 제공해주었던 것이다.[31] 노태우는 북한을 독일 방식으로 흡수 통일할 생각이 추호도 없으며, 상호 협력적인 남북관계만을 추구하고 있다고 말했다. 이 같은 노태우의 발언이 중국 지휘부의 우려를 완화시키는 과정에서 도움이 되었다.[32]

한중교역 증대가 한중관계 개선을 용이하게 해준 또 다른 요인이었다. 1980년대 중반 한중 경제관계는 북중 경제관계를 상회했다. 북한의 반대와 중국 내부의 우려에도 불구하고 한중 양국은 홍콩을 통한 간접교역을 아직도 늘릴 수 있는 입장이었다. 더욱이 서해(西海)/보하이만(渤海灣) 너머로의 비공식적인 경제관계 발전으로 인해, 이 같은 교역을 억제하고자 한 중국 중앙정부의 노력이 무색해진 것이다. 천안문사태 이후에서조차 한중 교역규모가 지속적으로 증대되면서 1988년의 20억 달러 수준에서 1992년에는 63억 달러 규모가 되었다.[33] 정치 및 경제적으로 중국 내부가 불안했던 시절 중국의 비위를 맞출 목적에서 1987년에서 1992년의 기간 노태우 정부는 일시적이나마 무역 적자를 감수하기조차 하였다.[34]

전임자가 마련해 놓은 부분을 기반으로 한중국교정상화를 이룰 목적에서 노태우는 1980년대 후반의 원만한 국제상황을 이용하고자 적극 노력했다. 소련에 손길을 뻗칠 당시와 마찬가지로 노태우는 한중국교정상화를 제안할 목적으로 박철언을 중국에 특사로 파견했다. 한국이 한중국교정상화 대가로 25억 달러에 달하는 경제 원조를 제안했다는 보도가 있다. 1991년 5월경 한중 양국은 무역사무소 교환 설치에 동의했다. 같은 해 늦은 시점 중국은 한중국교정상화를 위한 협상 개시에 관심을 표명했다. 그러나 중국은 엄격한 비밀 준수를 전제로 했다. 노태우 정권의 임기가 몇 개월 남지 않은 1992년 8월 24일 한중 양국은 공식적으로 관계를 정상화했다.

"동맹과 동반자 사이: 한중관계와 미국(Between Ally and Partner: Korea-China Relations and the United States)"란 제목의 한중국교정상화에 관한 권위 있는 책에서 정재호는 한중국교정상화를 위한 노태우의 접근 방법 측면에서의 몇몇 문제점을 지적했다. 정재호는 재임 기간 동안 한중국교를 정상화시키겠다는 노태우의 과도한 열망으로 인해 한국이 보다 좋은 조건에서 협상할 수 없었으며, 중국이 정상화 조건을 한국에 상당 부분 강요할 수 있는 입장이었다고 주장하고 있다. 한국은 남북한을 대등하게 취급할 것이며, 북한의 핵무기 개발 저지를 위해 보다 많이 노력할 것이란 중국의 언질을 받지 않은 실수를 자행했다. 북한 핵무기 개발이 오늘날처럼 문제가 된 것은 여타 국가의 내정에 간섭하지 않는다는 원칙을 중국이 변함없이 준수하고자 했다는 사실과 관련이 있었다. 한국은 또한 6.25 전쟁에서의 중국의 역할과 관련하여 중국으로부터 사과 또는 유감의 발언을 듣지 못했다. 한일국교를 정상화한 1965년에도 한국은 일본과 관련하여 이 같은 유감 또는 사과의 표시를 받을 수도 있었을 것인데 그렇게 하지 못했다. 또한 한국은 총영사관의 심양(瀋陽) 지역 설치에 동의하도록 중국을 설득하지도 못했다.[35]

더욱이 한국은 성급하고 비밀스런 협상으로 인해 대만과의 공식관계를 비전문가적이며 비외교적인 방식으로 종료했다. 한국은 주말 이틀 동안에 대사관 건물을 비우도록 한 후 이 건물을 중국에 넘겨주었던 것이다.[36] 대만은 한국과의 관계 단절을 선언하면서 모든 호혜무역 협정을 파기했으며, 대만을 입국하는 모든 한국인에 대한 비자 서비스를 중지시켰다.[37] 정재호는 한국이 대만과의 관계를 너무나 쉽게 희생시켰으며, 한중국교정상화 과정에서 북한을 보다 더 고립시킬 수 있었는데 그처럼 하지 못했다고 생각했다. 혹자는 한국이 북한 문제와 관련하여 중국의 전폭적인 지원을 받는다는 정치적 목표를 아직도 달성하지 못했다고 주장할 수도 있을 것이다. 한편 한국과 대만 간에 국적 항공기들의 직항로가 재차 개설되기까지는 10년 이상의 기간이 소요되었다. 그 후 노태우는 대만과의 관계에 관한 본인의 결심을 다음과 같이 변호했다. "종종 우리는 보다 큰 것을 위해 작은 것을 희생해야 합니다. 대만과의 관계 단절은 매우 불행한 일이었지만 불가피했습니다. 첫째, 현실적으로 우리는 국익을 추구해야 할 의무가 있습니다. 둘째, 대만이 한국의 우방국인 것은 사실이지만 한중 양국은 훨씬 오랜 기간 동안 우호관계를 유지한 역사가 있습니다."[38]

정재호는 한중화해가 미국과 무관하게 이루어졌다는 사실에 주목하고 있다. 이 같은 측면에서 그는 1993년 당시 김영삼이 임명한 주중대사 황병태의 다음과 같은 발언에 주목하고 있다. "북한 핵문제와 관련한 한중간의 상호협력은 한미 간에 이미 결정된 부분을 중국에 단순 통보해주는 오늘날의 수준 이상이 되어야 합니다.…한국 외교는 과도할 정도의 미국 일변도에서 탈피해야 합니다." 황병태 주중대사는 이 같은 발언이 본인의 생각임을 분명히 했다. 그러나 이 발언이 엄청난 논란을 초래했다. 당시의 황병태의 발언은 향후 한국이 미국 및 중국과 자국의 관계 측면에서 균형자적인 역할을 추구해야 한다는 아이디어의 전조에 다름이 없었다.[39]

한일관계 발전

노태우는 북방정책이 성공하려면 통일한국이 자국에 유리하다는 사실을 여타 국가들에게 설득시킬 목적의 선제적이고도 균형감 있는 외교를 추구해야 한다고 주장했다.[40] 이 같은 전략의 일환으로 특히 노태우는 안정되고 번영된 아태지역 구축 측면에서 한일관계가 중요하다고 생각했다. 노태우는 정부 및 비정부 수준 모두에서 한국이 한일관계를 심화시켜야 한다는 사실을 강조했다.[41] 그럼에도 불구하고 아직도 노태우 정부는 일본에 대해 애매한 입장을 견지했다.

노태우 정부가 일본에 대해 이처럼 애매한 입장을 견지하게 된 주요 이유는 냉전 종식 이후 미국이 한반도 안보 공약을 대거 약화시킬 가능성과 아태지역에서 철수할 가능성이 있다는 우려가 1980년대 후반과 1990년대 초반에 보편화되어 있었기 때문이었다. 당시 주한미군 감축으로 이 같은 우려가 보다 강화되었다. 더욱이 미국경제를 추월할 것으로 생각되던 일본이 보통국가를 추구하고 아태지역의 새로운 리더가 될 가능성이 있어보였다. 당시 상황 측면에서 이 같은 우려를 살펴보면 1991년의 일본의 국내총생산(GDP)은 미국 GDP의 절반을 약간 상회한 3조 5,000억 달러 규모였다. 반면에 중국의 GDP는 일본 GDP의 1/8 수준 이하로서 4,110억 달러였다. 한국의 GDP는 대략 3,250억 달러 수준이었다.[42] 스톡홀름국제평화연구소(SIPRI)에 따르면 일본은 GDP의 1% 미만인 대략 280억 달러를 국방비로 사용하고 있었던 반면 중국은 200억 달러를, 한국은 110억 달러를 각각 사용하고 있었다.[43]

노태우 정부는 일본의 재무장 가능성을 우려했다. 노태우 정부는 1990년과 1991년의 국방백서에서 일본이 보통국가로 전환함에 따른 부정적인 효과와 관련하여 우려를 표명했다. 노태우 정부는 일본자위대가 전진 방어 목적으로 공세적 전력으로 탈바꿈하고 있다고 1991년의 국방백서에 명시했다.[44] 1990년 10월 외무부장관 최호중은 일본 자위대의 해외 전개를 일본의 재무장 시작으로 간주했다.[45] 1990년대 초반 한일 양국은 한일 안보관계 개선을 위한 몇몇 조치를 취했다. 일본 방위청장관

이 1979년 이후 처음으로 한국을 방문한 1990년, 한일 양국은 자국의 방공식별구역과 관련한 협상을 증진시키기로 합의했으며, 미국과의 3자 정책기획대화를 약속했다.[46] 이들 상황 발전은 냉전 종식 이후 부상한 일반적인 불확실성과 아태지역 안보에 관한 미국의 공약 감소전망을 고려한 것에 다름이 없었다. 북한 핵무기 개발 계획에 반응한다는 차원에서의 상호 공조에 다름이 없었다.

남북화해

중국 및 소련과의 접촉이 노태우의 북방정책에서 주요 부분이었지만 북방정책이 궁극적으로 추구한 목표는 남북대화였다. 자신의 재임 기간을 회고하며 노태우는 북방정책 전략을 다음과 같이 설명했다. "나는 한반도로부터 멀리 떨어져 있는 국가들과 우호관계를 추구하는 반면 이웃 국가들을 적대시하는 정책을 이행하기로 결심했습니다. 왜냐하면 북방정책의 첫 번째 원칙이 동유럽 국가들과의, 소련 및 중국과의 국교정상화를 통해 북한을 간접적인 방식으로 압박하는 것이었기 때문입니다. 양파껍질을 벗기는 것과 동일한 방식으로 외곽에서부터 북한을 하나하나 벗기는 것이 나의 목표였습니다. 이는 전쟁을 하지 않으면서 남북을 통일하기 위한 최상의 방법이었습니다."

노태우는 남북관계에 먼저 초점을 맞추었던 이전의 접근방안이 효과적이지 않았다고 생각했다. "1972년의 7.4 남북공동성명과 1973년의 6.23 선언이 남북관계 개선 측면에서 심각한 제약이 있었다고 생각했습니다. 열심히 노력하는 정도에 무관하게 우리는 장애물을 극복할 수 없었습니다.…따라서 국제환경의 역학 변화를 통해 북한을 압박할 필요가 있었습니다."[47] 북한의 주요 동맹국인 중국과 소련에 손길을 뻗친다는 노태우의 전략은 남북대화를 가능하게 했다는 점에서 보면 성공적이었다.

처음에 북한의 조국평화통일위원회는 노태우의 제안을 일언지하에 거절했다. 북한은 상당한 저항에 처해 있던 노태우 정부의 반대세력을 이용할 목적에서 한국의 반정부 세력들과의 대화를 선호했다. 그러나 민주화로 인해 거리로 뛰쳐나가지 않아도 자신들의 관점을 전달하기 위한 창구가 존재할 정도로 한국의 정치체제가 발전하면서 반대 저항세력의 가장 좋지 않은 부분이 순화된 것이다. 한국은 한국 내 비정부기구들과 대화할 수 있도록 해달라는 북한의 촉구를 차단하는 한편, 남북 교역을 제약했던 부분을 완화시켰다. 북한 당국과의 다양한 경제 활동을 논의할 수 있도록 북한에서 출생한 현대그룹 정주영의 노력을 지원했다.

궁극적으로 1989년 1월 북한총리 연형묵은 총리급 남북대화를 촉구한 강영훈 총리의 서신에 긍정적으로 답변했다. 당시 북한이 대화에 응한 정확한 동기는 아직도 분명하지 않다. 김일성이 한중 및 한소 관계 개선이 북한 입장에서 배신행위에 다름이 없다고 생각했음은 분명했다. 이 외에도 소련의 붕괴로 북한의 가장 오랜 후원자 가운데 하나인 소련이 북한에 제공해주던 경제지원이 종료되었다. 김일성이 이들 부정적인 경향을 보며 북한의 주요 후원국들로부터의 지원 상실을 만회할 목적으로 남북대화와 남북한 긴장완화에 동의할 필요가 있다고 생각했을 가능성도 없지 않다. 김일성이 민주화 과정에 있던 한국의 정치 양극화를 이용할 가능성을 탐색하기 위한 방안으로 대화에 응했을 가능성도 없지 않다.

18개월에 걸친 실무회담 이후 총리급 남북대화가 1990년부터 1992년 12월까지 8차례 진행되었다. 이들 대화는 1991년 9월 아버지 부시 대통령이 한반도를 포함한 여타 지역에 전진 배치되어 있던 해상 및 공중 발사 핵무기를 철수시키기로 결심하는 등 아태지역에서 긴장이 완화되는 상황에서 진행되었다. 대화의 주요 성과는 1991년 1월 13일 5회 회합 당시 선언된 "남북 사이의 화해와 불가침 및 교류 · 협력에 관한 합의서"란 기념비적인 합의서, 한반도 비핵화와 원자력에너지의 평화적인 사용을 천명한 "한반도 비핵화에 관한 공동선언"이었다. 전자와 관련하여 노태우는 "이 합의는 한국이 자주적으로 한반도에서 평화와 통일을 이룰 의지와 능력이 있음을 만천하에 보여주었다."고 말했다. 그는 이것을 1972년의 7.4 남북공동선언 이후 가장 중요한 공식 문서로 생각했다.[48] 진정 이는 안보, 경제 및 사회문화 분야에서의 남북한 협력과 신뢰구축을 위한 로드맵에 해당했다.

그러나 이들 합의는 1차 북한 핵 위기로 인해 제대로 이행되지 못했다. 국제원자력기구(IAEA)가 사찰 기간인 1991년 6월에 수집한 증거와 자국의 핵 활동에 관해 북한이 천명한 부분을 근거로 북한에 이의를 제기한 것이다. 당시의 핵 위기는 이 같은 이의 제기로 인해 시작된 북한과 국제원자력기구 간의 대립의 결과였다.[49] 북한 핵문제로 남북한 상호 협력이 더 이상 진전을 이룰 수 없었다. 일부 한국인들은 이 순간을 재개된 북한 핵 위기를 차단할 수도 있었던 남북화해 측면에서의 기회 상실로 생각했다. 1992년에 실시하지 않았던 한미 팀스피릿훈련을 국제원자력기구와 북한의 이견으로 1993년 봄에 재개를 결심하면서 남북한 간에 또 다른 긴장이 초래되었다.

한미관계에 미친 영향

한국의 북방정책과 민주화는 한미동맹에 긍정적인 영향뿐만 아니라 부정적인 영향을 미쳤다. 한편에서 보면 1988년의 민주화로 한미관계 발전을 구조적으로 제약했던 권위주의 통치가 종료되었다. 주미한국 대사를 역임한 현홍주는 한미관계 측면에서 자신이 놀랐던 부분을 미 국가안보보좌관 브렌트 스코크로프트(Brent Scowcroft)와의 1991년 회동에서 설명했다. 전통적으로 한국은 대통령의 미국 방문을 협상하는 과정에서 온갖 노력을 경주해야 하는 입장이었다. 그런데 한국의 정치적 변환을 인지한 미국이 노태우 정부가 요청하지도 않은 국빈방문 형태로 노태우를 환영했던 것이다. 이 같은 사실을 인지한 현홍주는 크게 놀랐던 것이다.[50]

그럼에도 불구하고 한국사회의 권위주의 잔재 청산 문제는 그 후 2개 정부에서 지속적인 관리가 요구되는 사안이었다. 권위주의 잔재 청산 문제는 전두환을 지원할 목적으로 미국이 민주주의에 관한 자국의 이상(理想)을 저버렸으며, 광주민주화항쟁 당시 전두환으로 하여금 시위자들을 무력으로 진압하도록 해주었다는 한국인들 간에 널리 퍼진 인식에 주로 기인했다. 이 사건의 후폭풍으로 한국의 젊은 세대들에서 반미감정이 조성되었던 것이다. 이 같은 반미감정으로 인해 시위대들이 미 문화원을 겨냥하여 화염병을 투척했으며, 도널드 그레그(Donald Gregg) 주한미국 대사관 관저의 담 벽을 넘고자 노력했던 것이다.[51] 한국의 여론조사를 보면 1980년대 당시 대학생이었던 사람들이 오늘날에도 자신들보다 나이가 많거나 작은 사람들과 비교하여 미국을 부정적으로 평가하고 있음을 알 수 있다.

더욱이 민주화로 인해 시작된 한국사회의 자유화로 반미감정을 보다 완벽하게 표현할 수 있게 되었다. 또한 자유화로 주한미군 주둔과 관련하여 한국사회 내부에 상존했던 불만 가운데 많은 부분을 공개적으로 거론할 수 있게 되었다. 민주화 이후 10년 이상 기간 동안에는 반미감정이 폭주했다. 주한미군 관련 사안, 신군부의 광주민주화운동 진압 과정에 미국이 공모했는지 여부는 물론이고 혼란과 스트레스가 내재해 있던 6.25 전쟁 당시 노근리와 같은 장소에서 한국의 민간인을 대량학살한 문제와 관련해서조차 반미감정이 표출되었던 것이다. 결과적으로 한미관계가 보다 많은 마찰을 보였다.[52]

노태우 정부 당시의 또 다른 주요 사건은 한국의 핵무기 개발 재개 노력이었다. 보수 성향의 민주자유당 소속 정세분석위원장이던 서수종 국회의원에 따르면 북한이 핵무기를 개발하고 있음을 암시하는 보고서를 접한 노태우가 핵무기 개발 계획을 만들었다고 한다.[53] 또한 서수종은 노태우가 핵무기 개발 재개를 결심한 또 다른 주요 이유는 군사적 측면에서의 과도할 정도의 대미 의존도를 줄이기 위함이었다고 말했다.[54] 미국이 주한미군을 감축하는 과정에 있었던 것이다. 당시 한국은 모든 주한미군이 한반도를 떠나는 시나리오에 대비할 목적에서 핵무기를 개발해야 한다고 느꼈을 것이다. 이들 작업 가운데 많은 부분은 대덕의 핵시설에서 이루어졌다. 그러나 노태우는 미국의 압력으로 핵무기 개발 계획을 포기해야만 하였다. 이 같은 측면에서 보면, 한국인들은 1992년 2월 남북한 간 한반도비핵화선언의 일부로서의 우라늄 농축 및 재처리 능력 포기를 포함한 노태우의 결심이 한국의 비핵화 측면에서 중요한 공약이라고 생각하고 있다. 특히 미국의 전문가들은 이처럼 생각하고 있다. 그 후 북한이 이 합의를 위배했다는 사실과 무관하게 이처럼 생각하고 있는 것이다.

한국 국내정치 발전:
민주화가 외교정책에 미친 영향

독재에서 민주적 통치로 전환한 이후 민주적으로 선출된 한국 최초 대통령인 노태우는 1988년에 취임했다. 그러나 노태우의 당선은 대선에 출마했던 또 다른 3명 후보가 치열히 다툰 결과였다. 이는 그가 정치적으로 취약한 상태에, 특히 국내정치 분야에서 그러한 상태에 있었음을 의미했다.[55] 노태우는 차기 대통령을 민주적이고도 자유로운 선거를 통해 선출해야 한다는 사실에 동의한다고 천명함으로써 1987년의 민주화 시위를 완화시키는 과정에서 상당한 역할을 했다. 그러나 노태우는 전두환이 직접 지명한 후계자이자 전두환의 측근이란 사실에서 벗어날 수 없었다. 결국 노태우가 36.9% 득표율로 대선에서 당선될 수 있었던 것은 국민에게 인기가 있었기 때문이라기보다는 반대 세력들이 단일 후보를 중심으로 단합하지 못했다는 사실 때문이었다. 반대 세력의 거두인 김영삼과 김대중이 각각 28%와 26.9%를 득표했던 것이다.[56]

노태우는 한국 관료조직 내부에 존재해 있던 제도적으로 막강한 정치 기반과 지원을 물려받았다. 여기에는 전두환으로부터 물려받은 강력한 형태의 정치적 후원체계와 한국 국내정치에 지속적으로 관여했던 정보기관이 포함되어 있었다. 이들 자산 덕분에 노태우는 반대 세력과 비교하여 보다 효과적으로 자원을 동원할 수 있었던 것이다. 그러나 이들 자산으로 인해 대통령으로서의 노태우의 합법성이 손상되었던 것도 사실이다. 더욱이 당시는 국내사회 변화에 관한 한국인들의 기대가 매우 높은 수준이었다. 이들 기대로 인해 그 이전과 달리 국내적으로 경제 및 사회적인 압력이 초래되었던 것이다. 그런데 이는 민주화 과정에서 노동이 세력화되었다는 사실과 관련이 있었다. 결과적으로 노동자들의 파업 횟수가 급증한 반면 국가의 공권력이 약화되면서 관리자와 노동자 간에 경제 및 사회적 문제가 부상하게 된 것이다.

대통령에 취임한 이후 처음 2년의 기간 동안 노태우 소속 민주정의당은 국회에서 소수 세력이었다. 결과적으로 법안을 강력히 추진할 수 있는 입장이 아니었다. 국내정치 측면에서 취약한 상태에 있었다는 사실과 전임자와 자신을 구분시킬 필요가 있다는 개인적인 열망이 주요 요인이 되어 노태우가 외교정책에 집중하게 된 것이다. 민주화 이후 사회적 변화를 염원하는 역동적인 세력이 한국사회에 조성되었는데 이들 세력 가운데 많은 부분이 정부에 도전장을 제기했던 것이다. 그런데 이는 노태우가 대통령에 당선되었음에도 불구하고 아직도 많은 측면에서 한국사회에서 막강한 영향력을 행사하고 있던 권위주의 세력과 보다 분명히 결별하지 못한 결과였다. 또한 이들 세력의 정리를 원했던 세력들을 완벽히 만족시켜주지 못한 결과였다.

김영삼과 한국 민주화 강화

국내적으로 많은 어려운 상황에 있었던 1991년 1월 노태우는 집권당과의 거대 통합을 목적으로 반대당 지도자 가운데 1명인 김영삼과 협상에 착수했다. 노태우는 통합 이후 김영삼을 본인의 후계자로 지명할 가능성이 있었다. 김영삼은 박정희와 전두환에 대항하여 오랜 기간 동안 투쟁해온 민주화 세력이었다. 이 같은 점에서 노태우와의 연합으로 김영삼이 원칙이 없는 사람이란 이야기를 들을 수 있는 상황이었다. 그러나 노태우와 김영삼의 세력 규합은 결과적으로 보면 효과가 있었다. 세력 규합으로 노태우 정부가 보다 잘 기능할 수 있었던 반면 김영삼이 차기 대통령이 되는 과정에서 도움을 받을 수 있었던 것이다. 1988년 대선 당시 유사한 형태의 협조기구를 설치하지 못해 김영삼과 김대중이 패배한 반면 노태우가 대통령에 당선되었다는 사실을 고려해보면 노태우와 김영삼의 타협 및 공조 능력은 놀라운 사실이었다.

노태우 휘하 집권당과 김영삼 휘하 반대 세력의 통합으로 정부 내부에 보수 세력을 유지할 수 있었다. 한편 한국 민주화 진전 목적의 주요 제도개혁의 강력한 추진에 필요한 경력의 김영삼 덕분에 한국의 민주화가 용이해진 것이다. 민주화 세력과 보수 세력의 통합으로 한국은 보다 점진적인 방식으로 민주화로 전환해갈 수 있었다. 새롭고도 검증되지 않았으며 경험이 없는 파워 그룹으로의 전면 전환을 통해 가능했을 민주화와 비교해보면 그러하였다.

1993년에 대통령이 된 김영삼은 전통적으로 국내정치에 관여해온 강력한 세력기반인 군의 정치개입 금지와 금융실명제 정책을 포함한 한국 민주화 측면에서 크게 기여했다. 금융실명제로 지하자금, 뇌물, 자금세탁, 여타 불법적인 금융 관행을 보다 쉽게 추적할 수 있게 되면서 개인금융 측면에서 투명성이 보장된 것이다. 이들 제도개혁이 금권정치에 대항한 투쟁 측면에서 중요한 단계였던 것이다. 이들 개혁과 관련이 있는 부분이지만, 정치 및 개인 자금 마련을 위해 대기업을 착취한 전임 대통령 전두환과 노태우 관련 사건은 물론이고 정치적 부패 측면에서 세간의 주목을 받았던 사건들을 한국의 검사들이 추적할 수 있게 되었던 것이다.

대통령의 리더십에 관한 여론과 여론의 동의가 대통령의 계산과 행위에 영향을 미치는 보다 중요한 요소가 되었다는 점에서 보면, 민주화가 외교정책 측면에서 또한 상당한 의미가 있었다. 김영삼은 여론에 매우 민감한 사람이었다. 결과적으로 그 이전 대통령과 비교하여 김영삼의 외교정책 관리와 리더십이 여론과 비정부기구 활동에 보다 많은 영향을 받게 된 것이다. 민주화로 대통령의 고유 영역 가운데 여론의 주목을 가장 많이 받았으며, 여론의 영향을 가장 많이 받은 2개 영역은 대북정책과 한미관계란 부분이었다. 이들 두 영역은 1차 북한 핵 위기와 북미 간 최초의 직접 핵협상으로 인해 김영삼 정부 당시 상당한 갈등을 초래한 부분이었다.

대북문제 관련 한미동맹 갈등: 김영삼과 북미제네바합의

집권 초기 김영삼은 노태우의 북방정책을 계승하고자 노력했다. 김영삼은 수십 년 동안 수감되어 있던 북한 비전향수 이인모와 같은 사람들의 석방을 통해 남북대화를 재개할 수 있기를 기대했다. 그러면서 유화적인 태도를 보였다.[57] 그러나 핵 문제를 놓고 국제원자력기구(IAEA)

와 설전을 벌이고 있던 북한은 이 같은 제스처를 의도적으로 무시했다. 북한은 북한 핵 개발 관련 인공위성 정보를 미국으로부터 제공받는 등 미국의 도움을 받았다는 점에서 국제원자력기구를 미국의 하수인으로 생각하고 있었다. 1993년 북한은 이인모를 포함한 여타 장기수들의 석방에 화답한 것이 아니고 90일 이내에 핵확산금지조약에서 탈퇴할 것이라고 천명했다. 이 같은 방식으로 대화를 전면 거부했다. 이 같은 북한의 선언으로 유엔안전보장이사회에서 북한 핵 위기가 보다 고조되었다. 1993년 4월 초순의 유엔안전보장이사회 회합에서는 유엔회원국들에게 북한 핵 위기 해결 조치를 촉구하고 있었다.

이 같은 촉구에 따라 미국은 핵확산금지조약에서 북한이 탈퇴하기 불과 1주 전 북한과 그 전례가 없는 직접 협상에 착수했다. 미 국무성차관 아놀드 캔터(Arnold Kanter)와 북한 노동당 국제비서인 김용순 간의 1992년 회동을 제외하면 6.25 전쟁이 종료된 이후 유엔군사정전위원회 밖에서의 북미 간의 직접 협상은 있지 않았던 것이다. 며칠에 걸친 협상 이후 미국은 북미 추가 협상을 조건으로 북한이 비확산금지조약 탈퇴를 유보할 것이란 내용의 유엔헌장에 입각한 성명서를 작성할 수 있었다.

그러나 6.25 전쟁 이후 최초로 북미 간의 제약 없는 양자협상 시작을 보며 한국인, 특히 김영삼의 심기가 불편해졌다.[58] 한국이 외교 및 경제적 측면에서의 일대 발전에도 불구하고 자국 안보 측면에서 대단히 중요한 문제를 처리하는 과정에서 거의 전적으로 미국에 의존하지 않을 수 없는 상황이란 사실이 만천하에 노출된 것이다. 이외에도 김영삼은 미국이 순진하게도 북한과 협상하고 있다고 생각했다. 김영삼은 소련과 중국의 지원이 급격히 줄어든 결과 붕괴 직전에 있던 북한 정권의 지탱에 도움이 되거나 필요 이상을 양보해주는 등 미국이 북한의 협상 전술에 놀아나고 있다고 생각했다.

당시 협상에 김영삼이 반대했던 것은 부분적으로는 북미 양자대화가 한미동맹에 악영향을 미칠 가능성이 있다는 우려 때문이었다. 주한미군 감축 계획에서 볼 수 있듯이, 냉전 종식 이후 미국은 한반도 방위에 대한 열의를 줄이고 있는 듯 보였다. 따라서 한국은 북미 양자대화가 남북한 간의 제로섬 게임에서 한국의 패배를 보여주는 부분으로 생각했다.[59] 한국은 한미동맹을 분열시키는 방식으로 자국을 보다 취약하게 만들거나 궁지로 몰아넣을 목적으로 북한이 북미협상을 이용할 가능성에 민감하게 반응했다. 한국은 북한 핵 문제에 관해서만 논의하며 협상 도중 포괄적인 정치적 타결을 언급하지 말라고 미국에 강력히 촉구했다. 그럼에도 불구하고 북미 간 보다 좋은 정치적 관계 약속을 포함하고 있는 1994년의 북미제네바합의가 체결된 것이다.[60] 한편 김영삼은 북한을 제재(制裁) 또는 공격하라고 미국을 압박하지 않았다. 그러나 미국 관리들은 북미협상의 모든 부분에 영향을 미치고자 했으며, 모든 북미협상 내용과 관련하여 시시각각 보고를 원하고 있을 정도로 한국이 자신들을 믿지 않고 있다는 사실에 격분했다. 미국 관리들은 동맹국인 한국과의 상대가 가장 어려운 일이라고 표현했으며, 김영삼을 "매우 감성적이고 비합리적인 인물"로 생각했다.[61]

　김영삼 입장에서 보면, 한국 안보를 직접 위협하는 사안과 관련하여 자신이 소외되지 않고 있음을 보일 필요가 당연히 있었던 것이다. 한국인들은 미국이 한국의 국익을 저해할 가능성과 북한 핵무기 개발 노력을 자국 안보에 영향을 미칠 주요 사건으로 간주했다. 김영삼은 자신이 북한 핵 문제 처리 과정에서 영향력이 있는 인물임을 보일 필요가 있었다.

　한국은 북한 핵 문제를 한미동맹 차원에서 다룰 필요가 있음을 강조했다. 그러면서도 한국은 과도한 대미 의존을 불편하게 생각한 반면 자율성을 보다 열망했던 것이다. 북미 핵 협상으로 인해 초래된 갈등과 불신은 한미동맹 입장에서 보면 상당한 수준이었다. 김영삼은 주요 언론매체와의 인터뷰에서 북미협상을 공개적으로 비난했다. 예를 들면 김영삼은 BBC와의 인터뷰에서 "미국은 북한의 어떠한 추가 요구에도 양보하면 안 된다."고 주장했으며, 뉴욕타임스와의 인터뷰에서는 "미국은 북한 핵문제 관련 협상을 북한이 주도하지 못하도록 해야 한다."[62]고 주장했다. 김영삼과 클린턴은 1993년 11월의 백악관 정상회담에서 갈등 사실을 거의 감추지 않았다. 자신이 제대로 보고받지 않은 포괄적인 전략을 미국이 자국의 대북 전략으로 채택했다는 언론 보도에 좌절한 김영삼은 정상회담을 준비하던 실무자들이 이미 합의한 내용을 변경하고자 노력했다.[63] 김영삼이 미국의 대북정책 정립 과정에 어느 정도 영향력을 행사하고 있는 것으로 보이도록 할 목적에서 한미 양국은 북한 핵 문제를 포괄적(Comprehensive)으로 접근하는 것이 아니고 개괄적(Broad)이고도 상세한 형태로 접근하기로 합의했다.[64] 그러나 한미 양국은 의미 있는 방식으로 이견을 좁히지 못했다. 미 협상가들은 한국 동료들을 고압적이라고 생각했다. 이들이 북미협상에 영향을 미치고자 노력했으며, 협상 종료와 동시에 그 결과를 가장 먼저 알고자 했기 때문이었다. 북미협상이 종료될 즈음 미 협상가들은 협상 이행에 필요한 자금 확보 차원에서 일본과 한국으로 서둘러 달려가는 어색한 모습을 연출했다. 이 같은 현상을 보며 협상장 밖에 있던 한국 외교관들은 "대표 없는 과세(課稅)"에 다름이 없다고 말했다.

전임 미국 대통령 지미 카터의 중재 이후인 1994년 여름과 가을의 북미제네바 협상에 김영삼이 좌절감을 표명했던 것은 북미대화에 반대했기 때문이 아니었다. 이 같은 대화를 한국이 주도해야 하며, 이 같은 대화에서 한국이 소외되면 곤란하다는 인식 때문이었다. 대북협상 과정에서 자신이 주요 행위자가 되어야 한다는 김영삼의 열망은 북한 핵 위기가 고조되던 1994년 6월 카터의 방북 시점에 보다 완벽히 노출되었다. 김영삼 정부는 카터의 방북과 관련하여 냉소적인 반응을 보였다. 카터의 북미협상 관여를 불신했다. 그러나 한국의 고위급 관리들은 방북 이전의 카터와의 회동에서 김일성과 김영삼의 남북정상회담 가능성을 암시했다. 김영삼은 외교적 협상 가속화 측면에서의 카터의 역할에 불만이 있었다. 그러나 김영삼은 김일성이 남북정상회담 관련 본인의 아이디어를 수용했으며, 1994년 7월 북한에서 남북정상회담을 원한다는 소식을 갖고 귀환한 카터에 대해 매우 흡족해 하였다. 김일성 사망 사실이 보도된 1994년 7월 8일에는 남북정상회담 준비 목적의 협상이 진행되고 있었다. 김일성 사망으로 김영삼과 김일성의 역사적인 남북정상회담이 무산된 것이다.

그러나 김영삼과 한국정부 입장에서 훨씬 복잡한 문제가 있었다. 이는 김일성 사망과 관련한 대응 방식이란 부분이었다. 한편에서 보면 김일성은 협상이 예정되어 있던 김영삼의 파트너였다. 그러나 또 다른 한편에서 보면 6.25 전쟁 당시 수백만을 사망하게 만든 장본인이었다. 김일성 사망과 관련한 한국 정부의 공식 반응을 결정하는 과정에서는 어느 때와 마찬가지로 북한이 한국의 발언을 정치적으로 이용할 가능성에 상당한 신경을 기울였다. 결국 한국은 조의를 표명하지 않음으로서 북한을 격분케 하였다. 그러나 보다 심각한 것은 김일성 사후의 북한을 "추락하는 항공기"에 비유했다는 사실이었다. 이는 김일성 사후 북한 붕괴가 필연적이란 의미였다. 김일성 사후의 남북관계 악화로 북미제네바합의 및 경수로 프로젝트 이행과 관련한 한미 간의 갈등이 고조되었다. 그런데 북한은 경수로 프로젝트와 관련하여 한국의 관여를 최대한 저지하고자 노력하고 있었다.

1995년 미 국방성은 "미국의 동아시아-태평양 지역 안보전략(United States Security Strategy for the East Asia-Pacific Region)"이란 정책 문서를 발간했다. 주한미군 철수 중지를 요구하고 있던 이 문서를 통해 미국이 어느 정도 한국을 안심시킬 수 있었다.[65] 주한미군 철수가 중지된 이후인 1996년 김영삼은 본인의 대북태세를 변경하여 다음과 같은 3가지 원칙을 제시했다. "(1) 북한의 어려운 상황을 이용하지 않을 것이다. (2) 북한 고립을 추구하지 않을 것이다. (3) 북한을 흡수 통일하지 않을 것이다."[66]

김영삼의 대북정책을 완화시킨 또 다른 요인은 북한 기근 소식이었다. 이들 소식이 한국인들의 대북 태도에 상당한 영향을 주었다. 탈북자들이 동북 3성 지역을 통해 넘어오기 시작했던 것이다. 굶주림에 떨고 있던 북한 주민들에게 한국교회가 식량과 자금을 보낼 목적의 인도적 노력을 전개하기 시작했다. 북한 인도적 상황에 관한 한국인들의 우려가 김영삼 정부의 정책을 압도했다. 한국인들의 우려 폭주로 1996년 김영삼 정부는 15만 톤의 식량 제공과 관련하여 북한과 협상했다. 일본정부 또한 잉여곡물 50만 톤 제공에 동의했다. 1994년의 김일성 사망 이후 김영삼이 조문단 파견을 거부했다는 사실과 관련하여 북한이 분개했는데, 그 후 상황을 대북 식량지원 관련 협상이 어느 정도 완화시켜 주었던 것이다. 김대중이 대통령에 취임한 1998년 3월 이전에서조차 한국이 이미 대북 포용정책으로의 전환을 시작했던 것이다.[67]

수십 년 동안 북한은 한국을 배제시킨 상태에서의 북미협상을 통해 한미동맹을 폐기시키고자 노력했는데 이 같은 노력이 실패했다. 1994년의 북미제네바합의는 핵 확산이 쉽지 않은 경수로를 제공해주고 북미관계를 개선할 목적의 국제사회컨소시엄을 미국이 주도할 것이란 조건으로 북한이 핵무기 개발 계획을 동결한 후 최종적으로 해체할 것이란 내용을 담고 있었다. 이 같은 1994년의 북미제네바합의는 미국과의 직접협상을 통해 북한이 거둔 최초의 승리였다. 당시의 협상은 교차승인을 완벽히 이행하지 않는 경우 합의 불이행에 따른 예기치 못한 손실 가능성을 보여주었다.[68] 한편 이처럼 미국과 일본이 북한을 인정하는 방식으로 주변국이 한국과 북한을 교차 승인하는 경우 이 같은 북미 대화를 정치화하는 현상을 방지하고, 한국의 민감한 반응을 줄일 수 있을 것이었다. 결국 당시의 협상이 미국과 북한 중심으로 진행되었다는 사실이 협상은 물론이고 협상 결과를 지속적으로 어렵게 만든 갈등의 주요 원천이었다. 북미제네바합의의 경우 북한 핵무기 개발 동결 조건으로 북한에 핵 확산이 곤란한 경수로 제공 목적의 다자적 협조와 개입이 요구된다는 점에서 특히 그러하였다.

김영삼과 세계화

김영삼은 세계화란 이름의 정책을 통해 한국의 활동 영역을 국제적으로 확대시키기 위해 원만한 국제 안보환경을 이용했다. 김영삼은 노태우의 북방정책 노력에 의존하여 나름의 성공을 거두었다.[69] 김영삼의 세계화 정책은 확대일로에 있던 국력의 표현으로서 뿐만 아니라 국가의 위상과 리더십을 국제사회에서 고양시키기 위한 김영삼 이후 대통령들의 노력의 전조(前兆)에 다름이 없었다. 이 같은 측면에서 중요한 의미가 있었다. 세계화란 주제는 1993년 5월 한국외교가 더 이상 북한의 인질이 될 수 없다고 말하면서 새로운 외교정책의 주요 목표로 한국의 국제화를 강조했던 한승주 외무부장관으로 인해 힘을 받았다. 국제화란 목표를 통해 한국은 글로벌 평화, 안보문제, 국제사회 발전, 환경보호 측면에서 기여할 예정이었다.[70] 이들 주제는 지구상 여타 국가들에 대해 한국이 점차 책임감을 느끼고 있음을 보여주는 부분이었다. 한국이 이들에 관심을 보일 수 있었던 것은 한국의 경제성장 덕분이었다. 또한 이들 주제는 이명박의 글로벌 코리아 정책의 씨앗에 다름이 없었다.

김영삼 정부의 세계화 비전은 포괄적인 성격이었다. 그러나 한국이 선진국들의 모임인 경제협력개발기구(OECD) 가입에 필요한 경제력과 자격을 구비하게 되면서 세계화 비전이 구체적인 모습을 보이게 된 것이다. 경제협력개발기구 가입은 한국이 근대화에 성공했음을 보여주었다.

불행히도 경제협력개발기구 가입을 통해 선진국 대열에 합류하고자 한 김영삼의 노력은 한국의 선두 기업들이 금융혼란에 빠지면서 한국을 삼켜버린 1997년의 국제통화기금(IMF) 위기로 빛이 바랬다. IMF 위기 이전의 한국의 경제성장은 주요 기업들이 순수 자산의 2배 내지 3배에 달하는 채무를 지속적으로 감당할 수 있을 것이란 기대에 주로 기인했다. 이 같은 금융전략은 이처럼 좋지 않은 채무상태에도 불구하고 이들 기업이 달러 유형의 단기차관을 쉽게 얻을 수 있을 것이란 사실에 입각했다. 그러나 1997년에 시작된 아시아 금융위기 상황에서 아시아지역 국가들의 화폐가치가 폭락했다. 그러자 한국의 기업들은 비효율적으로 운용되고 있을 뿐만 아니라 과도할 정도로 단기 차관에 의존하고 있음을 보여준 심각한 자금난에 빠진 것이다. 갑자기 많은 한국 기업들에게 이들 부채가 더 이상 감당할 수 없을 정도로 과도한 수준이 된 것이다. 한국정부가 원화 자산가치가 폭락한 기업들을 구제할 목적에서 국제사회 대부 기관들과 협상해야만 하는 상황이 된 것이다.

김영삼 정부 말기 몇 달 동안 진행된 이 같은 모습을 보면서 일각에서는 김영삼 정부가 과도하게 세계화를 추진하여 한국의 재무상태를 위기에 처하도록 만들었다고 비난했다. 정치적 측면에서 보면, 이들 상황 발전으로 인해 집권당의 명성이 손상되었다. 이들 상황 발전은 1997년 반대당 후보인 김대중의 대선 승리를 용이해지도록 하는 등 한국 역사상 최초로 보수에서 진보로 권력이 이동하는 과정에서 결정적인 의미가 있었다.

북방정책과 한국 외교정책의 진화

북방정책을 통해 노태우는 동북아지역 전략 환경의 변화를 매우 잘 이용했다. 노태우는 미소화해와 중소화해로 상징되는 냉전 종식이란 전략 환경 변화뿐만 아니라 1988년 올림픽으로 상징되는 한국의 역동성 증대를 매우 잘 이용했다. 서울올림픽을 계기로 한국이 동구권 국가 대표들과 네트워크를 형성할 수 있었다. 이들 동구권 선수들은 한국의 발전된 산업화를 새롭게 인식하며 본국으로 귀환했다.

구공산권 국가들과의 관계 정상화를 위한 노태우 이전 한국 정부들의 노력이 냉전 종식으로 결실을 맺을 수 있게 되었다. 특히 중국 및 소련과 관련하여 그러했다. 또한 북한과 긴장을 완화할 수 있었다. 경제적 성공으로 한국은 구소련과 중국으로부터의 의미 있는 지원을 상실하고 있던 북한을 겨냥하여 보다 자신감 넘치는 정책을 펼칠 수 있었다. 그런데 이는 간접적으로나마 고위급 남북대화를 추진하고 남북한이 별도로 유엔에 가입하기 위한 길을 열어준 상황 발전이었다. 북방정책은 많은 진보적 요소들을 통합했으며, 노태우 후임 대통령들이 전개한 포용정책에서 확인 가능한 부분들을 사전 예견해주기조차 하였다. 사실 일부 한국 학자들은 철저한 보수 정치권 출신임에도 불구하고 노태우 정부 북방정책의 주요 부분들이 진정한 의미에서 보수적 성격인지에 관해 논쟁을 벌였다.[71]

1988년 9월 유엔총회 연설에서 노태우는 미국, 러시아(당시 소련), 중국, 일본, 남북한이 참여하는 '동북아평화협의회의'를 제안했다. 북방정책은 노태우의 이 같은 의향 표명을 통해 알 수 있듯이 다자협력에 관한 한국의 비전을 또한 암시했다.[72] '동북아평화협의회의'란 아이디어는 냉전 종식 이후 한국외교의 지속적인 주제가 된 부분의 씨앗에 다름이 없었다. 일반적으로 수용되는 규범에 입각하여 주변 강대국들의 행동을 규제할 수 있는 동북아지역에서의 협력적 안보 방안뿐만 아니라 신뢰구축과 긴장완화가 바람직하다는 한국외교의 지속적인 주제의 씨앗에 다름이 없었다. 결과적으로 보면 이 아이디어는 그럴 듯 해보였지만 그 후 한국 정부들의 지속적인 노력에도 불구하고 달성이 어려운 부분이었다.

한국이 이전의 적국들에 화해의 손길을 내밀고는 아태지역에서 보다 폭넓은 역할을 구상하기 시작했음에도 불구하고 한미동맹이 여전히 강력한 상태를 유지했다. 소련, 중국, 구공산권 국가들을 포함할 정도로 외교활동의 범주를 넓히기 위한 한국의 노력을 미국이 지원한 결과 한미동맹이 약화된 것이 아니고 보다 강화된 것이다. 미국은 또한 한반도에서 핵무기를 철수시키고 북한 핵 문제와 관련하여 북한과 접촉할 목적에서 긴밀한 한미 협조 아래 신중한 조치를 취했다.

한편 민주화로 한국외교 측면에서 새로운 기회뿐만 아니라 제약이 초래되었다. 민주화로 인해 권위주의적이던 노태우 이전 한국 대통령들과 미국의 관계 측면에서 지속적으로 골칫거리였던 상당한 걸림돌이 제거된 것이다. 그러나 민주화로 권위주의 정권 당시 억압되어 있던 국내 정치 요인들이 한국의 외교정책을 복잡하게 만들고 제약할 수 있는 요소로 부상한 것이다. 한국의 대북정책과 관련하여 고조된 국민들의 기대를 관리하고자 한 김영삼의 노력으로, 한국의 외교정책 측면에서 새로운 갈등이 초래되었다. 여론이 보다 중요한 요인이 됨에 따라 한미 양국 모두에서 한미관계를 보다 신중히 관리할 필요가 있게 된 것이다. 국내적으로 보면 더 이상 억누를 수 없게 된 민주화 운동가들이 미국을 비난할 수 있게 되었음에도 불구하고 민주화는 한미동맹 입장에서 긴요한 부분이었다. 분명히 말하지만 미국은 권위주의적인 한국 정부들을 지속 유지시키는 과정에서 나름의 역할을 했다는 한국인들의 인식으로 인해 적지 않은 대가를 치렀다. 이 같은 인식으로 인해 한국사회 내부에 규모는 작지만 전문성을 구비한 반미세력이 형성되었으며, 박정희와 전두환에 대항하여 투쟁했던 민주화운동 세대들이 출현하게 된 것이다. 그러나 장기적으로 보면 민주화는 한미관계에서 갈등을 초래했던 주요 걸림돌이 제거되었음을 의미했다.

그러나 국내 정치개혁에 전념했음에도 불구하고 김영삼은 대북정책과 관련하여 클린턴 정부와 조율하는 과정에서 상당한 마찰을 초래했다. 한국이 미국과 강력한 관계를 유지하면서도 대북정책 측면에서 중심적인 역할을 요망했던 원만한 국제 안보환경에서 이 같은 마찰이 있었던 것이다. 이는 일종의 아이러니였다. 그러나 결국 1994년의 북미제네바 합의는 북미 양국이 서명하는 형태가 되었다.

북미제네바합의를 통해 우리는 한미 양국이 자국의 공동 관심사에 부여하는 비중의 정도에 차이가 있음을 알 수 있었다. 예를 들면 북한 핵개발 및 확산의 시급성 측면에, 한국의 주요 후원국인 미국과 주요 적국인 북한 간의 양자대화가 한국 안보에 갖는 의미에, 부여하는 비중 측면에서 차이가 있음을 보여주었다. 김일성에서 김정일으로의 권력 이동과 북한의 기근으로 인한 북한 내부 불안정 신호에 반응하는 방식 측면에서 또한 차이가 있음을 보여주었다. 강력한 한미동맹의 지속 유지 필요성에도 불구하고 김영삼은 원만한 국제환경과 국내정치의 민주화로 이들 사안과 관련하여 한국의 자율성 열망을 천명해야만 하는 상황이었던 것이다.

아시아 금융위기의 예기치 못한 충격을 보며 미국은 한국경제 회생을 위해 노력해야만 하였다. 마찬가지로 이 같은 충격으로 김영삼의 정치적 경쟁자이자 한국에서 가장 저명한 진보적 민주주의 행동가인 김대중의 지도 아래 남북관계가 극적으로 재설정되는 등 놀라울 정도의 정치적 변환의 기반이 마련된 것이다.

제4장
김대중과 햇볕정책

김대중은 1998년에 대통령에 당선되었다. 이는 한국 역사상 최초로 보수에서 진보로의 한국 국내정치의 극적인 전환을 보여준 사건이었다. 더욱이 한국의 진보세력은 비교적 원만한 국제상황을 배경으로 외교정책에 관한 본인들의 아이디어를 시험해볼 수 있었다. 결과적으로 국내정치 요인들이 한국의 외교정책 형성 과정에서 주요 역할을 하게 되었는데, 특히 김대중 정부 전반기 도중 그러했다. 김대중은 보수주의자들의 권위주의적인 통치에 대항하여 수십 년 동안 저항한 경험이 있었다. 당시 김대중은 역사적으로 한국의 외교정책을 인도해온 이들 주요 보수주의자들의 반공사상(反共思想)과 전혀 다른 형태의 대북 접근방안인 자유주의적인 사고를 옹호했다.

권위주의 정부에 대항해온 민주화 운동가이자 국제 경험이 풍부했던 진보주의자 김대중은 단절되어 있던 한국정치에서 독특한 형상을 발전시켰다. 한국의 많은 토착 민주화 운동가와 달리 김대중은 전두환 정부 당시 미국에서 망명생활을 하고 있었다. 이 같은 사실로 인해 김대중은 친 민주주의 세력들로 구성된 국제사회 네트워크를 구축할 수 있었다.

여기에는 저명 미 의회 의원과 미국의 전직 관료들이 포함되어 있었다. 미국 망명 도중 하버드대학에서 구축한 네트워크로 인해 그는 한국 민주주의를 겨냥한 자신의 열망에 공감하는 많은 미국 친구와 지지자를 갖게 되었다. 그러나 민주화 투사로서의 명성에도 불구하고 김대중은 남북화해 필요성에 관한 나름의 관점뿐만 아니라 이 같은 목표 달성을 위해 적극 노력하겠다는 강인한 열망을 견지하고 있었다.

김대중은 또한 국제적으로 국가 간에 비교적 긴장과 갈등이 없던 환경에서 새로운 형태의 대북정책을 자유롭게 추구할 수 있는 입장이었다. 한국의 대북 우위는 소련 붕괴 이후 보다 증대되었다. 그러나 아시아 금융위기로 흡수통일 가능성을 고려할 수 없게 되면서 북한을 흡수 통일해야 할 것인지에 관한 정부 차원의 논쟁을 잠시나마 접어둘 수 있었다. 이같은 측면에서 보면 아시아 금융위기로 김대중은 두 가지 이득을 누렸다. 본인이 대통령에 당선되었을 뿐만 아니라 남북통일 시점을 뒤로 늦추는 것이 바람직하다는 여론을 조성할 수 있었다는 사실이 바로 그것이었다.

아시아 금융위기로 한국인들의 남북통일 기대를 뒤로 늦추거나 없앨수 있었다. 그럼에도 불구하고 북한과 비교하여 한국의 국력이 상대적으로 증대되면서 김대중은 그 이전 대통령과 비교하여 남북화해와 통일을 보다 잘 추구할 수 있는 입장이었다. 1990년의 독일 통일과 1994년의 김일성 사망 및 북한경제 악화를 보며 남북한이 조기에 통일될 것이란 기대가 고조되었다. 이 같은 사실을 고려해보면 IMF 위기 이후 남북통일을 지연시켜야 한다는 여론이 조성되었다는 사실이 특히 중요한 의미가 있었다. IMF 위기 이전에는 이 같은 조기 남북통일 기대로 북한 연착륙(소프트랜딩) 또는 경착륙(하드랜딩)에 관해 한국 내부에서 다양한 논의가 있었던 것이다.

그러나 김대중은 한국의 경제성장이 북한을 훨씬 앞서 있었지만 자신의 정책을 효과적으로 이행하고자 하는 경우 미국과 국제사회의 도움이 필요하다는 사실을 잘 알고 있었다. 한국은 주변 강대국들에 비해 상대적으로 국력이 열세란 사실을 고려하여, 아직도 한미동맹을 소중히 여겼다. 김대중은 북한의 도발에 대항하여 한국을 방어할 수 있도록, 남북화해 과정에서의 미국의 결정적인 역할을 필수 요소로 인지했을 뿐만 아니라 인정했다. 김대중은 클린턴에서 아들 부시(George W. Bush)로 미국 대통령이 바뀐 이후, 본인에 대한 지지에서 비판으로 미국이 입장을 선회하자 남북화해에 기반을 둔 자신의 대북접근 방안의 근간이 붕괴되고 있다며 크게 실망했다. 이는 정책 방향 설정 측면에서의 한국의 자율성의 한계를 뼈저리게 노출시킨 사건이었다.

김대중의 세계관과 햇볕정책의 목표

김대중은 자신뿐만 아니라 휘하 참모들의 적극적인 대응이 요구되던 IMF 금융위기 상황에서 대통령에 취임했다. 그럼에도 불구하고 김대중 정부를 정의해줄 정도로 전략적으로 중요한 의미가 있는 부분은 기존 대북봉쇄 정책을 포기한 후 경제 및 정치적 포용을 추구하는 정책인 햇볕정책을 추구하기로 결심했다는 사실이었다.

이승만 대통령 이후의 모든 한국 대통령 가운데 김대중은 한국의 외교정책에 관해 가장 많이 고민했으며, 분명히 정의된 철학을 견지한 상태에서 청와대에 입성한 인물이었다. 1970년대 초반 김대중은 3단계 통일방안과 외교정책을 구상하기 시작했다. 남북통일에 관한 김대중의 철학은 '자주, 평화 및 민주주의'에, 그리고 남북연합을 구상하고 있던 3단계 접근방안에, 입각하고 있었다. 첫 번째 단계에서는 남북한이 동일한 외교정책을 견지하지만 국내정치 문제와 관련하여 자율성을 유지하고, 일정 기간 이후 단일의 통일된 정치체제로 발전해 간다는 것이었다. 대통령에 당선되기 1년 전 김대중은 자신의 관점을 "김대중의 3단계 통일론"이란 제목의 책을 통해 발표했다.[1] 통일 방안에 병행하여 김대중은 '개방된 민족주의, 적극적인 평화, 글로벌 민주주의'를 외교정책의 기조 원칙으로 주창했다.[2] 김대중은 국제사회의 협력을 유도하기 위한 적극적인 방안을 주장했으며, 상호협력 증진을 통한 주변국들과의 선제적 평화 구축을 추구했다. 김대중은 국제 문제와 관련하여 강대국과 약소국이 대등한 발언권을 행사할 수 있도록 국제관계의 민주화를 촉진시켜줄 메커니즘을 선호했다.

김대중의 대북정책은 노태우의 북방정책과 공통점이 있었다. 이들 정책에서는 체제 정당성 측면에서의 남북대립과 대북봉쇄가 아니고 평화공존을 추구했다. 사실 노태우는 남북한 간의 이념 대립 문제를 치유하고, 국가적으로 효과적인 대북정책을 지원하기 위한 일관성 있는 기반을 조성할 목적에서 김대중의 아이디어 가운데 일부를 자신의 북방정책에 포함시킨 바 있었다. 예를 들면, 노태우 정부 통일부장관 이홍구는 반대당과 집권당 모두로부터 지원을 얻고자 노력하면서 한민족공동체통일방안이란 포괄적인 정책을 만들었다.[3]

그럼에도 불구하고 몇몇 이유로 김대중의 햇볕정책은 한국의 외교정책 측면에서 주요 분기점으로 볼 수 있었다. 첫째, 햇볕정책에서는 남북대화를 시작하기 위한 수단으로써 북한을 후원하던 국가들과 한국의 국교정상화에 초점을 맞추지 않았다. 이것이 아니고 햇볕정책에서는 남북교류 중요성을 강조했을 뿐만 아니라 이 같은 남북교류를 국제사회 세력들이 지원하도록 만들고자 노력했다.[4] 달리 말하면 노태우의 북방정책에서는 소련과 중국을 통해 북한에 접근하고자 노력했던 반면 김대중의 햇볕정책에서는 남북관계를 정중앙에 위치시켜 놓았다. 북한 주변국들과 한국의 관계를 이용하여 이들 국가로 하여금 이 같은 남북관계를 지원하도록 하고 있었다.

둘째, 김대중의 햇볕정책에서는 한반도와 아태지역 안보환경을 변혁시키기 위한 수단으로서 남북한 경제관계 확대를 이용하고자 노력했다. 반면에 이전의 북방정책에서는 남북한 경제교류 발전의 전제 조건으로 남북한 긴장완화를 추구하고 있었다. 김대중은 남북한 경제교류가 북한을 변혁시키기 위한 주요 수단이라고 주장했다. 그러면서 그는 외부 세계와의 통합에 따른 물질적 이득을 누리지 않는 경우 생존이 불가능하다는 사실을 북한이 인지하게 되면서 추후 그 효과가 나타나는 일방적인 자선(慈善)이란 개념을 정당화시켰다.

셋째, 김대중의 햇볕정책은 북한 내부의 변화를 주도하고 글로벌 공동체와 북한으로 하여금 남북화해를 지원하도록 유도한다는 측면에서의 한국의 능력에 대한 상당한 자신감을 반영한 것이었다. 그 과정에서 한국은 북한과 글로벌 공동체 간의 중계자로, 북한과 국제사회 교류를 위한 옹호자-로비스트로 기능할 예정이었다. 김대중 정부 국가정보원장이던 임동원에 따르면 햇볕정책에서는 1975년의 헬싱키협약을 통해 유럽 국가들이 하고자 했던 부분의 재현을 추구하고 있었다. 임동원은 헬싱키협약으로 인해 고르바초프와 같은 인물이 부상할 수 있었으며, 독일의 평화통일이 가능해졌다고 생각하고 있었다. 임동원은 "생존 차원에서 북한은 점차 개방하여 시장경제를 추구하지 않을 수 없을 것이다.…외부로부터 위협을 받거나 지속적으로 봉쇄를 당하는 경우 북한의 개방과 개혁이 어려워질 것이다."[5]고 느끼고 있었다.

이들 북방정책과 햇볕정책의 차이는 냉전 종식으로 동북아지역의 세력 구도가 근본적으로 달라졌다는 사실에 어느 정도 기인했다. 소련이 붕괴되었으며, 러시아가 동북아지역에서 2류 국가가 된 것이다. 중국이 한국과 국교를 정상화한 반면 북한이 일대 기아선상에 있었던 것이다. 이들 다수 요인들이 결합되면서 한국은 한반도 관련 역학을 재조정하는 과정에서 선도적인 위치에 있을 수 있었던 것이다.

이 같은 정책을 지원하면서 김대중은 1998년 2월 25일의 취임 연설에서 다음과 같은 3가지 기본 원칙을 제시했다. "어떠한 군사적 도발도 용인하지 않을 것이다. 북한을 저해하거나 흡수 통일할 의사가 없다. 남북한 화해와 협력을 적극 추구할 것이다."[6) 남북화해를 겨냥하고 있으며 이들 원칙에 입각하고 있는 김대중의 첫 번째 단계는 정경(政經) 분리 강조였다. 정경분리 원칙으로 인해 한국은 보다 높은 교류와 협력을 발전시키기 위한 기저를 마련해줄 신뢰 구축 수단으로서 다양한 남북경협 수단을 북한에 제안할 수 있었던 것이다.[7)

햇볕정책의 실제

남북관계

대통령에 취임한 김대중이 가장 먼저 추구한 목표는 정경분리에 입각한 한국의 새로운 대북정책이 북한에 도움이 되는 형태란 사실을 보임으로써 북한의 신뢰를 얻는 것이었다.[8) 이 같은 목표를 달성할 목적에서 김대중은 북한이 추후 보상할 것이란 기대 아래 경제와 여타 이득을 앞세우는 형태의 대북접근 방안을 추구했다.[9) 미국을 방문한 1998년 6월의 미 의회 연설에서 김대중은 자신의 기대를 다음과 같이 상세 설명했다. "우리는 정경분리 원칙에 입각하여 다양한 분야에서 상호 협력할 것입니다.…이 같은 접근방안으로 인해 북한이 마음의 문을 활짝 열 정도로 심리적 여유를 가질 것으로 기대됩니다."[10) 이 같은 접근 방안으로 인해 한국이 북한에 보다 많은 것을 제공해줄 수 있게 된 반면 북한의 완벽한 보상을 기대하지 않을 수 있었던 것이다. 이 같은 유형의 자선 행위는 남북 경제교류가 변혁적인 효과가 있을 것이란 생각뿐만 아니라 평화공존에 대한 한국의 희망과 열망을 반영한 것이었다.[11]

김대중 대북정책의 주요 부분은 정주영이 이끄는 경제사절단에 대한 김대중 정부의 지원 형태로 나타났다. 북한 출신 정주영은 북한에 지속적인 관심이 있었다. 이미 십여 년 전부터 정주영은 남북 경제협력을 추구했다. 이 같은 차원에서 정주영은 금강산 관광 개발에 관해 사전 논의한 바 있었다. 그러나 김영삼 정부가 북한 핵 문제와 남북관계 악화로 이들 논의를 차단시켰던 것이다.

정주영은 어린 시절 본인이 몰고서 남한으로 내려왔다는 황소 1마리에 대한 보상 차원에서, 인도적 차원에서 황소 501마리를 북한에 보내주었다. 이들 황소를 제공해주었다는 사실뿐만 아니라 정주영의 북한 방문을 김대중 정부가 적극 지원했다는 사실로 인해 정주영은 김정일을 만날 수 있었다. 당시 정주영은 2개 프로젝트, 즉 금강산관광 계획과 개성공단 건설 계획에 합의할 수 있었다. 정주영은 금강산관광과 관련하여 북한에 매달 1,200만 달러를 제공할 것이라는 내용의 문서에 서명했다. 정주영과 북한은 금강산 관광객을 대상으로 하는 호텔을 건설하는 문제와 한국인들의 북한관광에 필요한 모든 부분에 합의했다. 이 프로젝트는 지정된 일부 북한 지역을 제한적으로 접근할 수 있도록 해주는 조건으로 한국이 현금을 제공해주는 성격이란 점에서 논란이 있었다. 이외에도 현대는 이들 프로젝트 지원을 위해 북한에 상당한 인프라를 제공할 것이라고 약속했다. 그런데 이는 궁극적으로 김대중 정부의 승인과 금융 지원이 요구되는 일이었다.[12]

햇볕정책은 북한의 단면을 한국이 보다 잘 이해하고 보다 많이 볼 수 있도록 하는 효과가 있었다. 1989년부터 1997년의 기간에는 오직 2,408명의 한국인이 경제, 사회 및 사적인 이유로 북한을 방문했다. 김대중 정부 처음 18개월 동안에는 그 숫자가 3배 이상 늘어나 8,509명이 되었다.

더욱이 금강산 관광 개시 이후 처음 1년 동안 20만 명의 또 다른 한국인들이 북한을 방문할 수 있었다.[13]

그러나 그 후 북한은 한국을 겨냥한 일련의 군사도발 형태로 햇볕정책을 시험했다. 첫째, 간첩 및 침투 활동에 관여했다고 생각되는 북한의 소형 잠수함이 1998년 6월 22일 동해안의 어부가 설치한 그물에 걸렸다.[14] 김대중 정부는 이 사건을 대수롭지 않게 생각했다. 햇볕정책을 통해 북한과 교류할 것이란 자신의 공약에 따라 잠수함 승조원을 북한으로 귀환시켜주었다. 당시로부터 불과 2년 전 동해안에서의 유사한 사건으로 일대 추적과 남북관계 냉각이 있었다는 사실과 비교해보면 이는 크게 대조되는 부분이었다.

둘째, 남북한은 서해상에서 군사 충돌이 있었다. 2001년과 2002년 논란의 서해 북방한계선 부근에서의 충돌이 바로 그것이었다. 당시 남북한 함정들이 북방한계선 양측에서 조업하고 있던 자국 어부들을 보호하고 있었던 것이다.[15] 두 번째 충돌에서는 양측이 발포했으며, 사상자가 발생했다. 그러나 김대중은 남북관계가 냉각되는 현상을 피할 목적에서 확전방지를 주장했다. 뉴욕타임스 특파원 돈 커크(Don Kirk)에 따르면 김대중은 "한국군이 경고 사격하지 않으며, 자위적 차원에서만 사격하도록 하라고 국방부장관에게 지시했다. 결과적으로 한국해군이 확성기와 시각 신호에 의존하여 대응하도록 만들었다."[16]

이들 사건에도 불구하고 김대중은 한국이 북한에 제공해준 경제적 이득으로 인해 남북한 간에 정치적 신뢰가 조성되었고 생각했다. 북한이 추가 대화에 관심을 표명할 정도로 성공적이었던 2000년 남북정상회담이 햇볕정책이 계기가 되어 가능해졌다고 주장했다. 2000년 3월 9일, 김대중은 그 내용을 북한에 사전 알려준 자료에 입각하여 베를린 자유대학에서 연설했다. 연설에서 김대중은 북한경제 회복 지원을 약속했으며, 한반도 냉전종식과 남북한 평화공존을 옹호했다. 이산가족 문제 해결을 촉구했으며, 남북정상회담 준비 차원에서 남북대화를 제안했다.[17] 베를린 연설 이후 김대중의 정치적 동료인 박지원, 국정원장 임동원과 북한이 수차례 회동했다. 이들 회동을 통해 북한은 김정일과 회동 목적으로의 김대중의 평양 방문에 동의했다.

남북한 지도자들은 2000년 6월 15일의 남북정상회담 종료와 동시에 다음과 같은 요지의 공동성명을 발표했다.

1. 북한과 남한은 통일에 책임이 있는 한민족으로서, 외세와 무관하게 상호 협력을 통해 남북통일 문제를 해결할 것에 동의한다.
2. 북한과 남한은 남북통일 목적으로 북한이 제안한 낮은 단계 연방제와 한국이 제안한 연합이 공통점이 있음을 인정하여 향후 이 방향으로의 통일을 위해 공조할 것에 동의한다.
3. 북한과 남한은 이산가족과 친척의 상호방문, 비전향장기수 문제를 포함한 인도적 문제 해결을 가능한 한 동년 8월 15일까지 해결할 것에 동의한다.
4. 북한과 남한은 경제협력을 통해 국가경제의 균형발전을 촉진하며, 사회 및 문화적 분야, 스포츠, 보건, 환경 등 제반 분야에서의 협력과 교류를 통해 상호신뢰를 구축할 것에 동의한다.
5. 북한과 남한은 앞에서 합의한 부분의 조기 이행을 위해 가능한 한 조속히 남북한 당국 간에 대화할 것에 동의한다.[18]

당시의 남북정상회담은 한국인들의 이목을 집중시켰다는 점에서 엄청난 성공이었다. 한국인들이 김정일과 김대중이 함께 하는 모습을 실시간에 볼 수 있도록 함으로써 남북협력 가능성에 관한 한국 내부의 사고를 변혁시켰다. 그러나 나중에 밝혀진 것이지만 당시의 정상회담을 목적으로 현대가 사전에 최대 5억 달러를 북한에 제공해주었다고 한다. 그

후의 TV 연설에서 김대중은 정상회담 이전에 북한에 불법 자금이 제공된 것을 알고 있었다고 실토하면서 다음과 같이 사과했다. "법적으로 문제가 있음에도 불구하고 정부는 한반도 평화에 도움이 되고 국익을 증진시킬 것이란 믿음에서 현대의 송금을 허용해주었습니다."[19] 당시의 남북정상회담이 한국의 선의에 대한 진정한 반응 차원이라기보다 금품제공을 통해 가능해진 것이란 인식으로 인해 김대중의 업적이 손상되었다. 그 후 대법원은 향후 북한이 한국에 제공해줄 이권 차원에서 4억 달러는 정당성이 있지만 1억 달러는 정상회담 관련 뇌물에 해당한다고 판결했다.[20] 금품제공을 통해 정상회담을 가능하게 했다는 이 같은 선례(先例)가 남북교류 추구 수단으로서의 정상회담의 전망과 적합성에 관한 한국인의 인식에 많은 부정적인 영향을 미쳤다.

이외에도 당시의 정상회담은 북한을 자신의 생존을 위협하는 적국으로 생각하며 성장한 많은 한국인은 물론이고 보수성향 인사들 입장에서 적지 않은 불안감을 초래했다. 보수층들은 당시의 정상회담이 역사적인 성격임을 인정했다. 그럼에도 이들은 북한을 김대중의 천진난만함을 교묘히 이용하고자 하는 신뢰할 수 없는 적국이라고 지속적으로 생각했다. 보수정당 소속 어느 국회의원은 다음과 같이 표현했다. "김정은은 쇼를 매우 잘 하는 사람입니다.…그러나 그는 한국을 항상 정복할 수 있다고 생각하는 골수 공산국가 지도자입니다. 이는 매우 위험한 일입니다."[21]

또 다른 보수성향 국회의원들은 일반적으로 김대중을 비웃었다. 한나라당은 정치적 목적으로 정상회담을 이용했다며 김대중을 비난하기조차 하였다. 그러면서 이들은 "국회의원 선거를 불과 3일 남겨놓은 시점에 정상회담을 선언했는데 이는 집권당에 유리한 방향으로 국면을 전환시킬 목적의 것이다."[22]고 주장했다. "역사상 어느 정권도 선거 승리를 목적으로 이처럼 무모하고 부끄러운 장난을 한 경우는 없습니다."[23]고 어느 정당의 대변인은 말했다. 한나라당 총재 이회창은 정상회담으

로 인해 주한미군에 대한 한국인들의 지원(支援)이 줄어들 가능성을 우려했다.[24]

공동성명 발표 후 귀국한 김대중은 당시의 정상회담으로 인해 남북한 군사대립 가능성이 사라졌다고 주장했다. 정상회담 이후의 브리핑에서 김대중은 다음과 같이 말했다. "더 이상 전쟁은 없을 것입니다. 21세기에 한국이 세계 일등국가가 되도록 남북한은 공동 번영과 공존을 추구해야 합니다. 미국, 중국, 일본 및 러시아란 4강은 더 이상 제국주의 국가가 아니고 우리의 시장입니다."[25]

많은 보수주의자들은 이 발언이 지나치게 앞서가는 형태라고 생각했다. 남북공동선언의 거의 모든 측면과 관련하여 열띤 논쟁이 벌어졌다. 역설적인 현상이지만 당시의 정상회담으로 인해 한국 대북정책의 거의 모든 측면에서 남남갈등 현상이 초래되었다. 논쟁의 주제에는 기념비적인 공동성명이 평화와 안전보다 통일을 지나치게 강조했는지 여부, 북한이 주장한 연방제와 남한이 주장한 연합의 성격, 남북한 이산가족 상봉 대상, 국가경제 균형 발전이란 표현이 진정한 의미에서 균형 발전인지 아니면 북한으로의 국부(國富) 유출을 위장하기 위한 것인지, 김정일이 언제 답방할 것인지? 진정 답방할 것인지? 여부가 포함되어 있었다. 그러나 2000년 말경 평양과 서울에서는 감동적인 이산가족상봉, 한국 신문 및 방송 대표들의 북한 방문, 남북한 국방부장관 회담, 여타 고위급 교류, 북한 지역 역사 유물 보존을 위한 지원과 인도적 지원 약속을 포함한 사회 및 문화 교류 촉진 측면에서 그 전례가 없는 진전이 있었다.[26]

한미관계와 햇볕정책: 클린턴 대통령 시절

미 민주당과 공화당 모두 김대중의 대통령 당선을 환영했다. 미 의회가 초당적으로 김대중의 대통령 당선을 환영한 것이다. 이는 독재정권에 대항하여 투쟁해온 사람이자 민주화투사란 김대중의 오랜 명성 때문이기도 했지만 카터에서 레이건으로 미국의 정권이 교체되던 시절 김대중의 목숨을 구해주고 미국 망명을 보장해줄 목적에서 1980년에 초당적으로 미 의회가 노력했다는 사실 등의 이유 때문이었다. 김대중이 대통령에 당선되었을 당시 리처드 알렌(Richard V. Allen)이 설명한 바처럼 레이건 행정부 초기 미국은 전두환과 레이건의 조기 정상회담 개최를 조건으로 김대중을 미국으로 망명시킬 수 있었다.[27] 김대중은 미국에서 많은 미 의회 인사들을 만날 수 있었다. 이들 가운데 일부가 한국 대통령으로서의 최초 미국 공식방문 기간 도중인 1998년 6월의 김대중의 미 상원 및 하원 합동연설에 참석하여 김대중을 환영했던 것이다.

미국과 마찬가지로 김대중은 한반도 비핵화의 중요성을 잘 알고 있었다. 그러나 햇볕정책을 도입한 1998년 당시 김대중은 북한 핵문제가 제대로 관리되고 있으며, 1994년의 북미제네바합의가 제대로 이행되고 있다는 보편적인 가정 아래 북한과 화해를 추구할 수 있는 입장이었다. 그러나 이 같은 일반적인 인식과 달리 관련 국가들 간에 적지 않은 문제가 있었던 것이다.

첫째, 클린턴 행정부는 북미제네바합의 이행에 필요한 얼마 되지 않은 자금 확보와 관련하여 하원 공화당 의원들의 지원이 필요한 상황이었다. 그런데 이들 공화당 의원이 북미제네바합의에 부정적이었다는 점에서 당시 합의의 이행이 지속적으로 지연되고 있었던 것이다. 결과적으로 북미관계 개선에 관한 북미제네바합의의 정치적 부분이 전혀 진전을 보이지 못하면서 당시 협상에 대한 미국의 정치적 의지에 관해 북한이 의문을 제기하고 있었다. 합의 이후 3개월 이내에 교역 및 투자 문턱을 낮출 것이며, 북미국교정상화를 위해 노력할 것이고, 2개 경수로를 만들어줄 것이란 미국의 약속이 미 의회 공화당으로부터 지속적으로 도전을 받았다. 특히 북미제네바합의 이후 처음 몇 년 동안 그러하였다. 결과적으로 당시의 합의에서 약속한 경수로는 2002년 8월 7일에 가서야 건설을 시작할 수 있었다.[28] 지구상에 남아있던 공산 독재국가 가운데 하나인 북한이 김일성 사망 이후 붕괴될 것으로 생각하여 1994년 10월 클린턴 행정부가 북미제네바합의에 서명했다는 추정이 난무했다. 그 와중에서 클린턴 행정부는 북미제네바합의와 관련하여 끊임없는 비난을 받았다.[29]

둘째, 당시 합의가 너무나 서서히 이행되고 있다는 사실에 실망한 북한은 자신들의 주장에 따르면 1998년 8월 31일 인공위성을 발사했다. 그런데 이것이 일본열도 상공을 비행하면서 북한의 미사일 개발 노력에 관해 미국과 미국의 동맹국을 경악시켰던 것이다. 김정일에 따르면 당시의 발사는 미국의 정치적 관심을 재차 사로잡기 위한 것이었다. 그러나 당시의 사건은 미국 내부에서 북미제네바합의에 대한 정치적 지원을 감소시키는 효과만 있었다.[30]

셋째, 1998년 미 인공위성은 금창리 부근에서 북한의 의혹스런 활동을 식별해내었다. 결과적으로 자국의 대북정책 방향에 관해 미국 내부에서 논쟁이 촉발되었다. 1999년 5월 미 사찰단이 금창리를 방문하여 이들 활동이 핵과 관련이 없음을 확인했다. 그러나 당시의 의혹과 금창리 기지 접근 과정에서 있었던 북미협상으로 인해 북미관계가 손상되었으며, 북미제네바합의의 효과에 관해 미 의회에서 재차 의혹이 제기되었다.[31]

넷째, 1998년 북한 물리학자의 파키스탄 방문과 관련하여 한국이 수집한 첩보에 따르면 북한이 이미 핵 장비 개발을 위한 새로운 방안을 은밀히 추구하고 있을 가능성이 있었다. 북한이 북미제네바합의로 인해 봉인 및 폐기된 플루토늄 중심 핵무기 개발뿐만 아니라 우라늄 농축 형태의 핵무기 개발을 추구할 가능성이 있었던 것이다.[32]

클린턴 행정부는 북미제네바합의가 제대로 이행되지 않고 있다는 인식에 따라 미국의 대북정책을 재검토할 목적으로 소위 말하는 '페리 프로세스'를 가동시켰다. 그런데 이는 미 국방부장관을 역임했으며 대북정책 조정관이던 윌리엄 페리(William Perry)의 이름에 기인했다. 페리는 미 대북정책을 검토하면서 북한 문제와 관련하여 고위급 일본관리뿐만 아니라 김대중과 일련의 대화를 하였다. 그는 북한 지휘부와의 회동 목적으로 북한을 또한 방문했다. 이들 회동 이후 페리 팀은 대화 복귀 아니면 그 결과를 감수하라는 의미의 페리의 대북메시지에 북한이 긍정적으로 반응했는지 여부와 관련하여 의견이 분분했다.[33] 그럼에도 불구하고 미국, 한국 및 일본으로 구성되는 3자 조정 및 감독 기관의 출범뿐만 아니라 페리의 관련 요원 방문과 협상으로 남북대화가 지속될 수 있는 분위기가 조성될 수 있었다.

클린턴 행정부가 북미제네바합의에 대한 초당적인 지지 확보 측면에서 어려움을 겪고 있었다. 그럼에도 불구하고, 김대중은 클린턴 행정부의 대북정책이 힘을 받을 수 있도록 대북 포용정책을 강조하는 입장이었다. 보다 강력한 형태의 한국의 대북 포용정책으로 인해 대북공조 측면에서의 한미 간의 마찰이 쉽게 해소되었다. 그런데 이 같은 마찰은 대북 강경책을 고수하던 김영삼 정부 당시 한미 간 지속적으로 긴장과 갈등을 초래한 부분이었다. 김대중의 당선으로 클린턴은 대북 포용정책을 적극 추진하는 대통령을 한국에서 발견할 수 있었던 것이다.

사실 김대중은 미국의 대북 포용정책을 인수받아 자주적으로 주도함으로써 클린턴 행정부가 지원 역할을 하도록 할 준비가 되어 있었다. 달리 말하면 김대중은 한국 문제의 한반도 및 지역 관리 측면에서 한국의 주도적 역할을 회복시키고자 노력했다.[34] 클린턴 입장에서 보면 이는 너무나 고마운 일이었다. 김대중과의 회동에서 클린턴은 다음과 같이 말했다. "귀하의 경륜과 경험을 고려해볼 때 한반도 문제를 귀하가 선도할 것을 권고합니다. 귀하가 운전석에 앉고 제가 귀하를 돕도록 옆 좌석에 앉겠습니다."[35] 한편에서 보면 이 같은 접근 방안은 한국이 자국 안보 증진 수단으로서 남북관계 개선에 가장 많은 관심이 있다는 사실과 남북통일에 대한 한국의 높은 관심을 고려하면 타당성이 있었다. 김대중과 클린턴 행정부가 기질적으로 동일한 방향을 겨냥하고 있었다는 사실로 인해 처음에는 김대중과 클린턴 간의 상호 조정이 비교적 용이했다.

그러나 남북관계가 신속히 개선되면서 남북관계 진전과 관련하여 한국이 어느 정도까지 미국에 브리핑해주어야 하는가? 란 문제가 제기되었다. 2000년 4월 10일 남북한은 2000년 6월에 남북정상회담을 개최할 것이란 사실을 발표했다. 4월 10일의 발표 이전에 진행되었던 남북대화가 비밀스런 성격임을 고려하여, 4월 10일 이후부터 2000년 6월에 예정되어 있던 남북정상회담 이전까지 상황이 신속히 진행되었다는 점을 고려하여, 미국은 한국 관리들이 진행 상황을 미국 당사자들에게 보다 적절히 브리핑해줄 수 있기를 원한다고 말했다. 클린턴 행정부가 한국의 대북 문제 선도를 지나치게 우려했던 것은 아니었다. 그러나 미국이 항상 진행 상황을 파악하고 있어야 한다는 우려는 있었다. 특히 미국이 핵무기 개발 관련 북한의 의심스런 노력을 지속적으로 우려하고 있었다는 점에서 미국의 대북정책이 아직도 논란의 영역이었다는 사실과 한국 안보에 대한 오랜 미국의 공약 측면에서 보면 그러하였다. 특히 주한 미국대사 스티븐 보스워스(Stephen Bosworth)는 이들 우려를 임동원 국가정보원장에게 전달해주었다. 그런데 임동원은 평양을 비밀 방문한 이후 보스워스에게 주기적으로 브리핑해주는 입장이었다.[36]

미국 입장에서의 또 다른 우려사항은 김대중이 한반도 주변의 '냉전구조' 해체를 추구하면서 이것을 애매한 방식으로 종종 표현하고 있다는 사실이었다.[37] 김대중의 주요 목표는 국제사회와 북한의 관계 정상화와 남북화해를 지원하는 상징으로서의 북미국교정상화이었던 듯 보인다. 김대중은 "무엇보다도 북미대화가 문제 해결의 관건이다."[38]고 생각했다. 김대중은 남북통일 이후에서조차 한미동맹 지속을 지지한다는 분명한 입장을 표명했다. 그럼에도 불구하고 김대중은 어떻게 어떠한 방식으로 한미동맹을 유지할 것인지에 관해 구체적으로 언급하지 않았다. 이 같은 애매성으로 인해 김대중의 의도와 관련하여 미국의 몇몇 분석가들이 의문을 제기했다. 특히 남북통일 전제 조건으로 북한이 주한미군 철수를 오랜 기간 동안 주장해왔다는 사실을 고려해보면 그러하였다. 2000년 6월의 남북정상회담 이후 김대중은 김정일이 한반도에서 미군의 장기적이고도 지속적인 역할 수행이 필요하다는 사실을 인정했다고 확인해주었다. 그럼에도 불구하고 주한미군 철수 필요성을 언급하고 있는 러시아 푸틴 대통령과 김정일의 그 후의 공동성명으로 인해 북한의 진정한 생각과 의도에 관해 의문이 제기되었다.[39)]

한미관계와 햇볕정책: 아들 부시 대통령 시절

남북을 화해시키고, 국제사회가 남북화해를 지원하도록 만들겠다는 김대중의 노력은 결과적으로 2개의 장애물에 봉착했다. 첫째는 2000년 아들 부시(George W. Bush)가 미국 대통령에 당선되면서 미국의 대북정책이 포용에서 회의적인 방향으로, 궁극적으로 적대적 수준으로 악화되었다는 사실이었다. 둘째, 북미제네바합의로 플루토늄을 이용한 핵무기 개발이 불가능해진 이후 북한은 우라늄 농축 프로그램을 통해 핵무기 개발 능력을 은밀히 확보하고자 노력했다. 이 같은 북한의 노력이 발각되면서 부시 행정부와 김대중이 상호 대립하는 상황이 되었다. 이 일이 있은 이후 미국은 한국의 대북 포용정책에 대한 지원을 효과적으로 철회했다. 결과적으로 한미 양국의 대북정책 조정이 훨씬 어려워졌던 것이다.

부시는 북한을 자국 주민을 심각하게 억압하는 독재국가로 생각했으며, 북한의 비인도적인 태도에 개인적으로 혐오감을 느꼈다. 본인의 노벨평화상 수상으로 그 타당성이 입증된 햇볕정책을 지지해 달라고 세계인들을 설득했던 김대중은 햇볕정책 지지와 관련하여 설득하기 위해 부시와의 조기 회동을 추구했다. 그러나 정상회담을 통해 김대중은 부시를 설득하지 못했다. 정상회담을 통해 이들 두 사람 간의 인식의 격차가 심각한 수준임이 확인되었다.[40] 미국의 지원이 없는 경우 김대중은 김정일과 두 번째 정상회담을 할 수 없는 입장이었다. 부분적으로 이는 미국의 지원이 없는 경우 남북정상회담이 북미관계 측면에서도 도움이 될 것이라는 약속을 더 이상 북한에 할 수 없기 때문이었다. 김대중은 글로벌 공동체와 북한을 완벽히 통합시키고자 하는 경우 이 같은 목적의 햇볕정책을 국제사회로부터 인정받을 필요가 있었다. 그런데 김대중은 주요 동맹국인 미국으로부터 이 같은 인정을 받지 못했다.

뉴욕과 워싱턴 D.C를 테러분자들이 공격한 2001년 9월 11일 이후 한국은 테러와의 전쟁에 몰두하고 있던 미국을 지원해주었다. 이 같은 사실로 인해 대북정책 측면에서의 한미 양국의 이 같은 인식의 격차는 잠시 묵과할 수 있는 상황이었다. 그러나 이 같은 한미 간의 인식차를 보며 사람들은 남북관계를 보다 더 발전시키는 경우에도 북한을 쉽게 글로벌 공동체로 통합시킬 수 있는 것이 아니란 사실을 알게 되었다.

김정일이 자행한 모든 잔혹한 행위와 관련하여 부시가 김정일을 비난하자 김대중은 다음과 같이 주장했다. "필요하다면 악마하고도 대화할 수 있습니다. 이 같은 대화가 친구를 만들기 위한 것은 아닙니다. 귀국의 국익을 위해 그처럼 할 수 있는 것입니다. 레이건 대통령은 소련을 '악의 제국'으로 지칭하면서도 소련과 대화했습니다. 따라서 귀하가 북한과 대화할 수 없는 이유가 무엇인가요? 대화하지 않는 경우 유일한 대안은 전쟁입니다."[41] 북미 대화를 위해 노력한 것이 아니고, 딕 체니(Dick Cheny) 부통령은 북한과 관련하여 다음과 같은 명언을 했다. "우리는 악마와 협상하지 않습니다. 악마를 격파합니다."[42]

남북협력을 저해한 또 다른 요인은 미 국무성차관보 제임스 켈리

(James A. Kelly)가 북한이 은밀히 추진한 우라늄 농축 프로그램에 관한 정보를 갖고 2002년 북한에 이의를 제기하면서 북한 핵문제가 재차 부상되었다는 사실이었다. 북한 핵개발 관련 우려는 부시 행정부가 한국의 대북포용 노력을 억제하고 대북 압박전략을 펼칠 수 있도록 해준 주요 수단이었다. 미국은 북한 핵무기 개발 노력에 대항한 압박 차원에서 남북경협을 제한시킬 필요가 있다고 말했다. 그러나 김대중은 이 같은 미국의 가혹한 조치에 단호히 반대했다. 김대중은 북한을 제재하는 경우 대북 지렛대를 상실하게 될 것이라고 생각했다. 김대중은 "북한 핵문제는 경제적 제재 또는 전쟁이 아니고 대화를 통해 해결해야 한다고 생각합니다. 경제적 제재를 통해 북미제네바합의에 상처를 내는 경우 북한은 이 합의가 요구하는 형태의 제약과 규제에서 자유로워질 뿐입니다."[43]고 말했다. 다음에서 보듯이 김대중은 북한을 설득하기 위한 최상의 수단을 대화로 생각했다. "왜냐하면 공산국가들을 압박하고 고립시키는 방안이 결코 성공을 거둘 수 없기 때문입니다.…쿠바는 하나의 사례입니다.… 반면에 이들 국가를 대화를 통해 개방으로 유도하는 경우 항상 성공을 거두었습니다."[44]

이미 우려스런 상태에 있던 한미관계를 악화시킨 부분에 한국인들의 반미감정이란 부분이 있었다. 그런데 당시의 반미감정은 부분적으로는 미국이 남북관계를 어렵게 하는 걸림돌에 다름이 없다는 한국인들의 인식과 관련이 있었다. 이 같은 측면에서 브루스 커밍스(Bruce Cumings)와 같은 미국의 한반도 전문가는 당시의 한국인들의 반미감정은 진정한 의미에서 부시 대통령에 반대한다는 의미라고 말했다.[45] 한국인들이 반드시 반미주의자였던 것은 아니었다. 부시 행정부의 매파적인 외교정책에 반대하고 있었던 것이다. 당시 많은 한국인들은 북한과 한미동맹을 동시에 지원할 수 없다는 사실을 인지했다. 2000년 6월 15일의 남북정상회담이 종료됨과 동시에 주한미군 병사들을 겨냥한 반미적인 표현이 등장했다. 이는 남북한이 화해하는 경우 한국이 보다 많은 자율성을 누릴 수 있으며, 궁극적으로 한미동맹을 종료시킬 수 있을 것으로 일부 한국인들이 생각하고 있음을 암시했다. 2002년 11월의 갤럽 조사에 따르면 한국인 가운데 4.7%만이 북한의 전쟁 도발 가능성이 매우 높다고 생각했다. 28.1%는 약간 가능성이 있다고, 26.5%는 가능성이 낮다고, 41.4%는 가능성이 거의 없다고 답변했다.[46]

부시 행정부의 대북 강경책으로 남북관계 개선이 어려워지고 있음이 분명해지자, 일부 한국인들은 이 같은 대북 강경책을 미국 이익을 위한 것으로 해석했다. 남북관계가 개선되면 주한미군의 한반도 주둔 명분이 약화될 가능성이 있기 때문이었다.[47] 김대중은 한국의 보다 폭넓은 이익 차원에서 한미동맹이 중요하다는 사실을 항상 강조했다. 그러나 김대중과 그 측근들은 한국인들의 반미감정 표명에 대항하여 즉각 한미동맹을 방어하지 않았다. 반미감정 표명에 즉각 반박하지도, 대응하지도 않았다. 적어도 미국은 이처럼 생각했다.

더욱이 한국의 언론매체들이 일부 주한미군 병사들의 사고(事故)를 감성적이고도 선정적으로 보도하면서 상황이 악화되었다. 예를 들면 정신질환이 있는 한국인이 길을 걷고 있던 미군병사를 칼로 찔러 죽이는 사고가 벌어졌다. 한국인들이 공공장소에서 주한미군 병사를 공격했다. 미군의 잘못과 관련하여 미군 병사에게 공개적인 사과를 강요한 경우도 있었다.[48] 대학생과 외국인들이 빈번히 찾는 홍익대학 부근 야간술집에서 미군을 위협하고 미군과 대립하는 형태의 사고가 있었다. 그러자 주한미군은 저녁 9시를 통금시간으로 정했으며, 서울중심가 공공장소에 가능하면 가지 말라고 미군 요원들에게 지시했다. 한국인들의 강력한 비난을 초래한 또 다른 사건은 미군이 부주의로 화학물질을 하수구에 버렸는데, 이들 물질이 한강으로 흘러들어갈 가능성이 있었다는 사실과 관련이 있었다.[49] 이들 일련의 사건에는 2002년 동계올림픽 당시 미국의 쇼

트트랙 선수 안톤 오노(Anton Ohno)가 한국의 에이스인 김동성을 밀어제 치고는 공정하지 않은 방식으로 수상(受賞)했다고 한국인들이 생각한 경우가 포함되어 있었다.[50]

이들 사건이 고조되고 있던 한국인들의 반미감정에 일조했다. 그러나 한국인들이 존중(尊重)을 원하고 있다는 사실을 고려해보면, 한국이 단기간에 근대화에 성공했다는 사실을 제대로 고려하지 않을 뿐 아니라 고압적인 자세를 견지하고 있다며 주한미군을 비난하고 있음을 고려해보면, 또 다른 저변의 문제는 한국인의 자의식(自意識)이 변하고 있다는 사실과 관련이 있었다. 많은 한국인들은 미국과 함께 한반도 정치 및 안보 문제를 공동 관리하는 입장이지만 보다 많은 책임을 감당할 수 있을 정도로 한국의 국력과 의지가 커졌다고 생각했다.[51]

이 같은 분위기에서 2002년 6월 미군 장갑차가 2명의 한국 여중생을 사망하게 만든 사고가 벌어졌는데, 이 사고가 엄청난 파장을 초래했다. 결과적으로 대규모 시위가 벌어졌다. 당시 사건 처리 문제가 한국인들의 주요 관심사가 되었다. 2002년 11월 주한미군이 상기 사건 관련 미군병사에게 무죄를 선고하자 서울 중심가에서 많은 한국인들이 촛불시위를 벌였다.[52] 2002년 말경의 갤럽조사에 따르면 한국인 가운데 53.7%가 미국에 비호감 또는 어느 정도의 비호감을 표명했다. 대학생의 경우 그 수치가 80%에 달했다.[53] 세대 측면에서 보면 중년 가운데 26%가 미국을 부정적으로 생각한 반면 20대 가운데 76%가, 30대 가운데 67%가 부정적으로 생각했다. 이들은 미국이 한국의 권위주의적 지도자를 지원하는 모습을 성장기에 지켜본 경험이 있었다.[54]

한국인들의 분노는 주한미군이 치외법권적인 특권을 누리고 있으며, 미군을 한국 국내법에 따라 심판했어야 마땅했는데 그렇게 하지 못했다는 인식에 기인했다. 이들 미군이 지난 수십 년 동안 한국이 거둔 발전을 고려하지 않는 형태의 구태의연한 법칙에 근거하여 운용되고 있다는 인식에 부분적으로 기인했다. 혹자는 당시의 대중시위를 반미감정으로 분류하고 있지만 이들 시위 이면의 주요 동기는 미국이 한국을 제대로 존중하지 않는다는 인식이었다. 빅터 차(Victor Cha)가 주목하고 있는 바처럼 아직도 많은 한국인들은 미국의 한반도정책에 동의하지 않는 경우에서조차 한미동맹을 지원(支援)하고 있는 듯 보였다.[55]

더욱이 캐서린 문(Katharine Moon)은 당시 미국에 대해 부정적인 태도를 견지하고 있던 사람이 한국인만이 아니었다는 사실을 지적하고 있다. 당시 반미감정은 세계적인 현상이었다. 예를 들면 2002년의 퓨(Pew) 조사에 따르면 30대 이하 캐나다 젊은이 가운데 44%가 미국을 부정적으로 생각했던 반면 50살에서 64세까지의 캐나다인은 오직 20% 정도만이 이처럼 행각했다.[56] 2003년에는 수백만에 달하는 유럽인들이 미국의 이라크전쟁에 반대하며 거리로 뛰쳐나왔다.[57]

햇볕정책 그리고 지역 국가들과의 관계

햇볕정책이 성공을 거두려면 미국, 일본, 중국, 러시아란 주요 4강이 남북화해를 지원할 필요가 있었다. 2000년 6월의 남북정상회담 이후 국제사회의 남북화해 지원이 보다 중요해졌다. 정권 초기 김대중은 이들 주요 4강과 긍정적인 관계를 구축할 수 있었다. 그 과정에서 김대중은 한반도 문제에 글로벌 공동체가 관심을 갖도록 하고, 이들 공동체가 자신의 목표를 지지하도록 만들 수 있을 정도로 한국이 영향력이 있는 자주적인 행위자임을 입증해보였다. 이 같은 측면에서 보면 김대중의 햇볕정책은 한국의 자율성을 만천하에 과시해준 경우였다.[58] 그럼에도 불구하고 햇볕정책의 성공 여부는 이 정책을 미국이 지원하도록 만들 수 있는지에 전적으로 좌우되었다.

1995년 5월의 CNN과의 인터뷰에서 김대중은 햇볕정책을 위해 국제사회가 조치해야 할 부분을 세계인들에게 제시해주었다. 김대중은 한국의 대북 포용정책인 햇볕정책이 남북화해의 촉매제일 뿐만 아니라 국제사회의 보다 많은 국가들이 북한과 접촉할 수 있도록 하기 위한 촉매제가 될 것으로 기대했다. 결과적으로 북한이 고립의 문을 박차고 나와 보통국가로서 글로벌공동체에 통합되는 효과가 있을 것으로 기대했다. 김대중은 이 같은 본인의 기대를 반영한 다음과 같은 5개 사항을 언급했다. (1) 남북한 간의 대립과 불신을 화해와 상호협력으로 전환해야 한다. (2) 미국과 일본이 북한과 관계를 개선해야 한다. (3) 세계 국가들이 북한의 동참을 유도할 목적에서 우호적인 상황을 조성해야 한다. (4) 대량살상무기와 핵무기를 통제하고, 제거해야 한다. (5) 정전협정 레짐을 항구적인 평화레짐으로 대체해야 한다.[59]

김대중은 지구상 도처에서 본인의 햇볕정책을 지원하도록 포괄적인 노력을 기울여 많은 효과를 거두었다. 특히 집권 초반 3년 동안 그러하였다. 2000년 남북정상회담 이후 서울에서 있었던 아시아−유럽 국가 회동에서 김대중은 15개 유럽국가 가운데 13개 국가에게 북한과의 국교 정상화를 권유했다.[60] 김대중 입장에서 보면 남북관계 진전은 남북화해가 지속적으로 유지되도록 김대중이 세계 국가들과 교류하기 위한 일종의 발판에 다름이 없었다.

김대중의 햇볕정책은 부분적으로는 북한이 남북교류의 이점과 보상을 인식하고 동아시아 여타 국가들과 경제적으로 긴밀한 관계를 유지해야 만이 의미가 있었다. 이 같은 측면에서 햇볕정책은 주요 4강이 김정일 정권과 좋은 관계를 유지하게 할 능력을 김대중이 갖고 있는지 여부에 달려 있었다. 햇볕정책 이면의 논리는 지역 차원에서 경제적으로 통합되어 있는 북한이 여타 동북아지역 국가들과 안정적이고도 우호적인 관계를 유지할 정도로 경제적 이익을 누리게 되면서 도발을 중지할 것이란 사실이었다. 임동원에 따르면 이 같은 아이디어는 번영을 가능하게 하고 전쟁을 예방하기 위한 유럽통합 모델에 근거하고 있었다.[61]

이 같은 노력의 일환으로 김대중은 '글로벌 민주주의'를 정착시키고 약소국과 강대국이 공정한 조건에서 상호 경쟁할 수 있도록 동아시아에서 지역주의를 강화하고자 노력했다.[62] 아세안 + 3 회동에 처음 참석한 1998년 김대중은 모든 회원국의 지성인들로 구성되는 동아시아비전그룹(East Asia Vision Group)을 만들자고 제안했다. 그런데 이것의 목적은 동아시아를 단일의 협력공동체로 육성하기 위한 방안의 제안이었다.[63] 외무부장관을 역임한 한승주는 이 그룹의 현인(Wise Men) 창설을 선도했다. 이 그룹의 경우는 동아시아연구그룹(East Asia Study Group)을, 궁극적으로 동아시아정상회의(East Asian Summit)를 가능하게 한 권고안을 발전시켰다.[64]

한편 김대중은 1999년 이후 지속적으로 아세안 회동의 별도 회담으로 중국, 일본 및 한국 지도자들 간의 "Plus Three" 회동을 만들자고 말했다.[65] 이 회동의 조직화를 통해 3국 정상이 주기적으로 모임을 갖기 위한 계획과 '3국 상호조정회의(Trilateral Coordination Secretariat)'가 설치되었다.[66] 김대중은 유럽연합 자유무역협정과 북아메리카 자유무역협정 모델에 입각한 아시아 단합을 촉진시키기 위한 노력을 지지했다. 그러면서 다음과 같이 주장했다. "아시아는 한편에서는 아시아국가들 간의 균형적인 이득과 발전을 위해 일해야 하며, 또 다른 한편에서는 여타 선도적인 공동체와의 상호협력과 경쟁을 준비해야 합니다."[67]

한일관계

한중국교정상화와 한소국교정상화가 있었던 1990년대 초반에는 남북한 교차승인 방안이 구상되었다. 김대중의 햇볕정책 가운데 지역 차원에서 주목할 만한 부분은 중국과 소련이 한국을 승인한 것과 마찬가지로 미국과 일본이 북한을 승인해야 할 것으로 김대중이 기대했다는 사실이었다. 이 같은 교차승인이 가능해지려면 한일관계를 개선시킬 필요가 있었다. 김대중은 1998년 5월의 미국 방문과 1998년 10월의 일본 방문을 통해 한일관계 개선의 기반을 마련했다. 김대중의 노력으로 한일관계는 잠시나마 개선되었다. 그러나 미국-일본-북한 관계는 그렇지 못했다. 이는 북한이 지속적으로 도발을 일삼았기 때문인데, 특히 1998년의 대포동-1 미사일 발사가 그러하였다. 일본인 납치 문제를 해결할 목적으로 일본이 지속적으로 북한에 손을 내밀었음에도 불구하고 한일관계는 새로운 역사 논쟁이 부상하면서 재차 악화되기 시작했다.

일본을 방문한 김대중과 일본총리 오부치 게이조(小渕惠三)는 기념비적인 의미가 있는 '21세기 새로운 한일 파트너십을 위한 공동선언'에 서명했다. 여기에는 오부치의 "통절한 반성과 마음으로부터의 사죄"란 표현이 포함되어 있었다. 김대중이 이 같은 사과를 수용한다는 부분과 양측이 "미래지향적인 관계"를 추구해 나갈 것을 약속한다는 표현이 포함되어 있었다. 한일 양국 모두는 "과거를 올바로 직시하며, 상호 이해와 신뢰에 입각한 관계를 발전"시킬 것이란 양국의 의지를 언급했다. 또한 양국의 교류와 국제사회 노력 참여 측면에서의 상호협력 확대를 언급했다.[68] 예를 들면, 1998년 북한이 대포동-1 미사일을 시험 발사하자 한일 양국은 안보 이익 측면에서의 공조를 과시했다. 공동선언에 대한 결의의 표시로 1999년 한일 양국은 최초로 6일 동안 해상에서 탐색 및 구조 연습을 실시했다. 미국과 함께 한·미·일 3자 조정감독그룹(Trilateral Coordination and Oversight Group)에 동참했다.[69]

그러나 한일관계는 2001년 일본 역사교과서 개정위원회가 제국 일본이 자행한 잔혹한 행위 가운데 많은 부분을 삭제하거나 축소시킨 일련의 교과서에 서명하면서 곧바로 냉각되었다. 일본 문부성이 이들 새로운 교과서를 승인 및 허용한 이후 한국에서 대규모 시위가 벌어졌다. 결과적으로 한일관계가 극도로 긴장되었다. 무엇보다도 고이즈미 준이치로(小泉純一郎) 총리가 2차 세계대전 당시의 A급 전범이 안장되어 있는 야스쿠니 신사를 방문한 이후 한일관계가 보다 악화되었다. 한국은 이 같은 방문이 김대중−오부치 공동선언의 문구 측면은 아닐지라도 정신 측면에서의 역행에 다름이 없다고 생각했다.[70] 점차 한국인들이 이들 사안에 관한 일본의 조치를 보며 좌절감을 느꼈다. 결과적으로 한일관계를 화해시키고자 한 김대중의 노력이 지장을 받았다. 한일 양국은 합동군사훈련과 2002년 월드컵 공동개최, 무역관계 확대를 통해 한일관계를 어느 정도 복원시키고자 노력했다. 그러나 한일관계가 한국인들의 부정적인 대일여론으로 인해 지속적으로 악화되었다.[71]

한편 김정일과 직접 회동한 2002년 고이즈미는 북일관계 개선을 위한 대담한 조치를 취했다.[72] 당시의 회동에서 김정일은 북한 간첩 양성 차원에서 1970년대와 1980년대 당시 일본인을 북한으로 납치해갔다는 사실을 실토했다. 결과적으로 김정일은 납치해간 5명의 일본인을 석방했으며, 평양선언에 서명했다. 그런데 평양선언에는 북일관계 개선 차원에서 해결해야 할 주요 현안들이 식별되어 있었다.[73] 그러나 이들 상황 발전으로 북일관계가 정상화된 것이 아니고 보다 이상해졌다. 그런데 동북아지역 여타 국가들과 북한의 관계를 개선하고 남북화해 노력을 지속하고자 하는 경우 북일관계 개선이 도움이 될 수 있었다. 김정일이 일본인 납치 사실을 실토하자 일본인들은 일본인 납치 문제를 해결하기 위해 보다 많은 노력을 기울여야 한다며 고이즈미를 압박했다. 결과적으로 북일관계 개선 측면에서 제동이 걸렸다.[74] 일본인 납치 문제에 관한 일본 여론의 부정적인 반전으로 일본의 대북정책이 미국의 대북정책에 보다 가까워지면서 한일관계가 보다 긴장되었다. 한 · 미 · 일 3자 조정감독그룹을 포기해야 하는 상황이 되었다. 그런데 후자는 미국, 일본 및 한국 간의 대북정책 조정 측면에서 전망이 있어 보이던 부분이었다.

한중관계

김대중은 북한 문제를 해결하고, 동북아지역에서 새로운 냉전을 방지하는 과정에서 중국의 역할이 대단히 중요하다고 생각했다. 김대중 정부 당시 한중관계는 급속히 발전했다. 1998년 김대중은 중국을 방문하여 협력적동반자관계를 맺었다.[75] 한중 양국은 또한 국방부장관 회동을 시작했다.[76] 1999년 한국은 한중관계 악화 가능성을 고려하여 미국 주도 전구 미사일방어체계에 참여하지 않았다.[77] 2000년 한중 양국은 재차 한중관계를 완벽한 협력적동반자관계로 격상시켰다.[78]

중국은 김대중의 햇볕정책을 적극 지원하는 방식으로 화답했다. 중국은 햇볕정책을 환영해야 할 많은 이유가 있었다. 햇볕정책은 남북 갈등 가능성을 낮추고 보다 평화로운 한반도에 기여하는 방식으로 중국이 받는 압박뿐만 아니라 중국의 대북 인도적 지원 부담을 덜어줄 가능성이 있었다. 이는 중국이 햇볕정책을 좋아하지 않을 수 없는 적지 않은 이유였다. 그런데 보다 평화로운 한반도는 오랜 기간 동안 중국이 가장 중요하게 생각해온 부분이었다.[79] 더욱이 한중 양국은 4자회담이 실질적인 진전을 보이지 않았음에도 불구하고 한반도 정전협정을 항구적인 평화협정으로 대체할 가능성과 관련한 미국, 중국 및 남북한 간의 주기적인 4자회담을 통해 상대방의 입장을 보다 많이 이해할 수 있게 되었다.[80] 중국은 아직도 북한을 지원하는 주요 세력이었다. 그러나 북한의 경제개혁 촉진 필요성과 북한 사회와 동북아지역의 통합 필요성에 관한 한중 양국의 이익이 이 기간 동안 점차 하나로 수렴해가고 있었다.

김대중 재임 기간 도중 한중관계에 마찰이 없지 않았다. 예를 들면 마늘 파동이 통제할 수 없는 수준으로 발전해갔다. 한국의 마늘 생산 농부들은 저가의 중국산 마늘 수입을 저지하고자 노력했다. 한국 농부 입장을 고려하여 김대중이 마늘 수입을 규제하자 중국은 보다 방대한 중국의 전자 장비 분야에 한국 회사들이 접근하지 못하도록 했다. 이 같은 방식으로 분쟁을 확산시켰다. 다음해 중국이 세계무역기구(WTO)에 가입하면서 불공정 덤핑 소송과 수출장려금 상계관세(Countervailing duty)[81] 혐의 소송을 양국이 해결할 수 있는 훨씬 공정한 형태의 분쟁 조정 기구가 마련되었다. 중국의 세계무역기구 가입으로 법적인 보호 장치가 마련되면서 한국기업들이 안심하고 중국과 무역하고 중국에 투자할 수 있게 되었다. 결과적으로 양국 수출이 10년 동안 매년 20% 성장했다. 한국의 상당한 대중 투자가 시작되었다. 수십 년에 걸친 한국의 경제개발 경험과 1987년의 아시아금융위기에서 비교적 신속히 회복했다는 사실이 한중 경제관계를 발전시킬 수 있는 계기가 되었다. 중국이 자국의 경제발전 기획 모델로 한국의 이 같은 경험에 관심이 있었기 때문이었다.[82]

한러관계

1990년대 당시 러시아는 정치, 사회 및 경제적으로 혼란기에 있었다. 따라서 한반도 문제의 주요 행위자가 아니었다. 그럼에도 불구하고 김대중은 유엔안전보장이사회 상임이사국인 러시아와 우호적인 관계를 맺고자 노력했다. 그러나 러시아에서 대북정보 수집 목적의 한국의 스파이 활동이 김대중 집권 첫해에 발각되었다. 결과적으로 한러관계는 좋지 않은 상태에서 출발했다. 둘째, 아직도 한러 양국은 한소국교를 정상화한 1990년 당시 노태우가 고르바초프에게 제공해준 차관을 상환하기 위한 방법을 찾고자 노력하고 있는 입장이었다. 셋째, 2001년 3월의 아들 부시 대통령과 김대중의 첫 번째 정상회담이 있기 불과 몇 주 전, 러시아가 김대중을 설득하여 미국의 전구미사일방어체계를 비난하는 공동성명에 서명하도록 했다. 그런데 결과적으로 이것이 한러 간에 껄끄러운 문제를 초래했다.

이들 난관에도 불구하고 김대중은 러시아와 협력적 관계를 구축하기 위해 노력했다. 김대중은 한반도와 러시아 극동지역 간의 연계성을 증진시켜주고 남북화해를 촉진시켜줄 지역 차원의 운송 및 철로 확장 문제를 중심으로 특히 노력하였다. 개인적으로 김대중은 남북한을 관통할 뿐만 아니라 시베리아를 횡단하는 철로를 통해 한반도를 유럽과 재차 연결시켜줄 "강철을 이용한 실크로드"란 개념을 지지하는 입장이었다.[83] 남북 정상회담 이후 남북 교류와 협력이 증대되자 러시아와 중국을 끌어들일 가능성이 있던 지역 차원의 협력 네트워크가 보다 바람직한 현상이 되었다. 그러나 이들 노력은 아들 부시 행정부 당시 미국의 대북정책이 급변하고 북한 핵문제가 동북아지역과 북한의 통합을 어렵게 하는 요인으로 재부상하면서 갑자기 무산되었다.

김대중 외교정책의 한계

햇볕정책이란 김대중의 대북 포용정책은 국내적으로 뿐만 아니라 국제적으로 난관에 봉착했다. 이 같은 난관으로 인해 북한을 포용할 목적의 김대중의 노력이 실패로 끝났다. 국내적으로 보면 김대중의 대북정책은 북한을 변화시키기보다는 한국을 변화시키는 성격이었다. 김대중의 대북정책이 한국 내부를 변화시켰음은 대북정책과 관련하여 한국인들이 양분되어 논쟁을 벌였다는 사실을 통해 잘 알 수 있었다. 남북화해의 성공 정도에 비례하여 김대중의 대북 포용정책에 반대하던 보수 세력들의 반격이 보다 강렬해졌다. 둘째, 2000년 미국 대선에서 당선된 아들 부시가 햇볕정책의 효용성에 관해 극도의 회의감을 표시함에 따라 김대중은 자신의 대북정책을 지원하던 미국이란 주요 세력을 잃었다. 김대중은 미국의 지원이 없는 경우 햇볕정책을 제대로 펼칠 수 없는 입장이었다. 이 같은 점에서 북한은 남북관계 측면에서 한미관계를 가장 중요하게 생각하고 있었던 것이다. 클린턴에서 부시로 대통령이 바뀌었다는 사실이 북한 입장에서 난처한 상황이 된 것이다. 클린턴 정부 당시 매들린 올브라이트(Madeleine Albright) 국무장관을 초청하고, 클린턴이 방북을 논하도록 만들 정도로 북미관계가 좋았던 반면 2002년 1월 북한의 인권상황을 경멸하고 북한을 '악의 축' 가운데 하나로 부시가 지칭할 정도로 북미관계가 악화되었기 때문이었다.

햇볕정책 관련 한국 내부의 논쟁

한국의 진보진영 인사들은 김대중의 대북포용 정책을 열광적으로 환영했다. 이들은 안보 중심 보수주의자들의 이념 강조가 동포애와 민족일치에 입각하여 남북통일을 추구하는 과정에서 부질없는 걸림돌이라고 생각했다. 노태우의 북방정책으로 상징되는 보수주의자들의 대북 포용 정책과 일부 중첩되며 이 같은 정책에 기반을 두고 있었음에도 보수주의자들은 김대중의 대북 접근방법에 회의감을 표명했다. 일부 유사점에도 불구하고 보수진영과 진보진영의 대북 시각에 심각한 차이가 있었다. 부분적으로 이는 보수진영 지도자들이 거의 독점해온 한국 내부의 권력 구조 측면에서 진보진영 인사들이 항상 아웃사이더 입장이었다는 사실, 많은 경우 북한과의 연계 내지는 북한에 동조했다는 점에서 박해받은 경험이 있다는 사실 때문이었다. 따라서 김대중이 햇볕정책을 이행할수록 보수진영과 진보진영의 시각 차이가 보다 두드러지게 나타났다. 2000년 6월의 남북정상회담 이후 이들 보수진영과 진보진영의 대립을 한국에서는 남남갈등으로 지칭하기 시작했다.

보수진영 대통령뿐만 아니라 진보진영 대통령 또한 남북대화와 남북 정상회담을 추구했다는 사실에도 불구하고 보수진영과 진보진영은 북한과 관련된 많은 사안 측면에서 관점을 달리했다. 노태우는 북방정책의 일환으로 남북정상회담을 추구했다. 카터의 중재로 남북정상회담이 예정되어 있던 김영삼은 김일성의 조기 사망으로 정상회담이 불가능해진 경험이 있었다. 따라서 김대중의 햇볕정책과 남북정상회담에 대한 일부 보수층의 비판에는 이솝우화에 등장하는 여우의 신 포도를 연상시키는 측면이 없지 않았다. 그러나 이는 대북전략에 관해, 남북관계 개선 측면에서의 바람직한 결과에 관해, 이들 진보진영과 보수진영 간에 진정한 의미에서 심각한 차이가 없었다는 의미는 아니었다.

　　진보진영과 보수진영 간의 주요 인식의 차이는 남북 협상 및 화해 과정에서 북한을 상호 존중하고 신뢰할 수 있을 것인가란 문제와 관련이 있었다. 이념 측면에서 뿐만 아니라 북한이 도발한 6.25 전쟁 관련 참혹한 기억 측면에서 보수진영은 북한의 의도에 깊은 의문을 품고 있었다. 이들은 또한 북한을 협상 대상으로 수용하는 경우 북한이 한국에 가한 잘못된 행위를 묵과해야 한다는 사실을 잘 알고 있었다. 또한 흡수통일과 일방적인 승리가 아니고 신뢰와 상호협력에 입각하여 협상을 추구해야 한다는 사실을 잘 알고 있었다. 그런데 협상을 통한 남북화해는 6.25 전쟁 당시와 이후에 북한이 자행한 참혹한 행위와 관련하여 북한 지도자들에게 더 이상 책임을 물을 수도, 이들을 심판대에 세울 수도 없음을 의미했다.

　　보수진영과 진보진영 간의 두 번째의 주요 인식 차이는 김대중이 암시하고 기대한 바처럼 북한을 포용하는 경우 북한 내부에서 개혁을 유도할 수 있을 것인지와 관련이 있었다. 이 같은 논쟁은 추후 보상을 목적으로 먼저 북한을 경제적으로 지원해주거나 정경분리 원칙을 통해 북한과 경제적으로 보다 긴밀히 협력하는 경우 북한체제 내부에서 근본적인 변화를 유도할 수 있을 것인지에 관한 이견과 관련이 있었다. 김대중의 대북정책을 지원하던 많은 진보진영 인사들은 북한이 자본주의에 노출된다는 것 자체가 북한의 정책을 저하시키고 정치적 화해를 초래할 변혁의 요인이 될 것이라고 생각했다. 이들은 남북협력을 통해 북한이 자본주의 사회와 접촉하는 경우 경제적 복지 측면에서 한국에 의존하게 되는데, 이것이 변혁의 요인이 될 것이라고 생각했다. 그러나 보수진영은 남북교류를 통해 북한정권의 세력이 침식될 것이란 진보진영 인사들의 인식에 회의적이었다. 이들은 이 같은 접근방안이 순진한 형태라고 생각했다. 이들은 호혜의 원칙을 결코 수용하지 않거나 궁극적으로 김대중이 제안한 남북연합을 포기하게 될 북한 지휘부의 권력을 남북교류가 강화시켜 줄 뿐이라고 생각했다. 2000년 6월의 남북정상회담 이후 한국은 북한과 적대적 관계에서 상호협력 관계로 전환함에 따른 한국 내부의 문제를 놓고 씨름하고 있었다. 여기에는 북한을 악마로 몰아붙이지 않도록 교과서를 수정 및 개정하는 문제, 남북화해가 국방에 미치는 의미, 북한 지도자를 호칭하기 위한 가장 적절한 방법의 문제가 포함되어 있었다. 이처럼 진보진영과 보수진영의 대립은 남북정상회담 이후 가장 격렬해졌다.

궁극적으로 남북정상회담 측면에서 김대중의 가장 큰 문제는 정치적 장벽을 초월하여 한국의 평양 방문자 명단에 보수층 인사들을 참여시키지 못했다는 사실이었다. 이처럼 하지 못했다는 사실로 인해 북한은 진보진영과 협력하는 한편 김대중의 대북 포용정책을 비난하던 보수진영을 힐난할 수 있었다. 이 같은 방식으로 한국 국내정치에 개입할 수 있었던 것이다.

김대중이 보수진영 인사들을 남북정상회담에 대동할 수 없었던 이유에 국회의원 선거 불과 3일 전에 정상회담을 선언했다는 사실이 있었다. 결과적으로 김대중 정부가 여당의 위상을 높일 목적으로 정상회담을 이용하고 있다고 야당 인사들이 생각할 수 있게 된 것이다. 그러나 남북정상회담 3일 전에 개최 사실을 발표했지만 결과적으로 보면 이 같은 효과는 없었다. 왜냐하면 선거를 통해 한나라당이 최대 정당이 되었기 때문이다.

남북정상회담 사절단에 보수진영 인사를 포함시키지 못했다는 사실이 김대중의 대북 포용정책과 관련한 정치적 대립을 보다 심각하게 만든 측면도 없지 않다. 결과적으로 남남갈등이 보다 심화되었으며, 북한이 보수진영과 진보진영 간의 정치적 이견을 보다 잘 이용하고, 이들이 상호 대립하도록 만든 측면도 없지 않았다. 북한이 조선일보와 같은 보수 언론매체를 신랄하게 비방한 반면 진보진영 지도자들과 협력할 의향이 있었다는 사실조차도 진보와 보수 양측의 정치적 대립을 교묘히 이용하기 위한 시도에 다름이 없었다. 한국 내부에서 남북화해를 초당적인 성격이 되도록 하지 못했다는 점이 결과적으로 일방적인 남북협력이라고 생각되던 부분에 대한 보수진영의 반발을 초래했던 것이다. 보수진영 인사들은 당시의 남북협력을 한국이 북한에 접근할 목적으로 금품을 제공해준 반면 북한이 화답하지 않은 형태의 일방적인 성격으로 인식했던 것이다.

클린턴 행정부 말기인 2000년 6월 남북정상회담 직후의 분위기는 열광적이었다. 그럼에도 불구하고 북한 문제 해결 방법과 관련하여 김대중 정부와 아들 부시 정부는 심각한 갈등을 보였다. 이 같은 한미 간의 갈등으로 대북정책 방향에 관한 한국 내부의 논쟁이 보다 격렬해진 측면이 없지 않았다. 이들 상황 발전으로 김대중의 대북정책에 대한 보수진영의 비난이 고조되었으며, 북한 문제 해결 방식에 관한 보수진영과 진보진영의 대립이 보다 첨예해진 측면이 있다. 김대중의 대북 포용정책에 관한 가장 강력한 비난 가운데 하나는 이것이 한반도 안보상황을 개선시키지 못했다는 비난이었다. 결과적으로 "북한 피로 증후군"이 "북한 관련 열광"을 삼키기 시작한 것이다.[84] 김대중의 햇볕정책에 대한 보수진영의 가장 통렬한 비판은 한국이 거의 무상으로 제공해준 자금으로 북한이 한국에 위협적인 핵무기를 개발했다는 것이었다.[85] 이들 비난을 보며 한국정부는 대북협력과 관련하여 가능한 한 현찰이 아니고 대등한 방식으로 지급해야 한다는 압박을 받게 되었다. 2차 핵 위기를 초래했다는 사실에 더불어 북한이 핵 및 미사일 개발 측면에서 지속적인 진전을 보이자 북한에 현찰을 제공해준다는 비난이 보다 드세진 것이다.[86]

보수주의자와 진보주의자를 양분시킨 또 다른 문제는 북한 인권 문제였다. 특히 강철환과 같은 탈북자를 백악관에 초청하는 방식으로 부시 대통령이 북한 인권 상황을 강조하자, 보수주의자들은 권위주의 정부 당시 인권 희생자였으며 민주화 운동가였던 김대중이 북한의 인권 관행과 관련하여 이의를 제기하지도, 비난하지도 않는 이유에 관해 의문을 제기했다.[87] 한국의 자유주의자들은 남북화해를 저해하지 않도록 인권 문제를 조용히 접근하고자 한 반면 보수주의자들은 북한의 정당성을 공격하기 위한 수단으로 인권 문제를 이용하는 경향이 있었다.[88]

운전석에 앉았지만
미국이 정한 길에서 벗어날 수 없었던 김대중

한국의 외교정책을 조성하고자 한 김대중의 노력은 대담한 시도였다. 이는 한국 대통령이 북한 및 세계와 관련하여 진보적인 의제를 제시한 최초의 경우였다. 결과적으로 한국 보수 세력들의 저항이 있었다. 이같은 저항을 극복할 목적에서 김대중은 오랜 기간 동안 한국정치를 주도해온 보수 정치체제와의 논쟁을 추구했다. 이외에도 김대중은 남북화해 목적의 자신의 노력을 주요 열강들이 지지하도록 비교적 원만했던 국제환경을 이용했다. 김대중의 햇볕정책은 대담한 성격이었다. 햇볕정책이 성공을 거두려면 김대중이 국내 및 국제적으로 나름의 리더십을 보일 필요가 있었으며, 김정일의 협력이 필수적이었기 때문이었다. 햇볕정책에서는 한국의 대북 경제 우위를 이용했다. 대북 경쟁관계 지속보다는 대북화해 수단으로 이 같은 경제적 우위를 이용하고자 노력했다. 그러나 결과적으로 보면 햇볕정책은 그에 상응하는 방식으로 북한의 반응을 유도하지 못했다.

김대중은 봉쇄와 전술적 우위에 입각한 기존의 대북정책에서 탈피하여 남북화해와 협력을 지원하기 위해 아태지역에서 뿐만 아니라 한반도에서 한국의 외교적 영향력을 이용했다. 김대중이 이처럼 할 수 있었던 것은 아시아금융위기에도 불구하고 점차 외교적으로 고립되었으며 능력을 상실한 북한과 비교한 한국의 민주화와 국력 상승 덕분이었다. 김대중의 햇볕정책은 북한과 외부세계의 정치적 통합의 이점과 남북화해의 이점에 관해 김정일과 글로벌 공동체를 설득할 수 있을 것이란 자신감에 입각했다. 김대중은 남북관계 개선 동력을 구축할 목적으로 원만한 국제환경을 이용하고자 노력했다. 김대중은 이 같은 동력 구축을 통해 한국 내부에서 정치적 지원을 얻을 수 있으며 북한을 적국에서 동반자로 전환시킬 수 있을 것으로 기대했다. 김대중의 이 같은 접근방안은 노태우의 북방정책과 많은 공통점이 있었다. 그러나 김대중 정부 처음 3년 동안 햇볕정책의 남북 및 국제적 측면이 북한을 외부 세계와 접촉하도록 만드는 과정에서 상당한 효과가 있었다. 북한이 국제사회 및 한반도 차원에서 보다 통합되는 경우 엄청난 효과가 있을 것으로 기대되었다.

김대중의 햇볕정책은 다양한 측면에서 한미동맹에 영향을 주었다. 첫째, 김대중의 대북정책 주도는 제한된 수준이나마 자율성의 표현으로서 미국의 묵인이 요구되는 형태였다. 김대중의 대북정책 주도로 한미동맹이 후원-피후원 관계에서 탈피해간 측면도 없지 않았다. 한미동맹이 한미 간 협상을 통해 자주적인 조치의 정도를 결정하는 것이 아니고 한국이 대북정책 방향을 선정한 후 미국의 지원을 추구하는 형태로 발전해 간 측면도 없지 않았다. 클린턴 정부 당시 미국은 보다 많은 대북포용이 바람직할 것이란 일반적인 인식에 따라 김대중이 대북정책을 주도하도 록 해주었다. 그러나 아직도 미국은 김대중이 대북 포용 내용과 그 진전 정도에 관해 긴밀하고도 적절하게 미국과 협의하기를 기대하고 있었다.

둘째, 한미 양국이 한국 내부에서 햇볕정책의 효과를 관리하는 과정 에서 어느 정도 난관에 봉착했다. 그런데 이 같은 난관은 남북이 화해하 는 경우 안보적으로 한미동맹에 의존하는 정도를 줄일 수 있을 것이란 한국인들의 인식에 기인했다. 김대중은 남북통일 이후에도 한미동맹을 유지해야 한다고 주장했다. 그러나 일부 한국인들은 남북이 화해하는 경 우 한국이 미국으로부터 보다 많은 자율성을 누릴 수 있으며, 한미동맹 을 종료시킬 수 있을 것으로까지 생각했다. 이들 관점을 보여준 징표는 남북공동선언 발표 이후 주한미군 요원과 한국인들 간에 사건과 사고가 증가했다는 사실이었다.

셋째, 부시 행정부가 김대중의 대북 포용정책에 대한 지지를 철회하 자 한미동맹 상황에서 한국이 누리는 자율성 정도에 한계가 있음이 분명 해졌다. 김대중의 온갖 노력에도 불구하고 클린턴의 후임자인 부시는 북 한을 회의적으로 생각했으며, 김대중의 남북화해 노력을 지지하지 않았 다. 미국의 지원이 없는 상태에서 김대중은 더 이상 햇볕정책을 추구할 수 없었다. 더욱이 미국이 햇볕정책에 반대하자 한국에서 햇볕정책 비판 세력이 강력해진 반면 지지 세력이 미약해졌다. 한편 김대중의 햇볕정책 측면에서 미국이 주요 걸림돌이 되자 미국에 대한 한국인들의 부정적인 인식이 고조되었다. 미국은 한국이 자주적인 정책을 추구하지 못하도록 가혹하게 규제했다. 부시 행정부의 대북정책이 본인의 햇볕정책 측면에 서 걸림돌이 되고 있다는 사실을 보며 김대중의 가슴이 쓰라렸을 가능성 이 있다. 그러나 김대중 정부는 한미동맹 밖에서 자율성을 추구하기 위한 노력을 진지하게 전개하지 않았다. 이 같은 논쟁은 김대중의 후임 대통령인 노무현 정부에서 있었다.

제5장
노무현의 균형자 정책

2002년의 한국 대통령 선거는 한미동맹의 미래에 관한 한국인들의 논쟁이 절정에 달한 순간에 진행되었다. 이 같은 논쟁에서는 한미 지휘구조가 한국의 국력신장과 외교정책 측면에서의 한국인들의 높은 자율성 열망을 반영하고 있는지가 중요한 부분이었다. 2002년 6월 2명의 여중생이 미군 장갑차에 치여 사망했다. 그 해 11월 주한미군은 사고 차량 운전사에게 무죄를 선언했다. 그러자 심판결과에 불만을 토로하는 형태의 촛불집회가 곧바로 진행되었다. 그 와중에서 진행된 대선 관련 정책 논쟁에서 사람들은 복받치는 감정을 주체하지 못할 정도로 격해 있었다. 당시 한국인들의 관심을 불러일으킨 주요 사안은 미국이 한국 사회의 발전, 민주화, 중견국가로의 부상에 상응하는 형태로 한국인들을 존중해주고 있는지란 부분이었다.

당시의 논쟁은 한국인들이 보다 많은 자율성을 열망하고 있다는 사실에 견주어 본 한미동맹의 적정 역할과 관련이 있었다. 또한 국력신장을 고려하여 외교정책 수립 측면에서 한국이 어느 정도까지 자율성을 누려야 할 것인가란 부분과 관련이 있었다. 2001년 9월 11일 이후의 부시 행정부의 공격적인 대테러 정책의 관점에서, 특히 북한과 관련된 이 같은 정책 측면에서, 한국인들은 한미동맹으로 인해 한국이 북미 간의 대립에 연루될 가능성이 있다는 우려를 점차 많이 표명했다. 이외에도 한국인들은 한국 입장에서 별로 중요한 의미가 없는 이라크전쟁 파병 논쟁을 초래하는 등 한미동맹이 한국에 적지 않은 부담을 초래하고 있다고 느꼈다. 한편 미국은 자국의 아시아지역 전략기획의 일환으로 장기적 측면에서의 한미동맹의 전략적 의미를 평가하는 작업을 시작했다.

2002년 대선을 둘러싼 정치적 논쟁은 주한미군 기지와 관련하여 지역사회가 입은 불편과 불만을 보상하기 위한 적절한 창구 부재에 기인하는 다양한 문제를 놓고 조직화된 불분명한 형태의 이익 집단의 출현, 한국 통치 구조의 분권화, 민주화로 인한 정치권력의 분산에 주로 기인하였다. 한미가 연합 차원에서 전쟁을 수행할 것이란 점을 고려해보면 한미관계 관련 관점들이 지나치게 정치화되고 있었던 것이다. 한미동맹은 6.25 전쟁이 종료될 즈음 주로 이승만과 미국의 협상을 통해 형성되었다. 한미동맹은 냉전 당시의 권위주의 정권 아래서는 논쟁이 금지되어 있던 주제였다. 물론 한국인들의 반미감정을 놓고 벌어진 갈등이 한국이 민주화되던 당시에, '1988년 서울올림픽'의 한편에서 부상하고 있었다. 그러나 2002년의 대통령 선거는 한미동맹이 자유스런 분위기에서 많은 대중들의 논쟁의 주제가 된 최초의 경우였다.

당시의 대선에는 2명의 주요 후보가 있었다. 그 중 1명은 권위주의에서 민주주의로 한국사회가 전환되던 시절 진보적 관점을 견지하고 있던 집단의 지지를 받았다. 또 다른 후보는 보수적 관점을 견지하고 있던 집단의 지지를 받았다. 보수적 성향 후보는 서울대학교를 졸업한 후 판사로 일했으며, 김영삼 정부에서 국무총리를 역임한 이회창이었다. 이회창은 본인의 명성뿐만 아니라 경력 측면에서 한국의 보수 엘리트를 대변하는 전형적인 인물이었다. 대선 후보로서의 이회창의 주요 단점은 본인의 아들이 신체적인 이유로 군 입대를 면제받는 과정에서 도움을 주었는지 여부와 관련이 있었다. 그런데 이는 이회창이 엘리트로서의 자신의 신분을 간접적인 방식으로 이용했는지 여부를 보여주는 부분이었다.

　진보적 성향 후보는 대학을 졸업하지 않은 상태에서 독학으로 인권 변호사가 되었을 뿐만 아니라 민주화와 노동자 권익 신장을 위해 적극 노력해온 노무현이었다. 노무현은 해외 경험이 전무했으며, 한국 엘리트들의 기득권과도 무관한 사람이었다. 대선 당시 노무현은 한국이 보다 공정한 사회가 되어야 한다고 생각했으며 반부패를 주로 강조했다. 그럼에도 불구하고 그는 반미감정을 교묘히 이용했다. 이 같은 측면에서 보면 진보주의자로서의 노무현의 경험은 민족주의적 성격이었다. 그러나 노무현은 한미동맹 상황은 물론이고 국제사회에서의 부상하는 위상을 고려하여 한국이 보다 많은 자율성을 누려야 한다고 주장하던 여론, 고조되고 있던 여론에 편승할 수 있었다. 본인의 경력 전반에 걸쳐 노무현은 전통적인 한국 엘리트들의 이익에 도전하던 개혁가였다. 그러나 2002년의 대선에서 당선되면서 노무현은 한국사회 권력의 중심부로 입성했으며, 본인의 이상과 현실을 적절히 조정해야만 하는 입장이었다. 외교정책 측면에서 노무현의 이 같은 조정과 관련된 가장 중요한 도전은 한미동맹의 필요성을 인정하는 가운데 한국의 자율성을 어떻게 신장시켜야 할 것인가란 문제와 관련이 있었다.

　더욱이 한국의 여론이 노무현의 외교정책 측면에서 주요 역할을 수행했다. 다음 발언에서 보듯이 노무현 정부의 국가안보전략은 한국의 민주주의 신장과 부상하고 있던 국력을 직접 인정하는 형태였다. "급속한 국력 신장, 민주화 성공, 국민의 권리에 대한 인식 증진으로 오늘날 한국인들은 국가와 국가 간의 관계에서 보다 상호 협력적이고도 수평적인 관계를 원하고 있습니다."[1] 이 발언은 한국이 외교관계 측면에서의 보다 많은 자율성을 원하고 있을 뿐만 아니라 한미동맹 안에서 상호 존중에 입각한 보다 대등한 접근방안을 기대하고 있음을 함축적으로 보여주고 있었다.

노무현 정부 당시 한국은 한편에서 보면 중국 및 러시아와의 지속적인 정치관계 발전을 통해 비교적 자주적이고도 균형적인 외교정책을 추진할 수 있을 정도로 능력이 있었다. 또 다른 한편에서 보면 아직도 한국은 안보적으로 미국에 대거 의존하고 있었다는 점에서 한미동맹의 제약을 받지 않을 수 없는 상황이었다. 노무현 정부는 자신이 이 같은 부조화에 직면해 있음을 발견했다. 이 같은 안보적 측면에서의 대미 의존 문제는 한미 간의 제도적 갈등의 형태로 주로 나타났다. 한국인들은 보다 방대하고 전략적인 사안에 초점을 맞추는 것이 아니고 주한미군과 지역 주민들 간의 주둔국지위협정(SOFA) 또는 여타 지역 문제와 같은 기술적이고도 전술적인 문제에 치중했다. 이들 문제와 관련하여 보다 존중하는 자세를 보이라고 미국을 몰아세웠다.

이 같은 한국인들의 태도로 인해 1990년대 후반에 시작된 연합토지관리계획(Land Partnership Plan) 이행과 오산-평택 주변의 험프리 기지에 미군을 집중 주둔시키는 문제에 관한 협상을 포함한 한미동맹 미래에 관한 논의가 시작되었다. 전반적으로 꽉 짜인 형태의 한미동맹 관계가 또한 동북아지역 평화와 번영에 관한 노무현의 다자적 비전을 제약하는 주요 요소였다. 노무현이 다자적 비전을 주장했던 것은 북한 관련 긴장이 동북아지역을 신 냉전으로 몰고 가지 못하도록 하기 위한 한국의 국력이 제한적이란 인식에 주로 기인했다.

노무현의 비전: 평화와 번영 정책

노무현은 한국사회의 다양한 사회적 불평등에 관해서 뿐만 아니라 미국에 관해 한국인들의 불만이 용솟음치던 상황에서 대통령에 당선되었다. 노무현은 진보진영 인물, 인권 변호사, 386세대의 지원을 받았다. 그런데 386세대는 1960년대에 출생하여, 1980년대에 대학을 다녔으며, 1990년대에 30대이던 사람들을 의미했다. 이들은 1980년대 당시 한국 도처의 대학가에서 권위주의 통치에 대항하여 이를 악물며 거리 시위를 주도하던 사람들이었다. 386세대의 지원을 받은 많은 사람들이 노무현 정부 당시 영향력 있는 관리와 정책 수립가로 부상했다. 이들은 한국 국회의원 가운데 대략 20%를 차지하고 있다.[2]

그러나 한미동맹에 관한 한국 내부의 대립되는 정서를 반영한 것이지만, 노무현 정부는 보수적인 외교정책을 대변하던 동맹파와 진보적인 접근방안을 대변하던 자주파로 양분되어 있었다. 이들은 노무현 정부 외교정책 방향을 놓고 상호 대립했다. 이들 양 진영은 자국의 안보 소요(所要)를 관리하고 외교관계를 설정하는 과정에서의 책임감 있는 주요 행위자로서 한국이 보다 많은 자율성을 누려야 한다고 생각했다. 동맹파가 한미동맹 안에서 한국이 보다 많은 자율성을 누려야 한다고 생각한 반면 자주파는 한미동맹 밖에서 자주적인 외교정책을 추구해야 한다고 생각했다. 이들 두 집단 간의 주요 차이는 한미동맹이 대북억제의 근간인지 아니면 남북화해를 가로막는 걸림돌인지와 관련이 있었다. 이들 두 집단 간의 투쟁은 격렬하고 치열했다. 노무현 정부 당시 이들 양 진영의 영향력은 문제의 사안과 인적 구성에 따라 달라졌다. 한편 이들 양 진영은 노무현 정부에서 통합된 상태로 상호 공조해야만 하였다. 결과적으로 이들 대립되는 세력 간의 불편한 공존과 타협에 입각한 외교정책이 출현했다. 노무현 정부의 국가안보전략은 이들 내부 모순을 반영한 형태의 몇몇 독특한 주제를 포함하고 있었다.

첫째, 북한 핵 문제의 재부상에도 불구하고 노무현 정부는 남북한 긴장과 갈등을 상호 협력적이고도 평화적으로 대화를 통해 해결해야 한다는 강력한 의지를 견지하고 있었다. 그런데 이것이 안보와 평화 가운데 어느 부분을 보다 중시해야 할 것인지와 관련하여 긴장과 갈등을 초래하였다. 2003년 2월 25일의 취임연설에서 노무현은 "진정한 의미에서 동북아시대를 이룰 목적에서 먼저 한반도 평화구조를 정착시켜야 한다."[3]고 말했다. 이 같은 노무현의 한반도 평화구조 정착 강조는 노무현 정부와 부시 정부의 자기 천명적인 정책들에서 확인 가능한 상이하고도 종종 자기 모순적인 모습을 초래한 근본 원인이었다.

노무현 정부는 남북한 대립을 대화를 통해 평화적으로 해결해야 한다는 입장을 거의 무조건적으로 견지했다. 반면에 미국은 북한 핵 문제를 해결하기 위한 방안으로서 다자적 대화를 추구하는 경우에서조차 모든 대안을 고려하고 있다는 주장을 견지하는 입장이었다. 노무현에 따르면 "북한 핵미사일이 외부 위협으로부터 자국을 지키기 위한 성격이란 북한의 주장은 타당성이 있었다." 그러나 미국은 이 같은 노무현의 발언을 비난했으며, "북한 핵무기가 한미동맹은 물론이고 미국의 여타 동맹국들에 위협적이다."[4]고 강조했다. 노무현의 좌파 지지세력 가운데 많은 사람은 궁극적으로 북한 핵 문제는 북한과 미국의 관계가 소원한 형태란 사실에 기인한다고 믿고 있었다. 북한 핵 문제를 놓고 북미 간에 긴장이 재현되었음에도 불구하고 노무현 정부는 대화를 통해 긴장해소와 군비축소를 추구할 것이란 확고한 의지를 표명했다. 결과적으로 노무현 정부는 한반도 정전체제를 항구적인 평화레짐으로 교체하고자 노력했다. 부시 행정부가 북한 핵 문제를 심각하게 인식하고 있음을 반영한 것이지만, 미국은 노무현의 입장에 현실성이 결여되어 있다고 생각했다. 마침내 미국은 북한 핵 문제를 해결하기 위한 주요 수단으로서 6자회담을 통한 협상을 추구한 반면 한국은 이 같은 6자회담에서 자국이 중심적인 역할을 수행하고 있음을 보이고자 적극 노력했다.

둘째, 노무현 정부는 상호 대립되는 목표들과 요구사항들을 융통성이 있으며 통합적인 방식으로 해결할 목적의 "균형적이고도 실용적인 외교"를 추구하고자 노력했다. 특히 동맹과 다자협력 간, 세계화와 국가적 통합 간, 한국과 여타 국가 간은 물론이고, 가치와 국익 간에 균형을 유지하고자 노력했다.[5] 노무현의 균형외교를 이주흠은 다음과 같은 전략으로 설명하고 있다. "(1) 국가의 외교 전략이 특정 국가에 편중됨으로써 경직된 형태가 되는 현상을 피하고자 노력하는 한편 (2) 국제관계에서 융통성 있는 외교적 입장을 고수한다."[6] 이 아이디어는 새로운 유형의 규범, 원칙 및 규칙 도입을 통해 한국이 평화와 안정을 염두에 둔 균형자가 될 것을 촉구한 2005년 초순의 논란의 노무현의 균형자 개념의 전조였다.[7]

셋째, 노무현 정부는 한미동맹의 중요성을 지속적으로 강조하는 한편 한국이 협력적이고 자주적인 방위체제를 발전시킬 필요가 있다는 사실을 동일한 수준으로 강조했다. 이 같은 방위체제를 통해 미국과 긴밀히 협조하면서 한국이 외세의 위협으로부터 한반도를 선도적으로 방어할 수 있을 것이었다.[8] 전시작전통제권을 전환하고자 한 노무현의 노력은 한반도 분쟁에서 미국이 지원 역할을 수행하는 한편 한국이 보다 주도적이고도 자주적인 역할을 수행해야 할 것이란 본인의 열망을 보여주는 부분이었다. 노무현이 전시작전통제권 전환 대화를 시작하게 된 동기에 한미동맹 안에서 보다 많은 자율성을 추구해야 한다는 부분이 있을 수 있었다. 그러나 또 다른 동기는 "상호의존과 자율성이 조화"를 이루도록 해야 한다는 차원에서 그 이전의 후원-피후원 관계를 보다 대등한 관계로 전환하기 위한 능력을 구비할 필요가 있다는 사실과 관련이 있었다.[9] 한편 노무현 정부는 일본 및 중국과의 단계적인 군사교류를 통해 동북아지역에서 다자안보협력을 발전시키고자 노력했다. 이 같은 다자안보협력은 여타 국가와 병행적으로 그리고 동일한 속도로 발전시킬 예정이었다.[10]

넷째, 노무현 정부는 동북아지역의 협력적 안보를 위한 지역 차원의 리더십을 제공할 수 있기를 열망했다. 이 같은 협력적 안보에서 한국이 '동북아지역 허브' 역할을 수행할 예정이었다.[11] 노무현은 동북아협력구상을 제안했는데 이는 동북아지역을 한국 중심의 공동체로 변환시키기 위한 것이었다. 어느 측면에서 보면, 동북아지역에서 보다 방대하고 중심적인 역할을 수행하고자 한 노무현 정부의 열망은 자국을 중견국가로 투사하고자 하는 한국의 노력에서 초기 단계에 해당했다. 노무현의 정책기획위원회는 한국을 '강력한 중견국가' 로 지칭했다.[12] 노무현 자신은 한국을 '강력한 국가' 로 지칭했다.[13] 그러면서 노무현은 "고래 등 사이에 끼어 있는 새우"란 한국에 대한 전통적인 자의식과 크게 대조되는 관점을 견지했다. 노무현은 다음과 같이 주장했다. "한반도는 일본과 중국을 연결해주는 교량에 해당합니다.…이 같은 지정학적인 입지로 인해 과거 한국이 고통을 받았습니다. 그러나 오늘날에는 이 같은 지정학적인 입지가 새로운 기회를 제공해주고 있습니다. 21세기의 동북아시대는 한국이 동북아지역에서 중심적인 역할을 수행할 것을 요구하고 있습니다."[14] 노무현이 이 아이디어를 가장 먼저 언급했던 시점은 2003년의 광복절 연설에서였다. 그 후 노무현은 이 아이디어를 부상하는 한국의 국가발전과 동북아지역 변혁에 관한 노무현 정부의 사고(思考)에서, 한반도 평화와 번영을 위한 노무현 정부의 사고에서, 중심적인 부분으로 만들었다. 노무현은 협력적 안보구도 확대가 단기적으로는 한미동맹을 보완해줄 것으로 생각했다. 지역 차원의 공동체 구축 노력이 어느 날 한미동맹을 대체하면서 동북아지역 안보를 보장해주기 위한 주요 수단이 될 것으로 생각했다.[15]

다섯째, 노무현 정부는 한반도 문제 관리 측면에서 자주적이고도 주도적인 역할을 수행하고자 적극 노력했다. 노무현 정부가 이처럼 노력했던 것은 한국이 동북아지역에서 건설적인 관계를 추동하는 세력이 되고,

여타 국가들이 이 같은 한국의 노력에 적극 반응할 것이란 기대에 근거했다. 그러나 이미 주목한 바처럼 한국이 한미동맹의 제약에서 벗어나는 형태의 자율성을 추구해야 할 것인지 아니면 한미동맹 안에서 자율성을 추구해야 할 것인지는 노무현 정부에서 논란의 주제였다. 노무현 정부가 한미동맹 안에서의 자주국방과 협력을 동시에 강조하는 2개 트랙의 균형적인 접근 방안을 추구하게 되면서 다음과 같은 주요 질문이 초래되었다. 한국이 다자안보협력의 효과적인 추진과 한미동맹 의존 간에 적절히 균형을 유지할 수 있을 정도의 외교 및 군사적 능력을 보유하고 있는가? 노무현 정부는 이 같은 다자협력이 부분적으로는 북미 간의 분쟁에 한국을 연루시키고자 하는 미국의 노력에 대항하는 역할을 담당해줄 것으로 생각했다.

북한과 관련하여 노무현 정부는 2000년 6월 15일의 남북공동선언에서 언급된 "한반도의 균형된 경제발전"에 입각한 공동번영이란 개념을 적극 추구했다.[16] 노무현 정부 당시 부시 정부는 북한 비핵화 측면에서 만족스런 진전이 없는 경우 남북경제 협력을 중지시키고자 노력했다. 노무현 정부 기간 내내 한미동맹 측면에서의 주요 갈등은 이 같은 부시 정부의 열망에 저촉되지 않으면서 공동 번영의 기치 아래 남북이 어느 정도까지 경제협력을 추구할 수 있을 것인지에 관한 것이었다. 노무현은 다음과 같이 한탄했다. "남북 경제협력과 관련하여 우리가 원하는 추진 방식과 추진 속도에 무관하게 개성공단으로 들어가는 모든 항목이 미국의 검사를 받는다는 사실입니다."[17]

노무현 정부 당시 국방 및 외교관계 측면에서 자율성을 달성하기 위한 노력은 물론이고 다자협력 대화를 촉진시키기 위한 강력한 노력은 한미동맹을 진화시키기 위한 노력과 병행적으로 진행되었다. 한미동맹을 강화하기 위한 수단에는 이라크전쟁 이후 안정화작전에서의 한국군 부대의 가시적인 기여뿐만 아니라 한미 자유무역협정(FTA) 협상이 포함되어 있었다. 한미동맹 관련 논쟁이 정치적 성격이란 사실에도 불구하고, 다수 사안 측면에서 부시 행정부와 공공연한 이견이 존재함에도 불구하고, 노무현은 몇몇 중요한 분야에서 한미동맹 강화를 위한 기반을 마련했으며, 새로운 방위 능력을 개발하고자 노력했다. 이들 가운데 가장 중요한 부분은 대양해군 능력 구축이란 부분이었다. 대양해군 능력 구축이 그 후 보다 강력한 한미 협조의 근간이 되었던 것이다.[18]

노무현의 균형자 이론과 동북아지역 안보

앞 절(節)에서 서술한 원칙들로부터 곧바로 도출되는 노무현의 독특한 정책 가운데 하나는 한국이 동북아지역에서 적극적인 역할을 수행해야 할 것이란 사실이었다. 이 같은 개념 제시를 통해 노무현은 한반도의 지정학적인 중요성을 반영했을 뿐만 아니라 전략적으로 중요한 위치를 점유하고 있는 성장일로에 있던 중견국가로서 한국이 행사할 수 있는 영향력을 강조하고자 노력했다. "향후 우리의 선택이 동북아지역 세력구도에 영향을 줄 것입니다."[19]고 노무현은 말했다. 이 개념은 한국이 과거 역사에서 항상 그러했듯이 역사의 소용돌이에 휘말려 들어가는 것이 아니고 동북아지역에서 자신의 능력을 천명할 목적으로 보다 많은 일을 하고, 상황을 적극적으로 조성하는 등 균형자 역할을 수행할 수 있으며 수행해야 한다는 것이었다.[20]

노무현은 균형자 이론을 2005년 2월 25일의 국회 연설에서 가장 먼저 언급했다. 주로 이는 일본과 중국의 고조되고 있던 갈등을 관리하기 위한 방안에 초점을 맞추고 있었던 듯 보인다. 그러나 이는 신속히 발전하고 있던 한중관계 상황에서 또한 관심을 끌었다. 노무현을 보좌하던 많은 사람들은 미국으로부터의 보다 많은 자주를 추구했다. 이는 '전략적 유연성(Strategic flexibility)'에 관한 한미 논의의 일환으로서의 미국과 중국 간의 모든 가설적인 군사 분쟁에 한국이 연루되지 않기를 원하고 있음을 의미했다. 전략적 유연성으로 인해 주한미군이 북한 위협에만 전념하는 것이 아니고 주요 분쟁 지역으로 전개될 수 있는 상황이었다.[21] 구체적으로 표현하면 균형자 개념에서 중요한 부분은 한국군이 보다 근대화 및 전문화되어 있으며, 항공력과 해상 전력을 강조하고, 광범위한 형태의 지휘 · 통제 · 통신 · 컴퓨터 · 정보 · 감시 및 정찰 능력을 사용하는 정밀하고 신속한 군사력으로의 전환을 촉구하고 있던 국방개혁 2020이었다. 이 같은 방식으로 한국군이 정적(靜的)이고 방어적인 군사력에서의 탈피를 추구했다.[22]

노무현의 균형자 개념은 한국의 외교정책과 국방정책 이행 측면에서 3가지 효과가 있었다. 첫째, 국방백서가 암시하고 있는 바처럼 한국은 일본뿐만 아니라 중국과의 병행적인 국방관계 발전을 추구하고자 노력했다. 이들 관계 발전에는 고위급 국방 관료 교류, 교육 교류, 군사 협력 방안이 포함되어 있었다. 예를 들면 2005년 한국은 일본과 동일한 수준으로 한중 군사교류를 격상시켰다.[23] 한일 간의 역사교과서 논쟁에 기인하는 걸림돌뿐만 아니라 한일 양국이 준동맹 관계를 유지하고 있음을 고려해보면 이 같은 노무현 정부의 접근방안은 한국이 한중 안보관계를 강화하는 반면 한일 안보관계 발전을 저지하고자 노력하고 있음을 의미했다.

둘째, 한국은 북한을 보다 압박할 목적의 한미일 3자 협력을 강화하자는 미국의 압력을 거부했다. 4장에서 논의한 바처럼 이 같은 3자 협력 강화 방안은 북한의 관심을 끌고, 북한의 핵무기 개발에 대항한 결연한 의지를 보일 목적에서 1990년대 말경의 김대중 정부 당시 출현한 개념이었다. 그러나 노무현은 이 같은 접근 방안을 주저했다. 부분적으로 노무현은 부시 행정부의 대북 강압전략에 이의를 제기할 목적으로 이처럼 주저했던 것이다.

셋째, 균형자 개념을 구체화한 후 노무현 정부는 대만해협에서의 분쟁을 주요 대상으로 가정하고 있던 아태지역 분쟁에 미군이 투입될 수 있도록 해주는 전략적 유연성이란 개념을 거부했다. 마찬가지로 작계 5029처럼 북한 우발사태 또는 북한 불안정 사태에 대응하기 위한 작전계획을 포함할 정도로 한반도 전쟁 기획을 확대하고자 했던 미국의 노력에 이의를 제기했다. 이 같은 전쟁 기획에 관한 한미 간의 이견이 외부로 노출되자, 노무현 정부는 개념계획 형태로만 5029에 동의했으며, 이것이 작전계획이 되지 못하도록 했다.[24]

보다 자주적인 외교정책을 추구하기 위한 이들 모든 구상에도 불구하고 그 후 노무현은 주장의 수위를 낮추어 다음과 같이 말했다. "동북아지역에서 균형자 외교를 성공적으로 수행하고자 하는 경우 강력한 한미동맹이 필수적입니다."[25] 이주흠에 따르면 "균형자 이론은 동북아지역 권력구조를 재조직할 목적이 아니었다. 그와는 달리 이는 동북아지역 국가들의 국가 및 이념적 쇼비니즘을 극복하고 기존 한미동맹에 입각한 새로운 경제 및 다자안보 협력체계를 구축하기 위한 것이었다."[26] "자주적이고도 친미적인 태세를 이용하여 노무현은 한미동맹의 이점과 한미동맹이 제공해주는 안보를 유지하는 한편 한국이 보다 발언권을 행사하고 보다 많은 역할을 수행할 수 있기를 원했다."[27]

그럼에도 불구하고, 노무현이 균형자 개념을 발표한 직후 한국에서 격렬한 논쟁이 벌어졌다. 한국의 보수층과 중도 계층은 자율성 또는 자주적 외교를 추구하는 경우 한국이 주변국들로부터 고립만 될 뿐이라고 주장했다.[28] 노무현의 균형자 개념에 관한 언론매체의 가장 심각한 비판은 이 같은 개념으로 인해 한미동맹이 부질없이 약화될 가능성이 있다는 사실에 초점이 맞추어졌다. 한국의 보다 많은 자율성 또는 자주 추구가 동북아지역에서의 중국의 주도적인 역할과 관련이 있는지 여부와 한미

동맹 측면에서 한중 양국의 관계가 무엇인지가 또 다른 문제였다.[29]

보수 신문들은 중국이 한국을 진지한 상대로 대우하도록 만들고자 할 당시 필요한 미국의 정치적 지원을 한국이 상실하고 있다고 주장했다. 한국이 동북아지역에서 충분한 영향력을 독자적으로 행사할 수 없다고 주장했다.[30] 많은 학자들은 신기루에 비유하는 방식으로 균형자 개념을 비판했다. 이들은 동북아지역에서 한국이 균형자가 될 능력이 있는지, 이 같은 한국의 균형자 역할을 지역 국가들이 수용할 것인지에 의문을 제기했다.[31] 균형자 이론에 관한 가장 통렬한 비판은 노무현의 전임자이자 정치적 스승인 김대중에 의한 것이었다. 김대중은 다음과 같이 말했다. "한국의 외교관계는 강력한 한미관계, 한미일 3국 동맹, 지역 4강간의 상호협력이란 3개 골격 안에서 운용되는 것이 최상입니다.…이는 우리가 선택할 수 있는 문제가 아니고 숙명적으로 수용해야 할 부분입니다."[32]

임기가 종료될 즈음 노무현 정부는 균형자 개념을 포기하고는 그 대안을 찾고자 노력했다. 2008년 대통령정책기획위원회가 발간한 간행물에서는 한국은 "동북아 평화를 위한 주도적인 균형자가 될 수 없습니다. 그럼에도 한국은 보다 강력한 국가에 천착하여 동북아지역의 대립 구도를 강화하는 역할을 수행하면 곤란할 것입니다.…동북아 평화 및 번영 측면에서 한국이 수행해야 할 역할은 평화를 촉진하고 조성하는 일입니다."[33] 결국 균형자가 아니라고 말했지만 노무현 정부는 수행해야 할 또 다른 역할을 분명히 하지 않았다. 한국이 현실적으로 어떻게 평화를 촉진시키거나 조성할 수 있는지에 관해서도 분명히 언급하지 않았다.

노무현의 동북아지역 협력구상: 다자주의 주창

동북아지역의 협력과 통합을 위한 새로운 질서를 조성할 목적에서 노무현 정부는 아시아 지역의 경제적 역동성과 한국 나름의 적극성을 이용하고자 노력했다. 이 같은 방식으로 동북아시대를 활용하고자 노력했다.[34] 노무현 정부는 분쟁을 초래하고 지역의 번영을 저해할 가능성이 있는 갈등의 근원을 극복하기 위한 상호협력을 주창할 목적에서 동북아지역 통합을 구상하고자 노력했다. 노무현 정부는 이 같은 구상을 겨냥하여 평화와 번영 정책으로서 동북아지역 협력에 초점을 맞춘 대통령위원회를 설치했다. 이것의 목적은 남북협력과 다자안보협력 구상 간의 승수효과를 생성하는 것이었다. 남북한 평화와 번영을 촉진하는 촉매가 될 뿐만 아니라 동북아지역 차원의 상호협력을 촉진하는 촉매가 되도록 할 목적에서 노무현 정부는 개개 주변국과 난관을 극복한 후 이들 주변국으로부터 다자협력에 대한 지원을 얻을 필요가 있었다.

동북아지역 협력구상에서는 개방적이고도 네트워크화 되어 있으며 자발적으로 참여하는 형태의 동북아지역 공동체를 구상했다. 이 같은 공동체 정립이란 장기목표를 달성하고자 할 당시 극복해야 할 주요 난관으로서 다원적(多元的)인 문화 교류와 협력을 발전시킬 필요성, 역사 문제, 배타적 민족주의를 식별했다.[35] 그러나 이 위원회는 주변국들로부터 거의 지원을 받지 못했다. 예를 들면 중국은 중국이 아닌 한국을 '동북아지역 허브'로 기술하고 있는 이 같은 구상의 조기 정착에 반대했다.[36] 노무현 정부는 동북아지역 차원의 협력을 효과적으로 중재할 위치에 있다는 신념뿐만 아니라 중재에 관한 강렬한 열망을 견지하고 있었다. 그러나 노무현 정부는 동북아지역에서 다자안보협력의 제도화를 저해했으며 지속적으로 저해하고 있던 보다 강력한 주변국가들 간의 뿌리 깊은 역사, 영토 및 안보적 불신을 간단히 말해 극복할 능력이 없었다.

한일관계

대통령 재임 초기인 2003년 6월 6일 일본을 방문한 자리에서 노무현은 한일 간의 미래를 강조하는 방식으로 한일관계를 위한 긍정적인 모습을 추구했다.[37] 노무현과 고이즈미 일본 총리는 한일 양국이 "북한 핵무기 보유를 인정하지 않을 뿐만 아니라 핵무기 개발을 허용하지 않을 것이며, 이 문제를 평화적이고도 외교적인 방식으로 해결해야 한다."[38]고 확인했다. 이들 지도자는 인적 교류를 장려하고 한일 자유무역협정 체결과 관련하여 협력하기로 동의했다.[39]

2004년 7월 노무현은 일본과의 원만한 관계 유지에 관한 의사 표시로서 일본기자 질문에 다음과 같이 답변했다. "다케시마(竹島) 문제에 관해 많이 언급하지 않을 것입니다. 독도 문제를 재차 논의할 필요가 있다고 느끼지 않습니다."[40] 노무현은 독도의 일본 명칭인 다케시마를 사용했으며, 이 같은 영토 문제가 한일관계를 저해하는 현상을 원치 않았다. 그러나 2005년 논란의 독도 합병 100주년을 기념하기 위해 "다케시마의 날"을 축하할 것이라고 시마네현이 선포하자 한국인들이 들끓어 올랐다.[41] 이 발표 직후 노무현이 일본에 대해 외교전쟁 선포를 경고하면서 한일관계 개선 측면에서의 진전이 재차 중단되었다.[42]

특히 일본이 독도 주변 해양 조사를 결심한 2006년 독도 분쟁이 격렬해졌다.[43] 독도 문제, 역사교과서 문제, 고이즈미의 야스쿠니 신사 방문을 포함한 여타 문제로 인해 노무현 정부는 한일관계를 개선시킬 수 없었다.[44]

한일관계 악화가 한미관계에도 영향을 미쳤다. 한국이 미국으로부터 외교적으로 보다 많은 자주를 추구하자 일본 총리 고이즈미와 아베 신조(安倍晋三)는 한미동맹의 어려움을 비교 강조하는 방식으로 미일동맹을 강화하고자 노력했다. 노무현이 부시 대통령과의 정상회담 도중 일본의

행태에 불만을 토로하자 부시는 노무현의 발언을 거북스럽게 생각했으며 거의 수용하지 않았다.[45)

한중관계

노무현 정부는 중국과 원만한 관계에서 출범했다. 중국을 방문한 2003년 노무현은 한중관계를 협력적동반자관계에서 포괄적인 협력적동반자관계로 격상시켰다.[46) 더욱이 한중관계 발전은 한국이 동북아지역의 허브 기능을 수행할 수 있다는 노무현 정부의 주장을 중국이 궁극적으로 일축했음에도 불구하고 동북아시대에 관한 노무현의 전략적 강조에 자극을 받은 듯 보였다.[47) 또 다른 도움이 된 요인에 양국 교역이 매년 20% 정도 성장하면서 2006년 당시 1,110억 달러 수준으로 증대되었다는 사실이 있었다. 특히 한국기업들이 중국에 제조업 전진기지를 구축하고 저렴한 인건비의 중국 공장들을 미국 중심 공급망으로 적극 통합시킨 결과였다.[48) 6자회담 주재국으로서의 중국의 새로운 역할이 한중관계 발전에 기여했다. 마찬가지로 노무현 정부 청와대의 자주파들은 보다 강력한 한중관계가 과도한 한미동맹 의존 문제 해결을 포함한 한국의 외교적 자주 강화에 도움이 될 것으로 생각했다. 이 같은 사고가 한중관계 성장에 기여했다. 2004년 초선 국회의원 가운데 55%가 한미관계보다 한중관계를 중요하게 생각하고 있었다.[49)

그러나 오늘날의 북한 지역은 물론이고 만주의 많은 부분을 망라하고 있던 고대 왕조인 고구려의 성격에 관한 논쟁으로 인해 한중관계 발전이 지장을 받았다. 2002년 중국 국가 정부의 지원을 받는 중국사회과학원은 중국 동북아지역이 항상 중국의 통제를 받았다는 사실을 조사하여 확인하기 위한 동북공정 프로젝트를 시작했다. 이 프로젝트에는 중국 동북지역의 고구려 무덤들을 중국 역사의 유산으로 유네스코에 신청하는 부분이 포함되어 있었다.[50] 2003년 중국 공산당 신문 광명일보는 "고구려가 중국 소수 민족이 세운 고대 국가다."[51]고 주장했다. 설상가상으로 한국인들의 흥분과 분노를 초래한 것이지만, 중국 외교부는 2004년 자신의 웹 사이트에 올린 한국사 요약본에서 고구려 부분을 삭제했다.[52]

한국 정부와 한국인들은 고구려 관련 중국의 주장을 한국의 주권에 대한 정면 공격으로 인식했다. 이 같은 논쟁이 있은 이후 한국방송공사는 여론을 조사했다. 여론조사에 응한 한국인 가운데 58.2%가 중국을 좋아하지 않는다고 답변했다. 중국에 대한 한국인들의 불만은 동아일보 여론조사에서 보다 분명해졌다. 당시의 여론조사에서 응답자 가운데 29%만이 중국을 한국에 중요한 국가로 생각했다. 그런데 이는 2004년의 61%에서 급격히 줄어든 수치였다.[53]

이처럼 중국이 한국의 주권을 침해하고 있다는 우려뿐만 아니라 북한이 붕괴되는 경우 중국이 북한에 대한 소유권을 주장하는 논리를 만들어 북한지역을 침범할 가능성이 있다는 우려가 한국에서 제기되었다.[54] 중국인들은 한국이 고구려 역사를 이용하여 북만주 지역의 중국 영토를 자국 영토로 주장할 가능성이 있다는 우려를 표명했다. 그럼에도 불구하고 한중 양국은 이 논쟁을 비교적 조용히 처리했다. 2004년 한중 양국은 구두 합의사항을 발표했다. 이 문제가 한중관계에 영향을 주지 못하도록 할 목적에서 중국은 고구려에 대한 주권을 주장하지 않을 것이며 역사적인 주장도 하지 않을 것이란 사실에 동의했다. 마찬가지로 지역 정부가 이처럼 하지 못하도록 할 것에 동의했다.[55] 그러나 중국은 고구려가 한국의 완벽한 독립 국가였다는 사실을 결코 구체적으로 인정하지 않았다.[56] 결과적으로 이 논쟁은 동북공정 과제가 공식적으로 종료된 2007년까지 지속되었다. 그러나 노무현 정부가 고구려 문제를 갖고 한중관계를 어렵게 만들고자 노력하지 않았다는 사실을 주목해야 할 것이다. 특히 일본과의 역사 처리 문제와 비교해보면 그러하였다. 문정인과 이춘복은 북한 핵문제 처리 측면에서의 중국의 역할과 동북아지역에서의 중국의 중요성 증대를 고려하여 한국 외무부가 고구려 논쟁을 조용히 처리할 것을 요구했다고 말했다.[57]

탈북자 송환을 포함한 한중관계 측면에서 또 다른 껄끄러운 문제가 있었다. 예를 들면 2004년 중국정부는 70명의 탈북자를 북한으로 송환했는데 이들 가운데 8명은 한국 망명을 신청할 목적에서 주중 한국대사 담벼락을 넘는 과정에서 붙잡힌 바 있었다.[58] 그러나 이들 민감한 문제에도 불구하고 한중 경제관계가 급속히 강화되고 있다는 사실로 인해 한중관계가 순조로운 상태를 유지했다.

한러관계

한국은 유라시아 경제권과 북한을 통합시키고, 한국을 보다 잘 연결시킬 필요가 있다는 동북아지역 평화와 번영에 관한 나름의 비전이 있었다. 러시아는 이 같은 비전을 구현해주는 운송 및 에너지 연계 고리로서 의미가 있었다. 노무현 정부는 시베리아 철도와 한국 철도의 연결에 관한 김대중의 비전을 공유했다. 노무현 정부는 자원이 풍부한 러시아 극동지역을 한반도와 연결하는 원유 및 가스 망에 관한 김대중의 비전을 공유했다. 이외에도 러시아는 6자회담 참가국으로서, 북한과 관련이 있는 행위자로서, 한국과 관련이 있었다. 2006년 당시 한러 무역은 비교적 저조한 100억 달러 수준을 유지했다.[59] 그럼에도 불구하고 2004년 9월 노무현은 한러관계를 상호신뢰에 입각한 포괄적인 동반자관계로 격상시킬 수 있었다.[60] 노무현 정부 당시 한러관계는 이들 수준 이상의 전략적 관계로 발전하지 않았다.[61]

노무현의 외교정책, 남북관계, 한미동맹

북한 핵문제의 재부상을 보며 노무현은 다음과 같은 야심적인 3가지 접근 방안을 채택했다. ⑴ 핵무기 없는 북한 ⑵ 대화를 통한 평화적 해결 ⑶ 북한 핵문제 해결 과정에서 한국의 중심적인 역할 수행. 한국이 통제할 수 없는 상황으로 노무현이 자신의 야심적인 정책 목표를 추구할 수 없게 되면서 이 같은 접근 방안이 심각한 난관에 봉착했다.

1994년의 북미제네바합의에서 이탈하여 2006년 10월 북한이 처음으로 핵실험을 했다는 사실이 노무현의 평화와 번영 정책을 곧바로 어렵게 만들었다. 1차 북한 핵실험 이후 노무현 정부는 북한 핵무기 개발계획 통제 차원에서 남북경협을 제한시키거나 핵무기 개발계획에 영향을 주는 방향으로 추진해야 한다는 압력을 받았다. 국내 및 국제사회 모두로부터 이 같은 압력을 받았다. 이 문제는 처음에 북한 핵무기 개발 진전과 의도에 관한 한미 양국의 상이한 정보 평가서에 반영되었다. 한미 양국의 정보 평가는 차이가 있었는데 이들 차이는 1차 북한 핵실험 당시 부분적으로 사라졌지만 완벽히 사라진 것은 아니었다. 이들 차이는 북한이 지속적으로 핵무기 개발을 진전시키고 있는 상황에서 어느 정도까지 남북 경제협력을 허용해주어야 할 것인지에 관한 한미 양국 간의 논쟁으로까지 비화되었다. 더욱이 북한은 북한 핵문제를 미국하고만 논의할 수 있다고 주장했다. 이 같은 북한의 주장은 한반도와 동북아지역에서의 한국의 보다 자주적이며 영향력 있는 외교적 역할을 추구하고자 한 노무현 정부 입장에서 정면 도전이 아닐 수 없었다.

노무현 정부는 북한 핵문제를 주로 북미 간의 갈등으로 바라보았으며, 평화적인 해결을 주장했다. 이 같은 점에서 노무현 정부의 주요 목표가 미국이 강압적인 대북 접근 방법을 사용하지 못하도록 규제하는 일이 되었던 것이다. 첫째, 노무현은 평화와 번영 정책 목표에 따라 강압적인 대북 수단을 피하는 형태의 선언적인 정책을 정립했다. 둘째, 노무현 정부는 이라크에서의 전후 안정화 임무 목적으로 한국군을 파병해달라는 미국의 요청을 긍정적으로 고려해주는 조건으로 대북정책 측면에서 보다 많은 자율성을 누릴 수 있게 해달라고 미국에 말했다. 이 같은 방식으로 개개 사안을 연계시켜 처리하고자 노력했다. 셋째, 한국은 6자회담과 같은 포럼이 한국의 외교적 영향력과 역할을 제한시킬 수 있다는 비난을 피할 목적에서 6자회담의 일원으로써 한국의 중심적인 역할을 천명했다. 넷째, 2007년 10월 4일의 남북정상회담 선언의 포괄적이고도 야심적인 범주가 잘 보여주고 있는 바처럼 노무현은 북한 핵문제에도 불구하고 평화와 경제협력 구상을 지속적으로 추구했다.

노무현 정부 당시의 남북관계

노무현의 평화와 번영 정책의 포괄적인 추동력은 김대중의 햇볕정책을 그 근간으로 하고 있었다. 그러나 이들 두 정책은 차이가 있었다. 노무현 정부는 2000년 6월 15일의 남북정상회담이 북한에 현찰을 제공해주어 가능해진 것이란 소송을 법적으로 수사하도록 해야 한다고 정권 초기에 결심했다. 결과적으로 김대중의 고위급 측근 몇 명이 기소되었다. 이 같은 수사에 북한이 격렬히 반응했다. 이외에도 2003년 초순 북한은 남북관계를 담당할 새로운 한국 관리로서 임동원과 함께 북한을 방문한 이종석과의 회동을 거부했다. 결과적으로 김대중 정부와 노무현 정부 간에는 고위급 수준에서 정치적 연계가 거의 없었다. 어느 정도 시간이 경과된 이후에나 북한 고위급 관리들은 노무현 정부의 새로운 상대를 알게 되었다.

이 같은 집권 초기의 난맥상에도 불구하고 노무현 정부는 다음과 같은 4대 원칙에 입각하여 '한반도 평화 증진'과 '남북한 공동 번영'이란

2개의 주요 목표를 추구했다. ⑴ 대화를 통한 문제 해결 ⑵ 상호신뢰와 호혜성 강조 ⑶ 남북한이 한반도 평화과정에서 주요 당사자란 원칙에 입각한 국제협력 추구 ⑷ 남북한 주민의 의견수렴에 입각한 정책 이행[62]. 이 같은 방식으로 노무현은 김대중이 마련해놓은 기반을 근거로 일하기 시작했다.

그러나 이들 목표는 북한 비핵화 진전 정도에 의해 지속적으로 영향을 받았다. 여기서 노무현 정부는 6자회담에서 주도적인 역할을 수행해야 할 것이란 자신의 열망과 부시 행정부가 주도하여 중국이 주재한 다자적 협상의 틀 사이에서 지속적인 갈등에 직면했다. 한편에서 보면 한국은 자국의 상호조정 노력을 통해 북한 비핵화 과정에서의 중심적인 역할을 추구했다. 이 같은 목표를 달성할 목적에서 노무현 정부는 부시 행정부의 대북 강경노선을 중재하는 한편 북미 협상을 촉진시키고자 노력했다. 또 다른 한편에서 노무현 정부는 북한 핵 문제가 주로 북미관계 진전에 따라 달라진다는 사실을 인정했다. 이는 한반도 평화와 번영을 달성할 것이란 본인의 노력 측면에서 가장 중요한 전제 조건인 북한 비핵화와 관련하여 노무현 정부가 중심적인 역할을 수행할 수 없음을 암시한 부분이었다. 이 같은 접근 방안에 내재해 있는 모순은 2003년 4월 중국, 미국 및 북한 간의 그 전례가 없는 3자회동과 함께 시작된 6자회담 초기부터 모습을 보였다. 노무현은 이 같은 회담에 수긍하는 입장이었다. 그러나 한국은 이 회담에서 방관자적인 입장에 있었다. 분명히 말해 한국은 북한 핵문제와 관련하여 중심적인 역할을 수행할 수 있는 입장이 아니었다.

한미 간 갈등의 또 다른 원천은 북한 핵 문제 해결을 위한 협상의 광장으로 북한을 유도하기 위한 수단과 관련이 있었다. 부시 행정부는 강압적인 조치를 추구했다. 부시 행정부는 북한의 마약거래, 위조지폐 생산과 자금세탁을 금지시킬 목적의 불법활동방지구상(Illicit Activities

Initiative)의 조기 이행과 제재를 강력히 추진했다. 미국은 북한이 상당한 예금을 유치하고 있던 마카오의 방코델타아시아(BDA)를 표적으로 하는 미 재무성의 노력을 통해 북한 대외 경제관계를 많은 부분 마비시킬 수 있었다. 이 같은 측면에서 예상치 못한 성과를 거두었다. 노무현 정부는 근본적으로 강압적인 수단에 반대했다. 대통령 취임 이전 노무현은 다음과 같이 말했다. "한반도 전쟁 예방에 도움이 된다면 저는 미국과 관점을 달리할 것입니다. 북한을 공격하는 경우 한반도를 집어삼킬 전쟁이 발발할 수 있을 것입니다."[63] 노무현 정부는 북미관계 긴장으로 한반도에서 재차 전쟁이 발발할 가능성을 우려하고 있었다. 이 같은 사실을 고려해보면 한반도 전쟁 발발에 관한 노무현의 상기 우려는 보다 자주적인 외교정책 추구 열망을 훨씬 초월하는 형태였다. 한때 노무현은 다음과 같이 말했다. "어제의 잿더미에서 오늘의 한국을 만든 국가로서 우리는 6.25 전쟁의 참화를 재현하라는 요청을 수용할 수 없습니다."[64]

노무현은 재개된 북한 핵 위기를 고려하여 새롭고도 중요한 의미가 있는 형태의 남북 경제협력을 추구하지 않을 것이라고 약속했다. 그러나 2003년 6월 이후 노무현 정부는 개성공단의 1단계 이행을 지속적으로 추구했다. 남북한은 개성공단을 가동시켰으며, 남한의 물자와 북한의 노동력을 이용하여 현지에서 생산할 목적으로 한국 회사를 개성공단으로 초청했다. 이외에도 인도적 지원과 경제협력에 더불어 서해 긴장완화 수단에 관한 군사대화 등 다양한 형태의 남북한 장관급 회담이 지속적으로 진행되었다. 한국 관광객들의 금강산 방문 지원과 개성공단 확대로 노무현 정부 당시 북한에 지속적으로 현찰이 유입되었다. 결과적으로 2002년 6억 4,200만 달러 수준의 남북교역 규모가 2006년 13억 4,900만 달러로 늘어났다.[65] 더욱이 노무현 정부 당시는 다양한 프로젝트와 관련한 대북지원이 김대중 정부 당시의 760만 달러에서 1,430만 달러로 두 배 이상 늘어났다. 결과적으로 남북 경제협력을 제한시키라는 부시 행정부의 압력에도 불구하고 남북교역은 노무현 정부 당시 가장 급속히 증대되었다. [그림 5.1]과 [그림 5.2]가 보여주고 있는 바처럼 남북 경제 및 인적 교류가 노무현 정부 당시 상당히 늘어났다.

이외에도 노무현 정부는 북한 핵무기를 경제적 양보를 얻기 위한 협상 수단으로 생각했다. 결과적으로 노무현 정부 당시 통일과 관련된 주요 노력은 정동영 통일부장관에 의한 다음과 같은 형태로 나타났다. 정동영은 북한 핵문제 해결의 일환으로 북한에 대체 에너지를 제공해주고자 노력했는데 여기에는 북한과 한국의 에너지 단자(Grid)를 연결시키는 방식으로 북한에 2백만 와트의 전력을 제공해줄 것이란 제안이 포함되어 있었다.[66] 그러나 북한은 한국에 의존적인 상황이 될 가능성을 우려했던 듯 보였다.

노무현 정부는 북한 핵문제가 돌출적인 성격이란 점에도 불구하고 2차 남북정상회담 개최를 위해 주기적으로 노력했다. 노무현은 2006년의 북

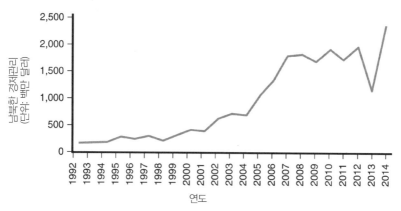

[그림 5.1] 남북한 경제교류(1992-2014)
출처: Ministry of Unification, Republic of Korea,
"Inter-Korean Trade Cooperation", n.d.,
http://eng.unikorea.go.kr/content.do?cmsid=3103;
Korea Statistical Information Service, "North Korean Statistics: Total Trade", n.d.,
http://kosis.kr/statHtml/statHtml.do?orgId=101&tblId=DT_1ZGA91&vw_cd=MT_
BUKHAN&list_id=101_101BUKHANB01_AA15&

한 핵실험과 관련하여 북한 비핵화를 위한 새로운 방식을 6자회담에서 정립한 이후에나 2007년 10월 3일과 4일에 걸쳐 김정일과 정상회담을 할 수 있었다. 6자회담 진전과 결합하여 2007년 10월 4일 발표된 2차 남북공동성명은 다양한 형태의 야심적인 남북 경제협력 프로젝트로 구성되어 있었다. 2차 남북공동성명은 서해상에서의 긴장 완화를 위한 근간을 마련하기 위한 성격이었다.

그럼에도 불구하고 당시의 남북정상회담은 몇몇 문제로 인해 어려움이 있었다. 첫째, 당시의 정상회담은 한국의 여론이 이미 차기 대선에 관심을 집중시킨 노무현 정부 말기에 개최되었다. 결과적으로 정상회담이 차기 진보 대통령 후보를 지원할 목적으로 개최된 것으로 혹자는 느끼고 있었다. 둘째, 당시의 정상회담에서는 광범위한 남북경협 프로젝트를 개관했지만 이들 프로젝트 이행에 필요한 예산에 관한 고려 내지는 협의가 없었다. 이 같은 측면에서 보면 당시의 로드맵은 남북경협 비용과 이득에 관한 비현실적인 기대를 초래했다. 셋째, 남북정상회담 효과는 2007년 12월 대선에서 남북관계와 관련하여 '비핵개방 3000'을 표방하는 등

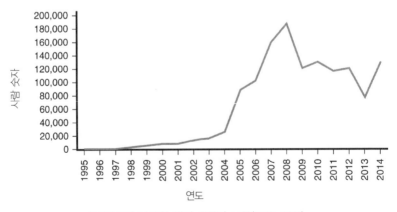

[그림 5.2] 남북한 인적 유통과 교류(1995-2014)
출처: Ministry of Unification, Republic of Korea, "Inter-Korean Exchanges of People and Goods," n.d., http://eng.unikorea.go.kr/content.do?cmsid=3103.

보다 직접적인 호혜성을 강조했던 이명박이란 보수적 인물이 당선되면서 빛을 바랬다. 이명박은 북한 주민의 개인 소득을 년 3,000달러 수준으로 높여주는 야심적인 언질에 대한 보상으로 북한 비핵화를 촉구했던 것이다.

노무현과 아들 부시 시대의 한미관계: 이견 조정

집권 초반부터 노무현 정부는 한미동맹을 보다 수평적인 관계로 재정립하고자 노력했다. 그런데 이는 한국의 대미 의존도를 줄이는 한편 한국 문제와 관련하여 미국이 한국을 보다 더 존중하도록 만들기 위함이었다. 한국이 보다 많은 자율성을 누리도록 하기 위함이었다. 북한 핵무기 개발, 전시작전통제권 전환, 주한미군 부대 재배치와 같은 한미 안보관계 관련 제도적 문제, 전략적 유연성에 관한 미국의 관심, 북한 인권 문제 등에 대응하는 방식 측면에서 한미는 관점을 달리했다.

첫째, 노무현 정부는 북한 핵문제를 통제해야 할 필요성을 인지했다. 그러나 노무현 정부의 평화와 번영 강조와 부시 행정부의 북한 비핵화 강조 간에는 넘어설 수 없는 분명한 간극이 있었다. 사실 노무현 정부는 북한 핵문제에 관해 두 가지 속내를 보여주었다. 분명히 말하지만 노무현은 북한 핵무기 개발 노력에 반대하는 입장이었다. 그러나 자주파 성향의 청와대의 그의 많은 보좌관들은 한반도 긴장과 갈등의 근원으로 미국의 대북 적대시정책을 지적했다. 북한 핵을 협상에서 보다 많은 이득을 얻을 목적의 것으로 생각했다. 이 같은 측면에서 보면 자주파의 관점은 한국이 한미동맹에서 벗어나 자율성을 추구할 필요가 있다는 북한의 관점과 유사했다. 그러나 동맹파는 한국이 한미동맹 안에서 보다 많은 영향력을 추구해야 한다고 주장했다. 미국의 대북정책 수립 과정에서의 한국의 영향력 증대를 요망했다. 그런데 동맹파가 요구한 이들 두 부분은 부시 정부의 대북 강경책을 완화시키고 한국 지휘부에 대한 미국의 지원을 확보하기 위한 것이었다. 아무튼 이들 두 부분 모두 부시 정부의 대북정책과 배치되었다.

결과적으로 노무현 정부의 정책과 부시 행정부의 정책이 항상 갈등을 보였다. 한미 양국 정부가 정기 협의를 통해 이들 갈등을 관리하고자 지속적으로 노력했음에도 불구하고 갈등을 보였다. 종종 노무현 자신은 북한의 핵무기 잠재력과 능력을 경시하는 듯 보였으며, 북한 핵문제와 관련한 미국과의 이견을 공개적으로 언급했다.[67] 이들 이견에 입각하여, 한미동맹에 관한 미 '외교협회(Council on Foreign Relations)' 평가는 부시 행정부가 노무현 정부의 대북정책을 "천진난만하고 동맹에 피해를 주는 형태"[68]로 간주했다고 언급했다.

역설적인 현상이지만, 2006년 10월의 1차 북한 핵실험은 부시 행정부로 하여금 북한과 보다 적극적으로 대화하도록 만드는 효과가 있었다. 이 같은 상황 전개로 한미 양국이 보다 긴밀히 공조해야 하는 상황이 되었다. 북한 핵실험으로 미국의 리더십이 보다 많이 요구되었다. 결과적으로 북한 핵문제 해결 측면에서 한국이 중심적인 역할을 수행할 수 없게 되었다. 북한 핵실험으로 인해 노무현 정부가 미국의 대북 제재에 보다 긴밀히 협조하지 않을 수 없는 상황이 되었던 것이다. 이외에도 북한 핵 실험으로 인해 노무현 정부의 대북정책과 관련하여 한국 내부에서 보다 많은 비난이 제기되었다. 북한 핵실험이 북한의 의도에 관한 한국인들의 태도를 경직시켰던 것이다. 또한 한국인들이 노무현 정부의 대북지원을 점차 부정적으로 바라보게 만들었다. 6자회담으로 신속히 복귀한 이후 노무현 정부는 아직도 6자회담에서 수행해야 할 중심적인 역할이 있음을 입증해 보이고자 노력했다. 그런데 6자회담 결과는 궁극적으로 미국과 북한 간의 상호 이해에 달려 있었다.

당시 부시와 노무현 정부는 비교적 잘 공조했다. 북한 핵개발 동결 및 폐기 과정에 북한이 관심을 갖도록 해야 한다는 사실에 공감했다. 그러나 북한 비핵화 과정이 진전되자 노무현은 예상되던 평화레짐의 필요성에 관해 미국을 이해시키고자 노력했다. 그런데 부시 행정부는 북한 핵시설 감독을 포함한 검증 가능한 레짐을 북한이 준수하도록 하기 위한 보다 진전된 노력이 없는 상태에서의 평화레짐을 시기상조로 생각했다.

둘째, 부시 정부와 노무현 정부는 한미동맹의 군사적 측면에 기인하는 갈등을 관리해야만 하는 입장이었다. 그런데 이들 갈등에는 미국의 한국군 이라크 파병 요청, 한미지휘관계 관련 협상은 물론이고 주한미군의 한반도 주둔지 변경 계획이 포함되어 있었다. 특히 이라크 분쟁이 한미동맹 관리 측면에서 두 가지 난관을 초래했다.

첫 번째 난관은 미국의 이라크 침공 이후 이라크를 평정할 목적으로 한반도에 있던 미 제2사단 예하의 기계화보병여단을 이라크로 전개할 것이란 2003년의 미국의 결심과 관련이 있었다. 노무현이 대선에서 승리하기 이전 몇 개월 동안 한국인들이 반미시위를 전개하고 있었는데, 미국이 이라크 파병을 결심했던 것은 바로 그 순간이었다. 그런데 이는 지난 수십 년 동안 주한미군의 최초 감축이었다. 이 같은 주한미군 철수는 미국의 일방주의와 대북 강경책으로 인해 한국이 북한과의 원치 않는 분쟁에 연루될 가능성이 있다는 인식이 한국에서 증대되던 상황에서, 촛불시위의 와중에서 진행되었다. 한편 미 제2사단 예하 기계화보병여단의 한반도 철수는 미 한반도 안보 공약의 항구성에 관한 의문은 물론이고 미국이 한국을 방기할 가능성이 있다는 의문을 초래했다.

더욱이 미국은 이라크 침공 이후 이라크를 안정화시킬 목적의 유엔 다국적군 노력의 일환으로 한국의 안보 지원을 요청했다. 노무현의 핵심 지지 계층들은 미국의 안보 지원 요청에 반대하며 시위하였다. 그럼에도 불구하고 노무현이 미국의 이라크 파병 요청을 수용하기로 결심하면서 이것이 한국에서 주요 문제가 되었다. 노무현의 핵심지지 계층들은 노무현의 이라크 파병 결심을 미국에 굽실거리는 형태의 것으로 간주했다. 2002년 한국인 가운데 오직 15%만이 테러를 주요 문제로 간주했으며 72%는 미국의 '테러와의 전쟁'에 반대했다. 81%는 미국의 이라크 침공에 반대했으며, 10%만이 찬성했다. 76%는 이라크 전쟁 목적으로의 한국군 파병에 반대했으며 16%만이 지지했다. 한국 대학생 가운데 88%란 놀라운 수치가 미국의 이라크 전쟁이 명분이 없다고 생각한 반면 5%만이 명분이 있다고 생각했다.[69]

노무현은 본인의 이라크 파병 결심을 정당화하고 파병 승인을 지지하도록 할 목적에서 한국정치에서 상당한 파워가 있던 열린우리당 지도자들에게 다음과 같이 말했다. "제가 이라크 파병을 결심한 것은 국익 때문이었습니다. 비전투원 파병을 통해 미국과의 협상에서 보다 많은 발언권을 행사할 수 있을 것이기 때문입니다."[70] 노무현은 대선 당시의 반미적인 발언에도 불구하고 한미동맹의 유지와 지원을 위해 많은 노력을 기울였다. 노무현은 본인의 지지기반을 상실할 가능성이 있었으며, 한국의 이익과 직접 관련이 없는 분쟁에 연루되고 있음에도 불구하고 그처럼 하였다. 이라크 파병 결의안을 통과시킬 목적에서 노무현의 열린우리당은 소속 의원들에게 자유의사와 개인의 양심에 따라 투표하라는 예외적인 조치를 취했다. 반대당인 한나라당의 지원에 의존했다. 국회는 한국인들의 반대 시위에도 불구하고 이라크 파병에 관한 노무현 정부의 요청을 통과시켰다.

한국은 미국과 영국 다음으로 많은 대략 3,600명 병사를 이라크에 파병했다. 한국인 인질이 이라크에서 참수된 이후에서조차 이처럼 파병했다.[71] 그럼에도 불구하고 미국의 관측가들은 한국이 마지못해 파병했다고 생각했다. 파병과 관련하여 장기간 동안 진행된 한국 내부의 논쟁으로 인해 동맹국 미국의 요청을 존중해주기 위한 한국의 합의가 많은 부분 빛을 바랬다고 생각했다.[72] 이라크 파병 관련 협상 도중 노무현 정부는 미국이 보다 원만한 대북정책을 추구하도록 만들고자 노력했다. 결과적으로 이것이 한미 간에 또 다른 갈등의 근원이 되었다.

한국이 이라크 파병에 동의했음에도 불구하고 노무현 정부와 부시 행정부는 일련의 안보 대화, 예를 들면, '한미동맹 미래(The Future of the Alliance)'와 안보구상(The Security Initiative)을 전개했다. 그런데, 이들 대화는 한미 지휘관계와 주한미군 주둔 여건 관리를 염두에 둔 장기 전략을 강구하기 위함이었다.[73] 한국인들이 주한미군에 이의를 제기하며 격렬히 시위하던 와중에서 미국의 기계화보병여단이 이라크로 옮겨갔다. 당시 미국은 북한 위협만을 고려하여 비무장지대에 영구 배치하는 것이 아니고 다양한 위협에 대항한 유연한 배치를 강조하는 보다 포괄적인 전략을 추구했다. 한국인들은 이 같은 전략과 한미 지휘관계 변환 모두를 미국의 한반도 공약 준수 의지 약화로, 궁극적인 주한미군 철수로 인식했다.

노무현이 한미 지휘관계 변화를 요청할 당시 미 국방부장관 도널드 럼스펠드(Donald Rumsfeld)는 "이미 미국이 추구하고 있던 부분을 한국이 요청하고 있다."[74]고 말했다고 한다. 그러나 전시작전통제권 전환과 같은 한미 지휘관계 변환 관련 대화는 한미 양국의 다양한 필요성에 입각하여 시작된 것이었다. 미국은 보다 유연하고 다각적인 전략을 추구했다. 또한 미군을 한반도 특정 지역에 집중 주둔시킴으로써 지역 갈등과 주한미군에 대한 한국인들의 거부감을 줄일 수 있기를 희망했다.[75] 한국은 한반도 방위 측면에서의 보다 많은 자율성 및 책임 감당뿐만 아니라 주도적인 역할을 원하고 있었다. 그러면서도 한국은 한반도 방어 측면에서 미군에 의존했던 부분과 관련하여 지속적으로 미국의 도움을 받고자 노력했다. 노무현 정부는 한국군에 대한 완벽한 작전통제권 행사를 추구했다. 이 같은 방식으로 손상되었다고 생각되었던 주권 회복에 특별한 관심이 있었다. 한국이 미국에 과도하게 의존했던 특정 능력의 확보를 위해 또는 충분한 수준이 아닌 반면 자주국방 측면에서 중요한 의미가 있는 핵심 능력의 확보를 위해 보다 많은 예산을 투자하는 경우 미국은 주권 회복에 관한 한국의 이 같은 열망을 지원할 수 있는 입장이었다.

한미지휘관계 조정 관련 협상에서는 다음과 같은 결론이 도출되었다. 한반도의 거의 모든 미군을 오산-평택 지역으로 집중시키고, 한반도 전쟁 주도에 필요한 능력을 확보하는 경우 한국이 한국 방어 측면에서 주도적인 역할을 수행하는 반면 미국이 지원 역할을 수행한다. 전시작전통제권 전환 일자로 처음에 2012년 10월을 정했다. 한반도의 대부분 미군이 2015년까지 오산-평택의 험프리 기지로 이전할 예정이었다.

셋째, 한미 양국은 공동 위협 인식에 관한 논의를 통해 양국의 정책을 상호 조정할 목적의 외무부장관 간의 고위급 전략협상을 하기로 결정했다. 이 같은 측면에서의 미국의 안보목표 가운데 하나는 전략적 유연성에 관해 한국의 이해를 구하는 것이었다. 그런데 전략적 유연성이란 개념은 동북아지역에서 위기가 발발하는 경우 한반도 밖으로 주한미군 전개를 가능하게 해줄 목적의 부시 행정부의 2004년 "해외주둔미군재배치계획(Global Posture Review)"에 기인했다.[76] 한국인들은 지나치게 공격적인 미국이 초래하는 분쟁에 연루될 가능성을 우려했는데 2003년의 이라크 전쟁 이후 특히 그러하였다. 노무현 정부는 대만 문제를 놓고 미중 간에 벌어질 가능성이 있는 분쟁에 한국이 연루될 가능성을 가장 많이 우려했다. 결국 한미 양국은 2006년 1월에 발표한 다음과 같은 공동성명에 동의했다. "동맹국으로서 한국은 미국의 글로벌 군사전략 변혁 이유를 완벽히 이해하며, 주한미군의 전략적 유연성이 필요하다는 미국의 입장을 존중한다. 전략적 유연성을 이행할 당시 미국은 한국인들의 의사와 무관하게 동북아지역 분쟁에 한국이 개입되는 현상이 벌어지지 않도록 해야 한다는 한국의 입장을 존중한다."[77] 노무현은 또한 한반도 밖의 모든 분쟁과 관련된 주한미군의 모든 전개에 한국이 거부권을 행사

할 수 있을 것이라고 말했다.[78]

넷째, 미 의회가 북한 인권 관련 법안을 통과시키고 부시 행정부가 인권 특사를 임명한 이후 북한인권 문제가 한미 양국 간에 갈등의 영역이 되었다. 노무현 정부는 유엔인권위원회에서의 한국의 북한인권 처리와 관련하여 신중한 입장을 보였다. 일반적으로 한국은 북한인권 관행 표결에 반대한 것이 아니고 기권했다. 노무현이 이처럼 의도적으로 행동했던 것은 남북대화를 지속 유지시켜야 할 필요성과 김정일과의 정상회담 가능성 때문이었다.[79] 그러나 이 같은 접근 방안은 부시 대통령의 기질과 배치되었다. 개인적으로 부시는 북한 지휘부가 인권과 거버넌스에 관한 기본을 준수하지 않고 있다는 사실에 기분이 상해 있었다. 북한 인권 문제와 관련하여 알레르기 반응을 보이고 있던 노무현 정부와 달리 부시는 탈북자를 백악관으로 초청한 후 유엔 인권대표로 하여금 북한의 관행에 이의를 제기하도록 하였다.

많은 이견에도 불구하고 노무현 정부와 부시 행정부는 많은 성과를 거둘 수 있었다. 노무현은 본인의 당선을 위해 노력한 진보성향 386 세대에 공감을 표명하고자 노력했으며, 상대적으로 경험이 일천했음에도 불구하고, 한미동맹 강화와 확대에 도움이 되는 몇몇 조치를 취했다. 한미동맹이 대등한 동반자관계가 되도록 노력했다.

동맹과 자주의 결합: 노무현의 협력적 자주국방

노무현 정부는 한국의 외교정책을 자주와 다자협력 원칙에 입각하여 재정립하고자 노력했다. 이 같은 노력은 몇몇 측면에서 두드러지게 나타났다.

첫째, 노무현 정부는 한반도 안보 측면에서의 자국의 자율성과 책임을 한미동맹 안에서 극대화시키고자 노력했다. 자주에 관한 노무현 정부의 열망으로 인해 장기간 동안 유지되어 왔던 한미 간의 후원-피후원 관계 구조에 이견이 제기되었다. 이 같은 열망으로 인해 그 이전과 비교하여 보다 대등한 형태의 한미관계를 정의할 목적의 한미 간 제도 수정 노력이 전개된 것이다. 결과적으로 대북정책을 가장 잘 관리하기 위한 방법의 문제를 놓고 한미 간에 가시적인 갈등이 초래되었다. 그러나 한미 양국은 노무현과 부시란 양국 지도자의 이념적 성향에 분명한 차이가 있었으며, 많은 껄끄러운 문제가 있었음에도 불구하고 강력한 형태의 관료적 협상을 추구했는데, 이 같은 협상이 제대로 기능했다. 이 같은 협상을 통해 한미 양국은 지속적으로 상호협력 관계를 유지할 수 있었다.

둘째, 국내 정치가 한국의 외교정책 방향을 정립하는 과정에서 주요 역할을 수행했다. 가장 두드러진 부분은 동맹파와 자주파 간의 대립이었다. 이 같은 대립으로 한미동맹을 관리하는 사람들 입장에서 새로운 난관이 초래되었다. 자주파는 한미동맹 역사상 처음으로 미국으로부터의 보다 자주적인 한국이란 개념에 심취해 있었다. 물론 노무현 정부는 한미동맹과 무관하게 외교 전략을 추구한 것이 아니고 한미동맹 안에서 보다 많은 자주를 누리고자 노력했다. 한미동맹을 궁극적으로 포용하기로 결심했다.

셋째, 미국은 한국의 국력 신장을 인정하여 한국의 정치 및 사회적 발전에 존중을 표시했다. 물론 미국에 대한 좌절감을 감정적으로 표현하는 한국인들의 모습은 처음에 혼란스러웠으며, 정나미가 떨어지는 형태였다. 미국의 유연성은 이 같은 점에서 두 가지 측면이 있었다. 한편에서 보면 미국은 한국의 자율성 추구 노력에 공감을 표명했다. 이 같은 방식으로 반응했다. 또 다른 한편에서 보면 이념 및 정책 성향 측면에서 한미 간에 분명한 차이가 있었는데 북한 문제를 해결하기 위한 방법 측면에서 특히 그러하였다. 한미 양국은 1차 북한 핵실험에 별도 대응했다. 그러나 궁극적으로 한미 양국은 보다 긴밀히 협조해야만 하는 상황이 되었다. 북한 핵 위기의 심각성을 고려해보면 한미 양국과 이들 양국 지도자는 이견을 잠시 보류한 채 긴밀히 공조하는 것 이외에 또 다른 대안이 없었던 것이다.

넷째, 한국은 보다 자주적인 외교정책을 천명했다. 그러나 궁극적으로 외부 지향적이며, 교역 의존적인 경제를 유지하고 있던 한국은 폭넓은 수준에서 미국과 공동으로 추구할 수 있는 이익이 있었다. 개인적인 이념과 정치적 성향으로 인해 노무현은 한국이 미국과 구조적으로 깊은 연계가 있다는 사실을 인정하고자 하지 않았다. 그러나 한국은 한미 양국의 이익이 긴밀히 연계되어 있다는 점에서 한미동맹 안에서만 자율성을 추구할 수 있었다. 진정한 의미에서의 자주는 정치적으로도 실제적으로도 가능하지 않았다.

마지막으로 노무현은 한반도 평화레짐과 다자적 차원의 동북아지역 평화레짐 구축을 열망했지만 북한 핵 위기로 인해 이 같은 측면에서의 의미 있는 진전을 이룰 수 없었다. 그러나 한국은 6자회담을 지원했으며, 이들 회담의 항구적인 결과로서의 동북아지역 평화와 안보에 관해 나름의 비전이 있었다. 이는 한국이 제도적 차원에서의 보다 많은 협력 촉진과 분쟁 중재를 위해 동북아지역의 협력적 안보 메커니즘을 이용하여 한미동맹을 보완하는 일에 관심이 있음을 의미했다.

제6장
이명박의 글로벌 코리아 정책

2008년에 출범한 이명박 정부는 한국 외교정책 이면의 수사법(修辭法), 우선순위 및 사고 측면에서 일대 변화를 의미했다. 이 같은 한국 외교정책 측면에서의 변환은 점증하는 한국의 국력과 자신감에 기초하고 있었다. 한국의 국력이 외교정책에 미치는 영향은 김대중, 노무현 정부 당시 분명히 목격되었다. 그럼에도 불구하고 이명박 정부 당시의 한국의 외교정책은 극적인 변화로 볼 수 있었다.

2007년 대통령 선거에서의 이명박의 일방적인 승리는 그 이전 10년에 걸친 진보정치 이후 한국이 보수정치로 회귀했음을 의미했다. 대선 승리 직후 이명박은 2명의 전임 대통령 당시 북한을 구애하고자 했던 한국의 노력을 '잃어버린 10년'으로 표현했다. 한국의 보수 세력들은 진보정부가 남북협력 확대에 지나치게 많은 기대를 걸었으며 남북협력을 잘못된 방향으로 강조한 결과 한미동맹이 약화되었다고 생각했다. 이명박은 이 같은 한미동맹의 신뢰회복을 약속했다.[1] 이명박은 또한 국제사회 지도자들 간의 다양한 회동을 주재하고 글로벌 코리어 정책을 주창하는 방식으로 국제사회에서의 한국의 위상과 리더십을 드높였다. 이들 회동

주재를 통해 이전의 어느 정부도 달성하지 못한 수준으로 국제사회에서의 한국의 위상을 드높였다.

이명박의 대북정책인 '비핵개방 3000'은 "완벽하고 융통성이 있는 접근 방안"으로 생각되었다. 왜냐하면 북한 비핵화와 국제사회 공동체와 북한의 통합을 조건으로 매년 3,000달러 수준으로 북한 주민 1인당 국내총생산(GDP)을 올릴 목적의 포괄적인 경제적 지원을 약속했기 때문이었다.[2] 노무현의 자유주의적인 접근 방안은 비교적 조건 없이 보다 많은 경제적 이득을 북한에 제공해주는 형태였다. 물론 이들 두 방안에서 궁극적으로 추구한 목표는 북한 비핵화였다. 그러나 이명박의 접근 방안에서는 비핵화가 없는 경우 남북한 간의 경제교류에 제한을 두고 있었다. 한미 양국은 핵무장하고 있는 북한과의 수용 가능한 경제교류의 수준을 놓고 오랜 기간 동안 갈등을 보여 왔다. 북한이 핵무기 개발 열의를 지속적으로 유지하고 재래식 도발을 추구하는 한 대북지원을 하지 않을 것이란 이명박의 대북정책이 이 같은 한미 간의 갈등을 해소할 수 있었다. 그러나 이 같은 이명박의 정책으로 인해 경제 및 정치적 측면 모두에서 남북관계가 점차 악화되었다.

이명박은 노무현 정부 당시 한미 간에 존재해 있었다고 생각되던 오해와 불신을 해소하는 작업에 착수했다. 이명박은 북한 비핵화란 미국의 목표를 완벽히 수용했으며, 다양한 사안과 관련하여 미국과의 협의를 확대했다. 한편 지역 및 글로벌 안보 문제를 포함할 정도로 한미동맹의 범주를 확대시켰다. 국제사회에서의 한국의 위상과 기여도를 높이고자 하는 경우 긴밀한 한미관계가 필수적이란 이명박의 인식으로 인해 한미동맹 측면에서 극적인 변화가 가능해졌다. 그 이전 몇 년 동안 한미관계는 불확실한 상태를 유지했다. 이명박의 상기 대북정책으로 인해 지역 안보 측면에서 미국이 한국을 '중심적인 국가(linchpin)'로, 지역 및 글로벌 안보에 기여하는 신뢰할만한 상대로 고려할 정도로 한미관계가 급변

했다.[3]

이명박은 2009년의 합동비전성명서(Joint Vision Statement) 작성을 주
도했는데 여기서는 한반도 안보뿐만 아니라 한반도 지역 밖에서의 다양
한 형태의 지역 및 글로벌 안보에 기여하는 동맹을 최초로 묘사하고 있
었다. 이명박은 강력한 한미동맹이 한국에 보다 많은 자율성을 보장해
줄 것으로 생각했다. 이명박은 이 같은 강력한 한미동맹을 미국과의 공
동 이익을 강조하고 이들 이익을 적절히 활용하는 방식으로 한국의 자율
성을 보장해주는 기반에 다름이 없다고 생각했다. 이명박은 한미 양국의
동반자관계를 강화 및 확대시키고자 노력했다. 이 같은 방식으로 한미
간의 공동목표뿐만 아니라 한국의 신장된 국력을 이용할 수 있기를 열망
했다.

이명박의 글로벌 코리아 정책

전임 대통령들의 외교정책과 비교해보면, 이명박의 글로벌 코리아
정책에서 두드러진 부분은 '글로벌 코리아'란 개념을 적극 수용했다는
사실에 있었다. 이명박의 글로벌 코리아 정책은 글로벌 리더십에 기여한
다는 측면에서의 한국의 잠재력을 강조하고 있었다. 1990년대 당시 김
영삼의 세계화가 세계화 측면에서의 한국의 잠재력을 강조하고 있었다
는 점에서 보면 이명박의 글로벌 코리아는 김영삼의 아이디어에 기인했
다. 2009년 9월 유엔총회에서 이명박은 다음과 같이 천명했다. "우리는
우리의 이익을 여타 국가들의 이익과 조화를 이루고자 노력하며, 우리의
번영이 인류 번영에 기여할 수 있도록 하는, 글로벌 코리아가 되고자 노
력하고 있습니다."[4]

외교정책에 관한 이 같은 접근 방안에서는 시장경제 국가와 민주주

의 국가로서의 성공으로 한국이 글로벌 역량을 구비하게 되었다는 사실 뿐만 아니라 국제무대에서 리더 역할을 수행해야 할 책임이 있다는 사실 을 인지하고 있었다. 개인적으로 이명박은 6.25 전쟁 도중과 이후 국제 사회로부터 한국이 받은 도움을 인정하는 형태의 "기여하는 외교"를 강 조했다. 이명박은 한국의 발전에 대한 감사의 표시로 이전에 받은 도움 을 국제사회에 되돌려줄 의무가 있음을 강조했다. 이 같은 방식으로 이 야기를 전개했다.[5] 외교 문제에 관한 이명박의 관점은 국제사회 리더 와의 네트워킹, '창조적 실용주의'뿐만 아니라 상호이익과 공동 가치를 기반으로 협력을 강조하는 기업인으로서의 본인의 경험에 입각한 것이 었다.[6]

이명박 정부의 국가안보전략에서는 이명박 정부의 주요 관심과 안보 적 차원에서의 도전을 "자유, 민주주의, 인도적 가치 및 시장경제에 관 한 공감대를 조성하고 전파"[7]하기 위한 글로벌 공동체의 노력과 동일한 것으로 인식했다. 따라서 한국은 핵 확산, 환경 위협, 극우 민족주의, 경 제문제와 같은 국제사회 질서를 위협하는 다양한 도전에 공동 대응할 필 요성을 천명했다. 이 같은 방식으로 자유주의 국제질서 고양에 관한 자 국의 관심을 강조했다. 이들 복잡한 글로벌 도전에 대처하고자 노력하면 서 이명박 정부는 자신을 자유주의 국제질서의 책임감이 있으며 선도적 인 구성원으로 생각했다.[8]

이 같은 기반에서 이명박 정부의 국가안보전략에서는 글로벌 코리아 가 "국제사회 공동체가 직면하고 있는 공통적인 문제를 해결하는 과정 에서 적극 활동할 뿐만 아니라 그 해결안을 제시하는 한국이란 사실"을 언급하고 있다. 한국이 "상당한 수준의 교육, 문화 및 예술적인 잠재 역 량을 첨단 복지경제 및 자주국방 능력과 결합시키며, 그에 따라 국제사 회가 필요로 하고 국제사회가 존중하는 국가가 될 예정이었다."[9] 이명박 정부의 국가안보전략에서는 다음과 같은 4개 부류의 국가안보목표를 식별했다. (1) 남북관계에서 상호 이익과 공동 번영 추구 (2) 지역 및 글로벌 협력뿐만 아니라 한미동맹 강화를 포함하는 협력적 네트워크 외교 (3) 에너지 외교, 자유무역협정 네트워크 확대, 국제사회 공공재에 대한 기여 증대를 포함한 포괄적인 결과 위주의 외교정책 (4) 미래지향적이고 발전된 안보 노력을 통한 국방 현대화.[10] 이들 목표는 남북관계, 한미동맹과 같은 한국 외교정책 측면에서의 전통적인 우선순위에 입각했다. 그러나 이들 목표에서는 자신의 이익이 다양한 글로벌 이슈로 확대되는 유능한 행위자로서의 한국을 또한 구상하고 있었다.

이명박 정부 당시 한국 외교정책의 특성에는 다음과 같은 요소가 포함되어 있었다. 첫째, 가능한 한 이명박 정부는 북한을 특별하거나 예외적인 대상으로 취급하고자 하지 않았다. 이는 무조건적인 인도적 대북지원의 상당한 감소를 의미했다. 이는 남북관계에 가장 많은 비중을 두는 것이 아니고 북한을 보통국가로 취급함을 의미했다.[11] 이명박은 북한 핵 문제는 북한이 비핵국가로서 국제사회에 재차 합류하고 미국과의 국교 정상화를 통해서만 해결될 수 있다고 생각했다. 이명박 정부는 또한 북한 주민의 생활수준과 북한의 경제구조 개선을 위해 장기적 성격의 경제 지원을 제공할 수 있기를 원했다. 그러나 비핵화 이후에나 그처럼 할 예정이었다.[12]

2008년의 한국인 금강산 관광객 피살, 2009년의 북한 핵 및 미사일 시험 발사, 2010년 천안함 피격 사건 이후의 이명박의 대북접근 방안에서는 다음과 같은 것을 요구하고 있었다. 금강산관광 사업 재개 조건으로 민간인 피살 사건의 합동 조사와 민간인 안전 보장책 제시, 보다 강력한 유엔의 대북 제재 지지, 2010년 북한 잠수정이 별다른 이유 없이 한국 해군 함정 천안함을 격침시켰다는 국제사회 조사단의 결론에 대한 조치 차원에서의 일방적인 경제적 제재 강요가 바로 그것이었다. 이들 모든 조치는 북한이 국제사회 행위 규범에 무관하게 마음대로 행동할 수 있는 예외적인 대상이 아니란 사실을 보여주고 있었다. 자신의 행위와 관련한 책임 수용을 북한에 요구하고 있었다. 이명박 정권이 종료될 즈음 개성공단은 남북 경제협력 차원에서의 유일한 통로가 되었다.

둘째, 이명박이 북한을 특별한 대상으로 취급하지 않고자 하면서 한국 외교정책의 우선순위 측면에서 지구상 여타 국가들과의 한국의 이익과 외교가 남북 관계 및 통일과 비교하여 훨씬 중요해졌다. 남북대결이 지속되고 있음에도 불구하고 이명박 정부 당시의 한국은 최초로 글로벌 안보 의무를 감당하고 있었다. 이처럼 이명박 정부는 한반도 밖의 목표를 또한 추구했다. 이 같은 이명박 정부의 외교정책 전환을 통해 우리는 통일 이후 한국의 외교정책에 관해 제한적이나마 알 수 있을 것이다. 그러나 이 같은 전환은 북한 입장에서 보면 대단히 거북한 현상이었다. 북한이 한국의 외교정책에서 과도할 정도의 영향력을 행사했을 뿐만 아니라 관심을 받아왔기 때문이다.[13] 이 같은 전환이 북한이 한국으로부터 가시적으로 받을 수 있는 이득이 거의 없을 것임을 의미했기 때문이었다. 이는 또한 한국의 금융 지원과 정치적 노력에 대한 보답 차원에서라도 북한이 가장 위험스런 행동을 자제하도록 해야만 했을 것인데, 그처럼 하지 않음으로서 과거 정부가 북한에 대한 영향력을 상실했다는 사실에 대한 한국인들의 좌절감을 반영한 필연적인 조정이었다.

셋째, 이명박이 신뢰증진, 공동 가치, 평화수호 노력에 입각하여 한미동맹 강화를 강조함에 따라 한미 간 협력의 틀이 안정화되었을 뿐만 아니라 심화되었다. 마찬가지로 미국 입장에서 동맹국으로서의 한국의 가치가 격상되었다. 이명박은 "한미 양국의 역사적 신뢰에 입각"[14]하여 한미동맹을 개선하고 강화시키고자 노력했다. 2008-2009년의 글로벌 금융위기 당시 이명박은 미국과 적극 공조했으며, 2012년 3월에는 핵안보정상회의를 자진해서 주관했다. 이명박 정부는 기후변화, 에너지안보, 국제평화유지활동, 아프간에서의 전후 안정화와 같은 글로벌 이슈와 관련하여 건설적인 역할을 수행하고자 노력했다. 2009년의 한미 합동비전 성명서는 이명박과 부시 대통령 간의 2008년의 유사한 발언 이후 등장한 것이었다. 이는 한미동맹의 비전과 목적을 보다 분명히 할 목적에서의 노무현 정부와 부시 행정부 당시 한국군과 미군 간의 대화를 근거로 하고 있었다.[15] 이 문서에서는 북한 비핵화에 관한 양국의 관심을 가장 중요한 목표로 재확인했다. 여기서는 한미동맹의 협력 범주를 한반도 밖으로 확대시켰다. 여기서는 다양한 형태의 비전통적인 안보 문제를 다룰 정도로 안보적 측면에서 한미 양국이 협력해야 할 대상을 확대시켰다. 한국에 대한 미국의 확장억제력 보장을 재차 언급했으며, 북한의 도발을 합동 차원에서 억제하기 위한 노력을 전개할 것이란 한미 양국의 정치적 약속을 재확인했다.[16]

넷째, 이명박은 국력이 미약할 당시 한국이 국제사회로부터 개발 원조를 받았다는 점에서 국제사회 발전에 책임이 있다고 생각했다. 이명박은 이 같은 책임 의식을 한국의 리더십으로 생각했다. 과거 국제사회로부터 받은 것을 되돌려준다는 차원에서 한국이 국제사회 발전에 기여해야 한다고 생각했다. 그는 "세계는 2개 집단으로 구분된다. 글로벌 규칙을 정하는 집단과 이 같은 규칙을 준수하는 집단이 바로 그것이다. 한국은 여타 국가가 정한 규칙을 수동적으로 준수하던 국가에서 적극적으로 의제를 설정하는 국가로 성공적으로 바뀌었다."[17]고 말하면서 한국이 글로벌 차원에서 보다 많은 역할을 수행할 것이라고 천명했다. 국제사회 개발 지원을 늘리고 2011년 부산에서 OECD 개발원조위원회를 개최하는 방식으로 국제사회 발전에 보다 많이 기여할 것을 약속했다. 이명박은 부산 개발원조위원회의 개막 연설에서 다음과 같이 말했다. "한국 국민과 저는 한국이 세계와 함께 전진해야 할 시점이라고 생각합니다. 한국은 성공 및 실패에 관한 경험을 개발도상 국가들과 공유하는 국가가 되고자 합니다."[18]

이외에도 기후 변화에 관한 나름의 접근방안으로서 녹색성장을 지원하고, 탄소 배출 축소를 기후 변화에 관한 기업 차원 접근방안에서 주요 부분으로 만들고자 한 이명박의 노력은 본인의 개인적인 경험에 입각했다. 이 같은 이명박의 노력으로 글로벌녹색성장기구란 국제기구가 설립되었으며, 한국이 유엔 녹색기후기금 본부를 유치할 수 있었던 것이다.[19]

글로벌 금융위기, 자유무역협정, 에너지 외교

이명박 정부의 글로벌 코리아 정책이 성공했던 주요 이유는 아래와 같은 2개 기능 영역에서의 협력적 네트워크 외교 덕분이었다. (1) 한국과 유럽연합 간의 자유무역협정과 한미 자유무역협정 비준 과정에서 뿐만 아니라 글로벌 금융위기에 대처하는 과정에서의 G20 리더십에 대한 지원을 포함한 경제 외교 (2) 이명박의 녹색성장 정책 촉진 관련 국제사회의 인정과 아랍에미리트에서 한국이 설계한 4개 원자력발전소 건설 관련 성공적인 입찰을 포함한 에너지 외교[20].

자유무역협정 전략과 에너지 외교의 경우는 유럽에서의 자유무역협정 조건을 획득할 목적으로의 한미 양국의 관계를 이용했다. 원자력발전소 수출 시장에 진출하는 과정에서는 한국의 협상력을 증진시킬 목적으로 아랍에미리트와 한국의 관계를 이용해야만 하였다. 이 같은 노력을 이용한 정교한 협상이 요구되었다. 이외에도 한국은 새로운 시장을 협상하여 개방시킬 목적에서 국제사회에서의 한국의 경제적 위상과 능력을 이용할 수 있었다.

이들 측면에서 보면, 한국의 자유무역협정 및 에너지 외교는 당시로부터 10년 전까지만 해도 가능하지 않았던 영역에서 한국이 진전을 이룰 수 있음을 보여주었다. 이명박은 "한국이 지구상 4대 에너지 수입국이며, 10대 에너지 소비국입니다.…한국정부는 안정적인 에너지 안보를 위해 2020년까지 에너지 자급 비율을 35%로 올릴 것입니다."[21]고 2012년의 라디오 연설에서 천명했다.

이명박은 글로벌 금융위기 대응 차원에서의 한국의 경험과 리더십을 적극 공유하고자 노력했다. 글로벌 금융위기 당시 이명박은 보호무역 금지를 촉구했으며, 경쟁적인 환율 평가절하에 대항하여 투쟁했다. 이명박은 이 같은 환율 평가절하로 무역 전쟁이 초래될 수 있다고 주장했다. 그는 1990년대 말경의 한국의 금융위기를 통해 얻은 교훈을 글로벌 경기회복을 위한 건설적인 대안으로 제시했다. 2009년 3월의 월스트리트저널에 기고한 글에서 이명박은 악성 채무에 신속히 대처하는 방법, 금융제도의 자본 구성을 재편하는 방법, 도덕적 해이를 최소화하고 금융 주주들 간에 부담을 공유하는 방법, 명확한 출구 전략을 정립하기 위한 방법, 사적 부문의 적극적인 참여를 유도하기 위한 방법에 관해 조언했다.[22]

그 후 오스트레일리아 수상 케빈 러드(Kevin Rudd)와 공동으로 파이낸셜타임즈에 기고한 글에서 이명박은 글로벌 경제 안정 조치로서의 국제금융기구의 현대화와 금융개혁의 중요성을 권유했다.[23] G8 국가가 아님에도 불구하고 G20 지도자들의 회동을 2010년 11월에 최초 주관한 한국은 국제금융제도 개혁 관련 의제를 관리했다. 한국은 환율재조정과 관련한 미국과 중국 간의 의견 격차를 줄이고자 노력했다. 선진국과 개발도상국 간에 적극적인 교량 역할을 수행할 목적에서 G20 의제에 몇몇 사항을 추가했다.[24]

노무현 정부 당시 시작된 한국의 자유무역협정 전략과 관련하여 이명박은 2011년 라디오를 통한 76번째 연설에서 다음과 같이 말했다. "국내 시장과 자원이 미흡한 수준이란 점에서 우리는 자유무역협정을 체결하지 않으면 지속적으로 성장할 수 없습니다. 우리는 미국, 유럽연합의

27개국, 10개 아세안 국가들과 자유무역협정을 체결한 지구상 유일 국가입니다. 이는 전 세계 61%가 우리의 경제 영역이 되었다는 의미입니다."[25] 2004년 한국은 칠레와 한국 최초로 자유무역협정을 협상했다. 결과적으로 한국이 무역 측면에서의 자국의 강점과 상대적인 무역 의존 경제의 강점을 최대한 이용하도록 해주는 무역 자유화 전략의 길로 들어설 수 있었다.

국내경제 규모가 작다는 사실과 한국 대기업들의 열망과 상대적 이점을 고려해보면 무역자유화는 한국 입장에서 상당한 의미가 있었다. 대기업의 기지 기반이 점차 좁아지고 있음에도 불구하고 무역자유화로 한국은 수출주도형 성장을 지속할 수 있었다. 수출주도형 성장 기업의 경우 글로벌 공급 망을 이용하고 노동 비용과 제조비 측면에서 보다 경쟁력이 있는 국가로 생산 기지를 이전하는 방식으로 경쟁력을 키웠다. 지난 10년 동안 한국은 무역 규모를 대거 신장시켰는데 이 같은 신장의 이점은 분명했다. 그러나 이는 제조업 수준의 일거리를 높은 부가가치가 있는 서비스 부문 일거리로 대체할 수 없었던 국내 경제의 희생을 그 대가로 한 것이었다. 그러나 수출 신장으로 한국경제는 도산을 면할 수 있었다. 결과적으로 한국은 글로벌 금융위기가 그 절정에 달했던 2008-2009년에도 경기침체를 간신히 모면할 수 있었다.

이명박의 에너지 외교는 결과적으로 보면 녹색성장 분야에서도 성공적이었다. 이명박은 탄소 배출 삭감을 기업 전략의 중심에 위치시켰다. 이 같은 전략을 촉진하고 기후변화 관련 해결안을 추구하는 정부들을 자문해줄 목적에서 이명박 정부는 글로벌녹색성장기구를 설립했다. 이것이 그 후 국제기구가 되었으며 기후 적응 분야의 선구자가 되었다.[26] 마찬가지로 이명박이 탄소 배출 삭감을 강조했다는 사실로 인해 한국은 유엔 녹색기구기금을 유치할 수 있었다. 그런데 이는 탄소 배출 삭감을 추구하는 글로벌 기업 프로젝트를 위한 국제사회의 주요 자금 대부 기관이었다. 이들은 비즈니스와 혁신 측면에서의 한국의 강점을 이용했다. 그러나 이명박의 정책은 신재생에너지 적용 분야에서는 비교적 성공적이지 못했다.

탄소 배출을 줄이기 위한 전략으로서 녹색성장과 긴밀히 연계되어 있는 부분에 원자력발전소가 있다. 지난 수십 년 동안 한국은 원자력발전소 건설 및 관리 방법을 성공적으로 터득했다. 이 같은 방식으로 원자력발전 관련 경험을 축적했다. 아랍에미리트에서 한국은 최초로 원자력발전소 건설 관련 계약을 체결했다. 한국은 이것을 주요 업적으로 축하했다. 지금까지 이 발전소는 순조롭게 건설되고 있다. 성공적인 건설 전망으로 인해 지구상 여타 지역에서 한국이 보다 많은 원자력발전소 건설 관련 계약을 체결할 가능성이 높아졌다.[27] 그러나 국제유가 하락, 셰일오일 및 가스 생산의 극적인 증가뿐만 아니라 2011년 후쿠시마 원전 재앙의 후폭풍으로 원자력발전소 성장이 세계적으로 지연되고 있다. 결과적으로 이 같은 노력을 통해 한국이 얻을 수 있는 이점이 제약을 받는 상황이 된 것이다.

한미동맹 관련 합동 비전의 부활과 구축

이명박은 글로벌 및 동북아지역 차원의 한미동맹 비전을 통해 한미동맹을 강화해야 하며, 한미 양국이 동반자 관계를 구축해야 한다고 말했다. 이 같은 이명박의 강조로 한미관계가 확대 및 강화되었음에는 의문의 여지가 없다. 그러나 이 같은 한미관계 확대 및 강화에도 불구하고 한국의 자율성 염원과 한미동맹 필요성 간의 갈등은 지속되었다. 이것이 새로운 방식으로 모습을 드러냈다.

2010년 당시의 북한 도발뿐만 아니라 남북한 긴장 고조를 거론하며 이명박 정부는 노무현 정부 당시 2012년 4월로 협상한 전시작전통제권 전환 일정을 2015년으로 연기시켰다. 천안함 피격과 연평도 포격 사건이 벌어지기 이전인 2010년 초반 이미 한국은 전시작전통제권 전환 연기 가능성을 암시했다.[28] 그 후 박근혜 대통령은 전시작전통제권 전환 일정을 무기한 연기시켰다. 한나라당 의원과 민주당 의원은 전시작전통제권 전환 연기에 거의 모두 찬성했다. 북한의 지속되는 도발을 고려해 보면 전시작전통제권 전환에 불안감을 느꼈기 때문이었다.[29] 한국의 일반인들 또한 전시작전통제권을 전환하게 되면 미국의 한반도 방위 공약이 약화될 것이라고 생각했다. 결과적으로 전시작전통제권 전환 무기한 연기를 통해 정부가 이 같은 국민들의 우려를 불식시켜줄 것을 요구했다.[30] 이 같은 전시작전통제권 전환 연기는 북한 핵능력 신장을 고려하면 이해할 수 있는 현상일 것이다. 그러나 전시작전통제권 전환 연기를 통해 미국에 지속적으로 의지하겠다는 일념에서 한국은 독자적인 작전통제권 행사에 필요한 능력 획득을 또한 지연시켰다.

그러나 2010년의 북한 도발이 주는 또 다른 교훈은 북한 도발에 대항한 방어 교리를 재검토하기로 한 한국의 결심과 관련이 있었다. 2011년 12월 한국 민간인들로 구성된 패널에서는 임박한 북한의 군사적 위협에 대항하여 한국의 보다 강력한 대응을 약속하고, 선제적 대응 가능성까지 약속하는 형태의 선제적 성격의 억제교리를 추구해야 한다고 조언했다. 주한미군 관리들은 이 같은 교리로 인해 남북한 모두에서 오판 또는 우연에 의한 분쟁 확산 가능성이 높아질 수 있다는 사실을 우려했다.

그 결과 2012년 주한미군과 한국 국방부는 도발 대응 계획을 협상했다. 이는 분쟁 확산 관련 위기 수준에 따라 의사결정 수준과 보복의 범주를 분명히 할 목적의 것이었다.[31] 이들 문제는 전쟁의 작전적 수준[32]에서의 자율성과 동맹 간에 존재할 수 있는 갈등 가능성을 암시해주고 있다. 특히 미국 정부와 한국 정부가 군사 조치 목표와 관련하여 관점이 상이해지는 경우 있을 수 있는 갈등 가능성을 암시하고 있다. 예를 들면 억제

력 유지와 현상 유지를 원하는 미국과 궁극적인 한반도 재통일을 목표로
사건 확대를 강요하는 형태의 조치를 유도하고자 하는 한국 간의 갈등
가능성을 암시해주고 있다.

이명박 정부 당시 지역 국가들과의 관계

노무현 및 김대중과 달리 이명박은 동북아 또는 동아시아에 초점을
맞춘 주요 정책이 없었다. 그러나 2008년 이명박 정부는 한중일 3국 정
상회담의 최초 개최를 통해 중국, 일본 및 한국 간의 3국 협력 측면에서
일부 실적을 주장할 수 있는 입장이다. 이미 이 같은 3국 회동이 아세안
＋3 회동과 연계하여 개최된 바 있었다. 그러나 2008년의 독자적인 3국
정상회담은 동북아지역 협력 측면에서 나름의 진전으로 볼 수 있었다.[33]

정상회담 연례 실시에 입각하여 이들 3국은 2010년 "한중일 3국협력
사무국"을 설치하여 그 사무실을 서울에 두었다. 사무국장 직책을 3국이
교대로 담당하는 반면 직원을 3국 요원들로 구성하는 이곳에서는 에너
지 및 환경에 관한 다양한 기능 분야 협력을 상호 조정하고 상호 협력과
인적인 유대를 촉진시키는 역할을 수행했다.[34] 더욱이 이명박은 동북아
를 강조하는 전통적인 한국의 입장을 초월하여 글로벌 차원으로 자국의
다자외교를 확대시키고자 노력했다. 글로벌 코리아란 개념에 따라 이명
박 정부는 중앙아시아, 동남아시아, 오세아니아를 본인의 '신아시아 구
상'에 포함시켰다.[35] 이 같은 '신아시아 구상'에서 추구하는 목표 가운데
하나는 한국을 지역 무역의 허브로 전환시킬 목적으로 동아시아의 모든
국가들과 자유무역협정을 체결하는 것이었다.[36]

한일관계

이명박 정부의 국가안보전략 가운데 일본 관련 부분에서는 "원칙과 일관성에 입각한 역사 문제 접근"을 강조하고 있다. 한편 "한일관계가 북한 문제 해결 과정에서의 상호협력 필요성과 동북아지역 안정과 발전에 기여해야 할 필요성을 인정하는 한일 양국의 전략적 의견일치에 입각하고 있다."[37]는 사실을 인정하고 있다. 이명박은 또한 다음과 같이 선언했다. "한일 양국은 실용적인 태도를 견지함과 더불어 미래지향적인 관계를 구축해야 합니다.…과거에 영원히 발이 묶여 미래 관계를 포기할 수 없습니다."[38] 이 순간 한일관계는 어느 정도 낙관적인 분위기에서 시작한 듯 보였다. 그러나 다양한 갈등이 부상하면서 이명박 대통령 임기 종료 시점 한일관계는 신속히 악화되었다.

이명박 대통령 임기 초반 일본의 정치는 자유민주당의 충격적인 패배 이후 2009년 처음으로 민주당이 정권을 장악하는 등 유동적인 상태에 있었다.[39] 민주당 출신인 하토야마 유키오(鳩山由紀夫) 총리는 아시아와 일본의 관계 개선을 추구했다. 후텐마 기지 재배치 협상을 시도하면서 그의 정책이 미일관계를 긴장시켰다.[40] 그러나 미일관계는 센카쿠 열도 분쟁을 놓고 중일관계가 급속히 악화되면서 지속적으로 긴밀한 관계를 유지했다. 총리 직책을 수행한지 1년도 지나지 않은 2010년 하토야마가 총리에서 사임했으며, 그의 후임으로 간 나오토(菅直人)가 취임했다. 그런데 간 나오토 총리는 한일합방 100주년을 기념하는 자리에서 한일합방과 관련한 후회의 발언을 포함하여 한국에 대해 어느 정도 유화적인 자세를 보였다.[41] 한일관계는 우호적이었지만 냉담한 상태였다.

2011년 한일정상회담 목적으로 서울을 방문하기 전날 노다 요시히코(野田佳彦) 총리는 다음과 같은 일본의 일관된 입장을 설명했다. "위안부 문제는 법적으로 1965년에 해결되었습니다." 이미 해결되었기 때문에 "이 문제를 한국 대통령과의 회동에서 거론하지 않을 것입니다."[42] 2011년 8월 헌법재판소는 한국 정부가 위안부 보상을 위해 충분한 노력을 다 하지 않았다는 취지의 결정을 선고했다. 그런데 위안부는 2차 세계대전 당시 일본군을 지원할 목적으로 강제 동원된 한국의 성노예를 의미했다.[43] 결과적으로 위안부 문제가 2011년 12월의 이명박과 노다의 회동에서 한일군사정보공유 협정을 포함한 여타 사안 대신 주요 주제가 되었다.[44] 이명박은 장기간 동안 지속되고 있던 위안부 문제 해결을 강력히 촉구했다. 그러면서 위안부 문제가 한일관계를 가로막는 걸림돌이라고 말했다.[45] 이 같은 긴장된 정상회담을 많은 사람들이 일대 재앙에 다름이 없다고 생각했다.

한국 국회의원 선거 이후인 2012년 5월, 한일 양국 정부는 한일군사정보보호협정 비준을 위해 노력했다.[46] 러시아를 포함한 24개국과 한국이 맺고 있는 이 협정은 주로 북한을 겨냥한 것으로서 한국이 인간정보를 제공해주는 대신 일본이 한국에 인공위성 정보를 제공해주는 성격이었다.[47] 그러나 이 협정에 한국인들이 극구 반대했다. 한국의 일부 민간단체와 정치가들은 미일 양국이 중국에 대항한 한미일 3국 동맹에 한국을 편입시키기 위한 조치에 다름이 없다고 주장했다.[48] 결국 본인의 임기를 2달 남겨놓은 시점에서 이명박은 이 협정의 체결을 포기했으며, 그 과정에서 본인의 고급 비서관 1명을 해임시켰다.[49]

그 후 2012년 8월 이명박은 한일 간에 논쟁이 되고 있던 독도를 방문했다.[50] 다음과 같은 노다 총리의 반응에서 보듯이 이명박의 독도 방문을 일본은 부정적으로 생각했다. "이명박 대통령의 독도 방문은 일본 입장과 상충됩니다. 따라서 수용할 수 없습니다." 그러면서 그는 "역사적으로, 국제법적으로" 독도가 일본 영토라고 첨언했다.[51] 이명박의 독도 방문을 계기로 독도 분쟁에 관한 일본인들의 인식이 높아졌다. 이명박의 독도 방문 이후 일본정부는 국제사법재판소에 소송을 제기했으며 노다

총리의 이견을 담은 서신을 한국에 전달했다.[52] 이명박은 일본의 불만은 "일고의 가치도 없다."고 말하는 등 강력히 반응하면서 노다의 서신을 일본 정부로 반환시켰다.[53]

한중관계

이명박 정부 당시 한중관계는 전략적 수준의 협력적 동반자관계로 격상되었다. 이 같은 수준의 동반자관계는 한반도 문제와 관련하여 한중 양국 간의 긴밀한 협의와 협상을 암시했다. 또한 한중간의 전략적 소통 체계를 유지할 것으로 예상되었다.[54] 그러나 몇몇 이유로 한중관계는 이명박 대통령 당시 악화되었다.

첫째, 한중 양국은 한미동맹과 관련하여 상이한 관점을 견지하고 있었다. 이명박이 중국을 방문한 2008년 5월 중국 외교부 대변인 친강(秦剛)은 다음과 같이 말했다. "한미동맹은 역사적 유물입니다. 시대가 변했습니다. 동북아 국가들은 많은 변화와 변혁을 겪었습니다. 냉전 당시의 군사동맹을 갖고 오늘날의 안보 문제를 접근하면 안 될 것입니다."[55] 분명히 말해 그는 동아시아지역의 세력균형 변동을 언급하고 있었다. 한국은 중국의 이 같은 입장을 우려했다. 이명박이 중국뿐만 아니라 미국과 선린관계를 원하고 있었다는 점을 고려해보면 이 같은 한국의 우려는 충분히 이해할 수 있는 부분이었다.[56]

둘째, 한국과 중국 모두 양국 관계 발전을 위해 노력했지만 이들 양국의 대북 문제 접근 방안에 차이가 있었다. 북한이 한국 함정 천안함을 격침시킨 2010년, 중국은 천안함 격침 관련 국제사회 조사 활동에 참여하지 않았다. 국제사회 조사 보고서에 입각한 결론이 의미가 없다며 이 사건을 유엔안전보장이사회에서 논의하지 못하도록 했다. 그런데 이것이 북한을 보호할 목적의 반응임을 어렵지 않게 알 수 있었다.[57] 중국은 북한 위협 억제 목적의 한미 군사훈련에 관해서조차 이의를 제기했다.[58] 중국 입장에서 보면 폭넓은 한중 경제관계도 중국과 북한 간의 역사적 밀월관계는 물론이고 지정학적인 중국의 우려와 비교할 수 있는 수준이 아니었던 것이다.[59] 결과적으로 중국이 정치적으로 자국 입장을 지원해줄 것이란 한국의 기대는 무산되었다. 중국에 대한 한국의 시각이 악화되기 시작했다. 아산정책연구원 연례 조사에 따르면 2011년의 경우 2000명 응답자 가운데 72.1%가 중국이 북한을 지원할 목적으로 한반도 전쟁에 참전할 것이라고 생각했다. 이 같은 수치는 2012년에 75.9%로 증가했다.[60]

셋째, 서해상에서의 중국 어부들의 불법적이고도 공세적인 침입 사건이 이명박 정부 당시 늘어나기 시작했다. 2010년 한국 해경 함정과 중국어선이 충돌하면서 2명의 중국인 어부가 사망했다.[61] 중국어선의 불법 어로활동 당시 사건이 발생했지만 중국은 "실종된 어부 탐색 측면에서 한국이 최선을 다하고 관련자들을 엄중 문책하며, 중국 어부가 입은 피해를 보상하고 유사 사건의 재발 방지를 위해 완벽한 조치를 강구하라."[62]고 요구했다. 2011년 10월 한국 해경은 불법 조업하던 3척의 중국 어선을 나포했다. 2011년 12월에는 중국 어선에 승선하는 과정에서 한국 해경 요원이 사망했다.[63] 2012년 4월 4명의 한국 해경 감시원이 중국 어선에 승선하는 과정에서 부상을 입었다.[64] 이들 사건은 2008-2009년의 경제위기 이후 동북아지역에서 중국의 호전성이 전반적으로 증가했음을 보여주고 있는 듯 보였다.

넷째, 2012년 5월의 자유무역협정 협상을 기점으로 한중교역이 가파르게 신장했다. 그러나 한중 경제관계의 성격이 또한 변하기 시작했다.[65] 한국 회사들이 국가의 보호를 받는 중국 기업들과 중국 시장에서 보다 치열하게 경쟁해야만 하는 상황이 된 것이다. 뿐만 아니라 중국은 국제시장에서 보다 경쟁력을 구비하게 되었다. 중국은 중급과 고급 물품 측면에서 글로벌 시장 점유율을 신속히 높여가고 있었다. 이것을 보며 많은 한국 분석가들이 한국의 첨단산업과 중국의 경쟁이 증대된 것으로 생각했던 것이다.[66]

2008년 3월 이명박은 다음과 같이 말했다. "나는 친미 또는 친중 정책과 같은 개념에 동의하지 않습니다."[67] 대통령에 취임할 당시 이명박은 한미관계 복원을 추구했지만 한중관계 악화를 의도했던 것은 아니었다. 그런데 대통령 임기가 종료될 즈음 한중관계가 악화되었던 것이다. 여기서 기술한 일련의 사건뿐만 아니라 점증하는 중국의 호전성으로 인해 이명박이 피하고자 했던 현상, 즉 한중관계 악화란 현상이 초래된 것이다.

한러관계

2008년 이명박은 러시아를 방문하여 드미트리 메드베데프(Dmitry Medvedev) 대통령과 정상회담을 했다. 당시 이들은 양국 관계를 전략적 수준의 협력적 동반자관계로 격상시키기로 합의했다. 철로연결, 에너지 및 자원 분야 협력은 물론이고 극동 및 시베리아 개발 측면에서 진전을 이루기로 합의했다.[68] 한러 양국은 군사 및 국방 분야 교류 증진 목적의 차관급 전략대화의 주기적인 개최에 합의했다.[69] 이명박은 한러외교에 에너지 분야 협력과 대북정책을 결합시켰다. 한러교역은 1992년 1억 9천만 달러 수준에서 2012년 225억 달러 수준으로 급증했다. 2012년경 한러교역 규모는 동아시아 국가 가운데 3위에 달했다.[70] 천연자원이 부족한 한국은 한반도로 가스 파이프라인을 연결하는 것과 같은 에너지 분야의 한러 개발협력에 관심이 있었다. 그러나 북한 지역을 통한 에너지 파이프라인 부설 가능성에 관심이 있었다는 사실을 보면 한국이 북한 문제 해결 차원에서 러시아와의 협력을 중요하게 생각하고 있음을 알 수

있었다.[71]

러시아는 남북한을 결합하기 위한 도구로서 에너지 외교에 지속적으로 관심을 보였다. 정부 차원의 장려 아래 2010년 러시아 에너지회사인 가스프롬(Gazprom)과 한국가스공사는 러시아 극동지역에서 북한을 경유하여 한국으로 에너지 파이프라인을 연결할 수 있는지 여부를 탐색하기 위한 사전 대화를 가졌다.[72] 당시의 계약 조건에 따르면 러시아는 30년 동안 매년 적어도 750만 톤의 천연가스를 한국에 제공할 예정이었다. 이는 한국 천연가스 소비량의 20%에 해당했다.[73]

김정일이 러시아를 방문한 2011년 8월 메드베데프는 김정일과도 회동했다. 당시 이들은 북한 핵무기 개발계획과 가스 파이프라인 프로젝트 전망에 관해 논의했다.[74] 2012년 11월 상트페테르부르크에서 이명박은 가스 파이프라인 프로젝트와 관련하여 메드베데프와 재차 논의했다.[75] 결과적으로 한국가스공사와 가스프롬 간의 대화가 진지해졌다. 그러나 양측은 북한의 비협조로 공급에 차질이 생기는 경우에서의 책임 소재와 관련해서 뿐만 아니라 가격에 관해 최종 합의하지 못했다. 이명박은 북한을 북핵 대화로 복귀시키기 위한 유인책 차원에서 러시아와의 에너지 협력에 관심이 있었다. 이 같은 이명박과 러시아의 노력에도 불구하고 에너지 거래는 더 이상 진전되지 못했다.

이명박의 대북정책

처음에 이명박은 북한 문제에 최우선적인 관심을 두지 않았다. 그러나 북한 핵무기 능력이 점차 증대되자 임기 말경 이명박은 북한에 보다 많은 관심을 기울이지 않을 수 없었다.

진보정권 10년 동안의 경제교류에도 불구하고 남북한 간에 긴장이 줄어들지 않자 대부분의 한국인들은 북한이 한국의 노력에 상응하는 반응 또는 협력하지 않았다며 일종의 좌절감을 표명했다. 그와는 달리 북한은 한국의 자선적인 행동을 지속적으로 이용하고자 하는 듯 보였다. 2010년 통일부가 발간한 백서는 진보정권 남북교류 10년의 결과를 다음과 같이 요약하여 말했다. 지난 정부들의 정책은 "한국인들의 기대와 요구를 충족시키지 못했다." 경제 프로젝트와 관련하여 한국이 북한에 지불한 자금과 북한 인프라투자(금강산과 개성공단)로 북한이 이득을 보았지만 남북관계 측면에서 긍정적인 변화는 있지 않았다.[76]

그러나 "양국의 이득과 공동 번영을 진전시켜 주는 남북관계" 추구는 이명박이 가장 중요하게 생각한 전략목표였다.[77] 이 같은 목표를 달성할 목적에서 한국은 북한 비핵화를 주장하고, 남북 경제 및 사회문화 공동체의 근간을 마련하며, 이산가족 상봉과 북한 인권상황 개선을 포함한 인도적 협력을 촉진시키고자 노력했다.[78]

이명박은 김대중과 노무현 정부 당시 추진된 10년 동안의 대북 포용정책 가운데 실패했다고 생각되던 부분을 교정하고자 노력했다. 첫째, 한국의 보수 세력들은 한국이 베풀어준 자선을 북한이 교묘히 이용했으며, 한국이 제공해준 자원 가운데 일부를 핵무기를 포함한 군사력을 건설할 목적으로 사용했다는 우려를 표명했다. 둘째, 이들은 남북교류를 빌미로 진보정권 당시 북한인권 문제가 사장(死藏)되었다고 생각했다. 셋째, 이들은 한미동맹을 희생시키는 가운데 남북협력이 추진되었다고 생각했다. 넷째이자 가장 중요한 부분이지만, 이들은 한미 간에 메우지 못할 인식의 격차가 있다는 사실뿐만 아니라 북한 비핵화를 이루지 못하는 경우 남북경협이 상당히 어려워진다는 사실을 인지했다.

그 결과 북한의 지속적인 핵무기 개발이 이명박 정부 당시 남북관계 개선을 가로막는 가장 중요한 걸림돌이 되었다. 이명박 정부의 어느 관리는 다음과 같이 주장했다. "남북한 비즈니스 프로젝트는 북한 핵문제 진전과 연계되어야 합니다."[79] 이명박의 '비핵개방 3000' 제안은 비핵화와 개방을 조건으로 한국이 북한 주민의 생활수준을 대거 개선시킬 대규모 교역 및 투자 준비가 되어 있다는 사실을 그 전제로 한 것이었다.[80]

북한은 이명박의 이 같은 제안에 처음부터 적개심을 표명했다. 이 같은 적개심을 보며 이명박은 대북 지원을 대폭 삭감했다. 인도적 차원의 지원조차 제한했다. 북한은 이명박 정부를 포함한 보수 세력들이 북한 붕괴를 초래하기 위해 노력해야 할 것인지 아니면 김정은 정권 전복 수단으로 경제적 지원을 이용해야 할 것인지의 문제를 놓고 내부적으로 대립하고 있음을 잘 알고 있었다. 북한은 진보세력들이 추구한 목표보다는 보수 세력들의 의도에 보다 많은 의구심을 보였다. 따라서 북한은 남북한 경제협력의 지속 유지 전망을 어둡게 만들었다. 이 같은 상황에서 북한은 보수적인 정책으로 인해 남북화해의 문이 차단되고 있다는 내용의 진보적인 비판을 부추겼으며, 강경노선을 취했다. 이 같은 방식으로 대북정책 측면에서 한국 내부를 분열시킬 수 있었다. 2008년 8월 북한은 김정일의 건강 악화로 다른 문제에 신경을 쓸 수 있는 입장이 아니었다. 결과적으로 북한은 6자회담을 포기하고는 2009년 봄 핵 및 미사일의 추가 시험을 결심했다.

이명박이 대통령에 취임한지 몇 개월이 지난 시점에 남북한 간의 분위기를 악화시킨 또 다른 사건이 벌어졌다. 2008년 7월 11일 금강산 휴양지 부근의 출입금지 지역을 산책하던 한국인을 북한 병사가 사살한 것이다.[81] 이 사건은 이명박이 국회에서 남북관계에 관해 연설할 당시 보도되었다. 당시 이명박은 "상호이익과 공동번영"[82]을 강조하는 남북경협에 관한 몇몇 새로운 구상을 발표할 예정이었다. 이 관광객의 사망 소식으로 새로운 남북경협 전망이 무색해졌다. 상호성과 호혜성을 추구하는 대신 이명박 정부는 관광객 사망과 관련하여 북한의 책임을 갑자기 추궁해야 하는 입장이 된 것이다. 이명박은 참담한 심정을 표명하고는 금강산 관광을 중지시켰다. 그러면서 사건 조사에 적극 협조하라고 북한에 촉구했다.[83] 그러나 남북한 공동 조사 노력은 좌절되었다. 북한이 한국인 관광객이 피살된 장소에 한국 관리가 접근하지 못하게 했기 때문이었다.[84] 사건 관련 사과도, 한국인 관광객의 생명을 보장할 것이란 언질도 없자 금강산 관광 프로젝트는 무기한 중지되었다.

남북대화가 거의 중지되자 미 동아시아태평양 국무성 차관보 크리스토퍼 힐(Christopher Hill)이 6자회담 협약에 입각하여 비핵화를 겨냥한 북한의 초기 단계 이행을 밀어붙일 수 있는지에, 그리고 6자회담에, 관심이 집중되었다. 북한은 영변의 주요 핵시설을 성공적으로 해체했다. 그럼에도 불구하고 핵시설에 관해 자신이 천명한 부분에 대한 검증을 북한이 거부함에 따라 더 이상 진전은 없었다. 2008년 12월 힐은 북경에서 마지막으로 협상했지만 이들 협상이 실패로 끝났다.

2008년 11월 버락 오바마(Barack Obama)가 차기 미국 대통령으로 당선되자 한국의 보수진영 사람들은 미국이 외교적으로 북한에 성급히 손을 뻗칠 가능성을 우려했다. 그러나 결과적으로 보면 이들 우려는 근거가 없었다. 북한이 비핵화를 외면한 채 또 다른 장거리 미사일 실험과 핵실험을 결심했음이 분명해졌기 때문이었다. 이 같은 북한의 행태로 북한 장거리 로켓 발사 준비의 지연을 추구하던 오바마 정부 일부 인사들의 의도가 무색해졌다. 궁극적으로 북한은 4월 초순에 예정되어 있던 로켓 발사를 취소하는 경우 북한을 조기 방문할 것이란 스티븐 보즈워스(Stephen Bosworth) 특사의 제안을 거부했다. 북한 미사일 시험으로 북미 화해 가능성을 탐색할 수 없게 되었던 반면 유엔의 비난이 초래되었다. 이 같은 비난에 북한이 분개했으며 2009년 6월 2차 핵실험을 자행했다.

이 같은 일련의 핵 및 미사일 시험에 반응하여 오바마와 이명박 정부는 유엔안전보장이사회 결의안 1874를 통해 북한을 응징하고 북한에 책임을 강요하기 위한 공동 노력을 전개했다. 그 와중에서 오바마와 이명박이 보다 가까워졌다. 그런데 이 결의안에서는 대북제재를 강요했으며, 유엔안전보장이사회 결의안에 대한 북한의 위배 사례를 조사할 목적의 전문가 모임을 촉구했다.[85] 이외에도 한국은 대량살상무기확산방지구상(PSI) 동참을 선언하는 방식으로 미국과 보조를 맞추었다. 그런데 이는 북한을 소외시킬 가능성을 우려하여 노무현 정부가 동참을 거부했던 부분이었다. 물론 이명박 정부 또한 불필요하게 북한을 자극할 가능성을 우려하여 대량살상무기확산방지구상에 대한 전폭적인 지원을 주저했다.[86] 한국은 또한 2009년 6월의 한미 합동비전성명 일환으로 미국으로부터 개선된 형태의 확장억지를 보장받았다. 그런데 합동비전성명에서는 민주주의와 시장경제체제에 입각한 통일, 다시 말해 한국 주도 통일을 구상하고 있었다.

2차 북한 핵실험 이후 이명박 정부는 북한을 압박할 목적으로 다자적 노력 또는 국제적 노력을 동원하는 형태의 전략을 구사했다. 이 전략에는 북한을 압박하여 비핵화를 강요하기 위한 국제사회의 단계적인 정책 공조가 포함되어 있었다. 이 같은 국제적 공조는 2009년 9월 이명박이 미 외교협회 연설에서 발표한 "그랜드바겐" 형태로 제시되었다.[87] 여기에는 비핵화를 겨냥한 6자회담 국가들 간의 대북정책 공조 강화, 보상과 응징, 비핵화 보상으로서의 북한의 경제적 번영 방안이 포함되어 있었다. 2009년의 "경제학자 비즈니스 라운드테이블"에서 이명박은 다음과 같이 천명했다. "한국 정부는 북한 비핵화를 목표로 그랜드바겐 전략을 제시했습니다. 이는 북한 핵 프로그램의 핵심 부분을 해결함과 동시에 북한에 경제적 지원과 안전 보장을 제공하기 위한 것입니다."[88] 자국의 핵무기 개발이 미국의 대북 적대시 정책에 대한 반응 차원의 것임을 재차 강조하는 방식으로 북한은 이 같은 제안을 거부했다.

금강산 관광개발사업 취소와 북한 핵 및 미사일 개발을 비난하는 유엔안전보장이사회 결의안에 따른 난관 이외에, 2010년 3월 한국은 천안함 피격이란 새로운 난관에 직면했다. 천안함 침몰에 더불어 50명 이상의 한국 해군 장병이 사망했다. 이명박 정부는 천안함 침몰 원인을 조사할 목적의 국방부장관이 주도하는 국제적 성격의 조사단을 가동시켰다. 이 조사단에서는 북한 어뢰로 인해 천안함이 침몰했다는 결론을 내렸다.[89] 그 후 이명박 정부는 개성공단을 제외한 모든 남북 교류, 교역 및 투자를 효과적으로 차단하는 형태의 5.24 대북제재 조치를 발표했다. 당시의 조사 결과를 보며 이 같은 조치를 취했다. 5월 24일 연설에서 이명박은 다음과 같이 천명했다. "지금까지 우리는 북한의 참을 수 없는 행동을 참아왔습니다. 한반도 평화를 염원했기 때문입니다. 그러나 이제 상황이 변할 것입니다. 지금 이 순간 이후 북한은 자신의 행위에 상응하는 대가를 지불해야 할 것입니다."[90] 한국은 북한의 천안함 공격과 관련하여 북한 경제를 일방적으로 제재했을 뿐만 아니라 유엔의 대북 비난을 촉구했다. 그러나 유엔안전보장이사회는 의견이 갈라져 있었다는 점에서, 북한을 압박할 목적의 추가 조치를 취하지 못했다.

그 후 2010년 북한은 또 다른 위기를 초래했다. 한국의 G20 회의 주최 이전인 2010년 가을 이산가족 상봉 관련 남북대화를 포함하여 남북관계가 개선되고 있음이 분명했다. 그럼에도 불구하고 2010년 11월 북한이 연평도를 포격했던 것이다. 이 같은 포격에 한국은 경악했다. 당시의 포격으로 2명의 민간인 사망을 포함한 몇몇 살상이 초래되었다. 중국의 거부로 한국은 북한의 연평도 포격과 관련하여 비난 성명을 발표해달라고 유엔에 요청할 수조차 없었다. 결과적으로 한국은 연평도 부근에서 대규모 군사훈련을 감행했다. 대북 군사 교리 및 전략을 검토할 목적의 민간 위원회를 출범시켰다. 이 같은 남북관계 악화를 통해 우리는 북한 도발과 관련하여 북한에 제대로 책임을 추궁하는 것이 거의 불가능함을 알 수 있었다. 남북관계의 취약성을 또한 알 수 있었다.

그러나 이들 상황 악화 이후에서조차 이명박 정부는 남북대화 재개방안을 강구하기 위해 중국에서 북한과 비밀리에 만났다. 그러나 당시의 대화는 난관에 직면했다. 남북한 간의 인식의 격차가 분명했기 때문이었다. 설상가상으로 북한 국방위원회는 이명박 정부를 모욕할 목적의 2011년 6월 성명에서 남북대화 내용을 폭로했다. 정상회담을 구걸하고 있다며 한국을 맹비난했다. 마지막으로 북한은 이명박 정부를 맹렬히 비난하는 성명서를 발표했다. 이 같은 북한의 성명서는 진보진영 인사가 한국의 차기 대통령에 당선될 수 있기를 기대하는 형태였을 가능성이 있다.

남북관계에서 처음에 이명박은 북한에 보다 많은 호혜성과 상호성을 요구했다. 그러면서 일방적인 지원을 중지시켰다. 그러나 이명박의 '비핵개방 3000' 정책을 포함한 그 와류는 북한 입장에서 매력적이지 않았다. 북한 핵 문제가 남북관계의 걸림돌이란 한국 정부의 시각이 남북한 간의 '감정의 골'을 보다 깊게 만들었다. 특히 2009년 4월 북한이 6자회담을 포기하고 재차 핵 및 미사일을 시험하면서 그러하였다. 당시 이명박은 다음과 같이 선언했다. "북한 핵무기 개발계획은 6자회담을 통해 해체되어야 합니다. 북한이 핵무기 개발계획을 해체하는 과정에서 한국이 남북대화를 통해 주요 역할을 해야 합니다."[91] 더욱이 북한은 핵 문제를 미국과 논의해야 할 주제라고 지속적으로 생각했다. 따라서 핵 문제를 남북대화 의제에 포함시키고자 하는 한국의 노력을 거부했다.

대체적으로 한국은 북한 도발과 관련하여 북한에 책임을 추궁할 수 있는 입장이 못 되었다. 그러자 한국은 점차 북한을 고립시킬 목적에서 국제사회 차원의 전략을 추구했다. 그 결과 북한이 좌절했다. 이 같은 악순환으로 인해 이명박 정부 말기에는 개성공단을 제외한 모든 형태의 남북협력이 중단되었다.

이명박 정부 외교정책에 대한 한국 여론의 변화

이명박 정부 당시 한미동맹에 대한 한국인들의 지지는 점차 높아져 갔다. 그러나 한미동맹 차원에서의 상호협력이 강화되고 있는 상황에서 조차 한국의 자율성 확보 필요성과 관련하여 한국인들이 민감한 반응을 보였다. 이 같은 사실을 보여준 몇몇 사건이 있었다. 첫 번째 사건은 이명박이 취임한지 불과 몇 달이 지나지 않은 시점에 벌어졌다. 광우병에 감염된 쇠고기를 미국의 압력으로 수입했다는 우려와 관련하여 시위가 벌어진 것이다.

당시의 시위는 한미동맹 복원을 열망하고 있던 이명박이 한미 상호 협력 차원에서 국익을 손상시킬 가능성이 있다는 한국인들의 우려에 주로 기인했다. 그러나 이는 또한 외교정책 측면에서의 대통령의 리더십을 지원하는 형태의 여론 조성이 얼마나 어려운 일인지를 보여준 사건이었다. 한국이 미국산 쇠고기 수입을 금지한 최초 경우는 미국에서 광우병에 감염된 소가 발견된 이후인 2003년이었다. 오바마 정부는 이 같은 쇠고기 금지 조치에 불만을 표명했다. 이 같은 금지가 국제사회의 일반적인 관행은 물론이고 한미 자유무역협정에 위배된다고 주장했다.[92] 미국산 쇠고기 수입을 재개할 것이란 이명박 정부의 합의에 대항하여 거의 1만 명의 한국인들이 합의 취하를 촉구하는 촛불시위를 벌였다.

이 사건 이후 이명박의 지지도가 20% 이하로 급락했다. 이명박 대통령 대변인 이동관은 미국산 쇠고기의 안전성에 관한 거짓 주장을 유포하고 있다며 일부 인터넷사이트를 비난했다.[93] 개인적으로 2008년 4월에 미국산 쇠고기 수입을 승인했음에도 불구하고 이명박은 당시 합의와 관련하여 TV를 통해 사과했으며, 합의를 취소했다.[94] 주한 미국대사 알렉산더 버시바우(Alexander Vershbow)는 이 같은 이명박의 합의 취하에 실망스럽다고 말했다. 그러면서 "합의 이행을 연기시킬 과학적인 근거가 없다."[95]고 주장했다. 결국 이명박은 재차 입장을 바꾸었다. 수천 명의 밤샘 시위 도중 수백 명이 부상했음에도 불구하고 이명박은 미국산 쇠고기 금수 조치를 해제했다. 결과적으로 이명박의 지지도가 최악의 수준이 되었다.[96]

한국의 여론이 한미동맹에 영향을 미친 두 번째 사례는 미사일기술통제체제(MTCR)에 입각하여 탄도미사일 사정거리를 300킬로에서 800킬로로 연장하는 문제를 놓고 미국의 승인을 얻기 위한 한국의 노력과 관련이 있었다.[97] 2010년의 천안함 피격 사건과 연평도 포격 사건 이후 주권에 대한 한국인들의 정서가 이 문제와 관련하여 작용했다. 한국인들은 "북한은 한반도는 물론이고 일본과 같은 주변국을 직접 공격할 능력을 보유하고 있는 등…사정거리가 3,000킬로에 달한다."며 사정거리가 180킬로에서 300킬로에 불과한 한국의 탄도미사일로는 북한을 타격할 수조차 없다고 주장했다.[98] 북한이 중거리 미사일과 장거리 미사일을 시험 발사할 때마다 한국의 보수진영 인사들은 북한 전 지역을 타격할 수 있을 정도로 미사일 사정거리를 확대시켜야 한다고 주장했다.[99] 오랜 기간 동안 미국은 한미협약을 통해 미사일기술통제체제에서 요구한 것보다 훨씬 더 사정거리를 제한시켰다. 이 같은 방식으로 한국의 미사일 개발을 규제했다. 그러나 어려운 협상 이후 오바마 정부와 이명박 정부는 한국의 미사일 사정거리 확대 필요성에 공감할 수 있었다. 그러나 지속적으로 탄두 규모를 제한했다.

한국인들의 자율성 열망과 한미동맹이 강요한 제약 사이에서의 갈등을 보여준 세 번째 민감한 사안은 한미 핵 협력 합의 재협상과 관련이 있었다. 2010년 늦은 시점에 시작된 협상 도중 이명박 정부는 미국산 핵연료의 농축 또는 재처리 관련 한국의 권리를 사전 승인해 달라고 미국에 요청했다.[100] 부분적으로 이들 요구는 한국이 핵무기를 이용한 북한의 협박에 취약해질 가능성이 있다는 우려에 기인했다. 이 문제로 인해 한국의 영향력 있는 오피니언 리더들이 핵 주권을 주장하는 상황이 벌어졌다. 핵 주권에 관한 해석은 다양할 수 있다. 그러나 일반적으로 이는 한국이 전혀 제약 없이 핵 프로그램을 추구할 수 있어야 한다는 의미였다.[101] 외교안보수석 천영우는 핵물질의 농축 및 재처리 권리를 누려야 한다는 개념을 합리화할 목적에서 한국이 지구상 5대 핵 발전 국가 가운데 하나란 주장을 전개했다.[102] 더욱이 그는 미국과의 핵 협력 합의 아래 핵물질 농축 권리를 누리고 있으며, 핵물질 재처리 시설을 건설할 수 있는 일본과 비교하여 한국이 차별을 받고 있다고 주장했다. 이 같은 사실을 한국인들이 참을 수 없어 한다고 말했다.

핵물질의 농축 및 재처리 능력 확보에 관한 한국의 관심을 자극한 또 다른 요인은 한국이 글로벌 원자로 수출시장에 진출했다는 사실과 관련이 있었다. 핵연료 주기 모든 단계에서의 처리 능력을 구비한 완벽한 형태의 공급자가 되기를 열망하고 있다는 사실과 관련이 있었다. 핵 협력 합의 재협상을 통해 원자력에너지 이용과 관련된 한미 간의 협력이 용이해질 수 있다고 한국은 주장했다. 한국은 이 같은 재협상이 "한미 자유무역협정 측면에서 뿐만 아니라 한미 간의 경제협력 측면에서 에너지 분야가 또 다른 축"[103]이 되도록 하는 등 나름의 도움이 될 것이라고 주장했다.

글로벌 코리아와 한미 간의 포괄적인 전략동맹

김영삼 정부 당시인 1990년대 중반 이후 세계화는 한국에서 유행어였다. 그러나 어느 정도 능력을 구비한 상태에서 국제사회 차원의 의제인 세계화를 지원(支援)한 한국의 최초 정부는 이명박 정부였다. 이명박의 전략에서 성공적인 부분에 '주최국 외교(Hosting diplomacy)'가 있다.

이 외교를 통해 한국은 2010년의 G20, 2012년의 핵안보정상회의와 같은 국제회의에 그 어느 때보다 많은 글로벌 리더들을 초청할 수 있었다.[104] 이들 성공적인 노력으로 인해 한국 관리들은 글로벌 차원에서 중요한 의미가 있는 금융 및 안보 이슈에 관해 처음으로 국제적 성격의 의제를 주도할 수 있었다. 이들은 한국이 글로벌 리더십에 상당히 기여할 수 있음을 분명히 보여주었다. 한국이 미국 주도의 구조, 제도 및 노력을 지원하고 강화하는 분야에서 이처럼 잘 할 수 있음을 보여주었다. G20과 핵안보정상회의를 주최하면서 이명박은 미국의 요청과 지원을 받아 리더십을 발휘했다. 이들 리더십을 한국이 성공적으로 발휘했다는 사실로 인해 국제사회에서 한국의 행동반경과 한국 외교정책의 영향력이 신장되었다.

부산에서 OECD 개발원조위원회를 주관한 2011년 당시 한국은 지원받는 국가에서 지원을 제공하는 국가로 성공적으로 전환한 자국의 명성을 이용했다. 회의 도중 한국은 국제사회 개발 측면에서의 최상의 관행과 관련된 논쟁을 주도하고자 노력했다. 이명박은 기업 주도 적응전략을 지지하고, 탄소 배출 삭감에 관심이 있는 국가들에게 최상의 관행에 관해 조언할 목적의 글로벌녹색성장기구란 국제기구를 창설했다. 이 같은 방식으로 기후변화 관련 논쟁에서 두각을 나타냈다. 이명박 정부는 무역 자유화 측면에서 리더십을 발휘하고 수출 영역 확대를 위해, 2008-2009년의 글로벌 금융위기에 각별한 관심을 보였다. 한국의 자유무역협정 영역 확대를 이용했다. 이들 노력 모두로 인해 한반도와 동북아지역을 넘어 한국의 위상과 이익이 확대되었다. 이명박 정부의 글로벌 코리아 강조가 남북통일 또는 동북아지역 안보를 포기한다는 의미는 아니었다. 그러나 남북문제가 정체되면서 이명박 정부는 대북정책 측면에서 뿐만 아니라 남북관계 측면에서 의미 있는 결과를 얻을 수 없었다.

한국의 외교정책 발전에 이명박 정부가 미친 영향을 평가하고자 할 당시 고려해야 할 또 다른 중요한 부분이 있다. 첫째, 이명박 정부는 개발도상국과 선진국 간의 다수의 글로벌 이슈에 관해 교량 역할을 수행하고자 노력한 경우에서조차 자신의 자율성과 영향력 신장을 위해 긴밀한 한미관계를 이용했다. G20, 핵안보정상회의, OECD 개발원조위원회 주관 이전에 한국은 이 같은 교량 역할을 의식적으로 수행했다. 한국은 국제사회의 리더십에 독자적으로 기여할 능력이 있었다. 그러나 이명박은 한미 양국이 이익과 목표를 공유하는 영역 가운데 미국의 도움이 없어도 잘 할 수 있지만 미국과 함께 가장 잘 할 수 있는 영역을 선택했다. 그런데 이는 현명한 처사였다.

둘째, 이명박 정부는 자신이 국제적으로 가장 잘 기여할 수 있다고 주장할 수 있는 틈새 영역을 식별했다. 신속한 경제발전 경험으로 인해 한국은 국제사회 개발 측면에서 여타 국가들이 모방해야 할 모델로 자국의 사례를 제시할 수 있었다. 기후변화에 관한 이명박의 방안에서는 한국의 경제개발 경험을 잘 적용했다. 녹색성장을 통한 탄소 배출 삭감에 초점을 맞추면서 이처럼 했다. 한국은 무역자유화를 주창했으며, 글로벌 경기침체 영향을 최소화하기 위한 전략으로 무역자유화를 이용했다. 그러면서 한국은 국제 금융정책 조정 측면에서 G20 국가들이 리더 역할을 하고 있는 듯 보이는 시점에 G8 소속 국가가 아닌 국가가 G20 모임을 주최한 최초 국가가 되었다. 경제개발, 탄소배출 삭감, 글로벌 교역 자유화 측면에서의 한국의 기여는 한국 외교정책의 성숙을 보여준 자주적인 노력이었다. 이들 노력이 한미동맹의 범주와 반경을 한반도 안보 이상의 것으로 넓히는 과정에서 도움이 되었다.

셋째, 신뢰, 안보, 평화란 공동 가치에 입각하여 한미동맹을 재차 강화시키고자 한 이명박의 노력은 상당한 의미가 있었다. 한미동맹이 국제사회에서의 한국의 위상을 높이기 위한 발판이 되었기 때문이었다. 긴밀한 한미 공조 아래 국제사회 공공재에 기여하기 위한 발판이 되었기 때문이었다. 이명박이 미국과 긴밀한 관계를 추구했다는 점에서 한미 양국은 북한 비핵화 분야에서 상호 공조할 수 있었다. 그러나 개성공단 지속이란 지극히 예외적인 경우를 제외하면 한미 양국의 이들 노력은 남북협력을 역전시키거나 축소시키는 의미가 있었다.

넷째, 북한 비핵화에 관한 이명박의 배타적이고도 조건에 기초한 접근 방안으로 인해 남북협력 가능성이 대거 낮아졌다. 마찬가지로 북한 도발 대응 차원에서 국제사회의 도움에 한국이 호소했다는 사실로 인해 북한 지휘부가 기분이 상했다. 그 과정에서 한국은 북한이 점차 고립되고 있는 상황에서 자국이 국제사회의 도움을 받아 북한을 제재할 수 있는 입장이란 사실을 이용했다. 한국은 여타 국가들과 북한의 경제 통합을 지원할 것이라고 제안하는 등 북한에 도움의 손길을 내밀었다. 그러나 북한은 이들 제안을 북한을 고립시키고, 흡수 통일할 목적의 악의적인 노력으로 인식했다. 이 같은 점에서 보면, 다양한 측면에서 취약한 상태에 있던 북한은 북한과 비교하여 상대적으로 국력이 신장하고 있는 한국, 북한 입장에서 매우 위협적이라고 생각되는 한국, 보다 거북스런 조건에 입각한 정책을 추구하는 한국을 상대하고 있었던 것이다. 역설적인 현상이지만, 이명박 정부 당시 세계화를 겨냥한 한국의 노력을 어렵게 만든 아킬레스건은 북한이었다. 북한의 도발과 핵 및 미사일 시험 발사로 한국이 남북한 문제가 아닌 또 다른 문제에 관심을 집중시킬 수 없었다는 사실이었다. 한국의 안보와 번영 측면에서 북한이 지속적으로 걸림돌일 뿐만 아니라 점차 위협이 되고 있다는 사실이었다.

제7장
박근혜의 아시아 패러독스

대선 후보 당시인 2012년 박근혜는 아시아의 놀라운 경제발전의 근간 측면에서의 균열(龜裂)을 아시아 패러독스로 표현했다. 당시 박근혜는 한국의 안보환경을 올바로 평가한 것이었다.[1] 아시아 지역 안정 측면에서 가장 심각한 위협으로 박근혜가 식별한 부분에는 신뢰에 기초한 남북관계 부재, 일본의 과거사 청산 실패, 미중관계가 적대적 관계로 바뀌는 경우 동북아지역에서의 주요 군비경쟁 촉발 가능성이란 부분이 있었다.

그러나 대통령으로서의 박근혜는 아시아의 문제 식별은 비교적 쉽지만 이들 문제를 효과적으로 해결하기 위한 대안 제시가 매우 어려운 일이란 사실을 보여주었다. 사실 동북아지역 안보상황이 지역 국가들의 대립 부상으로 많은 사람들이 예상했던 것 이상으로 박근혜 정부 당시 훨씬 신속히 악화되었던 것이다. 결과적으로 이들 안보환경이 효과적인 해결안을 식별하여 이행하기 위한 박근혜의 노력을 좌절시켰던 것이다. 부상하는 갈등을 효과적으로 관리하여 전이(轉移)를 방지하기 위한 박근혜의 노력을 좌절시켰던 것이다. 그 후 한국의 국내정치가 박근혜의 개인 비리로 마비되었으며 박근혜가 탄핵되었다. 결과적으로 한국이 고조되고 있던 동북아지역의 불안정에 제대로 대응할 수 없었다. 한반도 주변 안보환경이 악화되면서 한국의 국력 신장에도 불구하고 한미동맹이 한국의 안보와 자율성 보전 모두를 위해 아직도 가치가 있으며 유용한 수단임이 분명해졌다.

강력한 한미동맹에 입각하여 이들 문제를 관리하고자 한 박근혜의 전략에서는 이명박이 사용했던 것과 동일한 유형의 형판(型板)을 채택했다. 미국을 처음 방문한 2013년 5월 박근혜와 오바마는 한미동맹 60주년을 기념하는 공동선언문을 발표했다. 그런데 이는 이명박이 미국을 방문한 2009년 6월에 발표된 한미 합동비전성명서와 거의 동일한 형태였다. 그러나 박근혜는 국제사회에서의 자신의 영향력과 기여를 확대시킬 것이란 약속에도 불구하고 한반도와 동북아지역에 먼저 초점을 맞추었다. 박근혜는 대외문제와 관련하여 보다 좁은 접근방안을 택했다. 박근혜는 글로벌 수준의 한국의 행동반경이 제공해주는 외교적 기회를 이용했지만 이들 기회를 확대했다고 볼 수 없는 상황이었다. 어느 측면에서 보면 박근혜의 성향, 성장배경, 업무 스타일은 이명박과 비교하여 배타적이었다. 물론 중일 갈등과 북한 핵무기 진전으로 특징되는 악화일로에 있던 동북아지역 안보환경이 박근혜로 하여금 주변국 도전에 초점을 맞추도록 한 주요 이유였다.

박근혜가 아시아 패러독스로 본인이 식별한 주요 문제를 해결하고자 노력하는 과정에서 직면했던 가장 심각한 도전은 이들 노력이 나름의 성과가 있으려면 상대방과의 외교적 협력이 요구된다는 사실이었다. 이외에도 박근혜는 본인의 업무 상대들이 본인이 진단한 문제 이면의 원리와 원칙을 인정하고 수용한 후 본인이 원하는 대로 본인과 기꺼이 공조할 것으로 기대했다. 이 같은 측면에서 보면, 박근혜의 정책은 원리 원칙에 입각한 외교정책과 주변국에 한국이 영향을 미칠 수 있다는 자신감에 근거했다. 박근혜의 한반도신뢰프로세스 이행이나 신뢰에 기초한 남북관계는 박근혜의 기준에 맞추어, 박근혜가 생각하는 신뢰의 기준에 맞추어, 김정은이 행동해야만 가능한 것이었다. 박근혜는 2차 세계대전 당시 일본군을 즐겁게 해줄 목적의 한국인 성(性) 노예인 위안부 문제, 한일관계를 저해하는 가장 중요한 문제인 위안부 문제와 관련하여 일본의 책임 표명 방식에 문제가 있다고 말했다. 결과적으로 박근혜는 중국, 일본 및 한국 간에 일대 화해를 이루기 위한 노력의 일환으로써 역사를 올바로 직시한 상태에서 위안부 문제를 해결하라며 그 책임을 아베에게 전가했다.[2] 박근혜의 유라시아이니셔티브 측면에서의 주요 걸림돌은 러시아였다. 왜냐하면 우크라이나 지역에서의 러시아의 군사적 침략으로 미국과 러시아의 관계가 악화되면서 본인의 유라시아이니셔티브가 불가능해졌기 때문이다.[3]

박근혜는 동북아지역 평화와 번영의 틀을 마련하는 한편 한반도 안정 유지란 한국의 외교목표를 촉진하고 아시아 패러독스에 대항하기 위한 3개 노력을 전개했다. 이들 3개 노력은 한반도신뢰프로세스, 동북아 평화협력구상, 유라시아이니셔티브였다. 박근혜는 북한과 주변국 모두에 한반도신뢰프로세스를 적용했다. 유라시아이니셔티브를 통해 박근혜는 북한을 동북아지역 경제에 정착시키고 통합하도록 해주는 에너지 및 운송 망을 건설할 목적으로의 러시아와의 협력 확대를 추구했다.[4] 이외에도 박근혜는 북한 문제 해결을 위한 지렛대로서, 지역 안보협력 강화 수단으로서, 한중관계 개선을 추구했다. 그러나 보다 좋은 한중관계는 훨씬 확대된 한미동맹 차원의 협력에 근거했다. 결과적으로 보면 박근혜의 외교정책 실적은 위안부 문제 해결을 통한 한일관계 안정화뿐이었다. 박근혜 정부가 비리와 탄핵에 휩싸이면서 이것조차 국내적으로 논란이 되었다.

박근혜의 국가안보전략

2013년 2월 25일 취임 연설에서 박근혜는 글로벌 경제의 불확실성과 북한 핵위협 고조 와중에서의 한국경제의 취약성을 주요 도전으로 생각했다. 박근혜는 본인의 국가 비전을 실현하기 위한 4가지 중심 원칙을 식별했다. 경제중흥, 국민행복, 문화적 심화(深化), 남북통일 여건 조성이 바로 그것이었다.[5] 박근혜의 국가안보전략에서는 이들 원칙을 지원하기 위한 3가지 기본 목표를 제시했다. 영토 및 주권 보존과 국민의 안전 보장, 한반도의 항구적 평화정착과 통일시대 준비, 동북아협력 강화와 세계 평화 및 발전에 기여가 바로 그것이었다. 박근혜의 국가안보전략에서는 신뢰구축이란 개념을 박근혜 정부 외교의 주요 접근 방안으로 간주했다. 이것이 남북관계에는 물론이고 국제관계에도 동일하게 적용되었다.

박근혜의 국가안보전략에서 두드러진 몇몇 주제가 있다. 첫째, 박근혜의 국가안보전략은 강력한 방위태세 유지 약속 그리고 미래지향적인 방위능력 개발 약속과 함께 시작되었다. 한미동맹은 이들 목표를 달성하기 위한 수단이었다. 미국은 한미 양국이 포괄적인 안보동맹을 구축했다는 점에서 한국에 귀중한 파트너였다. 그러나 여기서는 한국을 또한 자국의 안보를 주도적으로 책임지며, 동북아 및 글로벌 차원에서 평화와 협력의 촉진을 열망하는 자주적인 행위자로 제시했다. 그런데 한국의 자율성은 한미동맹을 그 기반으로 하고 있었다.

둘째, 국가안보전략에서는 남북통일 준비 이외에 신뢰에 기초한 남북관계를 추구하고 있었다. 이는 박근혜 정부가 대화와 상호협력에 입각한 평화통일을 추구하고 있다는 의미였다. 그러나 박근혜 정부는 북한 핵 위협을 용납할 수 없는 도전으로, 북한 비핵화를 신뢰에 기초한 남북관계 달성의 선결 조건으로 제시했다.

셋째, 박근혜 정부는 동북아지역 및 글로벌 차원에서 상호 협력을 촉진시키고, 글로벌 차원에서 영향력을 행사하는 세계적인 리더가 되고자 적극 노력했다. 이 같은 방식으로 한국이 국제사회의 평화와 안정에 적극 기여할 것으로 가정하고 있었다.

이들 3개 주제는 이전 정부들의 주제에 근거하고 있었다. 이 같은 점에서 보면 이들 주제는 한국 외교정책의 진화를 보여주는 부분이었다. 박근혜 정부는 이명박의 친동맹 정책에 의존하는 방식으로 한미동맹을 자국 안보의 근간으로 지속적으로 생각했다. 박근혜는 또한 한반도 안보목표와 글로벌 안보목표를 동시에 추구하기 위한 동반자관계의 근간으로 포괄적인 한미동맹 정립을 구상하고 있었다. 남북관계 측면에서의 박근혜의 신뢰 언급은 노태우의 북방정책 전략에 근거하고 있었다. 이는 북한 핵 문제가 미국의 개입이 요구되는 주요 문제란 점에도 불구하고 한국이 남북관계를 선도할 능력이 있음을 암시했다. 동북아지역 협력에 대한 박근혜의 강조는 노무현의 동북아협력구상이란 주제에 직접 근거하고 있었다. 박근혜는 이명박의 글로벌 코리아를 당연히 한국의 외교정책으로 생각했다.

대북정책: 한반도신뢰프로세스에서 남북통일까지

박근혜의 비전

2012년 대선 유세 이전 박근혜는 포린어페어즈에 논문을 기고했다. 논문에서 박근혜는 소위 말하는 '한반도신뢰프로세스'란 대북정책을 밝혔다. 이 논문에서 박근혜는 남북관계 진전을 가로막는 주요 걸림돌이 신뢰에 기반을 둔 상호작용 부재라고 말했다. 박근혜는 한국 및 국제사회와의 약속 이행을 북한에 촉구하면서 "평화를 깨는 경우 그 결과가 따를 것이다."고 말했다. 박근혜의 국가안보전략에서는 건설적인 남북관계 구축은 물론이고 건설적인 국제사회와의 관계 구축에 필수 요소인 신뢰를 입증해 보이라고 북한에 촉구했다. 박근혜는 외부 세계와 북한의 관계에서 북한이 호혜성에 입각하여 행동하도록 할 것이라고 약속했다. 박근혜는 그처럼 하도록 만들기 위한 지렛대로서 한국과 국제사회가 단일의 대북정책을 추구할 것이라고 약속했다.[6] 한국과 국제사회가 단일의 대북정책을 추구할 것이란 정책은 박근혜의 국가안보전략에서 재차 확인되었다.

박근혜는 대통령에 취임한지 1년이 지난 2014년 3월 독일 드레스덴에서의 연설에서 본인의 대북정책의 두 번째 요소를 제시했다. 드레스덴 연설에서는 단계별 남북통합 과정을 제시했다. 그런데 이는 인도적 협력 단계에서 시작하여, 주민의 삶에 도움이 되는 인프라 구축을 통한 공동번영 단계를 거쳐 마지막으로 남북한 주민들 간의 통합을 주창하고 있었다.[7] 박근혜는 구체적으로 비핵화를 언급하지 않았지만 또 다른 발언에서 모든 대규모 남북 경제협력이 북한 비핵화를 전제로 할 것이라고 말했다. 드레스덴 연설은 한반도신뢰프로세스에 입각한 박근혜의 주요 발언으로 홍보되었다. 그러나 북한이 이 연설을 신랄히 비난했다. 이 연설은 한국의 대북정책 이행을 추동할 주요 골격이 아니었던 듯 보였다.

박근혜 대북정책의 세 번째 축은 남북통일 준비 필요성 강조란 부분이었다. 한국정치에서 남북통일은 분명히 말해 새로운 주제는 아니었다. 그러나 박근혜는 남북통일의 안보적, 정치적, 법적, 경제적 및 사회적 의미를 포괄적으로 다루기 위한 전략을 고안할 목적으로 대통령통일준비위원회를 설치했다. 박근혜는 이것의 설치를 통해 남북통일 문제의 중요성을 강조했다.[8] 박근혜는 통일이 남북한 주민 모두에게 대박이라고 말하면서 2014년 신년회견에서 통일을 강조했다. 박근혜 정부는 전략목표로서 남북통일의 중요성을 강조했다.[9] 대통령통일준비위원회에서는 통일 준비를 통일의 주요 요소로 식별했다. 박근혜 정부는 통일 이행을 위한 구체적이고도 결정적인 결과를 만들어내고자 노력했다. 북한은 대통령통일준비위원회를 갈등과 의혹의 원천으로 바라보았다.

박근혜 대북정책의 실제

박근혜 정부 당시 남북대화는 신뢰와 협력 증진을 통해 남북관계를 구축하겠다는 분명한 의도에도 불구하고 간헐적이고도 거친 형태로 진행되었다. 이처럼 진행되었던 것은 부분적으로는 북한이 남북관계와 박근혜의 리더십을 시험하고자 노력한 결과였다. 그러나 당시 남북관계가 실패한 근본적인 이유는 박근혜의 북한 비핵화 주장과 북한을 항구적인 핵무장 국가로 만들고자 한 김정은의 노력 간의 간극이 너무나 컸다는 사실 때문이었다.

박근혜와 김정은 간의 최초의 의지의 대립은 박근혜가 대통령에 취임하기 불과 몇 주 전에 실시한 3차 핵실험 이후 있었다. 그러나 남북한 간의 주요 대결은 2013년 3월 북한이 개성공단을 폐쇄하고, 공단 재가동 조건과 관련하여 몇 주 동안 진행된 협상 이후에 있었다. 당시의 협상에서는 개성공단 운용 프로토콜, 원칙 및 조건과 관련하여 의지의 대립이 있었다. 당시 북한은 자신이 선호하는 모든 전술, 예를 들면 위협, 벼랑 끝 전술, 보다 많은 금융지원을 요구하는 등의 금융 강탈과 같은 전술을 사용했다. 그러나 한국은 개성공단 가동에 필요한 자금과 물자를 갖고 있다는 사실과 공단 폐쇄 기간 동안 수만 명에 달하는 북한 근로자가 놀게 된다는 사실을 이용하여 북한에 대항했다. 박근혜 정부 당시 남북 협상의 지속적인 유형을 보면 박근혜가 이 같은 협상을 막후에서 긴밀히 통제했으며, 북한이 물러설 때까지 집요하게 원칙을 추구했음을 알 수 있다.

결과적으로 박근혜는 본인의 리더십과 관련하여 국민들의 지지를 얻었다. 한국은 개성공단을 재개할 수 있었을 뿐만 아니라 외국 기업들을 참여시키는 방식으로 개성공단을 국제화할 것이란 언질에 대한 보상으로 새로 설립된 개성공단관리위원회를 통해 공단을 공동 관리할 수 있게 되었다.[10] 박근혜는 개성공단 재개와 더불어 남북이산가족의 1차례 상봉에 합의할 수 있었다. 그러나 2013년 늦은 시점 북한이 박근혜 대통령을 겨냥하여 막말을 하면서 분위기가 재차 싸늘해졌다. 이처럼 북한이 박근혜 대통령을 겨냥하여 막말을 하였음에도 불구하고 이산가족 상봉은 2014년 2월에 이루어졌다.[11]

북한은 박근혜의 드레스덴 연설과 통일이 대박이란 2014년 초순의 발언에 부정적으로 반응했다. 북한은 박근혜를 신랄히 비난했다. 북한은 구동독 도시 드레스덴이 갖는 상징성을 고려해볼 때 북한의 미래에 적대적으로 보였던 그녀의 드레스덴 연설과 김대중이 2000년 봄 베를린에서 행한 연설을 비교했다. 2000년 6월의 남북정상회담 이전 김대중의 베를린 연설은 남북화해 측면에서 긍정적인 신호를 전달해준 바 있었다. 박근혜 정부는 2014년 9월 인천아시안게임에 북한 응원단을 참석시키고자 노력했지만 이것 또한 실패로 끝났다. 그럼에도 불구하고 북한은 2014년 10월의 인천아시안게임 폐막식에 3명의 고위급 관리를 놀랍게도 사전 경고 없이 파견했다. 분명히 말해 이는 북한 선수들이 기대 이상의 실적을 거두었다는 사실을 축하하기 위함이었을 것이다.[12] 한국은 이들 3명의 고위급 관리 참관을 수용하고는 남북관계 개선 기회를 모색했지만 보다 긍정적인 반응은 있지 않았다.

2015년 8월에는 북한이 비무장지대 남쪽 초소 부근에 설치한 것으로 보이는 지뢰가 폭발하면서 2명의 한국군 병사가 크게 부상을 입었다. 이 사건으로 남북한 양측은 일련의 확전적인 조치를 취했다. 여기에는 비무장지대 부근에서 거대 확성기를 통해 대북선전 방송을 재개한 한국의 조치, 대북방송을 재개하는 경우 보복할 것이란 북한의 반응, 비무장지대 부근에서의 총기난사 등이 포함되어 있었다. 그러나 비무장지대에서의 북한의 놀라운 대화 제의로 더 이상의 확전은 있지 않았다. 국가안보실장 김관진, 통일부장관 홍용표란 한측 요원과 북한의 황병서, 통일전선부장 김양곤을 포함한 북측 대표들 간의 3일 동안의 마라톤협상을 통해 확전을 중지하고, 10월에 개최될 일련의 남북이산가족 재결합을 준비하기 위한 5개 항에 합의했다.[13] 그러나 남북 정치 및 경제 교류를 확대하기 위한 실무자급 대화는 12월에 중지되었다. 한국이 북한 비핵화를 주장한 결과였다. 더욱이 12월에는 오랜 기간 동안 남북한 문제를 전담했던 김양곤이 차량 사고로 사망했다. 2010년 연평도 포격에 책임이 있다고 알려져 있던 정찰총국 국장 김영철이 남북한 문제를 전담하게 되었다. 결과적으로 한국에 대한 북한의 태도가 과격해졌다.

2016년 1월 북한은 4차 핵실험을 실시했다. 여기에 박근혜가 강력히 반응했다. 2015년 4월 윤병세 외교부장관은 예상되던 4차 북한 핵실험을 게임체인저로 지칭한 바 있다.[14] 박근혜는 또 다른 핵실험을 방지할 목적의 강력한 조치를 주장했으며, 개성공단 폐쇄를 결심했다. 박근혜는 또 다른 일방적인 조치를 강구했으며, 강력한 형태의 국제적 수단을 동원하고자 했다. 그런데 이 같은 국제적 수단은 2016년 3월에 채택된 유엔안전보장이사회 결의안 2270에 포함되었다.[15] 9월의 5차 북한 핵실험 이후 2016년 12월 유엔안전보장이사회는 결의안 2321을 통해 보다 엄격한 대북 제재를 통과시켰다. 박근혜 정부는 북한 비핵화 필요성을 지속적으로 주장했으며, 압박을 통해 북한의 전략적 계산을 바꾸고자 노력했던 듯 보인다. 결과적으로 엄격한 형태의 제재를 강요했으며, 중국의 여러 지역에서 일하고 있던 북한 레스토랑 종업원의 집단 탈북을 보도했다. 제7차 노동당 당대회에서 김정은은 경제 발전과 군사 발전을 병행한다는 병진정책을 국가의 항구적인 전략으로 추진할 것이라고 천명했다. 반면에 박근혜는 북한 핵무기가 한국의 생존 측면에서 참을 수 없는 위협이라고 지속적으로 말했다.[16] 박근혜 정부는 이 같은 일련의 사건에 대항하여, 중국의 반대에도 불구하고, 사드체계의 한국 배치를 승인했다. 마찬가지로 박근혜 정부는 핵무기 사용 징후를 보이는 경우 북한을 선제 타격할 목적의 대량 보복 및 참수교리를 정립했다. 처음에 남북대화 재개와 평화공존에 초점을 두었던 박근혜 정부의 한반도신뢰프로세스가 북한 비핵화의 필연성을 주장하는 극단적인 관점으로 바뀌었다.

동북아지역에서의 아시아 패러독스

박근혜는 북한 문제 해결을 위해서 뿐만 아니라 동북아지역에서의 협력적인 전략 환경 조성을 위해 노력했다. 또한 아시아 패러독스 해결 방안을 강구하고자 노력했다. 이 같은 측면에서의 박근혜의 지역 정책 요소에는 다자적 구상 추구, 특히 동북아평화협력구상(NAPCI)과 유라시아이니셔티브, 지역의 갈등과 북한 문제를 관리하기 위한 한중관계 개선, 역사 이해(理解)에 입각한 일본과의 화해, 폭넓은 신뢰의 동반자관계에 입각한 강력한 한미동맹이 포함되어 있었다.

동북아평화협력구상과 유라시아이니셔티브

동북아평화협력구상은 아시아 패러독스를 해결하기 위한 주요 정책 방안이었으며, 한반도신뢰프로세스 다음으로 중요한 부분이었다. 강화된 다자협력이란 이 같은 구상의 논리와 비전은 노태우와 노무현의 유사한 구상과 거의 일치하였다. 그러나 동북아평화협력구상은 많은 난관에 봉착했으며, 결과적으로 보면 이행이 어려웠다. 이것의 단계적인 성과는 제한적이었다.

이 구상이 직면했던 첫 번째 도전은 미국의 지원이 미온적이란 사실이었다. 박근혜는 동북아안보협력 공동 설계자로서 동북아평화협력구상에 합류하라고 오바마 정부에 요청했다. 그러나 오바마 정부는 이미 동아시아정상회담(East Asia Summit)을 동아시아에서의 주요 규범 구축 구상으로 생각하고 있었다. 미국은 동북아지역에서의 노력 중복으로 지역 국가들의 관심이 집중되지 않을 뿐만 아니라 비생산적인 결과가 초래될 가능성을 우려하고 있었다. 미국은 또한 몇몇 한국 대통령들이 다양한 형태로 동북아지역에서 다자협력구상을 추구한 바 있다는 사실에도 불구하고 동북아평화협력구상이 박근혜 정부 이후 유지될 수 있을 것인지에 의문을 제기했다.

미국은 또한 박근혜 대통령이 중국에 경도되는 반면 일본을 배척하는 형태의 외교정책을 추구하고 있는 듯 보이는 상태에서의 동북아평화협력구상에 회의적인 시각을 보였다. 한일관계가 역사 문제로 삐걱거리는 한 동북아평화협력구상이 진전을 보일 수 없음은 분명한 사실이었다. 또한 동북아평화협력구상이 구현되어도 박근혜 정부가 한일관계 복원을 위해 적극 노력할 것으로 보이지 않았다.(이 부분은 8장에서 보다 상세하게 설명) 미국과 일본이 동북아평화협력구상을 열정적으로 지원하지 않는 경우 중국이 동북아지역의 다자협력을 위한 새로운 유형의 포럼에 동조할 가능성은 거의 없었다. 일반적으로 중국은 자국을 동북아지역 협력의 중심으로 만들어주는 형태의 협의체를 주도적으로 구상해야 한다고 생각했다. 중국은 이 같은 구상을 어렵게 할 가능성이 있는 여타 국가의 구상에 거의 관심을 보이지 않았다.

그럼에도 불구하고 한국 외교관들은 동북아평화협력구상의 골격 아래서 실무자급 협력을 증진시키고자 조직적으로 노력했다. 마찬가지로 이들은 실제적인 기능 분야 협력구상을 촉진시키고자 노력했다. 동북아

평화협력구상은 핵안전 관련 전문가 회동 촉진 측면에서 어느 정도 성공적이었으며, 환경 및 해양 영역에서의 정보공유와 기술협력을 촉진시켰다. 또한 한국 외교관들은 동북아평화협력구상에 관심이 있는 국가들에게 이곳 회동에 참여하는 관리들의 직급을 상향시키라고 집요하게 요구했다. 기능 분야 협력을 증진시키고자 하는 경우 상호 협력적인 정치 환경이 중요한 의미가 있었다. 이 같은 점에서 보면 이들 협력 증진은 동북아지역에서 긴장이 고조되거나 지역 국가들이 대립하는 경우 어려워질 가능성이 농후했다. 그럼에도 불구하고 한국 외교관들은 어느 정도 진전을 이룰 수 있었다.

2013년 10월 박근혜는 "유라시아 시대의 국제협력(Global Cooperation in the Era of Eurasia)"에서의 연설에서 유라시아이니셔티브를 시작했다. 한국 외무부장관은 유라시아이니셔티브를 "유라시아에서의 지속 가능한 번영과 평화를 이룰 목적으로 박근혜 정부가 제시한 협력구상이자 국가대전략"이라고 말했다. 유라시아이니셔티브에서는 유라시아 지역 국가들의 상호 연결을 중요하게 생각했다. 마찬가지로 여기서는 유라시아의 새로운 성장엔진으로서 창의성을 중요하게 생각했다. 신뢰구축 프로세스를 통해 한반도의 평화와 안전을 용이하게 만드는 일을 중요하게 생각했다. 여기서는 남북한, 중국 및 러시아 간의 운송, 정보 및 통신기술, 에너지 네트워크의 촉진뿐만 아니라 '한국-중앙아시의 협력 사무국(Korea-Central Asia Cooperation Secretariat)' 설치를 통한 동반자관계 강화를 추구했다.[17]

그러나 여기서 구상했던 프로젝트의 대부분이 러시아의 크리미아 및 우크라이나 침공에 더불어 북한 문제와 관련한 한반도신뢰프로세스의 실패로 의미를 상실했다. 예를 들면, 유라시아이니셔티브와 관련하여 구체적으로 추진된 유일한 경우는 러시아의 카산에서 북한의 나진 항구로 석탄을 운송하고, 재차 여기서 한국 회사들로 운송하기 위한 나진-카산

병참 프로젝트 관련 협력이었다. 그러나 이 프로젝트는 2016년 초순의 4차 북한 핵실험 이후 중단되었다.

한중관계 개선

후진타오와 이명박은 한중관계를 증진시키고 양국 간의 갈등을 극복할 필요가 있다고 생각했다. 당시 고위급 정치관계 강화를 위해 노력하고 있던 한중 양국은 자국 내부에서 박근혜와 시진핑으로 권력이 동시에 전환되고 있다는 사실을 이용했다. 박근혜는 한중관계 개선에 관심을 보였다. 박근혜가 어느 정도 중국어 구사 능력이 있었을 뿐만 아니라 박정희 대통령의 딸이란 사실로 인해 중국인들의 관심과 사랑을 받았다. 한중 양국은 박근혜 대통령 취임 직전 고위급 특사를 성공적으로 교류했다. 결과적으로 박근혜와 시진핑이 그 전례가 없을 정도로 빈번히 교류하는 상황이 되었다. 시진핑은 북한 김정은과의 회동을 포기한 채 박근혜와의 정기 교류를 선호하고 있는 듯 보였다.

2013년 7월의 박근혜의 최초 중국 방문은 화기애애한 분위기에서 진행되었다. 한국인들은 북한 문제 해결 측면에서 한중 양국이 긴밀히 협력할 수 있을 것으로 기대했다. 반면에 중국은 일본을 고립시키기 위해 보다 긴밀한 한중 협력을 열망했다. 이 같은 신호를 한국에 보냈다. 중국은 1910년 이토 히로부미(伊藤博文)를 사살한 안중근을 기념해 달라는 한국의 요청에 긍정적으로 반응했다. 한국은 안중근과 관련된 장소에 명판을 설치해 달라고 요청했다. 이 같은 요청에 중국은 안중근을 기념하기 위한 소형 박물관 건립을 제안했다. 한일 양국을 갈라놓기 위한 시진핑의 노력이 2014년 7월의 시진핑의 서울 답방 당시 절정에 달한 듯 보였다. 시진핑은 아직도 대북 압박 측면에서의 한중협력 증진을 기대하고 있던 한국 외교관들에게 미묘한 모습을 연출했다.[18] 시진핑이 역사적으로 무수히 많은 중국의 한반도 침입 사례는 간과한 채 일본의 한국 침략을 강조하는 연설을 했던 것이다. 그러자 한국의 여론이 악화되었으며, 한국 엘리트들이 시진핑의 고압적인 태도를 비판했다.

박근혜가 직면했던 외교적으로 가장 복잡한 도전은 2015년 9월의 2차 세계대전 종전을 기념하기 위한 중국의 70주년 기념식에 참석하기로 결심했다는 사실과 관련이 있었다. 박근혜의 참석은 예외적인 현상으로 보였다. 왜냐하면 대부분의 민주국가 인사들이 참석을 거부했기 때문이었다. 박근혜가 중국의 고위급 인사들뿐만 아니라 러시아 푸틴 대통령과 모습을 보이자 강력한 비난이 초래되었다.[19] 그러나 박근혜는 한국인들의 시각에서 보면 김정은을 따돌리고 참석했다는 상징성이 있었다. 이외에도 박근혜는 오랜 기간 동안 지연되었던 한중일 3국 정상회담을 서울에서 재개하자는 본인의 제안과 관련하여 중국의 동의를 얻을 수 있었다. 한중일 3국 정상회담으로 인해 리커창 중국 총리와 아베 총리가 2012년 이후 처음으로 서울에서 회동할 수 있었다. 3국 정상회담으로 인해 박근혜가 처음으로 아베와 서울에서 양국 정상회담을 할 수 있는 여건이 마련되었다.

박근혜는 아시아 지역으로 외교, 경제 및 군사적 주안점을 보다 많이 이동시키겠다는 오바마 정부의 아시아재균형 정책과 점차 부상하고 있던 중국의 정책이 상호 배타적인 성격이 아니라고 생각했다. 박근혜는 한미 및 한중 관계가 이들 국가 가운데 특정 국가를 선택해야 하는 성격이 아니라고 생각했다. 이 같은 인식에서 박근혜는 미국과 중국 간에 건설적인 중재자 역할을 하고자 노력했다. 예를 들면 2014년 여름 상하이에서 개최된 "아시아 신뢰구축 수단 및 조치 관련 콘퍼런스(Conference on Inter-action and Confidence-Building Measures in Asia)"에서 한국은 중국의 반동맹 발언에 반대했다. 한국은 한미동맹에 반하는 형태로 한국을 몰고 가고자 했던 중국의 노력을 좌절시켰다.[20] 그러나 또 다른 경우에서 보면, 박근혜는 영국과 오스트레일리아가 합류하기로 결정한 2015년 봄 중국의 아시아인프라투자은행에 한국의 참여를 결심했다. 한편 한국은 4차 북한 핵실험 이후인 2016년 중국의 거센 반대에도 불구하고 사드체계를 한반도에 배치했다.

그러나 보다 긴밀한 관계를 모색하고자 한 한중 양국의 노력이 4차 및 5차 북한 핵실험 이후인 2016년 좌초되었다. 첫째, 한중관계를 증진시키고자 한 박근혜의 노력은 4차 북한 핵실험 이후 박근혜의 전화통화 요청을 시진핑이 거부했다는 사실과 북한 핵에 대항한 공동 대응 방안을 만들어내지 못했다는 사실로 인해 한국인들의 비난을 받았다. 둘째, 한국이 보다 강력한 대북제재를 요구한 반면 중국이 이 같은 요구에 미온적인 반응을 보였다는 사실, 대북제재를 강력히 이행할 것이란 약속을 중국이 제대로 지키지 않았다는 사실이 한중관계 측면에서 중요한 간극으로 부상했다. 셋째, 중국은 사드체계의 한국 배치와 관련한 한미 양국의 결심을 번복시킬 목적에서 외교적 항의 이외에 경제보복을 포함한 다각적인 노력을 전개했다. 중국이 북한의 행동에 대항할 목적으로 추진되었음이 분명함에도 불구하고 사드체계를 중국을 봉쇄하기 위한 보다 포괄적인 전략의 일부로 생각했기 때문이었다.[21]

한국의 중국 경도론 관련 논쟁

박근혜 정부 출범 이후 처음 3년 동안 한중관계가 개선된 반면 한일관계가 정체상태에 있음을 목격한 일부 사람들은 한국이 장기적으로 중국의 영향권으로 들어갈 것으로 추정했다. 이 같은 추정은 특히 일본에서 강력히 제기되었다. 공교롭게도 한중관계가 개선되고 있던 시점에 한일관계가 악화되었기 때문이었다. 그럼에도 불구하고 이 같은 추정에서는 한국의 한중관계 개선 노력이 한미동맹 강화를 그 기반으로 하고 있다는 사실을 간과했다. 오바마 행정부의 아시아재균형 정책으로 인해 미국은 미국의 동맹국들이 보다 좋은 관계를 유지하도록 만들 필요가 있었던 것이다.

더욱이 오바마 정부와 박근혜 정부 당시의 한미 양국의 중국 정책은 상호 병행적인 성격이었다. 다시 말해 한미 양국이 중국과 적극적인 접촉을 추구함과 동시에 중국의 부상으로 인해 있을 수 있는 부정적인 상황에 대비한 헤징 전략을 추구했던 것이다. 아시아재균형 정책의 일환으로 미국은 냉전 당시 아시아에 구축해 놓은 안보동맹국들과의 관계 강화를 추구했는데 이는 일종의 헤징전략이었던 것이다. 한국은 중국과의 보다 적극적인 접촉을 위해 한미동맹 강화를 추구했는데 이것 또한 일종의 헤징전략이었던 것이다. 전략적 측면에서 보면 한국이 중국과의 교류에 관심이 있었던 주요 이유는 한중 협력을 통해 북한을 봉쇄하고자 했기 때문이었다. 반면에 미국의 중국 접촉 노력은 동북아와 동남아를 포함한 아시아지역 전반을 겨냥한 보다 포괄적인 성격이었다.

한국이 중국과의 접촉을 가능하게 해준 일종의 헤지로서 한미동맹을 이용함에 따른 부정적인 효과를 완화시켜준 또 다른 요인이 있었다. 이는 한국이 동아시아 지역에서 미중 간의 전략적인 경쟁을 조장하는 것이 아니고 완화시키기 위한 전략 추구에 지대한 관심이 있었다는 사실이었다. 동아시아 지역에서 강대국 미국과 중국의 경쟁 가능성은 아시아 패러독스의 하나로 박근혜가 구체적으로 언급한 부분이었다. 소위 말해 여기서 말하는 경쟁 가능성은 미국과 중국이 아시아에서 군비경쟁을 추구하거나, 미중관계가 전략적 경쟁, 즉 패권경쟁에 의해 주도될 가능성을 의미했다.

이 같은 미국과 중국의 경쟁이 한국의 이익에 배치되는 성격임은 분명했다. 부분적으로 이는 이 같은 경쟁이 있는 경우 한국이 미국과 중국 간에 양자택일해야 할 것이며, 중국과의 번성하는 경제관계와 한미동맹에 기인하는 안보 이점을 동시에 지속적으로 추구할 수 없을 것이기 때문이었다. 한국은 동북아평화협력구상을 통해 아시아 지역 전반에 걸친 상호협력 관계를 촉진시키고자 노력했다. 그러나 한일관계가 원만하지 못했다는 사실이 이 같은 목표 달성 측면에서의 한국의 능력을 저해하고 있었으며, 한미관계에 갈등을 초래했던 것이다. 궁극적으로 동아시아지역의 협력관계 촉진에 관한 한국의 노력이 좌절되었던 것이다. 이 같은 점에서 보면 강력한 한미동맹에 입각한 동북아지역에서의 다자협력의 제도화가 한국의 이익에 부합되었던 것이다. 박근혜 정부는 이 같은 상호협력이 주변 강대국들 간의 갈등을 억제해주고, 강대국들 간의 노골적인 상호 경쟁에 따른 가시적인 비용을 높여줄 정도로 강력할 것으로 기대했다.

결과적으로 보면, 시진핑이 위안부 문제에 관해 한일 양국이 불과 1주일 전에 합의한 상태에서 진행된 4차 북한 핵실험 이후 박근혜와 협의를 거부했다는 사실이 한국이 전통적인 외교정책 노선으로 복귀하게 된 주요 계기였던 것이었다. 일본과의 협력이 불편한 성격이지만 중국과의 협력보다 중요한 의미가 있었던 전통적인 외교정책 노선으로 회귀하게 된 것이다. 사드 문제가 정치적 갈등 요소로 부상하면서 박근혜 정부 처음 3년 동안의 한중관계 측면에서의 모든 발전을 보다 무색하게 만들었던 것이다.

한일화해

박근혜 정부가 한중관계 개선을 위해 적극 노력한 반면 아베 총리 당시의 한일관계는 정체상태에 있었다. 대통령 취임 연설에서 박근혜는 일본이 올바른 역사관을 견지한 상태에서 2차 세계대전 당시의 한일 위안부 문제와 관련하여 국가적 책임을 인정하라고 말했다. 박근혜 정부는 아베를 박근혜 대통령 취임식에 참석시킬 것이란 일본의 제스처에 손 사레를 쳤다. 박근혜 대통령 취임식에 참석한 일본 대표 아소 타로(麻生太)는 한일관계 개선을 위해 노력했다. 그러나 그 후 몇 달 뒤 일본의원단이 2차 세계대전 당시의 A급 전범을 안치하고 있다는 점에서 한국인들에게 매우 민감한 장소인 야스쿠니 신사를 방문하자 한일관계가 보다 더 긴장되었다. 2013년 12월 아베가 야스쿠니 신사를 방문했다는 사실과 1993년의 고노 요헤이(河野洋平) 관방장관 발언의 배경을 2014년 일본내각이 조사했다는 사실로 인해 한일관계가 보다 더 경직되었다. 그런데 1993년 고노 요헤이는 2차 세계대전 당시 일본군의 성적인 욕구를 충족시킬 목적으로 한국과 여타 국가의 여성들을 성노예로 사용했다는 사실을 간접적으로 인정한 바 있었다. 한편 미국은 2014년 3월의 핵안보정상회의와 별도로 박근혜, 아베 및 오바마의 정상회담을 통해 한일관계 개선을 위한 환경을 조성하고자 노력했다. 이 같은 미국의 노력으로 한일 간에 위안부 문제를 해결하기 위한 일련의 정기 회동이 가동되었다.[22]

한일 양국은 한일국교정상화 50주년 기념 분위기가 고조되자 점차 양국 관계를 개선하기 위한 조치를 취하기 시작했다. 장관급 관계가 정상화되었으며, 박근혜와 아베가 한일국교정상화를 기념하기 위한 도쿄와 일본에서 개최된 리셉션에 모습을 드러내었다. 박근혜는 2차 세계대전 종전 70주년을 기념하는 2015년 8월 14일의 아베의 연설 이후 일본에 화해의 신호를 보냈다. 결과적으로 2015년 11월 1일 아베와 박근혜가 한중일 3국 정상회담과 별도로 정상회담을 할 수 있었던 것이다.

당시의 한일 정상회담으로 인해 이면의 협상이 시작되었으며, 이 같은 협상으로 인해 2015년 12월 28일 위안부 문제와 관련한 합의를 발표할 수 있게 된 것이다. 일본정부는 위안부들에게 고통을 초래한 부분과 관련하여 책임을 느낀다는, 위안부와 그 가족들에게 보상해주기 위한 기금을 마련할 것이란 한국정부에 자금 지원을 약속하는, 아베 총리 이름의 성명서를 발표했다. 박근혜 정부는 위안부 문제가 "최종적이고도 불가역적인 방식"으로 해결되었음을 인정했다. 박근혜 정부는 서울의 일본 대사관 밖에 있는 위안부 동상을 또 다른 곳으로 이전하는 문제와 관련하여 비정부기구들과 논의할 것이라고 약속했다.[23] 박근혜는 한국인을 대상으로 한 발언에서 다음과 같이 말했다. "한국정부는 일본정부가 그 책임을 인정하고 위안부들에게 참회와 반성을 공식적으로 표명하도록 온갖 노력을 다했습니다. 가능한 범주에서 충분한 진전이 있었다는 판단에 따라 합의하게 된 것입니다." 박근혜는 "합의를 충실하게 이행하고 역사를 직시하라고 일본정부에 촉구했다." 그러면서 한국인과 위안부들에게 "넓은 아량으로 합의를 생각하고 국가의 미래를 위해 함께 노력하자."[24]고 말했다.

처음에 한국인들은 합의에 회의적인 반응을 보였다. 한국인 가운데 절반 이상이 당시의 합의에 반대했다. 물론 한국정부가 위안부들에게 제공해줄 보상 액수를 정하고, 치유 및 화해 목적의 기금을 일본정부로부터 수령했을 뿐만 아니라, 위안부 생존자와 그 가족이 위로 기금을 받자 반대 수위는 점차 낮아졌다. 그러나 박근혜 정부가 위안부를 기념하기 위한 동상을 보다 민감하지 않은 또 다른 장소로 이전하는 문제를 논의할 것이라고 한일 간 합의에서 약속했음에도 불구하고 많은 한국인들이 주한 일본대사관 앞에 있는 위안부 기념 동상을 그대로 유지해야 한다고 주장하고 있었다. 이 문제는 본인의 지지 세력들이 이처럼 강력히 반대하고 있었다는 점에서 보면 박근혜 정부에게 계속 정치적으로 민감한 사안이었다. 박근혜는 정치적 스캔들로 인해 탄핵되면서 본인의 약속을 지키지 못했다. 결과적으로 위안부 문제가 한일관계에서 지속적으로 껄끄러운 문제로 남게 된 것이다.

한미동맹 강화

대통령에 취임한 박근혜는 가장 먼저 미국을 방문했다. 이 같은 방식으로 박근혜는 한미동맹의 중요성을 암시했다. 2013년 5월 박근혜는 백악관에서 오바마 대통령과 정상회담을 했다. 2013년은 한미동맹을 체결한지 60년이 되는 해였다. 정상회담 이후 발표한 공동성명서는 '포괄적인 전략적 동맹'에 대한 한미 양국의 열정을 보여주었다. 이는 2009년 6월의 한미 합동비전성명서에서 처음 모습을 보인 주제들을 한미동맹에 반영한 결과였다. 박근혜는 오바마 대통령과의 기자 회견에서 다음과 같이 말했다. "한미동맹이 한반도와 동북아지역의 평화와 안정의 보루로서 자신의 역할을 충실히 이행해 왔습니다.…따라서 한반도와 아시아의 평화와 안정을 위한 '중심적인 역할(linchpin)'을 지속적으로 수행해야 할 것입니다."[25] 한미 양국 지도자는 한미동맹의 주요 임무로서 북한 핵무기 개발을 저지하기 위한 공동 노력을 강조했다. 오바마는 아프간 개발 원조 관련 협력, 미 평화봉사단과 지구상 도처에서의 개발 협력, 시리아 반군을 지원하기 위한 협력을 거론했다.

박근혜가 재차 미국을 방문한 2015년 10월 양국 간의 글로벌 협력 목록이 보다 더 늘어났다. 한미 양국은 결론에 도달하기 이전에는 양국 간에 상당한 갈등을 초래할 것으로 보였던 군사비용 분담 및 핵 협력 관련 합의를 성공적으로 도출했다. 오바마 대통령은 아프간에서의 경제개발과 인도적 협력 노력, 시리아에서 이슬람국가(IS)에 대항한 노력뿐만 아니라 북한에 대항한 사이버 방어를 증진시키기 위한 노력을 거론했다. 이들과 더불어 오바마 대통령은 에볼라에 대항한 활동, 동남아시아에서의 빈곤퇴치 활동, 여성을 위한 글로벌 차원의 교육 및 보건 증진 활동을 통해 보건 및 글로벌 발전을 촉진시키기 위한 새로운 유형의 노력들을 식별했다.[26]

몇몇 측면에서 한미동맹은 한국 외교정책의 주요 근간으로 볼 수 있었다. 첫째, 미국의 고위급 관리들은 북한 핵무기 개발에 일관되게 반대한 박근혜의 노력에 자신감과 감사를 표명했다. 오바마가 박근혜의 노력을 공식적으로 지지했다. 한편 미국의 고위급 관리들은 증대되고 있던 북한위협에 대항하는 과정에서의 상호 조정과 관련해서 뿐만 아니라 이 같은 위협에 대한 박근혜의 이해(理解)와 관련하여 신뢰를 표명했다. 한국의 고위급 관리들이 북한 문제에 관한 상호 조정 측면에서 한미 양국이 완벽히 공조하고 있다는 사실을 격찬했다.[27]

둘째, 고위급 한국 관리들이 한중관계 개선 노력과 일본과의 이견을 관리하기 위한 노력을 포함한 한국의 지역 외교와 관련하여 미국과 긴밀히 협의하였다. 한국은 오바마 행정부의 주요 관심 부분을 지원하는 방식으로, 예를 들면 핵 안보 및 세계보건에 관한 회동을 주최하는 방식으로 오바마 정부를 적극 지원하였다.

셋째, 한미 간의 정치 및 안보 협력이 북한의 도발과 핵 및 미사일 시험으로 보다 긴밀해졌다. 여기에는 이들 도발에 대응하는 문제와 관련한 유엔에서의 협력 이외에 주한미군과 한국 국방부가 완벽히 협력한 경우가 포함되어 있었다. 미사일 방어 관련 한미 협의가 이들 북한 핵 및 미사일 시험으로 인해 촉진되었다. 여기에는 정치적으로 민감한 사드체계의 한반도 전개에 관한 2016년 7월 8일의 공동선언이 포함되어 있었다. 한미안보 협의는 확장억지와 사이버안보를 포함할 정도로 발전해갔다.

박근혜 정부 정책에 대한 한국국민의 지지를
어렵게 한 요인들

박근혜는 본인의 대통령 취임 연설에서 제시한 목표 가운데 많은 부분을 처음부터 제대로 추진할 수 없는 입장이었다. 첫째, 박근혜 정부가 출범하기 이전 국회는 본회에서 여당과 야당 간에 대립이 첨예한 법을 통과시키고자 할 당시 정족수의 60% 이상 동의가 필요하도록 만들었다. 결과적으로 새로운 법을 통과시키고자 하는 경우 절대 다수의 의석이 필요했던 것이다. 이 규칙으로 인해 국회에서 장기간 동안 마비 현상이 벌어졌다. 그 이전 같으면 쉽게 통과시킬 수 있던 많은 법안을 반대당이 저지할 수 있게 되었기 때문이었다. 이 법으로 인해 '정부조직법 개정안'과 '경제 살리기 관련법'이 국회에서 승인받기까지 1달 이상 지연되었던 것이다. 마찬가지로 국회가 제대로 의정활동을 하지 못하는 장기간에 걸친 교착 상태가 수차례 벌어졌던 것이다.

둘째, 2014년 4월 16일 수학여행 도중에 있던 250명의 고등학생과 11명의 교사를 포함한 304명이 화물을 과도하게 적재하고 있던 세월호가 침몰하면서 사망했다. 이 사건이 박근혜 정부와 한국경제를 몇 달 동안 마비시킨 국가적 비극이 되었다. 이 사건을 통해 한국의 위기대응 능력 측면에서, 안전과 규정 측면에서 심각한 문제가 있음이 밝혀졌다. 박근혜는 고위급 관리들을 해임했으며, 해양경찰청의 폐지를 지시했다. 박근혜 정부 반대파들은 정부의 모든 수준에서의 반복적인 실패의 책임을 박근혜의 책임으로 몰아붙였다. 이들은 이들 사건을 이용하여 박근혜 정부를 신랄히 비난했다.[28] 2015년 여름에는 박근혜 정부가 예기치 못한 메르스 위기에 따른 초기 충격 이후 어렵게 회생했다. 처음에 메르스는 한국의 병원을 통해 전파되었다. 그러나 공격적인 진단과 예방체계로 166명 감염과 35명 사망이란 피해를 초래한 후 진정되었다.[29]

셋째, 박근혜는 행정부의 주요 인사 임명과 관련하여 일련의 실수를 자행했다. 결과적으로 주요 인사의 임명이 지연되었다. 박근혜 정부 초대 국무총리로 내정된 사람의 경우 부동산 불법 거래에 연루되었다는 사실과 윤리적 문제로 반대파들의 공격을 받았다. 결과적으로 국민들이 부정적으로 인식하면서 도중 사퇴했다. 2014년 4월의 세월호 사건과 관련하여 국무총리가 해임되었다. 새로운 국무총리 내정자가 청문회에서의 부적절한 발언으로 박근혜가 재차 곤혹을 치렀다. 이들 반복된 실수로 박근혜와 그 측근들이 행정부를 이끌어갈 수 있을 정도의 인물을 발굴하여 검증한 후 임명할 능력이 있는지에 관해 국민들이 의문을 갖게 되었다. 국방 및 외교정책 문제 해결 능력이 이들 실수에 직접 영향을 받는 것은 아니다. 그러나 이들 사건으로 인해 박근혜가 제대로 업무에 집중할 수 없었으며, 경제 및 외교 정책 목표 달성과 관련한 박근혜의 능력에 국민들이 의구심을 갖게 된 것이다.

넷째, 2012년 대선 당시 박근혜를 지지했던 세력들의 기반을 보면 한국사회에서 보수와 진보 간의, 세대 간의 오래된 정치적 대립이 보다 심각해졌음을 알 수 있었다. 이들 세대 간의 주요 대립은 2002년 대선에서 젊은 유권자들이 노무현을 놀라울 정도로 지원했다는 사실과 이들이 투표장에 대거 몰려들었다는 사실을 통해 처음 확인되었다. 2012년 대선에서 박근혜가 당선된 결정적인 요인은 50대 이상 유권자 가운데 거의 90%가 투표했다는 사실이었다.

결과적으로 보면 박근혜의 지지율 하락과 2016년 4월 국회의원 총선거에서 집권당을 제2당으로 만든 주요 반전은 박근혜의 몰락을 사전 예고해주고 있었다. 2016년 여름과 가을에는 일련의 스캔들이 부상하면서 곧바로 박근혜가 몰락했다. 박근혜의 최측근이자 친구인 최순실이 국정에 은밀한 방식으로 깊이 관여했다는 사실과 박근혜의 지원과 영향력에 힘입어 재단을 설립한 후 대기업들로부터 수천만 달러를 받았음이 알려졌다. 박근혜의 공모 사실이 알려지고, 공모와 관련한 국민들의 분노로 장기간 동안 정치적 마비 현상이 초래되었다. 결국 2016년 12월 국회가 박근혜의 탄핵소추안을 의결했으며, 이 같은 탄핵소추안을 2017년 3월 헌법재판소가 전원일치로 인용했다.

박근혜 외교정책의 실패

아시아 패러독스란 문구는 오랜 기간 동안 한국의 외교정책을 특징지어 왔던 딜레마를 적절히 표현해주고 있다. 박근혜는 한국의 국력이 신장되고 있음에도 불구하고 아태지역에서의 강대국들의 상호 경쟁으로 인해, 본인이 해결을 열망하고 있던 외교정책 난관들을 해결하기 위한 방안을 제대로 구현할 수 없는 입장이었다. 한반도신뢰프로세스는 본인이 주장한 '신뢰에 기초한 관계'의 기준을 북한이 충족시키고자 하지 않는 경우 제대로 기능할 수 없었다. 남북관계 개선 조건으로 박근혜가 주장한 북한 비핵화를 김정은이 거부하면서 그 빈도를 높여갔던 북한 핵실험은 한반도와 동북아지역의 갈등과 긴장만을 고조시켰을 뿐이었다.

마찬가지로 한국은 동북아지역 협력을 유도하거나 중일 간 또는 미중 간의 긴장과 갈등을 완충시키고자 할 당시 필요한 수단을 거의 보유하고 있지 않았다. 박근혜는 동북아평화협력구상(NAPCI)을 통해 기능 분야 협력 또는 기술적인 문제 해결을 촉진시키고자 노력했다. 그러나 이 같은 노력은 노무현이 전개했던 노력과 마찬가지로 거의 의미가 없었다. 박근혜는 한중관계를 개선시키기 위한 노력뿐만 아니라 북한 문제와 관련하여 보다 많은 중국의 협력을 유도하기 위한 노력을 전개하면서 한미동맹에 의존한 결과 거의 잃은 것이 없었다. 이는 다행스런 일이었다.

그러나 박근혜는 지정학적 측면에서 중국이 미국을 불신했다는 점,

시진핑이 일본을 겨냥한 중국의 목표에 초점을 맞추었다는 점, 북중관계를 희생시켜야만 중국이 한국과의 전략적 관계를 발전시킬 수 있다는 점을 충분히 고려하지 않았다. 이 같은 사실로 인해 박근혜는 항상 목표를 달성하지 못한 채 빈손으로 귀국했던 것이다. 동북아평화협력구상이 이상적이었던 반면 실행 가능성이 없었다면 박근혜의 유라시아이니셔티브는 러시아의 크리미아 침공 이후 보다 그러했다.

박근혜가 가장 우려하고 관심을 집중시켰던 부분은 북한 핵무기로부터 한반도 안정을 유지한다는 점차 어려워지고 있던 난관과 관련이 있었다. 한국은 자주적으로 자국의 외교정책을 추구했지만 긴밀한 한미공조 아래 이처럼 했다. 한반도, 동북아지역 및 글로벌 수준에서 한국의 외교정책과 안보전략의 성공을 보장해주는 주요 근간으로서 뿐만 아니라 동반자관계로서 한미동맹에 굳건히 의존했던 것이다. 박근혜의 외교정책은 자주와 동맹의 공존 가능성에 관해 박근혜가 지나치게 안이하게 생각하고 있음을 보여주었다.

역설적인 현상이지만, 외교적 측면에서 박근혜의 주요 실적은 2015년 12월 28일 위안부 문제와 관련한 아베 총리와의 합의의 결과로 한일관계가 안정화되었다는 사실이었다. 한일관계가 당시의 합의로 인해, 양국 정부 간의 주요 사안이었던 위안부 문제를 해결하기 위한 "최종적이고도 불가역적"이지만 국내적으로 많은 논란이 있었던 합의로 인해, 어느 정도 정상화되었다. 양국 정부의 의제 측면에서 외교적으로 주요 걸림돌을 제거할 수 있게 된 것이다. 그러나 한일관계는 일부 개선이 있었음에도 불구하고 한국에서 아직도 논란의 영역이 되고 있다. 박근혜의 탄핵 이후, 역사 및 영토 문제와 관련된 오해의 재개 가능성으로 인해 특히 그러한 실정이다.

이들 상황발전을 보며 우리는 한국의 전략 환경이 강대국들의 필요성과 상호작용에 의해 조성되는 한 한국이 자국의 부상하는 국력을 이용하여 기동 공간을 확대시킬 수 있을 것인지 여부와 어떻게 확대시킬 수 있을 것인지에 관한 중요한 질문을 제기하지 않을 수 없는 입장이다. 이 책의 나머지 장(章)들에서는 한국이 취했으며, 취해야 할 접근방안을 조성해주는 한국의 전략적 고려사항들을 검토하고 있다. 국력 신장으로 한국이 한미동맹과 무관하게 자주를 달성하기 위한 새로운 대안을 구비할 수 있을 것인지, 중국이 글로벌 차원에서 가장 막강한 행위자가 되는 경우와 한국이 남북통일을 열망하는 상황에서 한국의 국력이 어떻게 진화해갈 수 있을 것인지를 검토해보고 있다.

제8장
중견국가 한국의 패러독스

한국이 중견국가로 부상하면서 한국의 전략가들에게 몹시 괴로운 패러독스가 출현했다. 국력 신장으로 한국은 국제사회의 리더로서, 글로벌 안보와 번영에 기여하는 국가로서, 그 전례가 없는 건설적인 역할을 수행하기 위한 기반을 마련할 수 있었다. 한국인들은 이들 능력으로 인해 한미관계에서, 주변국들과의 관계에서 한국이 보다 많은 지렛대를 갖게 된 것으로, 특히 자국에 가장 중요한 의미가 있는 문제와 관련하여 지렛대를 갖게 된 것으로, 기대할 수 있게 되었다.

그러나 동북아지역 문제와 관련하여 한국이 사용할 수 있는 대안은 한반도 주변의 복잡한 안보환경뿐만 아니라 고조되고 있는 북한위협으로 인해 아직도 제약을 받고 있다. 그 결과 한국은 중견국가로서 자국에 중요한 의미가 있는 문제일수록 이들 문제와 관련하여 누릴 수 있는 융통성이 보다 더 제한적임을 발견하고 있다. 예를 들면, 한국의 생존을 좌우하는 안보 문제와 관련하여 사용 가능한 경성전력 측면에서 가장 많은 제약을 받고 있는 실정이다. 이외에도 한국은 북한을 제외한 주변국들과 비교하여 국력이 아직도 미약한 실정이다. 존 미어샤이머(John

Mearsheimer)와 같은 현실주의 학자들은 한국은 강대국정치가 주도하는 세계에서 전략적 기동 공간이 거의 없으며 세력이 미약한 희생자로서의 자국의 운명에서 결코 벗어날 수 없는 입장이라고 결론지었다.[1]

따라서 한국의 전략가들은 다음과 같은 딜레마에 빠져있다. 자국의 운명을 결정해줄 능력을 심각히 제약하는 동북아지역 안보환경을 적절히 해쳐나가는 한편, 글로벌 리더로서 자국의 중요성을 신장시킬 목적으로 자신의 능력을 효과적으로 이용해야 한다는 사실이다. 한국은 글로벌 문제에 관한 자율성이 신장되었지만 동북아지역 상황에서의 취약성이 상대적으로 높은 실정이다. 이 같은 사실로 인해 한국은 아직도 자국의 안보와 번영에 필요한 전략 환경을 적절히 보장해줄 후원 국가와 공조할 필요가 있는 것이다.

이 장(章)에서는 한국이 열망하고 있는 구체적인 역할의 관점에서 중견국가란 개념을 정의하고 있다. 글로벌 거버넌스의 특정 영역에서의 한국의 기여를 개관하며, 상대적 국력 측면에서의 한국의 결함을 동북아지역 차원에서 분석하고 있다. 그런데 이 같은 분석은 동북아지역에서의 제약으로 인해 한국이 북한과 비교한 결정적인 우위를, 글로벌 수준에서의 자국의 능력을, 제대로 이용할 수 없는 이유를 설명하기 위함이다.

중견국가로서의 한국

역사적으로 한국의 전략가들은 한국을 자국의 전략 환경 조성 목적으로 사용할 수 있는 수단이 거의 없는 미약한 국가로 생각해왔다. 그러나 한국의 지도자들은 경제성장으로 김영삼 대통령이 세계화란 개념을 도입한 1990년대 초반 이후 한국이 보다 포괄적이고 다양한 분야를 망라하는 외교정책을 추구할 수 있을 것으로 기대했다. 노무현 정부는 한국을 중견국가로 지칭했으며, 중견국가 위상을 가정하여 한국의 자율성과 역할을 고려했다. 그러나 한국의 학자와 관리들이 중견국가로서의 한국의 외교정책이 갖는 의미를 적극 논의하기 시작한 것은 이명박이 대통령에 취임한 2008년이었다. 이 같은 개념의 저변을 형성하고 있던 주요 가정은 한국이 세계 문제에 영향을 미치고 기여할 수 있는 행위자란 사실이었다.

G20 회의를 주관한 국가이자 G20 회원국이란 사실에 입각하여, 핵 안보, 개발협력, 녹색성장을 촉진시키기 위한 다자적 구상을 주관하는 방식으로 환경보호에 건설적으로 기여한 자국의 노력에 입각하여, 김성한 외무차관은 2013년 초순 다음과 같이 주장했다. "한국은 뜻을 같이 하는 몇몇 국가들과 '중견국가 외교' 분야를 주도할 수 있는 입장입니다."[2] 연세대학교 모종린과 프린스턴대학의 존 아이켄베리(John Ikenberry)는 자유주의 국제질서 안에서의 세력 확산으로 한국과 같은 중견국가들이 중요한 의제를 설정할 수 있게 되었다고 주장했다. "선진국에서 개발도상국으로의 세력 이전으로 중견국가들이 전략적이고도 중심적인 입지를 누리게 되었다."[3]고 주장했다.

이명박은 중요한 글로벌 이슈에 관한 국제회의를 주관하는 '주최국 외교(Hosting diplomacy)'를 전개했다. 이것을 계기로 한국 학자와 정책가들이 자국의 외교정책을 평가 및 인도할 목적의 새로운 프레임으로서 '중견국가 외교'란 개념에 관심을 갖게 되었다.[4] 엔드류 오닐(Andrew O' Neil)은 중견국가를 "생각을 공유하는 국가들과 공조하여 행동할 당시 글로벌 거버넌스 영역의 틈새 분야에서 결과를 조성할 물리적 능력을 보유하고 있는 국가"[5]로 정의했다. 이 같은 정의에 따르면 중견국가는 국제 체제에서 평화 및 분쟁 관리의 지원 측면에서, 다극화와 규칙 정립 지원 측면에서 기폭제, 촉진제 및 관리자 역할을 수행할 능력과 의지가 있는 국가다.[6] 한국 학자들은 '중견국가 외교'를 추구하는 과정에서의 자국의 효과 정도를 평가하기 위한 수단으로 이들 특성을 이용했다.[7] 동아시아 연구원의 '중견국가 외교구상'이란 연구에서는 한국과 같은 중견국가가 이 같은 외교의 일환으로 열망해야 할 다음과 같은 4가지의 주요 역할을 식별했다. '얼리 무버(Early mover)', '교량(Bridge)', '연합 코디네이더(Coalition coordinator)', '규범 확산자(Norm diffuser)' 역할이 바로 그것이다. 이들 개개 역할은 솔선수범, 국제협상 현장에서의 이견 중재, 생각을 같이하는 국가들과의 연합 구성, 국제 규범과 표준 확산 지원에 관한 것이다.[8]

중견국가 관련 한국의 논쟁에서의 주요 주제는 주변 강대국들 사이에서, 한반도에서 이들 강대국이 추구하는 종종 상호 대립되는 국익의 사이에서, 자국을 난처한 신세로 만든 한반도란 지리적 저주(咀呪)에서 탈출하고자 노력하는 한국에 관한 것이었다.[9] 그러나 이 같은 지정학적인 저주에서 벗어나고자 하는 경우 한국은 통상 네트워킹 능력으로 정의되는 자국의 고유한 이점과 입지를 이용할 필요가 있다. 또한 근대화와 민주화 경험을 이용하여, 특정 기능 분야에서의 한국의 독특한 경험을 통해 발전시킨 능력을 이용하여, 특정 이슈에 기여할 필요가 있다.

한국은 중견국가를 생각을 같이 하는 국가들 가운데 주요 중심(重心) 또는 노드로 정의하고 있다. 또는 영향력을 행사하기 위한 수단으로서 기폭제 역할 또는 네트워킹 역할을 할 수 있는 행위자로 정의하고 있다. 이처럼 관계적 측면에서 정의하는 방식으로 한국은 자국의 상황을 역사적으로 결정해준 한반도란 지리적 한계에서 벗어나고자 노력하고 있다.

연세대학교의 손열 교수는 국제사회란 네트워크에서 지정학적인 중심 또는 노드에 해당하는 한반도에서의 한국의 역할로 인해 국제기구에서의 규칙 제정자로서의 '중견국가 외교'가 가능해지고 있다고 주장하고 있다. 즉 지구상 국가들과의 한국의 연계성, 교량능력과 틈새 외교를 교묘히 이용하는 '중견국가 외교'가 가능해지고 있다고 주장하고 있다.[10]

엔드류 카르(Andrew Carr)은 "중견국가는 완벽한 군사적 수단을 포함하여 자국의 핵심 이익을 보호할 어느 정도의 능력을 보유하고 있어야 한다. 이 같은 능력이 반드시 강대국을 격파할 수 있는 수준은 아닐지라도 공격 과정에서 상당한 비용이 소요될 것이란 점에서 강대국이 해당 중견국가 자체 또는 중견국가의 핵심 이익을 공격하면 안 된다고 충분히 생각할 정도의 능력을 보유해야 한다."고 말하고 있다. 그는 또한 "중견국가의 경우 국제사회의 협정 및 제도와 같은 공식적인 구조를 통해, 규범 및 세력균형과 같은 비공식적인 수단을 통해, 국제질서의 특정 부분을 변경시킬 능력을 갖고 있다."[11]고 주장했다.

한국은 녹색성장, 경제개발, 핵 확산방지, 국제금융 거버넌스와 같은 비전통적인 안보 이슈 측면에서 틈새 역할을 개척했으며, 국제질서에 기여했다. 한국은 이들 개개 영역에서 관심 부분, 개념 및 능력의 표명을 통해 나름의 위상을 확보했다. 그러나 한국은 비전통 안보영역에서의 기여에도 불구하고 주변 강대국들과 비교한 자국의 상대적 세력 열세에 기인하는 동북아지역에서의 제약을 극복할 수 없었다.

글로벌 무대에서의 한국

한국은 국제회의를 주관하고 이 같은 회의에 참석함으로써 국제사회에서 점차 리더의 역할을 수행할 수 있었다. 한국은 자국의 소프트파워를 과시할 수 있는 영역에서 기여했다. 한국은 체제 강화 역할뿐만 아니라 선진국과 개발도상 국가들 간의 교량 역할을 수행했다.[12] 한국은 국제사회체제에서 리더십의 원천인 중견국가의 속성들을 감당하고자 노력했는데, 이는 한국의 과거 외교적 형태와 상이한 것이었다. 왜냐하면 이들 노력으로 인해 한국이 수십 년 동안 안보 측면에서 순수 도움을 받던 국가에서 탈피하여 도움을 제공하고자 하는 국가로서의 자신의 위상을 정립했기 때문이었다. 이명박 정부는 한반도 안보 관련 활동 이외에 상대적으로 강점이 있는 다음과 같은 4개 주요 영역에서 글로벌 차원의 활동을 추구했다. 글로벌 금융 거버넌스, 국제 개발협력, 녹색성장과 기후변화, 국제안보가 바로 그것이었다. 국제안보 측면에서 보면 특히 핵 안보에 초점을 맞추었다.

글로벌 금융 거버넌스

한국은 2008-2009년의 글로벌 금융위기 당시 G20 프로세스에 기여했다. 한국은 이 같은 방식으로 금융 거버넌스 분야에서 리더 역할을 담당했다. 첫째, 2009년 9월 이명박과 오스트레일리아 케빈 러드(Kevin Rudd) 총리는 보다 적극적인 거시경제 정책 조정을 주창했다. 이 같은 방식으로 국가들이 보호주의를 타파하고 거시경제 불균형을 해결하라고 촉구했다. 이들은 보호주의를 억제하고 거시경제 정책 조정을 옹호하는 방식으로 글로벌 금융위기란 국제적인 의제에 영향을 미치고자 노력했다. G7에 속하지 않았던 국가의 지도자였던 이명박과 러드는 국제사회가 위기에 처해 있던 순간에 이 같은 건설적인 지침을 제시해주었다.[13]

둘째, 2010년 한국은 G7 국가가 아니면서 G20 정상회의를 주최한 최초 국가가 되었다. 그런데 당시는 글로벌 경제회복 차원에서 몇몇 이슈에 관한 글로벌 차원의 이견 조정이 대단히 중요한 의미가 있던 시점이었다. G20 의제 관리 역할과 외교적 주빈(主賓) 역할을 담당했던 한국은 미국과 중국의 화폐분쟁을 중재하라는 요청을 받았다. 한국은 국제금융 분야에서의 중국과 여타 개발도상 국가들의 상대적 비중을 반영하여 IMF 거버넌스 구조를 바로잡고자 노력했다. 한국은 또한 외부 충격으로부터 개발도상 국가들의 경제를 보호할 목적의 글로벌 금융안전망을 구축해야 한다는 아이디어를 제시했다. 한국은 국제개발에 보다 포괄적인 접근방안을 적용하고자 노력했다. 기후변화 문제를 다루기 위한 접근 방안으로서 녹색성장을 적극 반영하고자 노력했다. 한국은 이들 노력을 통해 선진국과 개발도상 국가들 간의 자국의 교량 역할을 보다 더 증대시키고자 했다.[14] G20 프로세스 지원 측면에서 보면, 한국은 국제금융 거버넌스 분야에서의 지난 수십 년 동안의 경험에 입각하여 외교 및 군수 분야 책임을 맡은 '기관과 기관 간'의 위원회에 우수한 행정 요원과 자원을 제공해주었다.[15]

셋째, 한국은 칠레와 자유무역협정을 협상한 2004년 이후 많은 국가들과 자유무역협정을 협상해본 경험이 있었다. 이 같은 점에서 보면 한국은 무역자유화 분야의 리더였다. 한국은 그 후 수출 의존적인 자국의 경제성장을 고려하여 지구상 도처에서 자유무역협정을 공격적으로 추진했다. 여기에는 인도, 유럽연합, 미국 및 중국과의 자유무역협정이 포함되어 있었다. 당시는 글로벌 합의에 입각한 무역자유화 측면에서 세계적으로 동력을 상실하고 있었다. 한국이 자유무역협정 분야에서의 자국의 노력으로 인해 양자적 및 동북아지역 수준에서 무역자유화를 추진할 수 있게 되었던 것이다.[16]

국제개발 협력

그 기여도가 급속히 늘어난 것은 사실이지만 한국이 국제개발에 기여한 정도는 상대적으로 낮은 수준이었다. 또한 한국이 전반적인 국제개발−원조 규모 측면에서 차지하는 비중도 낮은 수준이었다. 그럼에도 불구하고 한국은 높은 열정 덕분에 국제개발 분야를 선도할 수 있었다. 한국은 국제개발 원조를 받았던 국가였지만 신속한 경제개발로 인해 60년도 지나지 않아 국제사회에서 원조를 제공해주는 국가가 되었다는 독특한 경험이 있었다. 한국은 개발 원조를 받던 상황과 성공적인 경제개발 경험을 생생히 기억하고 있다는 점에서 개발도상 국가들 입장에서 매력적인 모델이었다. 이 같은 사실로 인해 한국은 개발도상 국가와 선진국 간에 교량 역할을 담당할 수 있는 독특한 위치에 있었다.

2008년을 기점으로 한국은 국제개발프로그램(International development program)의 규모를 급속히 늘리고자 했다. 그럼에도 불구하고 한국의 국제개발프로그램은 미미한 수준이었다. 2008년 한국의 국제개발프로그램이 한국의 GNP에서 차지하는 비중은 0.086% 수준이었다. 이것이 2016년에는 0.139% 수준이 되었다. 그러나 한국은 개발 효과를 효과적으로 모니터할 수 있는 입장이 아니었다. 한국은 또한 국제개발 노력을 지원할 목적으로 한국인을 해외로 파견하는 프로그램을 성공적으로 발전시켰다. 이 프로그램은 미국의 평화봉사단에 이어 정부 운용 자원봉사 프로그램 가운데 세계에서 두 번째 규모였다. 한미 양국의 개발 기관 간의 협력이 또한 2011년의 양해각서 서명을 통해 정착되었다.

2011년 한국은 OECD 개발원조위원회를 부산에서 주최했다. 이 같은 방식으로 한국은 국제개발에 상당한 영향을 미쳤다. 당시 한국은 기존 기부 국가와 신규 기부 국가의 사고를 연결시키기 위한 노력을 선도했다. 한국은 이들의 주안점을 원조 효과성이란 개념에서 개발 효과성이란 개념으로 전환시켰다. 이는 개발원조 효과를 평가하기 위한 주요 척도가 기부 국가가 정의한 특정 프로젝트의 효과가 아니고 원조가 국가발전에 미치는 포괄적인 효과가 되어야 한다는 개념에 입각하고 있었다. 한국은 이 같은 방식으로 원조를 받는 국가의 열망을 보다 많이 반영했던 것이다.

점차 한국은 한미동맹 관계의 새로운 차원에서, 한미 양국 간의 협력 확대 차원에서 국제개발을 지원했다. 라이베리아 및 시에라리온에서의 에볼라 위기와 같은 공공보건 위기에 대한 한국의 참여는 이 같은 경우였다. 이외에도 한국은 2010년의 아이티 지진과 같은 위기 이후 상황에서의 일자리 창출에 크게 기여했다. 한국의 면직 생산업자가 당시의 위기 이후 아이티에서 고용센터를 만들고 일자리를 창출하면서 미국의 민간 부문 요원들과 공조했다.

녹색성장과 기후변화

이명박 정부는 녹색성장 측면에서 독특한 리더십을 발전시켰다. 결과적으로 한국은 이 분야에서의 자국의 지분(持分)과 비교하여 훨씬 지대한 영향력을 행사할 수 있었다. 이명박은 국가 에너지 및 개발 전략의 핵심 요소로서 녹색성장을 통합하는 형태의 모델을 추구했다. 이명박은 이 같은 활동에 정부와 기업의 동참을 적극 권유했다. 이명박은 이 같은 방식으로 기후변화에 국내 및 국제사회가 대응하도록 만들고자 노력했다. 이 같은 취지에서 이명박 정부는 청정개발 모델의 일환으로 녹색성장 통합 방법과 관련하여 정부, 기업 및 국제금융기관에 전문적으로 자문해주는 국제기구인 글로벌녹색성장기구를 설립했다. 부분적으로 이 같은 이명박의 노력으로 송도시가 국제기후기금의 글로벌 본부로 선정되었다. 그런데 이곳은 기후변화 관련 유엔 기관을 통해 설립된 기후금융 목적의 새로운 국제기관이었다. 국제기후기금이 기후변화 적응 노력과 기후변화 완화 노력에 금융을 지원해주는 주요 행위자가 될 것으로 예상된다. 이곳에서는 개인 및 공공 금융 자금을 결합하는 새로운 거버넌스 모델을 통해 이처럼 하고자 노력하고 있다.

국제안보와 핵안보정상회의

핵 안보 관련 한국의 활동은 주로 한미동맹 측면에서 진행되었다. 그러나 이 같은 활동을 통해 한국은 원자력의 평화로운 이용 측면에서 축적한 경험 및 능력과 직접 관련이 있는 분야에서, 한반도 핵무기 확산 억제처럼 자국의 이해관계가 걸려 있는 분야에서 국제적으로 경험을 쌓고 관계를 구축할 수 있었다.

마찬가지로 한국은 아프간처럼 전쟁의 상처를 입은 지역에서 전후 안정 유지 목적의 유엔 개발 활동에 기여했다. 한국은 아프간에 야전병원을 만들어주었는데 이것이 2010년부터 2015년까지 야전 지역의 아프간 사람들에게 의료서비스를 제공해주는 선도적인 기관이 되었다. 이외에도 한국은 아덴만에서의 해적 퇴치 목적의 다자적 노력에 기여했으며, 2012년에는 해적이 통제하고 있던 한국 선박을 성공적으로 구출했다. 한국은 또한 수단과 레바논 상황에 대응하기 위한 적극적인 노력을 통해 최근 몇 년 동안 유엔평화유지활동에 크게 기여했다.

2010년 이후 국제사회의 리더가 되고자 한 한국의 열망과 능력이 G20, 국제개발, 기후변화, 국제안보 문제 관련 노력의 형태로 구체적인 모습을 보였다. 이들 상황 발전은 한국이 국제 거버넌스에 대한 기여 측면에서, 특정 사안을 다루기 위한 글로벌 네트워크 구축 관련 노력 측면에서, 중견국가를 열망하고 있음을 보여주었다. 그러나 이들 활동은 동북아지역이 아니고 한반도로부터 멀리 떨어진 지역에서 주로 진행되었다. 따라서 중견국가로서의 능력과 열망의 발휘와 관련된 한국의 제약사항을 이해하고자 하는 경우 동북아지역 측면에서 한국의 상황을 보다 면밀히 조사해볼 필요가 있을 것이다.

동북아지역 상황이 한국의 활동에 미치는 제약

글로벌 수준에서 한국의 기여도가 점차 높아지고 있다. 그러나 주변국들과 비교하여 상대적으로 국력이 열세라는 점으로 인해 한국은 자국의 전략 환경 조성 측면에서 많은 제약을 받고 있다.

[그림 8.1]은 상대적 국내총생산(GDP) 측면에서 아시아의 근대화 수준을 보여주고 있다. 이 그래프는 미국이 동북아지역의 여타 선도적인 국가들과 비교해도 그리고 세계적으로도 가장 방대한 경제력을 유지하고 있음을 보여주고 있다. 이 그래프는 또한 전후 복구에 기인하는 일본의 경제적 이점은 물론이고 1990년대 당시 일본이 동아시아 지역 경제성장의 원천이자 가장 방대한 경제를 유지했다는 사실을 보여주고 있다. 후발 개발 국가로서 일본의 모델을 따랐음에도 불구하고 상대적으로 인구와 경제 규모가 작다는 점에서 한국의 개인당 경제적 이득은 일본의 GDP 증가 정도로 자국의 GDP 증가를 초래하지 못했다. 한국이 20년 먼저 근대화를 시작했음에도 불국하고 인구 등 다양한 측면에서 보다 방대한 수준이란 점에서 중국의 경제규모는 1990년대 초반 한국을 추월했

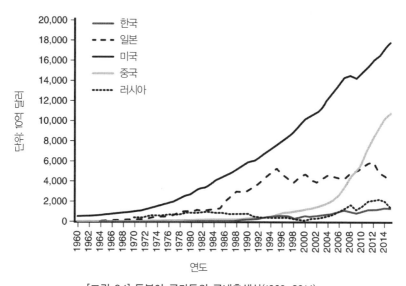

[그림 8.1] 동북아 국가들의 국내총생산(1960-2014)
출처: World Bank, "GDP (Current US $)," updated 2015, http://data.worldbank. org/indicator/NY.GDP.MKTP.CD; "GDP and Its Breakdown at Current Prices in U.S. Dollars," United Nations National Accounts Main Aggregate Database, updated December 2015, http://unstats.un.org/unsd/snaama/dnllist.asp.

다. 더욱이 아직도 개인당 GDP 측면에서 일본이 상대적으로 부유한 국가란 사실에도 불구하고 2008년 중국의 GDP 상승이 일본의 상승을 추월했다. 중국의 GDP 규모가 비교적 단기간에 일본을 추월했으며, 일본의 거의 2배 수준이 되었다.

경제적 성공에도 불구하고 한국의 GDP는 북한을 제외하면 동북아지역 국가 가운데 가장 작은 규모다. 세계적으로 보면 한국경제는 상위 20위 안에 속하지만 동북아지역 측면에서 보면 아직도 상대적으로 작은 규모다. [그림 8.1]이 보여주고 있는 바처럼 한국의 GDP는 러시아와 대등한 수준이다. 그러나 이는 한국의 성공 때문이라기보다는 러시아가 경제를 제대로 관리하지 못했기 때문이었다. [그림 8.2]는 동북아지역에서 한국의 GDP가 차지하는 비중이 지속적으로 상승했음을 보여주고 있다. 그러나 그 비중이 상대적으로 낮은 수준이며, 2007년의 11%가 최대 수준이었다. 따라서 상대적으로 높았던 경제성장률에도 불구하고 한국의 경

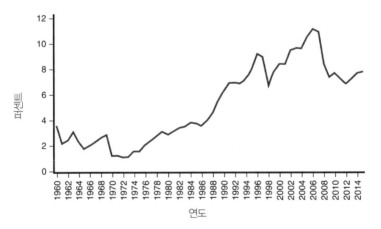

[그림 8.2] 동북아 국가들의 국내총생산 총합에서 한국이 차지하는 비율(미국 제외)
(1960–2014)
출처: World Bank, "GDP (Current US$)," updated 2015, http://data.worldbank.org/
indicator/NY.GDP.MKTP.CD; "GDP and Its Breakdown at Current Prices in U.S.
Dollars," United Nations National Accounts Main Aggregate Database, updated
December 2015, http://unstats.un.org/unsd/snaama/dnllist.asp.

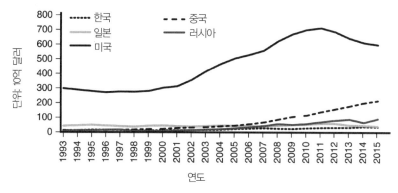

[그림 8.3] 동북아지역 국가들의 국방비(1993-2015)
출처: "Data for All Countries from 1988-2015 (Current US$)," Stockholm
International Peace Research Institute Military Expenditures, updated 2015,
https://www.sipri.org/databases/milex.

제력은 북한을 제외하면 동북아지역에서 가장 미약한 수준이다.

마찬가지로 최근 몇 년 동안 한국은 국방비 측면에서 세계 15위 국
가 가운데 하나가 되었다. 국방비가 국가의 상대적 군사력 지표로 사용
될 수 있을 것이다. 역사적으로 한국의 국방비는 북한 위협이 상당한 수
준이란 점에서 비교적 높은 수준이었다. 그러나 동북아지역 측면에서 한
국의 국방비를 살펴볼 필요가 있을 것이다. 재차 말하지만 한국의 국방
비가 동북아지역 국방비 총액에서 차지하는 비중은 낮은 수준이다. [그
림 8.3]은 미국이 중국, 러시아, 일본과 같은 동북아지역 여타 행위자들
과 비교하여 아직도 글로벌 차원에서 국방에 압도적으로 많은 예산을 투
자하는 국가임을 보여주고 있다. [그림 8.4]가 보여주고 있는 바처럼 여
기서 미국을 제외하는 경우에도 한국의 국방비는 전반적으로 신속히 증
가하고 있는 중국의 국방비에 비해 매우 뒤쳐져 있으며, 러시아와 비교
해도 그러한 실정이다. 절대적인 관점에서 보면 한국의 국방비는 일본의
국방비 수준에 근접하고 있다. 그런데 일본의 국방비는 GDP 대비 1% 이
상을 초과하지 않는다는 일본 내부의 비공식적인 약속으로 인해 점차 줄

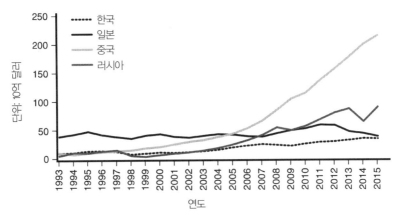

[그림 8.4] 동북아지역 국가들의 국방비(미국 제외)(1993-2015)
출처: "Data for All Countries from 1988-2015 (Current US$)," Stockholm
International Peace Research Institute Military Expenditures Database, updated
2015, https://www.sipri.org/databases/milex.

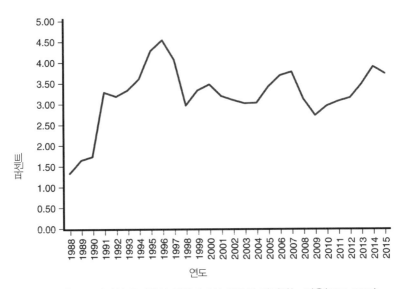

[그림 8.5] 동북아지역 국가들의 국방비에서 한국이 차지하는 비율(1988-2015)
출처: "Data for All Countries from 1988-2015 (Current US$)," Stockholm
International Peace Research Institute Military Expenditures Database, updated
2015, https://www.sipri.org/databases/milex; Chung-in Moon and Sangkeun Lee,
"Military Spending and the Arms Race on the Korean Peninsula," Asia Pacific
Journal 8, no. 2 (2008), http://apjjf.org/-Chung-in-Moon/3333/article.html.

어들었다. [그림 8.5]는 전반적인 국방비에서 대략 4% 수준을 유지하는 등 동북아지역에서 한국이 차지하는 비중이 비교적 낮은 수준임을 보여주고 있다.

이들 경향이 동북아지역 중견국가로서의 한국의 위상에 주는 의미는 무엇인가? 첫째, 동북아지역에서의 한국의 경제 및 군사력이 미국, 중국, 일본 및 러시아란 주변국들의 보다 방대한 경제 및 군사력과의 격차로 인해 제약적이란 사실을 보여주고 있다.[17] 둘째, 9장에서 설명하고 있는 바처럼 한국이 점차 동북아지역 안보 문제를 미중관계 측면에서 바라보고 있는 이유를 설명하는 과정에서 도움이 된다. 중국의 국력이 지속적으로 신장되고, 동북아지역에서 긴장이 고조되고 있을 뿐만 아니라 북한 위협이 증대되면서, 향후 한국은 보다 제약적인 상황에 처할 가능성도 없지 않다.

한반도가 지구상 첫째(미국), 둘째(중국) 및 셋째(일본) 경제대국 사이에 끼어 있다는 사실과 이들 요인을 결합하여 생각해보면 한국이 동북아지역에서 엄청난 제약에 처해 있음을 알 수 있다. 이외에도 동북아지역 전체의 일부로서의 한국의 GDP와 국방비가 차지하는 비중을 고려해보면 한국이 동북아지역에서 현재의 중견국가 위상을 지속적으로 유지할 수 있을 것인지 의문이 제기될 수도 있을 것이다.

중견국가로서의 한국이 한반도에 미치는 영향

한국의 국력이 북한과 비교하여 신장되고 있는 것은 사실이다. 그러나 북한과 비교한 한국의 국력은 동북아지역 여타 주변국들과 비교한 국력과 상당한 차이가 있다. [그림 8.6]과 [그림 8.7]이 보여주고 있듯이 한국의 경제성장과 국방비는 북한과 비교하여 훨씬 높은 수준이다. 결과적으로 고립무원 신세인 북한이 남북한 간에 세력균형을 유지하고, 훨씬 막강한 한국에 대항하여 자국을 방어하고자 하는 경우 비대칭 전략에 의존하는 것 이외에 별 다른 도리가 없을 것이다. 더욱이 한국의 무기체계는 한국이 국제사회의 첨단 과학기술에 어렵지 않게 접근할 수 있는 입장이란 사실로 인해 과학기술 측면에서 후진성을 면치 못하고 있는 북한과 비교하여 훨씬 우수한 형태다. 병력, 특수부대 및 비재래식 무기 측면에서의 북한의 우위에도 불구하고 그러한 실정이다.

한국은 북한과 비교한 상대적 우위와 '중견국가 외교'를 통한 영향력 확대를 이용하여 국제사회의 대북 경제 및 정치적 지원을 차단시키고자 노력하고 있다. 북한과 비교한 국력 신장으로 한국은 국제사회의 인식(認識)에 영향을 주어 재래식 무기를 이용한 북한의 도발, 핵무기 추구, 인권 관련 사안을 국제적인 문제로 부각시킬 수 있는 입장이다. 이 같은 한국의 영향력은 다음과 같은 세 가지 의미가 있다. 첫째, 한국은 북한과 비교하여 훨씬 방대한 국제사회에서의 영향력에 입각하여 자국을 북한

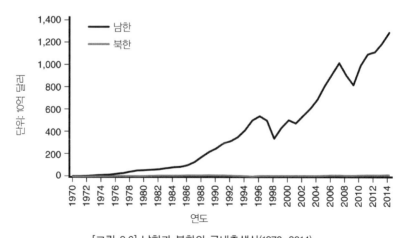

[그림 8.6] 남한과 북한의 국내총생산(1970-2014)
출처: "GDP and Its Breakdown at Current Prices in U.S. Dollars," United Nations National Accounts Main Aggregate Database, updated December 2015, http://unstats.un.org/unsd/snaama/dnllist.asp.

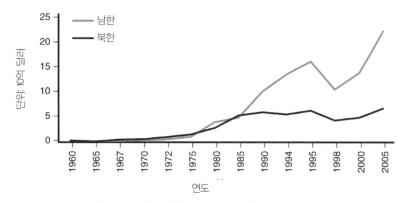

[그림 8.7] 남한과 북한의 국방비(1960-2005)
출처: "Data for all Countries from 1988-2015 (Current US$)," Stockholm
International Peace Research Institute Military Expenditures Database, updated
2015, https://www.sipri.org/databases/milex; "Pre-1988 Military Expenditures
(Constant USD Beta)," Stockholm International Peace Research Institute Extended
Milex Database Beta, updated 2015, available on request from the institute;
Chung-in Moon and Sangkeun Lee, "Military Spending and the Arms Race on
the Korean Peninsula," Asia Pacific Journal 8, no. 2 (2008), http://apjjf.org/-
Chung-in-Moon/3333/article.html.

과 국제사회 공동체 사이를 중재하는 주요 창구로 생각할 수 있게 된 것
이다. 둘째, 한국은 북한이 자국의 이익을 저해하는 정도에 비례하여 북
한을 보다 더 고립시킬 목적으로 국제사회 국가들로 하여금 압력을 가하
도록 할 수 있는 입장이다. 셋째, 중견국가로서의 한국의 능력이 한미동
맹 구조에 영향을 미칠 것이 거의 분명할 것이다.

북한과 국제사회 공동체 간의 중계자로서의 한국

한국인들은 북한과 비교한 자국의 상대적 영향력 증대, 국력 신장,
국제사회에서의 영향력 증대로 북한 개방은 자신들이 협력할 당시에만
가능해질 것이라고 확신하게 되었다. 대북포용 성향의 한국 정부들은 한
국이 대북 교역과 투자 측면에서 북한과 국제사회 간의 경제적 중재자가

되고자 노력했다. 2000년대 초반에 금강산 관광을 촉진시키는 방식으로, 2000년대 중반에 개성공단을 통해 이처럼 했다. 개성공단이 궁극적으로 실패했다는 사실에도 불구하고 한국인들은 북한 경제가 통합·개혁 및 개방의 길을 걷는 순간 국제사회 비즈니스 공동체가 북한과의 비즈니스 기회를 추구하기 위한 최상의 창구가 한국이 될 것으로 기대하고 있다. 오늘날 북한과의 상호접촉을 위한 주요 창구는 중국이다. 그러나 많은 한국인들은 한국의 암묵적인 지원과 협력이 없으면 북한이 외부세계와 효과적인 경제관계를 맺기가 쉽지 않을 것으로 생각하고 있다. 물론 여기서 북중관계는 예외다. 개성공단 사례는 한국이 남북통일 과정의 일환으로 남북한 통합과 북한 지역 재건을 위한 주요 중재자가 될 의향이 있음을 분명히 보여주었다.

문재인 정부가 남북관계 복원을 추구하는 주요 이유는 한국 입장에서 북한이 일종의 시장에 다름이 없다는 인식 때문이다. 보수 이명박 정부 또한 북한 주민 1인당 1년 수입을 대략 3배로 늘려 3,000달러 수준이 되도록 북한의 비즈니스와 개발에 투자할 것이란 언질과 함께 이 같은 접근방안에 동의했다. 그러나 분명히 말하지만, 이명박의 대북 접근방안은 북한 비핵화를 전제로 한 것이었다. 한국은 남북통일이란 목표를 달성하기 위해 북한 지역 재건에 필요한 엄청난 자산을 투자할 의향이 있음을 분명하고도 지속적으로 표명했다.

국제사회 대북 압박 원천으로서의 한국

국제사회의 인도적 지원기구 및 긴급지원기구와 북한의 관계가 점차 한국 정부의 태도에 좌우되었다. 북한이 핵무기 개발을 통해 한국의 안보를 위협하고자 하는 경우 한국은 북한을 응징하고 고립시킬 목적에서 국제사회의 압박을 동원하고자 노력했다. 2016년 1월의 북한 핵실험 이후 박근혜 정부의 개성공단 폐쇄 결정을 계기로 유엔안전보장이사회 결의안 2270을 채택하게 된 동력이 조성되었다. 마찬가지로 동북아지역 차원의 박근혜의 주요 구상인 동북아평화협력구상에서는 동북아지역에서의 기능 분야 협력 강화를 추구하고 있었다. 한편에서는 북한을 고립시키면서 또 다른 한편에서는 북한이 원하는 경우 북한에 이 같은 협력 구상에 동참할 기회를 주고자 노력하고 있었다.

또한 한국정부는 북한에 인도적 지원을 제공해주는 국제기구에 대한 유엔회원국의 태도와 관용 정도에 영향을 미칠 능력이 있었다. 더욱이 한국은 유엔 기구를 경유하여 대북 인도적 지원 기금을 선도적으로 지원해왔다. 많은 국가들이 대북 인도적 지원에 관한 자국의 계획이 한국의 희망과 배치되지 않도록 노력하고 있었다. 지구상 거의 모든 국가가 북한과 비교하여 한국과 보다 많은 교역을 하고 있었다. 이 같은 사실을 고려하여 이들 국가가 그처럼 하고 있었던 것이다. 북한이 핵 및 미사일을 시험하는 경우, 한국은 세계적 수준의 역동적인 교역관계를 이용하여 유엔제재 강화 차원에서 북한에 불이익을 줄 수 있는 입장이었다.

북한과 비교한 한국의 상대적 국력과 한미동맹

북한군과 비교한 한국군의 능력이 점차 증대되고 있다. 이 같은 사실이 주요 근거가 되어 미국이 주한미군 전력을 감축해야 하며, 대북억제 관련 주요 책임을 한국에 넘겨주어야 한다는 강력한 주장이 제기되었다. 이들 주장은 한국이 한반도 방위와 관련하여 보다 많은 자율성을 염원했던 2000년대 중반에 가장 강력했다. 한미 양국은 한반도 도처에 흩어져 있던 주한미군을 몇 군데로 집중 배치시키기 위한 방안을 협상했다. 미국이 통제하고 있던 한미연합 차원의 전시 지휘구조를 한국군이 주도하는 가운데 미국이 항공력과 정보력을 지원해주는 형태로의 전환을 구상했다. 한미 양국 정부는 2012년을 목표로 전시작전통제권을 전환하기 위한 기획과정을 가동시켰다. 그러나 2010년 한미 양국 대통령은 북한의 천안함 격침과 연평도 포격이란 도발을 고려하여 전시작전통제권 전환을 연기시키기로 결심했다. 북한의 도발을 보며 전시작전통제권 전환이후 억제력과 방어력 약화 가능성을 우려한 결과였다.

전시작전통제권 전환을 무기한 연기시킨 두 번째 요인은 북한이 미사일 및 핵 능력과 같은 비대칭 능력을 지속적으로 발전시켰다는 사실이었다. 이들로 인해 한반도에 대한 미국의 관심을 배가시킬 필요가 있었던 것이다. 지속되는 북한 핵개발 우려로 미국이 한국에 확장억제력을 제공해주기 위한 방법에 관해서 뿐만 아니라 북한 핵문제에 대처하기 위한 방법에 관하여 한미동맹 차원에서 대화를 강화하게 되었던 것이다.

북한과 비교해서 뿐만 아니라 한미동맹 안에서의 한국의 능력 신장으로 한국이 기존 한미동맹 관계에서 보다 많은 자율성을 추구할 것인지 여부와 자율성을 추구한다면 자율성을 추구하도록 해주는 조건이 무엇인지에 관해 몇몇 의문이 제기되었다. 또 다른 한편에서 보면 미국은 한국이 자국을 독자적으로 방어할 수 있을 정도로 막강해졌다고 생각할 수도 있을 것이다. 또는 한미동맹이 아태지역에서의 미국의 안보 이익 측면에서 더 이상 의미가 없다고 생각할 수도 있을 것이다. 이들 일련의 질문이 2000년대 중반 한미 양국이 한미동맹의 미래에 관해 비판적으로 평가하게 된 주요 계기가 되었던 것이다. 그런데 당시의 평가에서는 아태지역 위협과 관련하여 한미 양국이 어느 정도까지 동일하게 평가하는지가 중요한 의미가 있었다. 따라서 이 같은 논쟁이 향후 재부상 하도록 만들 수 있는 조건을 평가할 필요가 있을 것이다.

몇몇 요인으로 인해 2005년 미국의 동맹 계획가들은 한미동맹의 미래에 관해 회의적인 시각을 견지했다. 첫째, 한미 양국이 추구하는 목표의 우선순위 측면에서 뿐만 아니라 북한 위협 평가 측면에서 차이가 있었기 때문이었다. 한국의 수뇌부는 북한 핵개발 위험을 경시하고 있는 듯 보였다. 반면에 미국은 북한의 비핵화 약속 파기를 동북아지역을 위협할 뿐만 아니라 글로벌 차원의 비확산 레짐을 심각히 위협하는 부분으로 생각했다.[18] 당시 해체되지 않았지만 한미동맹이 상당한 갈등과 긴장을 겪었던 것이다.

둘째, 한미 양국이 중점을 두었던 지역 위협에 차이가 있었다는 사실 때문이었다. 한국은 일본에 초점을 맞추었는데, 특히 역사 및 영토 문제와 관련하여 그러하였다. 반면에 미국은 중국에 초점을 맞추었으며, 일본을 주요 동맹국으로 바라보고 있었다. 한일관계 측면에서의 이들 문제가 한미 양국 간의 이견의 주요 원천은 아니었지만 이들 한일 간의 문제가 한미 간에 부차적인 갈등의 근원이었던 것이다.

셋째, 진보적 성향의 노무현과 보수적 성향의 아들 부시는 이념 측면에서 차이가 있었다. 그러나 한미동맹을 묶어주고 있던 제도가 위력을 발휘하면서 한미동맹이 해체되지 않았던 것이다. 이는 2003년 당시 부시 대통령이 추진한 이라크 전쟁과 관련된 이견으로 유럽의 많은 동맹국들이 고통을 받았음에도 불구하고 유럽의 동맹이 그 후에도 지속 유지된 것과 동일한 현상이었다.

중견국가로서의 한국이
글로벌, 동북아지역 및 한반도에 미치는 영향

국력 신장으로 한국은 특정 글로벌 영역에서 영향력을 행사할 수 있었다. 특히 경제개발 및 민주화와 관련된 자국의 경험에 입각하여 기여가 가능했던 특정 영역에서 이처럼 영향력을 행사할 수 있었다. 그러나 한국은 이들 능력을 동북아지역에서는 제대로 발휘할 수 없었다. 이곳

지역에서는 한국보다 방대한 주변국들과의 세력 격차로 인해 한국의 기동 능력뿐만 아니라 주변국에 영향을 미칠 능력이 지속적으로 제약을 받았던 것이다.

한편 한국의 국력이 북한의 국력을 상회하면서 한반도에서 세력불균형이 초래되었다. 한국은 대북 압박을 증대시킬 목적에서 국제사회에서의 자국의 영향력을 지렛대로 이 같은 남북한 간의 세력불균형을 교묘히 이용하고자 노력했다. 한국의 국력이 한미동맹 안에서 지속적으로 신장하는 정도에 비례하여 한국 내부에서 한미동맹을 대체하기 위한 수단을 찾아나서야 한다는 의견이 제기될 가능성이 있을 것이다.

마찬가지로 중국이 부상하는 와중에서 미국의 능력과 미국의 한반도 방위 열정이 약화되고 있다고 인식되는 정도에 비례하여 그러할 것이다. 반면에 미국 내부에서 한반도 상황에 연루될 가능성을 줄이고자 하는 열망 또는 미국의 한반도 방위 공약 정도를 점차 줄이고자 하는 보다 많은 열망이 있을 수 있을 것이다. 예를 들면 2016년 미국 대선 유세에서의 도널드 트럼프(Donald Trump)의 발언으로 미국이 오랜 기간 유지해 왔던 한반도 방위 공약을 철회할 수도 있을 것이란 사실과 관련하여 한국 내부에서 심층 조사가 있었다. 이들 상황 발전으로 향후 한미동맹 측면에서 위기가 초래될 수도 있을 것이다.

한국군의 재래식 전력은 북한군을 지속적으로 압도할 것이다. 그러나 북한이 비대칭 능력 개발을 강조하고 있다는 사실, 특히 핵 및 미사일 능력을 지속적으로 발전시키고 있다는 사실이 향후에도 미군을 한반도에 주둔시켜야 한다는 신빙성 있는 논거가 될 가능성이 높다. 보다 장기적 관점에서 보면 북한과 비교한 한국의 상대적인 상황 주도 능력에도 불구하고 아태지역에서 패권경쟁이 고조되고 있다는 사실로 인해 향후에도 한국의 전략적 선택이 제약을 받을 것이다. 한반도 안보 환경을 조성할 능력이 제한적이란 사실과 국제사회의 특정 틈새 사안에 기여하는 글로벌 차원의 첨단 경제체제를 유지하고 있으며 지속적으로 국력이 신장되고 있다는 사실 간의 패러독스가 예측 가능한 미래에 한국의 전략가들을 지속적으로 괴롭힐 것이다.

제**9**장
미중 패권경쟁 와중의 한반도

한국은 정부가 수립된 1948년 이후 전략적으로 선택할 수 있는 대안이 거의 없었다.[1] 생존 차원에서 한미 안보동맹이 절실했던 것이다. 6.25 전쟁 직전 한반도에서 미군이 철수하자 곧바로 북한이 기습 남침했다. 북한군 남침은 안보적 측면에서의 한국의 취약성뿐만 아니라 한국의 안보를 보장해줄 국가의 필요성을 단적으로 보여준 사건이었다. 6.25 전쟁이 종료된 이후 한국의 지도자들은 자국의 안보와 번영 차원에서 한미동맹에 의존했다. 한미동맹에 의존하여 남북을 통일할 수 있기를 기대했다. 한미동맹을 대체할 수 있는 또 다른 대안은 있지 않았다.

그러나 중국의 급속한 부상, 국제무대에서의 중국의 위상 강화, 한반도와 중국이 지리적으로 인접해 있다는 사실로 인해 한국의 전략 환경이 급변했는지 여부와 관련하여 한국 내부에서 열띤 논쟁이 시작되었다. 점차 한국인들은 자국의 근본 목표인 안전보장 역할을 수행할 능력과 의지가 있는 동반자로서 미국과 중국 간에 전략적으로 잘못 선택함에 따른 결과와 그 비용의 문제를 놓고, 고민해야 하는 입장이다. 이 같은 논쟁은 미국과 중국의 상대적 국력, 이들 국가의 영향력, 한반도 방위 열정과 같은 다양한 요소에 의해 영향을 받게 될 것이다. 미중관계가 협력적인지 아니면 대립적인지에, 한국이 미국과 중국으로부터 받는 존중과 자율성의 정도에 대한 한국인들의 만족도에, 영향을 받게 될 것이다.

한국의 학자들은 안보적으로 잘못된 파트너를 선택한 결과의 사례로 1600년대 당시 쇠퇴하고 있던 명나라에서 부상하고 있던 청나라로의 세력전이(勢力轉移)에 조선의 지도자들이 제대로 대응하지 못했다는 사실로 인한 참혹한 결과를 상기시키고 있다. 한국인들은 글로벌 행위자 또는 지역 행위자로서 미국에서 중국으로 세력이 전이되고 있는 와중에서 상황에 신속히 적응하는 문제의 중요성을 강조할 목적으로 이 같은 역사적 경험을 인용하고 있다. 조선의 지도자인 광해군은 명나라에서 청나라로 세력이 전이될 당시 이들 양국의 사이에서 초연한 입장을 취하고자 했다. 그러나 결국 광해군은 친명 성향 관리들에 의해 권좌에서 쫓겨났다. 청나라가 무력으로 조선을 굴복시킬 당시 조선은 많은 희생을 치러야만 하였다. 청나라에 도전하고자 한 결심으로 인해 참혹한 결과가 초래된 것이다. 조선 인구 가운데 10% 정도가 청나라의 수도인 심양으로 끌려갔다고 한다.[2]

그러나 중국이 한국의 동맹 상대로 부상하는 경우에서조차 한반도 안보 측면에서 적절히 신뢰할 수 있는 방식으로 중국이 미국을 대체할 수 있을까? 미국을 중국으로 대체하는 과정에서 소요될 비용은? 한국은 미국을 대신하여 안보를 제공해줄 국가로 중국을 선택하고자 노력하기 이전에 이들 질문에 신빙성 있는 방식으로 답변할 필요가 있을 것이다. 또 다른 고려사항은 한국이 동아시아의 진화하는 전략 환경에 대처할 목적으로 사용 가능한 수단과 관련이 있다. 이들 고려사항에는 한국이 독립적이고도 자주적인 방식으로 자국의 안보 소요(所要)를 추구할 수 있는 상황은 언제인가?, 한국의 안보 목표를 보장하기 위해 아직도 방대한 국가와의 동맹이 필요한가?, 안보와 통일에 관한 한국의 열망으로 상호 모순적인 경로 또는 수단을 추구하게 되는 정도는?, 남북통일을 전략적인 최종목표로 인식해야 할 것인지 아니면 독립적이고도 번영된 한반도를 달성하기 위한 보다 폭넓은 전략적 대안을 안겨다줄 중간 단계로 인식해야 할 것인가?란 질문이 포함될 것이다.

한국의 대 중국 정책 진화와 전략적 선택 관련 논쟁

한국은 1992년의 한중국교정상화를 염두에 둔 대화 도중과 이후 주로 중국의 요구를 수용하는 형태의 전략을 추구했다. 한중국교정상화를 추진할 당시 한국의 주요 전략목표는 3장에서 설명한 바처럼 한중 및 한소 국교정상화를 통해 노태우의 북방정책을 촉진시키는 것이었다. 그러나 노태우는 자신의 임기 이내에 중국과 국교를 정상화시키고자 한 열망으로 인해 대만을 고립시킨다는 중국의 전략목표를 수용해야만 했던 반면 북한보다 한국을 선호하도록 중국을 설득하지 못했다.[3]

한국이 중국의 요구를 수용하는 형태의 전략을 추구하도록 만든 또 다른 요인은 한중교역이 놀라울 정도로 신장되었다는 사실이었다. 거의 20년 동안 한중교역은 매년 2자리 숫자로 지속적으로 신장되었다. 결과적으로 이것이 한중 양국이 보다 긴밀한 관계를 유지하도록 한 주요 동인이 되었다. 한중 양국은 상호 도움이 되는 교역관계를 지속적으로 유지하겠다는 열망으로 인해 정치적 위기를 최소화하거나 선제적으로 관리했다. 한중 교역관계 급증은 1990년대 당시는 물론이고 2000년대 초반까지만 해도 위협적이지 않았다. 그러나 중국이 미국을 추월하여 한국의 제1의 경제 파트너로 부상한 2004년, 한국의 정책가들은 한국이 경제적으로는 중국과 긴밀한 관계를 유지하고 있는 반면 안보적으로는 미국과 동맹관계를 유지하고 있다는 사실을 주목하기 시작했다. 한국 기업인들 내부에 한중관계를 보호하고자 노력하는 '중국 로비' 세력이 출현했다. 이들의 경우 중국을 중간재를 조립 및 생산하여 미국의 소비시장으로 수출하기 위한 저렴한 생산기지로 오랜 기간 동안 생각해왔기 때문이었다.

한중관계에 관한 한국의 관점은 1990년대 후반의 마늘파동에도 불구하고 놀라울 정도로 유순한 형태였다. 마늘파동 당시 중국은 한국이 중국의 마늘 수입을 허용하지 않자 그 보복으로 한국의 첨단 전자 및 통신 장비의 수입을 금지시켰다. 당시의 마늘파동은 한중 양국이 분쟁에 휘말리는 경우 중국이 한국 경제에 피해를 줄 목적으로 사용할 수 있는 지렛대에 관한 한국인들의 경각심을 불러일으켰다.[4] 그러나 2001년 중국이 세계무역기구(WTO)에 가입하면서 글로벌 경제에 통합될 수 있었다. 결과적으로 분쟁 해결을 위한 국제적 메커니즘 정립을 통해 중국의 무역 보복 전망을 완화시킬 수 있었으며, 공정한 조건에서 경제적 갈등을 해결할 수 있게 되었다. 한국의 대기업들이 중국에 대거 투자할 수 있는 여건이 조성된 것이다. 결과적으로 중국이 세계무역기구에 가입한 이후 한국의 대중 교역 및 투자가 거의 매년 30% 정도 급증했다.[5]

고구려의 기원을 놓고 2004년에 벌어진 논쟁으로 인해 중국에 대한 한국인들의 태도가 급변했다. 한국의 정책가들과 전략가들이 한중협력에 입각한 한국의 경제적 이익과 한미동맹을 통한 안보적 이익이 상호 대립될 가능성과 관련하여 공개적으로 논의하는 상황이 벌어진 것이다.[6] 이들 논의의 많은 부분은 한국이 경제적으로 중국 시장에 노출되어 있다는 사실을 중심으로 진행되었다. 이들 논의는 한국이 경제적으로 중국에 대거 의존하고 있다는 사실로 인해 정치 및 안보 문제와 관련하여 중국의 협력을 얻기가 어려워진 것은 아닌가? 라는 질문을 중심으로 진행되었다. 이 같은 한중협력에는 중국의 한국 외교 시설에 진입하는 방식으로 한국으로 안전하게 들어오고자 노력한 탈북자들을 처리하는 문제, 북한 관련 6자회담을 통해 한중협력을 증진시키기 위한 전략이 포함되어 있었다. 고구려 관련 중국의 동북공정은 한국이 선택 가능한 대안에 관해서 뿐만 아니라 미국과 중국 가운데 전략적으로 어느 국가를 선택해야 할 것인지에 관해 한국의 전문가들을 보다 전략적으로 사고하도록 만들었다.

2005년 노무현은 균형자란 개념을 도입했다. 결과적으로 미중 간의 한국의 전략적 선택에 관한 논쟁이 초래되었다. 처음에 노무현이 균형자 개념을 언급했던 것은 부상하고 있던 중국과 일본 간의 갈등 상황에서 한국이 할 수 있는 건설적인 역할을 증대시키기 위함이었다. 그럼에도 불구하고 균형자란 개념은 한국이 중국과 관계개선을 추구하는 한편 미국으로부터 상대적으로 자율성을 추구해야 할 것인지에 관한 논의의 일부로 해석되었다.[7] 주한미군의 전략적유연성에 관한 한미 협상은 한국이 미중분쟁에 연루될 가능성을 우려하고 있음을 보여주었다. 마찬가지로 한국이 한미동맹 차원의 협력을 희생시키는 가운데 자국의 자율성을 강조하고 있는 듯 보였다.[8]

경제적으로 점차 한국이 중국에 의존하는 상황을 우려했던 노무현 정부는 미국과 자유무역협정(FTA)을 협상했다. 이 같은 자유무역협정은 무역 경쟁력과 세계화를 이용하기 위한 보다 포괄적인 한국의 전략 가운데 일부였다. 그러나 노무현 정부가 한미 자유무역협정을 추구하기로 결심하게 된 것은 부분적으로는 한국의 고위급 관리들이 점차 증대되고 있던 대중 경제적 의존도에 대항하기 위한 방안을 열망했기 때문이었다.[9] 또한 한미 자유무역협정은 미국에게도 중요한 의미가 있었다. 환태평양 경제동반자협정(TPP)에서 아시아 동반 국가들과 보다 야심적인 다자 무역합의를 미국이 추구할 수 있도록 해준 촉매란 점에서 2011년 당시 중요한 의미가 있었던 것이다. 노무현 정부는 글로벌 교역체계에서 선도적인 수출국가로서의 이점을 극대화시키고자 노력했다. 또한 노무현 정부는 동북아협력구상(Northeast Asia Cooperation Initiative) 아래서 다자협력을 지원하기 위한 다자적 틀을 촉진시킬 목적으로 헤징했을 뿐만 아니라 노력했다.[10]

이명박 정부는 번성하고 있던 한중교역 관계에 지속적으로 의존했다. 그러나 또한 동아시아 지역 차원에서 부상하고 있던 중국의 영향력에 대항하기 위한 방안으로 한미동맹의 위상을 높였다. 이명박이 중국을 처음 방문하기 직전인 2008년 어느 날, 중국 외교부 대변인은 한미동맹을 "역사의 잔재…냉전시대의 유물…"[11]로 표현했다. 외교부 대변인은 한국이 한미 안보동맹을 약화시킨 후 중국과 보다 가까운 관계를 유지했으면 좋겠다는 중국의 열망을 공개적으로 암시했다. 이명박 정부는 한미동맹에 부여하는 상대적 의미와 남북관계 측면에서 노무현 정부와 매우 상이한 접근방안을 택했다. 중국을 실망시키는 형태의 접근방안을 택했다. 2009년 6월 이명박 정부는 한미 합동비전성명서 채택을 통해 한미 안보동맹의 범주를 강화시켰을 뿐만 아니라 확대시켰다. 대북 포용정책을 포기함으로서 북한과의 긴장을 고조시켰다. 그러자 중국은 이명박의 대북 접근방안에 보다 회의감을 표명했다. 북한이 서해상에서 한국해군 함정 천안함을 격침시키고, 연평도를 포격한 2010년 한국은 유엔에서 북한에 책임을 추궁하고자 노력했다. 중국은 이 같은 한국의 국제적 차원의 노력으로부터 북한을 보호해주었다. 이 같은 모습을 보며 한국인들이 매우 실망했다.

이명박 정부 당시의 한중관계가 상대적으로 정체상태를 보였다면 박근혜와 시진핑 집권 초기에는 긍정적인 관계로 복원되었다. 박근혜는 중국인들에게 친근감을 표시할 목적으로 자신의 중국어 실력을 강조했다. 시진핑은 다수의 국제 및 양자 포럼에서 박근혜와 지속적으로 만난 반면 김정은과의 회동을 거부했다. 많은 분석가들은 한중 양국 지도자 간의 원만한 관계를 보며 한국이 중국에 경도되었다고 생각했다. 특히 박근혜가 2차 세계대전 종전 70주년을 기념하기 위한 퍼레이드와 행사에 참석하기 위해 2015년 9월 북경을 방문한 이후 그러하였다. 그러나 박근혜는 양국 지도자가 원만한 관계를 유지했음에도 불구하고 한국의 대북정책과 관련하여 중국의 지원을 얻지 못했다. 일본에 대항하여 한국을 중국과 일치시키고자 한 시진핑의 노력도 별다른 효과가 없었던 듯 보였다. 더욱이 미중 간의 전략적 대결에서 허둥대는 모습을 보이지 않도록 한미동맹 차원의 강력한 협력을 유지하기 위한 박근혜의 노력은 지속되었다. 7장에서 설명한 바처럼 박근혜는 또한 동북아지역 협력과 미중 협력을 촉진시키기 위한 일환으로 동북아지역에서 기능적 성격의 다자협력을 강화하기 위해 노력했다. 동북아평화협력구상(NAPCI)은 이 같은 성격이었다.

박근혜는 대선 유세 발언과 정부 정책에서 미중관계 악화에 관해, 이 같은 악화가 한국의 안보환경에 미칠 영향에 관해, 우려를 표명했다. 박근혜는 한국이 처해 있던 안보환경을 아시아 패러독스란 용어로 표현하며 이처럼 우려를 표명했다. 2012년의 대선 유세 당시 박근혜는 미국과 중국의 군비경쟁으로 지역 갈등과 분쟁이 고조될 가능성을 우려했다. 그런데 이 같은 갈등과 분쟁 고조는 한국 입장에서 부정적인 결과를 초래할 수 있는 상황이었다.

당시까지만 해도 한국은 미중 간의 전략적 경쟁을 이용하고자 노력하지 않았다. 이들 양국을 이간질하여 서로 싸우도록 만들고자 하지도 않았다. 2014년 3월 윤병세 외교부장관은 한국 고위급 관료와의 회동에서 미중경쟁을 통해 한국이 어느 정도 이득을 볼 수 있다는 의미의 발언을 했다.[12] 한국인들이 윤병세의 이 발언을 비난하기 시작했다. 그러자 이 같은 개념이 곧바로 자취를 감추었다. 그러나 미중경쟁의 존재와 이 같은 경쟁이 한국의 국익에 미치는 함의에 관한 한국인들의 반응은 자기모순적이었으며 애증이 교차하는 형태였다. 중국이 한국의 경제 · 정치 및 전략 상황에 미치는 영향의 증대에 따른 거의 모든 측면과 연계되어 있는 비용과 이득의 결과인 이 같은 애증 교차는 증대될 가능성만 있을 것이다. 한편 미국과 비교하여 상대적으로 중국의 국력이 신장되자 미국과 중국에 대한 한국인들의 인식이 미국에 우호적인 방향으로 바뀌었다.

한국은 미국과 중국 가운데
어느 국가를 선택해야 할까?

중국에 대응하기 위한 방법에 관한 한국의 논쟁은 주로 다음과 같은 대안을 중심으로 진행되었다. ⑴ 방대한 세력인 중국과의 적대감정 추구로 인해 발생 가능한 비용과 손실을 줄이는 반면 협력을 유지할 목적에서 중국의 요구 수용 ⑵ 중국의 부상이 한국의 안보에 미칠 부정적인 영향에 대응한다는 차원에서 한미동맹 강화. 이 같은 방식으로 중국에 대항한 세력균형 추구 ⑶ 중국의 부상에 따른 부정적인 영향에 대비하여 헤징하는 등 미국과 중국 가운데 특정 국가를 전략적으로 선택해야 하는 상황을 회피하거나 뒤로 미룸 ⑷ 미국과 중국의 공동 이익 영역을 촉진 또는 확대하는 방안을 강구하거나, 미중 간의 분쟁 확산을 저지하기 위한 방안을 강구하는 방식으로 한국의 행동의 자유 유지 ⑸ 미국과 중국이 서로 다투도록 하는 방식으로 한국의 행동의 자유 극대화 추구. 이처럼 할 수 있도록 미중 경쟁을 교묘히 이용하는 형태의 독립적인 외교정책 추구.

이들 대안이 반드시 상호 배타적인 성격은 아니다. 한국은 종종 이들을 결합하는 형태의 대안을 추구했다.

중국의 요구 수용

한미동맹에 대한 의존도를 줄이고자 장기간 동안 노력해왔던 한국의 진보진영 인사들은 한국의 자율성을 증진시키기 위한 수단으로 한중관계 강화를 생각했다. 특히 노무현 정부 당시 그러하였다. 2006년 로버트 로스(Robert S. Ross)는 노무현 정부의 대북정책을 한국을 미국과 비교하여 중국에 보다 더 가까워지도록 만들기 위한 성격으로 생각했다. 그는 주한미군의 전략적유연성 관련 한국의 접근방안을 한미동맹을 희생시키면서 중국의 요구를 수용하기 위한 전략의 일환으로 생각했다.[13] 이들 상황발전을 보며 한미동맹의 미래에 관해 한미 양국 안보공동체 내부에서 의문이 제기되었다. 중국 부상의 관점에서 이처럼 의문이 제기되었다.

2009년 데이비드 강(David C. Kang)은 한국과 미국 모두 중국에 세력균형을 취한 것이 아니고 중국의 평화로운 굴기(屈起)를 수용해왔다고 주장했다.[14] 보다 최근 2015년의 마이니치신문 사설에서는 북경의 군사 퍼레이드를 박근혜가 참관함으로서 한국이 안보 문제와 관련하여 중국 편을 들고 있다는 잘못된 인상을 일본과 미국이 받을 수 있었다고 말했다. 그러면서 제대로 균형 잡힌 형태의 정상외교(頂上外交)를 선제적으로 채택하라고 박근혜에게 촉구했다.[15] 이 발언은 한국이 어느 순간 미국과 일본을 멀리한 채 중국에 경도될 것이란 주장을 암시한 단정적인 사례였다.

중국의 분석가들은 한미동맹과 대등한 수준의 한중동맹을 체결하는 방식으로 한국이 중국의 요구를 수용할 수도 있을 것이란 아이디어를 넌지시 비쳤다. 칭화대학의 옌쉐통(閻學通)에 따르면 한중 양국은 "일본 위협, 북한 핵 위협, 동아시아 평화유지"[16]와 같은 다수의 중요한 형태의 상호 이익을 갖고 있다고 한다. 천딩딩(陳定定)은 이들 이익으로 인해 장기적으로 한국이 중국과 동맹을 체결할 가능성이 있다고 주장했다.[17] 중국의 이익을 한국이 수용해야 한다는 관점을 옹호하는 한국인들은 중국 시장이 제공해주는 경제적 기회가 너무나 소중하여 간과할 수 없는 수준이라고 주장하고 있다. 중국이 자국의 핵심 이익으로 인식하고 있는 분야에서 한국이 중국에 적대감을 표명하는 경우 궁극적으로 엄청난 손해를 보게 될 것이라고 주장하고 있다. 지난 20년 동안 매년 2자리 숫자의 교역 성장을 통해 양국이 얻은 경제적 이익을 고려하여, 한국이 상호 경제적 기회를 극대화하기 위한 방안으로서 중국의 이익을 수용하는 형태의 접근방안을 적극 추진하게 된 것이다.

중국의 이익을 수용하는 형태의 한국의 전략의 이면의 논리는 중국의 보복 위험과 이 같은 보복에 따른 한국의 경제 및 전략적 손실을 고려해볼 때 한국이 중국과 대립할 여력이 없다는 것이다. 한국이 중국의 이익을 수용해야 한다는 관점을 옹호하는 일부 사람들은 보다 긴밀한 한중관계를 안보적 측면에서 오랜 기간 동안 한국이 미국에 의존해왔다는 사실을 완화시켜줄 수 있는 전략적 기회로 인식하고 있다. 이들은 긴밀한 한중관계가 한국의 자율성과 행동의 자유를 증진시켜줄 것으로 생각하고 있다. 이들은 오랜 기간 동안 한국이 미국에 의존해왔다는 사실을 완화시키기 위한 전략적 기회로 긴밀한 한중관계를 생각하고 있는 것이다.

더욱이 중국과 관련한 한국의 경제적 이익이 신장되면서, 한국 업계에서는 '중국 로비'란 용어가 출현했다. 이 용어를 사용하는 집단은 중국과의 거래를 통해 상당한 이득을 보고 있는데, 특히 중국의 저렴한 인건비를 이용하여 그러한 실정이다. 이들은 한국을 강제 압박할 목적으로 중국이 자국의 경제적 지렛대를 사용할 수도 있을 것이란 우려에서 중국의 이익을 수용하는 경향이 있다. 한국이 중국의 이익을 수용하는 전략에 전적으로 또는 과도하게 의존하는 경우 한국이 중국의 전략적 영향권 안으로 들어올 수밖에 없을 것이라고 중국의 전략가들이 생각하게 될 가능성이 있을 것이다. 특히 중국이 부상하고 한국이 경제적으로 중국에 의존하게 되는 경우 그처럼 될 것으로 생각하게 될 가능성이 있을 것이다.

세력균형 추구

한국이 중국에 대항하여 세력균형을 추구할 수도 있을 것이다. 그러나 한국의 전문가들은 중국에 대항한 세력균형을 아직 강력히 권고하지 않고 있다. 많은 한국의 외교정책 요원들과 신문 사설은 사드체계 한반도 배치, 한국 영해에서의 중국인들의 불법 조업 같은 사안과 관련하여 국익수호 차원에서 원리원칙에 입각한 태도를 견지해야 한다고 주장했다. 그러나 중국의 부상에 대비하여 헤징 전략을 구사하고 있는 한국이 세력균형 전략으로 전환하려면 나름의 계기가 있어야 할 것이다.[18] 박정희가 아시아에서의 중국의 침략행위에 대항하기 위한 미국의 노력을 지원한 1960년대 이후, 한국은 중국에 대항하여 분명한 형태의 세력균형 정책을 취하지 않았다. 한국이 중국에 대항하는 경우 중국이 한국을 미중경쟁의 중심 지역이 되도록 만드는 반면 대북 지원을 배가시킬 가능성이 있다. 이 같은 사실을 고려해보면 한국이 중국을 겨냥한 세력균형을 취하지 않고자 하는 현상은 충분히 이해가 간다.

헤징 또는 선택회피

한국의 분석가들이 선호하는 전략은 헤징 또는 선택회피 전략이다. 한국과 외국의 전문가들은 미국과 중국 가운데 특정 국가를 전략적으로 선택해야만 하는 상황을 모면할 목적으로 가장 잘 헤징하기 위한 방법과 관련하여 다양한 관점을 제기하고 있다. 그러나 일반적으로 말하면 헤징은 한국이 중국 및 미국 모두와 좋은 관계를 유지해야 함을 의미한다. 특정 사건에 연루되지 않도록 모든 분쟁과 대립에서 미국과 중국 가운데 특정 국가의 입장을 지지하지 않아야 함을 의미한다.

서울대학교 교수 정재호는 한국에 다음과 같이 권고했다. "…성급하게 어떠한 구체적인 선택을 하면 안 됩니다. 이처럼 하면 한국이 선택할 수 있는 전략적 대안이 제한될 수 있습니다." 정재호의 발언이 의미하는 바는 한국이 선택하면 안 된다는 것이 아니고 성급하게 선택하면 안 된다는 것이다. 정재호는 "미국과 중국 모두의 기분을 상하게 하지 않으면서 한국이 적정 입장을 견지하기가 점차 어려워질 것이다."[19]는 사실을 인정하고 있다.

엘렌 김(Ellen Kim)과 빅터 차(Victor Cha)는 한국은 미국과 중국 사이에서 특정 편을 들지 않기 위해 두 가지 대안을 선택할 수 있다고 주장하고 있다. 첫째, 사안별로 중국 또는 미국이 좋아하는 대안을 선택할 수 있을 것이다. 둘째, 한국은 중국 및 미국과 자국의 관계가 상호 배타적 성격이 아니라고 생각할 수 있을 것이다. 결과적으로 한국, 미국 및 중국이 협력적인 관계를 유지하는 한 선택을 피할 수 있을 것이다. 이 같은 맥락에서의 선택 회피는 미중협력을 교묘히 이용하지만 미중협력을 적극 독려하고 있지 않다는 점에서 수동적인 접근 방안이다.[20]

연세대학교의 한석희는 미국과 중국을 겨냥한 한국의 정책을 이중 헤징 또는 전략적 헤징으로 표현했다. 한석희는 다음과 같이 주장했다. "이중 헤징과 비교한 한국의 전략적 헤징에서 추구하는 주요 목표는 미국과 중국이란 2개 강대국에 대항한 세력균형 추구가 아닙니다. 이들의 이익을 수용하거나 어느 정도까지는 이들에 편승할 목적의 것입니다. 한국의 전략적 헤징이 추구하는 주요 목표는 중국 및 미국과 우호적인 관계를 유지하는 것입니다. 이 같은 측면에서 보면 한국은 상호발전 측면에서 비교 이점이 있는 분야에서 미국 또는 중국과 자국의 양자 협력을 강조하는 경향이 있습니다."[21] 미중경제안보검토위원회(U.S.-China

Economic and Security Review Commission) 보고서에서는 한국이 또 다른 유형의 헤징을 추구하고 있다며 다음과 같이 말하고 있다. "한국은 미국 뿐만 아니라 중국과 안보관계를 발전시키고 있다."[22]

프린스턴대학교 교수 길퍼트 로즈먼(Gilbert Rozman)에 따르면 중국에 대항한 안보협력 차원에서 일본과 미국이 '무거운 헤징'을 하고 있다면 한국은 중국을 겨냥하여 '가벼운 헤징'을 하고 있다. 보다 긴박한 북한 위협에 초점을 맞추어 이처럼 하고 있는데 이는 이해할 수 있는 부분이다. 그 과정에서 한국은 중국을 전략적동반자로 바라보고 있다.[23] 박진은 중국이 점차 자신감 넘치는 파워를 갖게 되면서 박근혜 정부가 안보 분야에서 어느 정도 애매한 형태의 '무거운 헤징'을 추구했을 뿐만 아니라 경제관계에서의 중국 이익 수용과 정치관계에서의 보다 균형 잡힌 헤징을 또한 추구했다고 생각하고 있다.[24] 그러나 미중 간의 전략적 경쟁이 격화되면서 한국의 지속적인 이중 헤징이 보다 어려워질 수도 있을 것이다.

1990년대 이후 한국은 중국과 전략 및 경제적 협력을 발전시키는 한편 미국과 강력한 동맹을 유지하는 방식으로 헤징을 추구했다. 이 같은 헤징 차원에서 적어도 2016년까지 한국은 일본과의 보다 긴밀한 안보협력을 피했으며, 미국 주도 미사일방어망에 합류하라는 미국의 요청을 거부했다. 한국은 동중국해와 남중국해의 영토 분쟁에 관해 침묵을 지켰으며 중국의 최대 교역국가가 되었다. 이처럼 하면서 한국은 또한 미국과 보다 긴밀한 관계를 추구했다. 그러나 한국이 이 같은 헤징 정책을 장기적으로 지속 유지하지 못할 가능성이 있다.

협력안보

한국이 선택할 수 있는 또 다른 전략에 미국과 중국 간에 협력을 독려하고 협력 공간을 확대하기 위해 적극 노력하는 형태가 있다. 주로 지역 차원의 다자협력을 조장하는 방식으로 이처럼 노력하는 형태가 있다. 이 전략은 미국과 중국의 협력관계가 한국에 도움이 되는 반면 경쟁관계가 손해가 된다는 가정에 근거하고 있다. 동북아평화협력구상은 고조되고 있는 지역 갈등 또는 주요 열강들의 대립 가능성에 대비한 완충 장치로서 동북아지역에서 기능 분야 협력을 촉진시키기 위한 한국의 노력을 보여주는 사례일 것이다. 노무현 정부 당시 동북아시대위원회 위원장이던 문정인은 2005년 다음과 같이 주장했다. "한국은 동북아지역을 괴롭혔던 만성적인 불화와 불협화음을 공개외교(Open diplomacy)를 통해 중재해야 합니다. 새로운 형태의 협력 및 통합 질서를 구축해야 합니다."[25] 이전의 장(章)들에서 보인 바처럼 노태우 이후의 거의 모든 한국 대통령은 협력안보를 추구했다. 그러나 이들 아이디어 가운데 어느 것도 실현되지 못했다. 간단히 말해 한국은 이 같은 비전을 구현할 수 있을 정도의 영향력을 동북아지역에서 견지하고 있지 못한 듯 보였다.

독자적인 외교정책

마지막으로 한국이 선택할 수 있는 대안에 자국의 기동 공간을 극대화하고 특정 강대국에 과도하게 의존하는 현상을 피할 수 있도록, 강대국들이 서로 다투도록 만드는 방안이 있다. 이 같은 방식으로 독자적인 외교정책을 추구하는 것이다. 냉전 당시 북한은 중국과 소련의 사이에서 이 전략을 사용했다. 이 같은 방식으로 중국과 소련으로부터 도움을 받고 자율성을 확보하고자 노력했다. 지금까지 한국은 이 전략을 추구하지 않았다. 그럼에도 불구하고, 한국의 전략적 사고에는 강대국 이익과 자국의 이익을 일치시키지 않는 독립적인 한국 또는 중립적인 한국의 가능성을 열망하는 이상적인 사고가 항상 있었다. 향후에도 한국의 자율성 열망은 전략적 선택에 관한 한국의 담론에서 상당한 영향력이 있을 것이다. 어느 강대국도 한국을 안보적으로 완벽히 보장해줄 수 없는 상황이 되는 경우 특히 그러할 것이다. 이 같은 자율성 열망은 미국과 중국의 세력이 대등해 보이는 기간이 장기간 동안 지속되고, 한국이 자국 방어를 감당할 충분한 능력이 있는 상태에서 부상할 가능성이 가장 높을 것이다.

한국의 국력이 신장되면서 강대국과의 관계에서의 보다 많은 자율성 추구가 한국의 전략적 담론에서 이미 많은 비중을 차지하기 시작했다. 한국의 외교부장관 윤병세는 다음과 같이 말하면서 강대국들의 경쟁을 교묘히 이용해야 한다는 개념을 암시했다. "지역의 어느 평론가는 한국이 강대국들 간의 싸움에서 피해를 보고 있거나 이들 간의 사이에서 입장이 곤란한 상태에 있다고 표현했습니다. … 미국과 중국 모두로부터 구애(求愛)를 받는 것이 골치 아픈 일일 수 없습니다. 딜레마일 수 없습니다. 소위 말해 이것이 축복일 수 있습니다."[26] 그러나 이 같은 발언과 관련하여 한국의 전문가들이 윤병세를 비판했다. 이들은 한국의 딜레마를 축복으로 표현하면서 윤병세가 지나치게 즐거워하고 있는 듯 보인다고 말했다.[27]

그러나 한국해양전략연구소의 윤석준은 윤병세의 관점에 공감을 표명하며 다음과 같이 주장하고 있다. "오늘날의 한국의 입지가 새로운 기회를 제공해주고 있습니다. 이는 일대 축복이며, 해결 불가능한 딜레마가 아닙니다."[28] 황병무 또한 다음과 같이 말하고 있다. "미중 간에는, 중일 간에는, 대결과 협력이 모두 전망됩니다. 이는 어느 한 측을 선택해야 하는 입장으로 한국이 내몰리는 것이 아니고 국가목표를 추구할 수 있는 보다 많은 공간을 누릴 수 있다는 의미입니다."[29] 코리어 헤럴드에 기고한 글에서 김성곤은 다음과 같이 제안했다. "한때 힘없던 한국이 이제 강대국 간의 싸움을 교묘히 이용할 수 있는 입장이 되었습니다. 예를 들면 사드를 지렛대로 북한에 영향력을 행사하라고 중국에 요구할 수 있을 것입니다. 상황이 악화되어 사드가 한국에 중요해지는 시점이 도래하는 경우 사드를 한국에 자비(自費)로 배치하라고 미국에 요구할 수 있을 것입니다. 궁극적으로 사드가 미국과 중국 간의 대립 목적이라고 주장하며 이처럼 할 수 있을 것입니다."[30]

그럼에도 불구하고 한국은 주변국들과 비교하여 약소국이다. 결과적으로 세력균형 전략을 추구하는 경우 나름의 위기를 초래할 수도 있다. 박정희의 외교안보특별보좌관 함병춘은 1972년의 글에서 다음과 같이 말했다.

> 19세기 말경과 20세기 초반 조선은 중국, 일본 및 러시아란 3개 강국이 서로 다투도록 하여 이득을 취한다는 위험한 게임을 했습니다. 조선이 이처럼 역사가 깊은 게임을 어느 정도 정교하게 수행할 수 없었던 것은 조선인들이 천성적으로 세련되지 못했기 때문이었을 것입니다. 그러나 실제 이유는 조선의 힘이 재차 미약했기 때문으로 보입니다. 이 같은 게임으로 3개 열강 간의 상호 불신과 호전성만 높아졌습니다. 어느 순간 조선이 특정 편을 지원하는 방식으로 한반도에서 여타 국가의 입지를 약화시킬 수 있을 것이란 우려를 고조시켰습니다. 더욱이 이 같은 게임으로 인해 주변국들에게 조선인은 잔꾀에 능하고 기만적이란 인상을 주었습니다. 결과적으로 이들 국가가 조선의 멸망을 보다 열망하게 되었습니다.[31]

분명히 말해 오늘날 한국의 국력은 19세기 후반과 20세기 초반 또는 함병춘이 상기 글을 저술한 1972년 당시와 비교하여 보다 막강한 수준이다. 그러나 한국의 상대적 국력은 북한을 제외한 나머지 주변국들과 비교하여 아직도 열세에 있다. 이 같은 사실로 인해 한국이 독자적으로 자국의 안보환경을 조성하기에는 본질적으로 한계가 있는 것이다.

미래 전망:
미국과 중국 간 한국의 선택을 결정하는 요인들

미국과 중국 가운데 한국이 전략적으로 어느 국가를 선택할 것인지를 결정해주는 주요 요인은 결국 다음과 같은 3가지 사실과 관련이 있을 것이다.

첫째, 한국이 미국과 중국의 상대적 국력에 민감한 반응을 보인다는 사실이다. 특히 국제환경과 국제질서 관련 글로벌 법칙을 조성하는 과정에서의 이들 국가의 상대적 능력에 의해 결정되는 양국의 국력에 민감히 반응한다는 사실이다. 결국 한국은 주도적인 글로벌 파워가 조성한 국제질서 관련 법칙에 입각하여 또는 글로벌 질서를 특징짓는 주도적인 규범에 입각하여 생활해야 할 뿐만 아니라 자국의 안보와 번영을 추구하고자 노력해야 할 것이다. 오늘날 한국의 정책은 투명성, 자유시장(Free market), 법의 지배 이외에 지금까지 주로 미국이 조성한 레짐에 입각한 글로벌 교역 관련 규칙을 최대한 이용하는 형태였다.

둘째, 한국은 미국과 중국의 외교정책 의도에 주목해야 하는 입장이다. 미국이 중국의 굴기를 다루는 방식, 즉 중국을 봉쇄하는 방식으로 또는 중국을 수용하는 방식으로 중국의 굴기 문제를 다루고자 하는지 여부, 성장일로에 있는 자국의 국력을 이용하여 미국 주도 글로벌 질서를 중국이 수정하고자 하는지 여부가 중요한 요인이다. 한국은 보다 많은 협력을 즐기고 이익과 정책을 일치시키는 과정에서의 미중 간의 협력과 갈등의 상대적 수준에 민감한 입장이다. 이들 양국이 이익과 정책을 보다 많이 일치시키는 경우 한국은 미중 간에 특정 국가를 선택해야 한다는 압박을 보다 적게 받을 것이다. 미중이 협력하는 경우 한국의 행동 공간이 확대될 것이다. 이 경우 한국의 전략적 이익과 목표에 가장 많은 도움이 되는 환경을 조성하면서 미국과 중국의 영향력을 쉽게 동원할 수 있을 정도로 한국의 행동 공간이 확대될 것이다. 반대로 미국과 중국 간에 갈등의 수준이 높은 경우 한국의 기동 공간이 제약받게 될 것이다. 한국이 미국과 중국 사이를 왕래해야만 한다고 느끼게 되는 환경이 조성될 것이다. 이 같은 상황에서 한국은 미국과 중국 가운데 특정 국가의 이익과 자국의 이익을 일치시켜야 한다고 느낄 수 있을 것이다. 자국의 기동의 자유를 극대화할 수 있도록 이들 강대국 간에 대립을 부채질해야 할 것으로, 또는 가능한 한 전략적 선택을 하지 않아도 되는 중립을 추구해야 할 것으로, 느낄 수도 있을 것이다.

셋째, 한국은 자국과의 상호작용 당시 미국과 중국이 사용하는 방안과 이 같은 방안의 형태에 민감한 반응을 보이고 있다. 특히 강대국과의 상호작용에서 한국을 존중해주는 형태의 상호작용에 주목하고 있다. 이 요인은 한국이 강대국들 간의 경쟁으로 오랜 기간 동안 핍박을 받았다는 사실을 민감히 생각하고 있음을 보여주는 부분이다. 한국의 도움을 받고자 하는 경우 미국과 중국은 이 같은 한국의 전략적 입장, 존중을 받고자 하는 열망, 한국이 미중 경쟁 측면에서 점차 중요한 부분을 제공해줄 수 있는 국가란 사실을 고려해야 할 것이다.

이 같은 측면에서 보면, 한국의 지원을 얻기 위해 강대국이 사용할 수 있는 효과적인 전략은 강압적이거나 고압적인 행동이 아니고 한국의 전략적 중요성과 기여를 구체적으로 인정하고 평가하는 형태일 것이다. 한국이 자국의 외부 환경을 고려하여 전략적으로 특정 국가를 선택할 당시 이들 한국의 선택에 영향을 미칠 국제적 요인은 주로 이들 3개 요인과 관련이 있을 것이다.

미국과 중국 간의 상대적 세력균형

한국의 분석가들이 자국의 전략 환경을 고려하여 전략적으로 선택할 당시 이 같은 선택에 영향을 미칠 주요 요소에 미국과 중국의 상대적 세력균형이란 부분이 있다. 역사적으로 한반도 국가들은 자국의 안보와 주권 보존을 위해 노력했다. 그러면서 한반도에 가장 많은 영향을 미칠 수 있는 국가와 긴밀한 관계를 유지하고자 노력했다. 중국의 세력이 주도적이었을 당시 한반도 국가들은 당연히 중국과 이익을 일치시켰으며, 중국의 많은 문화적 규범을 수용했다. 한반도 사람들이 고유한 문화를 유지하고 있는 경우에서조차 그처럼 하였다.

예를 들면 조선과 중국 간의 조공관계는 상징적으로 중국이 조선을 보호해주는 반면 중국에 대한 조선의 충성심을 강화해주는 형태의 경제적 관계였다. 당시 한반도에 대한 중국의 영향력이 주도적인 형태였다는 점에서 중국은 규범질서뿐만 아니라 위계질서(位階秩序)를 제공해주었다. 이 같은 위계질서를 통해 지역 질서와 안정이 유지되었다. 조선은 중국의 위상을 인정했을 뿐만 아니라 중국이 제공해주는 안보를 수용했다. 그러나 가장 중요한 부분이지만, 조선은 국제관계를 규정짓는 규범적인 기반으로서 중국의 사고(思考)를 수용했다. 데이비드 강은 이 같은 상황을 아시아의 전통적인 중국 중심 질서에서 가장 중요한 부분으로 생각하고 있다. 그런데 중국 중심의 질서는 제대로 이해(理解)된 중국과 주변국들 간의 위계질서와 세력 관계에 근거하고 있었다. 결과적으로 보면 이들 관계가 수천 년은 아닐지라도 수백 년 동안 아시아의 평화와 안정을 유지해준 주요 부분이었다.[32]

따라서 동아시아지역 잠재적 패권국으로의 중국의 재부상으로 한국 근대사에서 최초로 안보적으로 한국을 보호해주고 경제적으로 도움을 줄 수 있는 최상의 국가가 어느 국가인지란 문제를 놓고 논쟁이 시작된 것이다. 한국의 전략적 선택에 영향을 미칠 요인 가운데 가장 중요한 요인을 결정하는 문제, 특히 중국의 세력이 미국의 세력에 도전하는 수준이거나 미국의 세력을 추월할 가능성이 있는 상황에서 이들 요인을 결정

하는 문제는 단순히 미국과 중국을 동일한 저울 위에 올려놓은 상태에서
중국이 지칭하는 "포괄적인 국력"을 측정하는 것과 비교하여 훨씬 복잡
한 일이다. 한국인들이 미국을 대신하여 중국이 아시아의 주도적인 행위
자가 될 가능성이 있을 것으로 예상하고 있음을 고려해보면, 지리적 측
면에서의 한중 양국의 상대적 인접성, 동북아지역에서의 미중경쟁, 글
로벌 질서를 구성하고 있는 규범에 대한 미국과 중국의 영향력을 포함한
다양한 영향력을 고려해야 할 것이다.

미국과 중국의 상대적 경제력

경제적 측면에서의 중국의 굴기는 한중간의 경제적 상호의존성 증대
로 기존의 한미 안보동맹이 어느 정도 약화될 수도 있을 것이란 한국 내
부의 논쟁에서 중심적인 부분이었다. 경제적 측면에서의 중국의 부상으
로 한국이 안보적으로는 미국에 충성하는 반면 경제적으로는 중국에 충
성하는 상황이 벌어질 수 있기 때문이었다. [그림 9.1]이 보여주고 있는
바처럼 한중교역 규모는 미국 및 일본과 한국의 교역 규모를 합친 것보

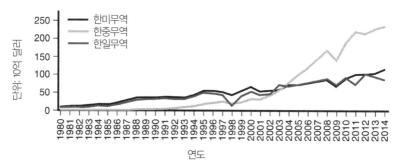

[그림 9.1] 중국, 일본 및 미국과 한국의 무역(1980-2014)
출처: Korean Statistical Information Service 국자통계, Trade Statistics
Yearbook 무역통계연보, http://kosis,kr/statHtml/statHtml,do?orgId=360&tblId=
DT_1R11006_FRM101&vw_cd=MT_ZTITLE&list_id=360_36002&seqNo=&lang_
mode=ko&language=kor&obj_var_id=&itm_id=&conn_path=E1#.

다 많은 수준이다. 그러나 한국이 교역과 투자 측면에서 중국에 의존하고 있다는 사실이 한미동맹의 강도에 가시적으로 영향을 미치지는 않았다. 사실 한미동맹은 한국의 대 중국 경제의존도가 점차 높아지고 있음에도 불구하고 2000년대 중반 이후 보다 강력해졌다. 자유주의 이론가들은 경제적 상호의존성 증대를 군사 분쟁 가능성을 낮춰주는 요인이라고 말하고 있다. 특히 경제적 측면에서의 한중 양국의 상호의존성 증대가 미국과 중국 간의 깊은 경제적 상호의존성과 병행적으로 이루어지고 있다는 사실을 고려하여 그처럼 말하고 있다. 이 같은 주장에 대한 주요 반론에 1차 세계대전 당시 유럽 국가들 간의 경제적 상호의존성, 특히 영국과 독일 간의 경제적 상호의존성이 매우 높은 수준이었음에도 불구하고 1차 세계대전의 발발을 막지 못했다는 사실이 있다.

지금까지의 결과를 놓고 보면, 한국의 한중교역 의존도가 높아졌다고 한국의 전략적 선택과 관련한 중국의 정치적 영향력이 증대된 것은 아니었다. 특히 안보와 관련하여 그러하였다. 이 같은 한중교역 측면에서의 의존도 증가는 국가적 차원의 선택보다는 주로 민간 부문의 선택에 영향을 미친 듯 보인다. 정치적 위기를 관리하고, 교역 다변화를 추구하며, 중국에서의 비즈니스 비용 증가에 대처해야 할 것이란 열망으로 인해 한국 기업들이 중국을 대체하기 위한 투자 지역을 열심히 찾아나서는 상황이 벌어졌던 것이다. 그러나 한국정부 주도의 전략적 고려가, 즉 안보는 미국에 경제는 중국에 의존할 것이란 정부 차원의 전략적 고려가, 한중 경제관계 유형에 미친 영향은 부차적인 성격이었던 듯 보인다. 이 외에도 중국의 한국 투자가 늘어나면서 한국에서 중국의 영향력이 과도한 수준이 되고 있다는 우려가 초래되었다. 그럼에도 불구하고 한국 민간 부문의 상기 우려가 교역과 투자를 통해 중국이 한국에서 정치적으로 결정적인 영향력을 행사하게 될 가능성을 낮춰주고 있다.

반대로 북한의 천안함 격침과 연평도 포격 이후 한국인들은 한중 경제관계가 신장된다고 한국이 중국의 정치적 결심에 보다 많은 영향을 미칠 수 있는 것은 아니란 사실을 확인했다. 한중교역 규모가 북중교역 규모와 비교하여 적어도 30배 이상임에도 불구하고 중국이 국제사회의 비난으로부터 북한을 보호해주고 있음을 확인했던 것이다. [그림 9.1]은 한미 및 한일 교역 규모와 비교한 한중 교역 규모를 보여주고 있다.

미국과 중국의 상대적 군사력

미국과 중국의 경제력이 한국의 전략적 선택에 미치는 영향이 상대적으로 제한적이라면 이들 국가의 상대적 군사력이 미치는 영향은 어떠한가? 중국군이 근대화되면서 이 같은 요인이 동맹국으로서의 미국의 신뢰성에 관한 한국의 평가에 직접 영향을 미칠 가능성이 있다. 동아시아지역에서 중국이 정치 및 군사적 측면에서의 미국의 역할을 찬탈할 수 있다면, 분명히 말해 미국의 한반도 방위 능력에 관한 한국의 신뢰가 흔들릴 것이다. 역사적으로 한국이 지역 또는 글로벌 차원의 주도적인 세력과 이익을 일치시키는 경향이 있다는 사실을 고려해보면, 한미동맹을 폐기한 후 중국과 함께 할 것인지와 관련하여 적극적인 논쟁이 벌어질 가능성이 있을 것이다. 장기적으로 이는 쉽게 상상해볼 수 있는 상황일 것이다. 역사는 한국이 패권 성향의 지역 또는 글로벌 행위자에 대항하여 여타 국가와 함께 세력균형을 추구하기보다는 가장 강력한 행위자와 행동을 함께할 가능성이 보다 높다는 사실을 보여주고 있다. 그러나 극동지역의 방정식에 미국이 참여했다는 사실은 역사적으로 그 전례가 없는 일이다. 사실 중국의 부상이 미칠 영향에 관한, 이 같은 부상이 미국의 한반도 안보 공약 측면에서 갖는 의미에 관한, 한국의 예상이 한미동맹 측면에서 일종의 마찰의 근원이 될 수 있을 것이다. 미국과 중국 간의 상대적 군사력 격차가 좁혀질 당시 마찰의 근원이 될 수 있을 것이다. 한국은 이미 한편에서는 미국의 세력 약화 전망에 대비한 전략을, 또 다른 한편에서는 중국의 부상이 미칠 부정적인 결과에 대비한 전략을, 운용하고 있다고 한다.

당분간 미국은 글로벌 및 동북아지역 안보에서 주도적인 행위자일 것이다. 군사력을 이용한 직접 대결에서 중국이 미국을 앞설 가능성은 제한적이다. 그러나 미국의 신뢰성에 도전하고 미국의 약점을 노출시킨다는 중국의 비대칭전략이 미국 입장에서 정치적으로 우려스런 부분이다. 이 같은 전략을 통해 중국은 미국의 한반도 방위 공약 준수 능력에 관한 한국인들의 신뢰에 예상외로 조기에 피해를 줄 수도 있을 것이다. 그러나 한국의 실용주의와 현실정치적인 평가를 놓고 보면, 자국 안보의 주요 수단으로서 한미동맹을 대체하기 위한 분명한 방안을 찾을 수 있을 때까지 한국은 미국과 함께 할 가능성이 높을 것이다.

미국과 중국의 국제사회 규범 조성 능력

미국과 중국 간의 상대적 국력 가운데 세 번째 부분이자 한국의 전략적 선택에 중요한 영향을 미치게 될 부분은 글로벌 질서를 조성해주는 법칙과 관습의 제정에 관한 이들 국가의 상대적 능력이란 부분이다. 아직도 미국은 이 부분에서 상당한 우위를 보이고 있다. 오늘날 한국이 비교적 성공적으로 나름의 국력과 국제적 위상을 구축할 수 있었던 것은 2차 세계대전 이후 미국이 주도한 규범 환경을 수용하여 이들 환경을 잘 이용했기 때문이었다. 미국은 글로벌 질서 유지에 필요한 국제사회의 경제 및 안보 규칙을 정했다. 자국의 생존과 번영 측면에서 보면, 지구상 어느 국가와 비교해도 오늘날 한국은 글로벌 규칙에 입각한 자유주의 시장경제 질서에 의존하고 있다. 경제성장 측면에서 한국의 교역 의존도가 매우 높기 때문이다. 한국의 GDP 가운데 거의 절반 정도가 수출에 기인하고 있는 것이다.

그러나 중국의 영향력 증대란 부분이 점차 한국인들의 관심을 끌었다. 보다 많은 한국인들이 중국에서 생활하고 있으며, 중국에서 공부하는 외국인 가운데 한국인이 가장 많은 실정이다. 점차 많은 한국인들이 중국어를 공부하고 있다는 사실은 한국이 중국의 중요성을 인식하고 있음을 보여주는 부분일 것이다. 그러나 미국이 글로벌 질서 관련 규범을 조성하는 주도적 세력으로 남아있는 한 한국인들은 미국을 가장 신뢰할 수 있는 동반자로 생각할 것이다.

이 같은 측면에서 보면, 글로벌 질서에 기여하는 국가로서 자국의 영향력을 신장시키고자 하는 중국의 노력에 대한 한국의 반응을 유심히 살펴볼 필요가 있을 것이다. 한국은 아시아인프라투자은행(AIIB)에 동참하기로 결심했으며, 이곳에서 주요 영향력을 행사할 수 있는 입장이란 사실을 자랑스럽게 여기고 있다. 이 은행의 멤버가 되면서 한국은 이 같은 기관의 관리에 영향을 미칠 수 있게 되었다. 뿐만 아니라 다자적 금융기관 창설 국가로서의 자국의 영향력을 증진시키고자 하는 중국의 노력을 유심히 살펴볼 기회를 갖게 되었다. 그러나 궁극적으로 이 은행은 물론이고 이 같은 여타 기관에 대한 한국의 태도가 리더십과 글로벌 규칙 제정 측면에서 중국이 미국을 대신하는 세력으로 부상하는 정도에 많은 영향을 받게 될 것이다.

미국과 중국의 국력과 한국의 전략적 선택

한국의 전략적 선호에 영향을 미칠 요소 가운데 가장 중요한 요소는 궁극적으로는 한국의 주요 목표인 안보, 번영 및 남북통일을 달성하는 과정에서의 미국과 중국의 상대적 지원 제공 능력뿐만 아니라 상대적 지원 제공 의지일 것이다. 이들 3개 목표 가운데 가장 중요한 부분은 향후에도 안보일 것이다. 안보 제공 능력에 관한 한국의 판단은 주로 어느 국가가 가장 막강한 글로벌 규칙 제정자인지, 어느 국가가 가장 막강한 군사력을 보유하고 있는지와 연계될 것이다. 경제력이 중요한 의미가 있을 것이지만 경제력 자체는 한국의 전략적 계산에서 결정적인 의미는 없을 것이다.

미국과 중국의 국력의 격차가 좁혀질수록 한국은 미국을 대신하여 중국이 동아시아에서 가장 강력한 국가가 될 가능성에 대비해야 한다는 유혹을 보다 많이 받게 될 것이다. 그러나 한국이 중국의 굴기에 순응하고자 하는 유혹을 늦춰줄 몇몇 요인이 있을 것이다.

미국 또는 중국 가운데 어느 국가와 함께 해야 할 것인가란 문제를 놓고 벌어지는 한국 내부의 가장 격렬한 논쟁은 미국과 중국이 군사력과 글로벌 영향력 측면에서 거의 대등한 수준인 상황에서 진행될 가능성이 높을 것이다. 글로벌 및 지역 차원에서의 주도적인 세력이 어느 국가인지 불분명한 상황에서 한국은 한미동맹의 약화를 추구하겠지만 중국을 선뜻 선택하지는 않을 것이다. 이 같은 상황에서는 중립에 관심을 표명하는 목소리가 한국에서 등장할 것이다. 자국 안보 측면에서 미국과 중국 가운데 어느 국가에도 의존하지 않는 상태, 즉 중립국을 추구할 가능성이 있을 것이다.

한국이 중립 상태를 지속적으로 유지할 수 있는지 여부는 미국과 중국이 대등한 능력을 유지하는 기간과 자주국방 차원에서 자주적인 대안을 추구할 수 있는 한국의 상대적 능력에 따라 달라질 것이다. 미국과 중국 간의 세력전이가 점진적으로 또는 장기간에 걸쳐 이루어지는 경우 한국은 중립을 추구할 수 있을 정도로 보다 많은 행동의 자유를 누릴 수 있을 것이다. 군사적 자립 능력 강화의 타당성을 조심스럽게 검토하고자 하는 의혹을 느낄 수 있을 것이다. 이들 능력에는 자율성과 안보를 동시에 달성할 목적에서 독자적으로 핵 억제력을 추구하는 방안이 포함될 수도 있을 것이다. 미국과 중국이 한국을 자기편으로 만들고자 경쟁하는 경우, 전략적으로 대단히 중요한 지역에 위치해 있는 국가인 한국[33]의 독자적인 핵 억제력 구축을 저지하기가 매우 어려울 수 있을 것이다. 특히 한국의 핵 억제력 구축 노력이 한미동맹의 지속 유지와 관련된 논쟁의 와중에서 진행될 것임을 고려해보면 그러할 것이다.

이들 상황에서 한미동맹이 갈등 국면에 접어들 가능성이 클 것이다. 그러나 서재정은 한국이 신속히 한미관계를 정리하지 못하도록, 중국과 함께 하지 못하도록, 하는 몇몇 요인이 있다고 말하고 있다. 첫째, 이미 한미동맹에 투자된 비용으로 인해 한미동맹이 더 이상 한국의 안보를 보장해줄 수 없음이 입증되기 이전에는 한국이 신속히 미국이 아닌 또 다른 파트너를 선택하기가 쉽지 않을 것이다. 둘째, 한미동맹을 어렵게 만들 수 있는 정치적 요인이 존재하는 경우에서조차 한미동맹의 제도화 정도가 양국을 하나로 묶어주는 과정에서 도움이 될 것이다. 셋째, 민주적 가치로 인해 당분간 한국은 미국과 함께 할 가능성이 높을 것이다. 이 같은 가치가 한국의 안보를 보장해주는 주요 세력으로서 중국을 서둘러 선택하지 못하도록 하는 역할을 할 것이다.[34] 한국이 중립국을 선택하거나 중국과 함께 하고자 한다면 이 같은 선택은 점진적으로, 조심스럽게, 마지못해 이루어질 것이다.

미국과 중국의 외교정책 의도, 상대적 갈등과 협력 수준

일부 한국의 분석가들은 한국이 강력한 한미동맹을 유지하는 한편 중국과 경제 관계를 강화할 수 있는 입장이라고 말했다. 그러면서 미국과 중국 간에 선택해야 하는 상황을 피하고 싶다고 말했다.

그럼에도 불구하고 한국은 미국과 중국이 상호 공조할 의향과 능력이 있는 환경에서만 선택을 피할 수 있을 것이다. 따라서 한국은 미국과 중국의 외교정책 의도는 물론이고 이 같은 의도가 협력적인지 아니면 대립적인지를 고려할 필요가 있을 것이다. 한국 입장에서 이는 매우 중요한 부분일 것이다.

미중관계는 협력과 대립이 혼재되어 있는 관계다. 대립 가능성을 효과적으로 관리할 목적에서 협력을 강조하는 복잡한 관계다. 한국은 미국과 중국 가운데 특정 국가를 선택해야 하는 상황에 처하지 않도록, 미중 간의 대립을 억제해주고 한국에 기동 공간을 마련해주는 일종의 완충 수단으로서 미국과 중국의 경제적 상호의존성에 의존하고 있다. 그러나 미국이 중국을 다루는 방식과 관련하여 아직도 중요한 문제가 있다. 미중 간에 긴장과 갈등이 고조되는 상황에서는 교역과 안보 모두란 영역에서 중국에 대항하여 보다 강력한 정책을 추구해야 한다는 요구가 미국에서 부상하게 된다. 특히 트럼프의 아시아 보좌진들이 이처럼 요구하고 있다. 한편 중국은 미국 주도 세계질서를 침해하고자 노력하는 등 점차 자신감을 보이고 있다. 미국과 중국 간에 긴장이 고조되고, 이들 국가가 노골적인 경쟁의 악순환에 빠지는 경우 한국은 자국의 경제적 파트너인 중국과 안보 동맹국인 미국 간에 전략적으로 선택하라는 엄청난 압력을 받게 될 것이다.

미국과 중국이 경쟁을 자제하고 협력 공간을 중요하게 생각하는 경우 한국은 선택할 필요가 없을 것이다. 중국과의 경제적 이익과 한미 안보동맹 모두 손상시킬 필요가 없을 것이다. 이는 한국이 미중 협력을 제도화하기 위한 다자기구를 적극 지원해야 하는 입장이며, 미중 간의 중재에 관심이 있음을 의미한다.

그러나 한국은 미국과 중국을 중재할 수 있을 정도의 능력이 없다. 왜냐하면 미국과 중국 가운데 어느 국가도 자국이 한국의 도움을 필요로 하고 있다고 생각하지 않을 것이기 때문이다. 미국과 중국을 중재하고자 하는 노력으로 인해 미중 대결 상황에서 미국과 중국이 한국의 지원을 받고자 적극 노력하는 상황이 초래될 수도 있을 것이다. 따라서 중재자가 되고자 하는 한국의 노력이 불필요한 위기를 초래할 수도 있을 것이다.

존중받겠다는 한국의 열망이
한국에서의 영향력 확보를 위한 강대국 경쟁에 주는 함의

미국과 중국 가운데 한국이 어느 국가를 선택해야 할 것인가란 부분, 즉 한국의 전략적 선택에 영향을 미칠 세 번째 요소는 이들 강대국이 한국과 상호작용할 당시 구사하는 어조(語調)와 내용이란 부분이다. 이들 어조와 내용이 강압적인 성격인 경우 한국이 불쾌한 반응을 보인다고 한다. 한국이 강대국으로부터 존중받기를 열망하는 반면 당연시 취급받는 현상에 거부감을 표명한다고 한다. 이 같은 사실을 고려하여 미국과 중국은 한국에 대한 영향력을 확보하고 한국의 지원을 얻고자 하는 경우 한국과 협의하고 한국을 진지하게 취급해야 할 것이다. 그러나 한국을 배려하기 위한 이 같은 노력은 미중 경쟁 또는 긴장으로 인해 이들 국가가 상대방 국가에 대해 경쟁적인 전략을 추구해야 하는 상황에서는 자기모순적인 성격이 될 가능성이 있다. 그럼에도 불구하고 한국의 신뢰와 지원을 얻고자 하는 경우 미국과 중국 모두는 한국의 이익을 고려할 필요가 있을 것이다.

남북통일이란 돌발 변수

한국의 전략적 선택에 영향을 미쳤으며 지속적으로 영향을 미칠 네 번째 요소는 남북통일이란 변수다. 남북통일로 인해 한국의 국내 구성이 예측 불가능한 방식으로 급변할 수 있을 것이다. 예를 들면 통일한국의 정치는 통일한국이 민주주의체제를 유지하는 경우에도 극적으로 변할 것이다. 북한 인구는 한국 인구의 절반인 2천 5백만 수준이다. 따라서 통일한국 인구의 1/3 정도가 지난 60년 이상의 기간 동안 전적으로 상이한 역사를 갖고 있었으며, 상이한 정부에서 생활했다는 사실에도 불구하고 처음으로 자신의 선호를 반영할 수 있을 것이다. 북한 주민들이 민주적인 통일한국에서 많은 영향력을 행사하게 될 것임은 분명한 사실이다. 그러나 이들의 선호를 사전에 알 수 없을 것이다. 이들 선호가 통일한국의 거버넌스에 주는 의미를 사전에 알 수 없을 것이다.

통일한국의 전략적 성향에 영향을 미칠 가능성이 있는 또 다른 요인에 미국과 중국이 남북통일 과정에서 긍정적인 또는 부정적인 역할을 할 것인지에 관한 한국인들의 인식이란 부분이 있다. 마지막으로 북한이 지구상에서 사라진 상황에서, 통일한국 안보의 우선순위가 예기치 못한 방식으로 변할 수 있을 것이다. 통일한국이 미국과 중국 가운데 어느 국가와 함께 할 것인지에 따라 안보 우선순위가 달라질 것이다.

미국과 중국 사이에서의 한국의 미래

당분간 한국은 한미동맹에 의존하고자 할 것이다. 한미동맹의 신뢰성과 영속성을 보장받고자 노력할 것이다. 미국과 중국 간에 특정 국가를 선택해야 하는 상황을 피할 목적에서 지속적으로 헤징할 것이다. 한국이 독자적인 외교정책을 추구할 가능성은 거의 없다. 그러나 동북아지역 환경이 악화되거나 한미동맹에 대한 미국의 지원이 줄어드는 경우 한국은 미국과 중국 가운데 선택하라는 압력을 보다 많이 받게 될 것이다. 예를 들면, 남중국해에서의 긴장과 마찰 고조로 이곳에서의 '항해의 자유'를 유지할 목적에서 한국이 보다 많은 부분을 담당해야 할 것이라고 미국의 정책가들이 결정할 수도 있을 것이다. 이들 압박은 중국이 미국과 대등한 수준이 되기 이전에도 시작될 수 있을 것이다.

또 다른 한편에서 보면, 미국의 한반도 방위 공약 관련 불확실성으로 인해 한국이 보다 더 자주국방을 추구하게 되거나 중국과의 보다 강력한 안보 관계를 진지하게 고려할 수도 있을 것이다. 중국의 세력이 미국을 대신하여 동북아지역에서 주도적인 세력이 될 정도로 증대되고 있다고 생각될 수도 있을 것이다. 이처럼 생각되는 정도에 비례하여, 한국은 한반도에서의 중국의 영향력 증대 노력에 대항할 목적으로 한미동맹을 이용하는 한편 미국과의 공개적인 행동 일치와 동맹국으로서의 책임을 자제하는 방식으로 이중 헤징 전략을 추구할 수도 있을 것이다. 그러나 이같은 접근 방안은 지속될 수 없을 것이다.

미국과 중국의 상대적인 입지와 세력이 대등해지는 정도에 비례하여 전략적 선택에 관한 한국의 논쟁이 격렬해질 가능성이 있을 것이다. 그러나 한미동맹에 투자한 비용, 한미동맹을 묶어주는 제도, 한중 양국 간의 체제 및 가치관 차이로 인한 신뢰성 문제는 한국이 한중관계를 위해 한미동맹을 쉽게 포기할 수 없도록 하는 요인일 것이다. 이외에도 한국인들의 자율성 열망은 미국과 중국의 세력이 대등한 상황에서 가장 잘 반영될 수 있을 것이다. 한국이 자국의 자율성 극대화 차원에서 미국과 중국이 서로 다투도록 만들어야 할 것으로 생각할 수도 있을 것이다. 이같은 유혹은 국력이 거의 대등한 상태에서 미중 간에 교착 상태가 장기간 지속되는 상황에서 가장 클 것이다.

제10장
남북통일과 한국의 전략적 선택

2차 세계대전 이후 정부를 수립한 한국의 외교정책 역사를 살펴보면 한국 또한 거의 대부분 국가에서 공통적으로 발견되는 현상인 국가안보와 경제번영 증진이란 목표를 추구해왔음을 알 수 있다. 뿐만 아니라 본질적인 전략목표로서 남북통일을 변함없이 추구해왔음을 알게 된다. 그러나 지난 수십 년 동안 한국의 대북정책은 남북통일 가능성이 희박하다는 인식에 근거하여 발전해왔다. 결과적으로 한국의 지도자들은 남북통일보다는 안보와 번영을 중시하는 경향이 있었다. 남북통일은 전략목표라기보다는 일종의 염원(念願)이었던 듯 보인다.

남북한 모두는 긴장과 사악한 경쟁을 주기적으로 반복해왔음에도 불구하고 남북대결 재개를 통해 6.25 전쟁 당시와 비교하여 통일 가능성이 높아졌다고 생각하지 않고 있다. 협상을 통해 남북을 통일할 수 있을 것으로 생각할 정도로 상호 불신이 줄어든 것도 아니었다. 남북한 주민 모두에게 남북통일은 성스러운 성격이었다. 남북통일은 달성이 곤란하지만 온갖 노력을 기울여야 하는 매우 중요한 전략목표, 동북아지역에서의 통일한국의 국력, 우선순위 및 전략적 대안을 근본적으로 바꾸어줄 것으로 생각되는 전략목표였던 것이다.

한국의 남북통일 전략은 다음과 같은 4가지 요인 간의 상호작용에 영향을 미쳐야 하거나 이들 상호작용을 고려해야만 하였다. ⑴ 남북통일 관련 한국 내부의 논쟁 ⑵ 북한의 정책적 선택과 남북한 상호작용의 성격 ⑶ 한반도 세력균형, 보다 최근의 경우 북한 불안정 가능성 내지는 정권 붕괴 가능성 ⑷ 주변 열강들의 정책 선호와 영향력, 특히 미국과 중국의 선호와 영향력.

첫째, 한국의 통일정책은 국가의 정체성에 관한 것이며, 국가 지도자에 대한 국가 내부의 정치적 지지를 규합하기 위한 강력한 정치적 수단이다. 이 같은 점에서 한국의 통일정책은 국내정책과 외교정책 모두를 망라하는 형태다. 따라서 한국 정부는 자신의 리더십을 보여주는 시금석으로서, 자신의 정당성을 입증하기 위한 수단으로서, 남북통일 전략을 변함없이 발전시켜 왔으며 추구했다. 남북통일 전략의 구상과 추구는 국내 정치의 필요성에 주로 기인하며, 한국의 외교정책에서 많은 노력과 관심이 요구되는 사안이다.

둘째, 남북관계의 성격(다시 말해 남북관계가 상호 대립적인 성격인지 아니면 상호 협력적인 성격인지 여부)이 남북통일 가능성과 남북통일 방법(다시 말해 협상을 통해 남북을 통일할 수 있을 것인지 아니면 남북한 가운데 국력이 미약한 국가의 불안정 내지는 붕괴의 결과로, 또는 이들 모두의 결과로 남북이 통일될 것인지 여부)에 관한 한국의 논쟁에 영향을 미쳤다. 이 같은 측면에서 보면 남북통일 가능성은 부분적으로는 북한이 선택한 정책과 북한의 정책 선호에 따라 달라진다. 뿐만 아니라 이들 북한의 정책과 정책 선호 모두에 영향을 미치거나 이들 모두를 수용하기 위한 한국의 능력 또는 의지 정도에 따라 달라진다. 그렇지 않은 경우 남북통일 가능성은 북한체제의 붕괴 또는 불안정 상태에서 북한의 취약성으로 인해 북한이 자신의 선호를 천명할 능력이 없게 되는지 여부와 관련이 있는 문제다.

셋째, 남북한 모두의 통일 정책에 영향을 미치는 강력한 요인은 한반도에서의 세력균형이란 부분이었다. [그림 8.6]과 [그림 8.7]은 지난 수십 년 동안 남북한 경제 규모의 상대적 변화를 보여주고 있다. 남한과 북한의 상대적 경제력과 이들 국가의 존속(存續) 능력에 관한 인식이 남북통일을 시급한 목표 또는 장기적인 전략 목표로 간주해야 할 것인가란 인식에 영향을 미쳤다. 6.25 전쟁 이후 초기 몇 년 동안 한국은 비교적 막강한 북한에 대항한 안전보장 차원에서 한미 안보동맹에 의존하는 것 이외에 별다른 대안이 없었다. 마찬가지로 강력하고 호전적인 북한과 대적하고 있을 당시 박정희의 주요 우려사항은 미국이 한반도 안보 공약을 포기할 가능성이란 부분이었다. 닉슨독트린이 공표된 이후인 1970년대 초반, 미국의 한반도 안보 공약이 일관성이 없다고 생각한 정도에 비례하여 박정희는 자주국방을 추구했다. 여기에는 독자적이고도 은밀한 형태의 핵무기 개발이 포함되어 있었다. 당시는 한국이 원하는 방식으로의 남북통일은 상상조차 할 수 없는 일이었다.

한국이 북한과 비교하여 국력이 보다 막강해지면서 남북통일에 관한, 이 같은 남북통일이란 목표를 달성하기 위한 방법에 관한, 한국 내부의 논쟁이 변하기 시작했다. 한국인들은 북한과 비교하여 한국이 막강하지만 남북통일 비용을 감당할 수 있을 정도로 막강하지는 않다고 생각하는 등 비교적 자신감을 견지하게 되었다. 지난 10년 동안 남북한 간의 국력의 격차가 보다 더 벌어지면서 필연적으로 있게 될 남북통일의 이점이, 남북통일 비용을 훨씬 상회한다고 많은 한국인들이 생각하게 된 것이다. 그러나 남북한 간의 상대적 국력이 한국에 유리한 방향으로 전환되었다는 사실은 남북통일의 필요조건은 되지만 충분조건은 아닌 것이다. 아이러니하게도 북한과 비교하여 한국의 국력이 보다 막강해지고, 한국 중심의 통일 가능성이 보다 커지면서 통일 이득에 관한 한국 내부의 이견 대립이 보다 심각해졌다.

남북통일에 영향을 미치는 네 번째 요인은 남북통일을 지원 또는 반대한다는 측면에서의 주변 강대국들의 능력이란 부분이었다. 특히 미국과 중국의 남북통일 지원 또는 반대 능력이란 부분이었다. 남북통일은 미국과 중국이 모두 동의하는 경우에나 가능할 것이다. 문제는 미국과 중국이 원하는 남북통일 모습에 차이가 있다는 사실이다. 소위 말해, 미국과 중국은 선호하는 남북통일 모습 측면에서 상호 대립되는 관점을 견지하고 있다.

남북통일에 관한 한국 내부의 논쟁: 이념적 간극 조정

남북한 간의 상대적 세력균형 요인, 남북관계가 상호 협력적 성격인지 또는 대립적 성격인지란 요인이, 남북한 가운데 세력이 약한 측이 외부 또는 내부 세력에 취약한 정도에 관한 인식이란 요인이 남북통일에 관한 한국 내부의 논쟁을 격화시켰다. 한국정부 지도자들 입장에서 극복이 곤란했던 난제는 국내 정치세력들을 통합시키는 일이었다. 우아하고, 평화로우며, 정당하고, 북한에 대한 결정적인 승리 형태로 달성되는 남북통일에 관한 비전 제시를 통해 이념적으로 분할되어 있으며 격렬히 대립하고 있던 국내 정치세력들을 통합하는 일이었다. 한국의 보수주의자들은 흡수통일이란 찰스 다윈(Charles Darwin) 유형의 남북통일 비전을 선호하고 있었다. 진보주의자들은 점진적이고도 협상을 통한 통일을 추구해야 한다고 생각했다. 진보주의자들은 이처럼 하는 경우 민족 일체성을 중시할 수 있을 뿐만 아니라 궁극적으로 지나친 외세의 영향으로부터 자율성을 확보할 수 있는 정치체제를 이룰 수 있을 것으로 생각했다. 한국의 지도자들이 한국인들에게 단일의 통일 비전을 효과적으로 제시해주고, 남북통일 정책의 변수와 방향을 조정하며, 통일한국 정부의 방향을 구체화하고자 하는 경우 한국의 남북통일 논쟁에서는 이들 진보주의자와 보수주의자들 간의 심각한 대립을 극복해야 할 것이다.

한국에서 남북통일 관련 진보—보수 논쟁이 격렬히 진행되었던 네 번의 기간이 있었다. 이들 기간이 남북통일 가능성이 매우 높았던 시기였기 때문이었다. 북방정책을 추구할 당시 노태우는 국내적으로 자신이 인기가 없다는 사실을 보완할 방법을 찾아야만 하였다. 결과적으로 3장에서 설명한 바처럼 노태우는 자신과 반대되던 성향의 진보적 아이디어를 자신의 통일정책에 통합시켰다. 국제사회의 대북 지지도가 줄어들고 있다는 사실을 이 같은 방식으로 이용하고자 노력했다. 노태우가 이처럼 노력했다는 점은 한민족공동체통일방안이란 진보진영 아이디어를 채택했다는 사실을 통해 잘 알 수 있을 것이다. 그런데 여기서는 협력적인 3단계 과정을 통해 통일에 이르는 것으로 가정하고 있었다. 김일성 사망 이후에도 한국에서 진보와 보수가 대립했다. 당시 한국인들은 북한의 경착륙(하드랜딩) 가능성과 의미에 관해, 다시 말해 북한 통치체제 붕괴 가능성과 붕괴 의미에 관해 논쟁을 벌였다. 4장에서 설명한 바처럼 김대중과 김정일 간의 2000년 6월의 역사적인 남북정상회담 당시 한국은 남북협력과 교류를 추구했다. 결과적으로 점진적인 남북한 간의 교류와 협력을 통해 정당하고 윤리적으로 만족스런 남북통일을 이룰 수 있는지 여부에 관해 한국 내부에서 심각한 정치적 대립이 초래되었다. 마지막으로 박근혜가 통일을 대박으로 지칭한 2014년에는 젊은 세대들 간에 통일에 관한 회의감과 우려가 증대되는 가운데 새롭게 남북통일을 적극 준비했다.[1] 이들 모든 기간에서는 최상의 남북통일 방안과 관련하여, 국제상황 변화와 대북인식 변화가 남북통일에 미치는 영향과 관련하여 한국 내부에서 심각한 의견 대립이 있었다. 민주화가 강화되던 시절에는 정부 인사들과 일반 국민들 간의 상호작용이 복잡한 방식으로 진화되었다. 당시는 일반 국민과 시민사회의 의견이 통일 전략과 정책의 구상에 보다 많은 영향을 미쳤던 것이다.

한국의 남북통일 논쟁, 민주화, 냉전 종식

권위주의체제에서 민주주의체제로의 전환과 냉전 종식으로 남북통일에 관한 한국 내부의 논쟁이 활발해졌다. 3장에서 논의한 바처럼 1988년 7월 7일 노태우는 '민족자존과 통일번영을 위한 특별선언'(7·7선언)을 발표했다. 여기서는 다양한 분야의 남북한 지도자들 간의 교류 확대, 남북교역 증진을 통한 남북경제의 균형발전, 중국, 소련 및 동유럽 국가들과 한국의 관계 정상화 노력에 병행하여 일본 및 미국과 북한의 관계 개선을 추구했다. 이 같은 방식으로 남북관계 개선을 추구했다.[2] 1988년 10월의 유엔총회 연설에서 노태우는 미국, 중국, 일본, 소련 및 남북한 간의 동북아지역 평화에 관한 정치회담을 제안했다. 남북한 불가침선언을 채택하고 정전체제를 항구적인 평화체제로 대체하기 위한 남북정상회담을 제안했다. 비무장지대에 평화의 도시 건설을 제안했다.[3] 같은 해 유엔총회 연설에서 북한은 정전체제를 항구적인 평화체제로 전환시키고, 주한미군의 단계적인 철수와 한반도에서의 핵무기 철수, 남북한 양국의 군비 및 장비 축소를 논의하기 위한 미국과 남북한 간의 3자 회담을 제안했다.[4]

남북통일을 추구하면서 노태우 정부는 한국에 유리한 반면 북한에 불리한 방향으로 진행되고 있던 국제사회의 변화를 이용하고자 노력했다. 또한 노태우 정부는 반대세력 지도자들이 주장해온 아이디어를 자신의 대북정책에 통합하는 방식으로 국민의 지지를 얻고자 노력했다. 노태우가 이처럼 노력했던 것은 국내적으로 본인의 지지기반이 취약하다는 사실 때문이었다. 노태우는 민주화 이후 한국에서 언론의 자유가 보편화되었음을 고려하여, 남북통일 정책이 성공을 거두고자 하는 경우 자신을 지지했던 보수진영 지지자들, 반대했던 진보진영 엘리트들, 보다 포괄적인 한국 대중들의 지지가 요구된다고 생각했던 것이다. 반대 진영 지도자들이 놀란 사실이지만, 노태우 정부의 통일부장관 이홍구는 김대중이 대선 유세 당시 제안한 부분을 북한에 심정적으로 동정적이라며 비난한 것이 아니고 이들 가운데 일부 내용을 근거로 통일 방안을 발전시켰던 것이다.[5] 1989년 9월 11일 노태우가 국회에 제안한 한민족공동체통일방안에서는 남북한 상호 신뢰구축, 두 개의 독립된 국가로 구성되는 민족의 공동번영 추구에 이어 통일된 민주국가 건립이란 3단계 과정을 구상하고 있었다. 이 방안은 보수진영과 진보진영의 사고 모두를 반영한 의견수렴형 접근방안의 산물이었다. 여기서는 한반도에서 국제정치의 지각변동이 분명히 감지되고 있던 당시 남북한 간의 간극을 메우고자 노력했을 뿐만 아니라 신뢰구축을 추구하고 있었다.[6] 한민족공동체통일방안이 성공적인 성격이었음은 이 방안이 지속적으로 유지되고 있다는 사실을 통해 잘 알 수 있을 것이다. 이 방안은 지난 25년 동안 한국의 진보 및 보수진영 지도자 모두가 수용한 것으로서 북한의 협력 정도와 취약성 정도에 무관하게 한국정부의 공식적인 남북통일 방안이었다.

노태우가 본인의 남북통일 구상을 제안했던 시점은 2차 세계대전 이후 한국 입장에서 가장 상서로웠던 순간이었을 것이다. 당시 북한은 1990년대 초반의 국제상황으로 인해 수세에 몰려 있었다. 김일성은 한소국교를 정상화할 것이란 고르바초프의 결심, 숨이 막힐 정도로 신속히 진행된 동서독 통일, 한국의 유엔 가입 노력에 반대하지 않을 것이란 중국의 입장 표명에 속수무책이었다. 한국의 유엔 가입에 관한 중국의 입장을 보며 북한은 태도를 바꾸어 남북한 동시 유엔가입 방안을 수용했다. 이들 상황발전을 보며, 북한의 생존에 관해 김일성이 심각히 고민했을 가능성이 있다.

한편 북한 입장에서 바람직하다고 생각되는 방식으로 글로벌 긴장과 갈등이 그 전례가 없는 수준으로 완화되고 있었다. 한미 양국은 한반도에서 미국의 핵무기를 확실하게 철수시킬 것이란 사실을 북한에 확인시켜주었으며, 팀스피릿이란 한미 연합훈련 취소를 선언했다. 또한 남북관계 개선 의지를 천명했다.[7] 이 같은 상황에서 북한은 대화와 통일을 염두에 둔 노태우의 제안을 수용했다. 1990년 9월 북한은 총리급 남북대화에 동의했는데 이것이 1992년 초순까지 지속되었다. 또한 1991년에는 미 국무성차관 아놀드 캔터(Arnold Kanter)와 북한 노동당 국제비서인 김용순 간에 그 전례가 없는 회담이 뉴욕에서 진행되었다. 1991년 12월의 5차 회담에서 남북한은 '남북 사이의 화해 불가침 및 교류협력에 관한 합의서'(기본합의서)를 선언했다.[8] 남북한 양측은 독일이 통일된 지 몇 달도 지나지 않아 이 같은 합의에 도달했으며, 신뢰구축, 경제교류, 문화 및 사회적 교류를 추진하기 위한 정교한 틀을 마련한 것이다. 북한 입장에서 보면 이 합의서 가운데 가장 중요한 부분은 남북한이 상대방 체제를 상호 인정했다는 사실일 수 있다. 심리적으로 북한이 취약한 상태에 있던 당시 이 같은 인정이 평화공존을 암시했던 것이다.

노태우 정부가 의견수렴에 입각하여 한민족공동체통일방안을 발전시켰으며, 평화공존과 궁극적인 남북통일로 인도해줄 점진적인 신뢰구축 과정을 구상하고 있던 기본합의서와 관련하여 협상했음에도 불구하고, 통일에 관한 한국 내부의 논쟁은 민주화 이후 보다 격렬해졌다. 이 같은 논쟁을 통해 통일 문제에 관한 진보진영과 보수진영의 의견 대립이 심각한 수준임을 알 수 있었다. 민주화로 권위주의 시대와 비교하여 오피니언 리더들과 시민단체들 간의 사적인 대화가 보다 폭넓게 진행된 것이다. 또 다른 한편에서 보면 독일통일에 따른 환희와 희열이 남북한 논쟁에 그대로 반영되었다. 북한이 붕괴되는 경우 한국이 원하는 방향으로 통일될 것으로 생각하고 있던 보수진영 인사들이 심적으로 고무되었다.

반면에 진정한 의미에서 자주적이고도 평화로운 통일국가, 제국주의자들의 영향권에서 벗어나고 미군이 한반도에서 철수하는 형태의 통일국가를 재창조하기 위한 방안으로 정치적 협상을 생각했던 진보진영 인사들의 행동이 움츠러들었다. 독일통일은 남북통일이 가능한 현상이란 희망을 한국인들에게 심어 주었다. 그러나 이는 또한 바람직한 통일 방안에 관한 진보진영과 보수진영 간의 의견 대립을 심화시켰다. 보수진영이 북한 붕괴 가능성에 환호했던 반면 한상진과 같은 진보진영 이론가들은 가까운 미래에 독일 통일 방안은 남북한이 생각할 수 없는 방안이라며, 남북한이 동시에 수용할 수 있는 제 3의 방안을 주장했다.[9]

이처럼 민주화가 신속히 진행되고 있던 당시 노태우 정부는 사회주의체제와 북한에 동정적인 문학에 대한 금지조치를 해제하는 방식으로 한국인들의 북한 관련 지식과 논쟁의 범주를 확대시켰다. 노태우는 일시적이나마 북한에 경외감을 표명했던 사람, 북한과 직접 접촉하고자 했던 한국의 운동권 인사들을 적절히 관리해야 하는 입장이었다. 노태우 정부가 대북 입장을 완화하고 있던 순간에서조차 좌파진영 학생 운동가와 진보진영 인사들은 주한미군 철수, 보다 적극적인 남북교류, 국가보안법 폐지를 요구하고 있었다.

북한의 경착륙 또는 연착륙에 관한 한국 내부의 논쟁

남북통일 논쟁이 진지하게 진행되었던 두 번째 기간은 김일성이 사망한 1994년 7월 8일 이후인 김영삼 정부 당시였다. 당시 한국정부와 시민사회는 북한 경착륙 가능성과 의미에 관해 논쟁을 벌였다. 인도적 차원의 대북 지원을 통해 북한을 연착륙(소프트랜딩)시키기 위한 정책을 추구했다. 당시 남북통일에 관한 한국인들의 복잡한 정서와 자기모순적인 사고를 가장 잘 보여준 사람은 김영삼이었다. 이 기간 동안 북한이 보여준 혼재된 유형의 신호와 북한의 상황발전을 고려하여 김영삼은 롤러코스트를 타는 것과 같은 우왕좌왕하면서도 극단적인 반응을 보였던 것이다.

김영삼은 북한정권에 대한 지지를 포기하지 않은 채 수십 년 동안 한국에 억류되어 있던 저명한 북한 간첩들을 일방적으로 석방하는 방식으로 북한에 화해의 손길을 내밀었다. 이 같은 아이디어를 갖고 대통령에 취임했다. 김영삼은 이 같은 제스처가 남북대화를 조성하기 위한 올리브나무 줄기와 같은 역할을 할 것으로 생각했다. 그러나 김일성이 여기에 화답하지 않았다는 사실과 북한 스파이 조직의 실체가 한국에서 발각되면서 남북관계 진전을 위한 초기의 동력이 상실되었다. 또 다른 위기는 김영삼이 대통령에 취임한지 몇 주가 지나지 않은 시점에 있었다. 북한이 90일 이내에 비확산금지조약(NPT)에서 탈퇴할 것이라고 선언한 것이다. 이 같은 북한의 선언으로 국제사회가 위기에 처했다. 북한이 한국을 배제시킨 가운데 미국과 직접 대화할 수 있는 길이 열린 것이다. 한국에 직접 영향을 미치는 형태의 안보 사안에 관한 북미 양자대화는 김영삼 입장에서 심각한 우려사항이었다.

그러나 대북정책에 관한 한국인들의 애증, 정서 및 이념대립이 김일성 사후 며칠 동안 표출되었다. 김일성은 남북관계 개선이 분명해 보였던 순간에 사망했다. 1994년 6월 전 미국 대통령 카터가 개인 신분 자격으로 평양을 방문했다. 카터의 평양 방문은 영변 핵시설로부터 핵무기 제조 가능한 수준의 플루토늄을 포함하고 있던 핵 연료봉을 분리시킬 것이란 북한의 결심으로 북미 간에 고조되고 있던 핵 갈등을 완화시킬 목적에서였다. 당시 카터는 김영삼과 만날 것이란 김일성의 언질을 받을 수 있었다. 그러나 김일성의 갑작스런 사망으로 김일성과 김영삼의 정상회담이 불가능해졌다. 오랜 기간 동안 한국의 철천지원수였던 김일성의 사망을 애도해야 할 것인지 아니면 축하해야 할 것인지와 관련한 의문이 제기되었다. 또한 김일성의 죽음은 북한을 창건한 사람이 사망했음에도 불구하고 북한체제가 존속 가능할 것인가란 의문을 제기했다. 많은 북한 전문가들은 김일성에서 김정일에게로 권력이 이동하는 과정에서 북한이 붕괴될 것이라고 평가했다. 더욱이 북한의 지도자 교체는 중국과 소련이란 후원 세력 상실과 2천만 주민 가운데 거의 1백만을 사망하게 만든 1994-1998년의 참혹한 기근으로 북한이 내부적으로 엄청난 긴장을 받고 있던 상황에서 이루어졌다. 더욱이 아버지 김일성에 대한 충심의 표현으로 전통적인 애도 기간을 준수하며 김정일은 거의 3년 이상의 기간 동안 대중에 모습을 보이지 않고 있었다.

이 기간 동안 한국에서는 북한이 매우 취약한 상태에 있다는 인식으로 인해 북한의 경착륙 전망과 경착륙 의미에 관한 열띤 논쟁이 벌어졌다. 북한의 참혹한 경제 상황을 고려하여 북한의 경착륙을 요망해야 할 것인지 아니면 이 같은 경착륙을 피해야 할 것인지에 관한 격렬한 논쟁이 벌어졌다. 북한 주민 구제에 초점을 맞추는 한편 정치적 고려를 뒷전으로 제쳐놓아야 할 정도로 북한의 인도적 위기가 심각한 수준인지에 관한 열띤 논쟁이 벌어졌다. 북한 상황은 또한 한국이 통일과 관련된 엄청난 재정부담을 감당할 준비가 되어 있는지에 관해 의문을 제기시켰다.[10]

남북정상회담 선언과 남남갈등

세 번째 남북통일 논쟁은 2000년 6월의 남북정상회담 이후 시작되었다. 당시는 북한 지도자의 신뢰성에 관해서 뿐만 아니라 햇볕정책과 관련하여, 점진적이고도 의견일치 유형의 통일이란 햇볕정책이 추구하는 목표와 관련하여, 한국사회에서 심각한 의견 대립이 있었다.

당시의 남북정상회담은 남북한이 상호 대립을 포기한 후 보다 폭넓은 형태의 교류와 협력을 추구할 수도 있을 것이란 강력한 상징성이 있었다. 남북정상회담은 폭넓은 남북교류의 문을 열어주었다. 여기에는 남북한 모두에 생방송된 심포니오케스트라 공연, 축구를 포함한 여타 스포츠 교류, 한국인들의 북한 방문 확대, 이산가족 재결합 확대, 수십만 한국인들이 북한을 방문할 수 있도록 해준 금강산관광 지역 확대 계획이 포함되어 있었다. 한국의 자본, 재화(財貨) 및 인프라를 북한의 대지(大地) 및 노동과 결합시키는 방식으로 개성공단을 건설하여 운용할 것이란 계획이 포함되어 있었다. 그러나 남북정상회담으로 인해 한반도에서 더 이상 전쟁은 없을 것이란 김대중의 주장에도 불구하고[11], 남북정상들의 선언은 항공기, 전차 및 함정과 같은 재래식 전력 중심의 남북한 간의 안보 상황을 전혀 개선시키지 못했다.

당시 남북공동선언문에서 가장 많은 논란을 초래한 부분은 연방제 구조와 연합 구조란 부분이었다. 긴밀한 정치협력을 논의해야 할 정도로 남북한 간에 경제 및 문화협력이 진전되는 경우 이들 가운데 어느 것이 바람직한 구조인지가 주요 쟁점사항이었던 것이다. 그럼에도 불구하고 이들 문구 관련 논쟁은 남북정상회담으로 인해 초래된 분위기 변화를 논의하기 위한 빌미에 다름이 없었다. 남북정상회담 이후 한국인들은 북한을 적국이 아니고 멀리 떨어져 있는 형제로 바라보았던 것이다.[12]

사람들은 2000년 여름의 남북정상회담 이후 진보진영과 보수진영 간의 심각한 대립을 남남갈등으로 지칭했다. 김대중을 비평하던 보수 성향 인사들은 협상을 통한 남북통일 전망에 회의적이었다. 상호 교류와 협력을 통해 남북한 간에 긴장을 완화시킬 수 있을 것이란 전망에 회의적이었다. 이들은 햇볕정책으로 인해 북한에 일대 변화가 초래될 것이라고 김대중이 주장했다고 느꼈다. 결과적으로 이들은 좌절했다. 김대중의 정책이 북한 사회보다는 한국사회를 보다 많이 변화시킨 듯 보였기 때문이었다. 많은 보수성향 비평가들은 이 같은 한국 내부의 변화로 한국의 민주적 가치가 손상되거나, 북한의 만족스럽지 못한 인권 기록이 세척

(洗滌)되는 위험이 있다고 생각했다. 북한의 긍정적인 반응을 거의 초래하지 못한 반면 환상과 다름이 없는 값비싼 협력의 대가로 이 같은 위험이 있다고 생각했다. 예를 들면 남북 경제 및 인적 교류가 2000년 이후 엄청나게 늘어났다. 그러나 이 같은 증대는 변함없이 일방통행 성격이었다. 북한 주민은 남한으로 오지 않았던 것이다. 비평가들은 김대중의 햇볕정책을 일방적인 짝사랑으로 표현했으며, 노벨평화상을 받기 위해 김대중이 연출한 정교한 형태의 연극으로 생각했다.[13] 한국은 북한 지역에서의 다양한 비즈니스 개발권리의 대가로 5억 달러에 달하는 현찰을 북한에 지불하도록 되어 있었다. 그 일환으로 현대가 남북정상회담 이전에 적어도 1억 달러를 북한에 제공해주었다는 사실이 알려지면서 김대중에 대한 비판이 보다 드세졌다.[14]

김대중은 북한이 한국 국민, 물자 및 관행에 노출되는 경우 궁극적으로 북한사회가 엄청나게 변할 것으로 확신하고 있었다. 김대중은 북한을 개방시키고, 동북아지역 공동체로 북한을 통합시키는 경우 북한의 전략적 계산이 달라질 것이며, 개방과 통합에 따른 이득과 개발 유혹으로 인해 북한사회가 격변할 것으로 생각했다. 북한 지휘부는 한국의 대북 포용정책이 트로이목마와 같은 성격이라고 불평불만을 토로했다. 그렇지만 이 같은 포용정책을 통해 북한이 절실히 필요로 했던 현찰을 얻을 수 있을 것으로 생각했다. 반면에 한국과의 빈번한 접촉에 따른 모든 정치적 자유화가 북한 주민에게 미치는 효과는 제한시킬 수 있을 것으로 계산한 듯 보인다. 김대중의 대북정책은 1998년부터 2000년의 기간에 활기를 띠었다. 2000년 미국 대통령에 당선된 아들 부시는 북한을 회의적으로 생각했다. 설상가상으로, 김대중은 포용정책으로 인해 있을 것이라던 국제적 차원의 이점을 김정일에게 제대로 전달해줄 수 없었다. 이 같은 사실이 포용정책을 지연시켰는데, 특히 2차 북한 핵 위기 이후 그러하였다.

통일 대박

박근혜 정부 당시 4번째 통일 논쟁이 있었다. 부분적으로 이는 남북 통일이 남북한 모두에게 대박일 것이란 2014년 1월의 박근혜의 발언에 기인했다.[15] 박근혜의 발언은 통일을 통해 얻을 수 있는 분명한 이점이 있다는 인식에 근거했다. 박근혜는 통일 시점에 무관하게 통일을 준비할 필요가 있다는 인식에 근거하여 대통령통일준비위원회를 만들었다. 통일이란 주제가 박근혜 정부 대북정책의 일부로 등장했다는 사실은 박근혜의 대북정책이 점차 경직되고 있음을 보여주는 부분이었다. 특히 박근혜는 북한이 지속적으로 핵무기 개발을 강조하고 있다는 사실에 대한 반응 차원에서 그처럼 발언한 것이었다.

2012년의 대선 유세 도중 박근혜는 본인의 대북정책을 한반도신뢰프로세스로 지칭한 바 있다. 남북관계에서 상실된 부분 가운데 가장 중요한 부분인 신뢰 구축의 중요성을 박근혜가 강조했기 때문이었다.[16] 신뢰구축 목적으로 남북대화의 중요성을 강조했다는 점에서 보면 한반도신뢰프로세스란 정책은 얼핏 보면 보수와 진보 간의 이견을 줄일 목적의 것으로 보였다. 그러나 박근혜가 한반도신뢰프로세스 발언을 통해 추구했던 주요 부분은 남북협력을 확대시키기 위한 전제조건으로 북한이 신뢰할 수 있는 상대란 사실을 스스로 입증해 보이라는 것이었다. 그 후 독일 드레스덴에서의 박근혜의 2014년 선언에서는 3단계 남북 상호협력 과정을 제안하고 있었다. 이 같은 협력은 인도적 문제를 중심으로 시작되며, 보다 방대한 경제협력을 거쳐 궁극적으로 사회 및 정치적 협력을 포함할 예정이었다.[17] 처음에 박근혜의 이들 성명은 이명박 정부의 성명과 비교하여 어느 정도 실용적이고 개방적인 성격인 듯 보였다.

일방적으로 북한이 개성공단을 폐쇄한 2013년 봄 이후의 남북협상 방식을 보면 박근혜는 전혀 양보하지 않는 성격이었다. 박근혜는 본인의 원칙을 결코 포기하지 않을 것이라고 주장했던 것이다. 박근혜는 북한의 다양한 요구를 거부한 채 개성공단 운용 구조 측면에서의 일부 개선을 보장하는 합의에 도달할 수 있었다. 박근혜는 또한 비무장지대 남쪽 한국군 경계초소 부근에서 북한 지뢰가 폭발한 이후 군사적 긴장을 완화시킬 목적으로 판문점에서 열렸던 2015년 8월의 마라톤회의 당시 결코 만만하지 않은 협상 파트너임을 입증해보였다. 한국이 대북선전 목적의 확성기를 가동시키자 북한은 이들 확성기를 겨냥하여 발사할 것이라고 위협했다. 그러나 협상을 통해 긴장의 강도를 줄일 수 있었다.

결국 박근혜는 유감 표명은 물론이고 2차례에 걸친 남북한 이산가족 상봉을 진행할 것이란 약속을 북한으로부터 받아낼 수 있었다. 한편 박근혜는 북한이 예상치 못한 행동을 하는 경우 대북선전 목적의 확성기를 가동시킬 것이라는 내용의 성명을 발표했다.[18] 북한의 4차 핵실험과 미사일 발사 이후 박근혜는 확성기 가동을 명령했으며, 개성공단을 일방적으로 중단시켰다.

박근혜가 이처럼 강경한 조치를 취했던 것은 김정은이 자신의 정치적 강화를 위해 노력할 당시 예견되던 불안정으로 인해 김정은 정권이 붕괴될 가능성이 있다는 정보 보고에 근거했을 가능성이 있다. 통일이 대박이란 박근혜의 발언이 남북통일에 점차 관심을 보이지 않던 한국의 젊은 세대를 겨냥한 것이라는 보도가 있다. 그녀의 이 발언은 북한 핵무기 개발 노력이 위험스러울 뿐만 아니라 참을 수 없는 형태란 본인의 일관된 관점을 보여주고 있다. 박근혜는 4차 북한 핵실험에 대항하여 일방적이고도 단호하게 강력한 조치를 취했다.

박근혜의 개성공단 폐쇄로 김대중 정부 대북 포용정책의 마지막 유산이 제거되었다. 개성공단 프로젝트를 지원하던 사람들은 이 같은 박근혜의 조치에 비판적이었다. 그러나 가장 놀라운 부분은 북한 핵무기 개발을 원점으로 되돌릴 목적에서 박근혜가 대화를 지양한 채 온갖 노력을 다하는 형태의 단호한 접근방안을 취했다는 사실이었다. 2016년의 북한의 4차 핵 및 미사일 시험에 반응하여 박근혜는 이 같은 목표 달성을 위해 북한을 금융 측면에서 고사(枯死)시키고 북한의 불안정을 초래할 준비가 되어 있었던 듯 보였다.

북한의 정책 선택과 이것이 통일에 주는 함의: 남북통합 전망

한국의 전략가들은 한국 내부의 남북통일 논쟁을 적절히 관리해야 할 뿐만 아니라 북한의 정책 방향을 관리하고, 정책 방향에 영향을 미치기 위한 전술을 고안해야 할 것이다. 또는 한국이 선호하는 통일 방안과 배치되는 형태의 북한의 정책들에 대처하기 위한 효과적인 대응 전략을 고안해야 할 것이다. 한국 입장에서 북한 지휘부가 제기하는 주요 도전은 북한의 남북 협력 의향과 협력 정도란 부분일 것이다. 또는 고립과 자립경제를 지속적으로 추구해야 할 것인지, 제한된 수준이나마 한국을 포함한 외부 세계와 경제적 관계를 확대시켜야 할 것인가란 부분일 것이다. [도표 10.1]은 북한이 선호하는 경제정책과 한국을 겨냥한 북한의 정치적 성향이 남북통일 시점과 양상에 미치는 영향을 보여주고 있다.

[도표 10.1] 북한의 안정성과 남북통일 전망

		안정된 북한	
		경제적 자유화	자급자족 경제
북한 지휘부의 성격	평화적	평화공존 가능. 궁극적으로 북한 정책에서 경제가 핵무기를 압도. 남북한 경제통합 가능. 장기적으로 남북통일. 한국인들이 통일 시나리오 구상	평화공존 가능. 통일 가능성 없음
	적대적	북한 주도 통일 목표. 경제 목표와 안보 목표 간의 지속된 갈등. 남북경쟁 지속	북한 주도 통일 목표. 남북한 긴장 고조, 남북한 경쟁 지속

평화통일 가능성을 높이고자 하는 경우 한국의 지도자들은 통일의 중간 단계로서 평화공존을 공고히 할 뿐만 아니라 경제적 자유화를 가능하게 해주는 방향으로 북한의 정책이 진화되도록 할 필요가 있다. 본질적으로 평화공존과 경제적 자유화는 김대중 햇볕정책의 기본 가정과 목표였다. 북한 지도자들이 제한적이나마 경제적 자유화를 겨냥한 일부 단계를 추구할 정도로 협력적이고 의지가 있다고 인지되는 경우 햇볕정책 유형의 접근 방안이 한국의 전략에서 재차 주요 골격이 될 가능성이 높다.

협력적인 북한 지휘부가 한국에 많은 도움이 된다는 사실은 북한과 비교하여 한국의 상대적 우위가 대단한 수준이란 사실과 평화공존을 통해 한국이 얻을 수 있는 경제 및 정치적 기회를 고려해보면 분명해진다. 평화공존 상태에서 북한은 남북한 경제협력의 이점이 더 이상 상실되지 않도록 할 것이며, 한국 기업들은 남북협력을 통해 보다 많이 성장할 가능성이 있을 것이다. 경제적으로 성장하고 있으며, 정치적으로 자유화되고 있는 북한이 한국에 도움이 될 것이다. 왜냐하면 이들 변화로 남북한 간의 경제적 격차가 줄어들 것이며, 이들 변화가 한국 입장에서 경제 성장의 원천이 되면서 남북한 간의 경제적 통합 가능성이 높아질 것이기 때문이다. 대규모 북한 주민의 탈북 전망을 줄이거나, 이들 주민의 정치적 기대를 충족시킬 목적에서 북한을 한국과 신속히 통합시키고자 할 당시 필요한 재정 부담을 한국정부가 감당해야 하는 경우 공공 부문이 떠맡게 될 비용을 줄일 수 있을 것이기 때문이다.

한국이 경제적 자유화를 추구하는 협력적인 북한 지도자와의 공조에 관심이 있을 수 있다. 그러나 북한 엘리트들은 이 같은 시나리오를 자신들의 이익을 가장 많이 위협하는 형태로 인식할 수 있을 것이다. 이들 엘리트의 경우 독일통일 과정과 마찬가지로 이것을 흡수통일로 간주할 것이다. 통일한국에서 자신들의 입지를 상실하게 될 북한 엘리트들 입장에서 보면 거의 도움이 되지 않는 반면 많은 것을 잃게 할 가능성이 있는 흡수통일 방안으로 생각할 것이다. 따라서 북한 리더들은 북한 방식의 경제개혁을 추구하는 한편 한국에 대해 적대적인 분위기를 연출하고자 노력할 것이다. 마찬가지로 정치적 고립을 추구하는 한편 외부세력에 의한 경제개혁에 저항하고자 할 것이다. 이는 점진적인 남북통일을 추구하는 한국의 정책 수립가들 입장에서의 가장 큰 과업이 경제협력 및 경제통합 증진과 더불어 북한의 정치적 협력을 유도하는 것임을 의미한다. 그럼에도 불구하고 북한 지도자들이 자신들의 이익을 고수하고자 하는 경우 한국과 경제적으로는 통합하지만 정치적으로는 고립을 추구해야 한다고 생각하거나 정치적으로는 협력하지만 경제적으로는 자립경제를 추구해야 한다고 생각하는 경우 이 같은 과업은 많은 도전에 직면하게 될 것이다. 점진적인 경제통합을 추구하는 과정에서 북한 지휘부의 자발적인 협력을 기대할 수 없는 경우, 한국은 북한에 은밀히 침투하여 북한을 점진적으로 변혁시켜야 할 것이다. 이처럼 변혁시키고자 하는 경우 북한을 자유주의 시장경제로 옮겨가도록 만드는 것 이외에 별다른 도리가 없을 것이다.

북한이 개혁이 없는 가운데 개방을 추구하거나 개방이 없는 가운데 개혁을 추구하는 상황에서 남북통일이란 요망 목표에 도움이 되는 환경을 조성하고자 하는 경우 한국은 적정 대응 수단을 강구해야 할 것이다. 북한 지휘부가 자급자족을 추구하지만 적대적이지 않은 경우 한국은 평화공존과 남북통일 간에 양자택일해야 하는 어려운 난관에 봉착할 것이다. 북한이 이 같은 접근방안을 택하는 경우 북한 주민들의 삶의 질은 거의 개선되지 않을 것이다. 이 경우 한국이 북한체제 전복을 추구하지 않는 한 북한은 노골적인 형태의 적대행위를 추구하지 않을 것이다.

한국의 정책에 가장 영향을 받지 않는 형태의 북한 지휘부는 한국에 대해 적대적 정책을 취하는 한편 북한 경제의 자립을 추구하는 경우일 것이다. 이 같은 정책으로 인해 통합과 협력을 겨냥한 한국의 정책 수단이 무력화될 것이다. 이 같은 방식으로 북한은 자국이 한국에 노출되는 현상을 최대한 줄일 수 있을 것이다. 그런데 이 같은 노출이 북한 내부적으로 북한 지도자의 합법성을 저하시킬 가능성이 있으며, 북한체제 붕괴를 초래할 수도 있을 것이다.

북한 관련 한국 내부의 논쟁이 진보와 보수로 양분되어 있다는 점을 고려해보면 진보적 지도자들의 경우 북한의 경각심을 낮출 수 있을 정도로 남북한 상호 접촉 및 협력에 필요한 한국인들의 지원을 얻지 못할 가능성이 있다. 이 같은 진보적 접근방안의 경우 북한 정권의 전복 또는 변혁을 선호하는 보수층들의 저항에 직면하게 될 것이다. 남북한 평화와 협력 모두에 매진하는 북한 지휘부를 거의 기대할 수 없을 것이다. 이는 북한이 지속적으로 취약하다는 사실과 외부로부터 고립되어 있다는 사실 때문이다. 한국의 보수 성향 인사들이 남북통일의 중간 단계로서 평화공존을 인정하기보다는 신속한 통일을 지속적으로 추구하고 있기 때문이다.

북한의 불안정, 한국의 반응, 남북통일 전망

한국은 남북협력이 가능해지는 방향으로 북한 지휘부에 영향을 미치지 못할 수도 있을 것이다. 이 경우 남북통일의 길목에서 한국이 택할 수 있는 방안은 북한의 취약성을 교묘히 이용할 능력이 있는지 여부와 내부 불안정에 북한이 취약한 정도에 따라 달라질 것이다. 한국은 북한을 돌이킬 수 없는 수준으로 밀어붙일 정도의 능력이 없다. 부분적으로 이는 북한이 내부적으로 철저히 통제받는 국가이기 때문이다. 더욱이 북한체제의 취약성이 일종의 폭력 형태로 나타날 가능성이 있다. 김정은의 통치에 의문이 제기되는 경우 내부 폭력 형태로 모습을 보일 가능성이 있다. 그렇지 않은 경우 미국 또는 한국을 겨냥한 외부 폭력 형태로 모습을 보일 가능성이 있다.

역사적으로 보면, 루마니아, 시리아, 리비아처럼 권력이 고도로 중앙집중화된 국가에서는 권력투쟁으로 내부 불안정이 초래되는 경우 항상 폭력이 수반되었다. 북한 불안정 상황에서 남북통일에 영향을 미칠 수 있는 또 다른 요인에 북한 내부의 정치발전의 속도와 성격이란 부분이 있다. 새롭게 권력을 강화하고 있는 또 다른 지도자가 한국과 협력하는 정도 또는 외부의 지원을 받는 정도란 부분이 있다. 마찬가지로 통일 과정이 평화적인지 또는 폭력적인지란 부분이 있다.

[도표 10.2]는 북한 불안정의 속도와 성격에 의해 영향을 받게 될 시나리오의 범주를 보여주고 있다. 북한 국내정책의 성향 및 방향(고립적인지 또는 통합적인지)과 이들 정책이 남북한 상호작용의 성격에 미치는 영향을 보여주고 있다. 다시 말해, 남북통일 성격이 평화적이거나 격렬할 가능성, 남북통일 속도가 신속하거나 저속일 가능성을 보여주고 있다.

[도표 10.2] 북한의 불안정 요인

		불안정의 성격	
		외부 폭발	내부 폭발
불안정의 시점과 속도	점진적	북한 내부의 정치적 통제력 상실을 숨기거나 지연시킬 목적으로 주기적으로 도발 감행	중앙정부의 정치적 통제력이 제한적이란 사실이 서서히 노출됨. 예를 들면 인도적 위기와 관련하여 그러함.
	급진적	북한이 맹렬히 비난한 결과 분쟁이 확산되어 전쟁이 발발했는데 전쟁에서 패배했음.	내부적으로 다수 위기관리에 실패한 결과 일촉즉발의 상태가 됨

대부분 한국인들은 평화적이고도 점진적인 남북통일을 희망하고 있다. 그럼에도 불구하고 한국의 정책가들은 북한 내부의 통제 불가능한 상황에 기인하는 다양한 가능성을 인지하고 이들 가능성에 대비해야 할 것이다. 한국은 북한의 기습 공격을 억제하고, 북한 불안정 상황에 대응할 목적의 군사전략을 미국과 함께 고안해왔다. 그러나 북한 내부 불안이 고조되는 경우 이 같은 상황에 개입할 것인지 여부는 정치적 성격일 것이다. 이 같은 개입 결심은 개입 조건과 상황에 관한 동맹국가 간의 협의에 영향을 받을 뿐만 아니라 개입이 한국 또는 중국에 미칠 가시적인 파급효과의 정도에 영향을 받을 것이다. 그런데 이 같은 파급효과 정도가 한국의 국내정치 환경에 영향을 미칠 수도 있을 것이다. 마찬가지로 이 같은 파급효과를 고려하여 북한 불안정으로 인해 초래될 가능성이 있는 파급효과를, 예를 들면 난민 유입을 차단할 목적으로 개입해야 한다는 압력이 초래될 수도 있을 것이다.

오랜 기간 동안 한국의 역대 정부들은 남북통일을 전략적으로 중요한 사항으로 간주했다. 그러나 결국 남북통일보다 안보와 번영이 우선순위가 높았다. 한편 남북통일은 한국의 안보와 번영을 위협할 가능성이 있다. 가설적으로 보면 한국은 안보와 번영을 희생시켜 가면서까지 남북통일을 추구해야 한다는 유혹을 받을 수 있다. 그러나 이 같은 유혹은 남북통일을 곧바로 달성 가능한 상황에서만 존재할 것이다. 이 같은 유혹은 북한의 내부 상황에 잘못된 방향으로 반응하는 한국의 정치 지도자들에게 상당한 위기를 초래할 것이다. 장기간 동안 일관되게 한국의 전략 목표였음에도 불구하고 관리 가능한 비용으로 남북을 통일할 수 있음이 분명해지지 않는 경우 남북통일이 부차적인 관심사항일 가능성이 높은데, 이는 이 같은 이유 때문이다.

국제환경과 남북통일:
상대적으로 약한 위치에서 상황 주도

한반도 주변국들이 한반도와 관련하여 한국과 직접 대립되는 정책 선호와 목표를 견지하고 있을 수 있다. 한국의 전략가들은 이 같은 주변국들과 경우에 따라서는 협력하고 경우에 따라서는 대립해야 하는 매우 도전적인 국제적 상황에 처해 있다. 예를 들면 9장에서 논의한 바처럼 미국과 중국은 선호하는 최종적인 남북통일 모습 측면에서 상당한 입장 차이를 보이고 있다. 미국, 중국, 일본 및 러시아에 영향을 미친다는 측면에서의 한국의 상대적 능력이 증대된 것은 사실이다. 그러나 이들 주변국과 비교하여 아직도 한국은 미약한 수준인데, 정치 및 군사적 측면 모두에서 그러한 실정이다.

더욱이 주변 강대국들의 정책이 상호 대립되는 상황에서, 또는 이들의 정책이 한국의 전략적 우선순위와 부합되는 형태의 남북통일에 도움이 되지 않는 상황에서, 한국이 어떻게 이 같은 상황에 영향을 미칠 수 있을 것인가란 복잡한 문제가 있다. 미국, 중국, 일본 또는 러시아가 통일을 지원하지는 않을지라도 통일을 방해하지 않도록 하기 위한 최상의 전략은 무엇인가? 더욱이 한국 내부의 논쟁이 남북관계를 관리하기 위한, 지역관계를 관리하기 위한, 대안의 강도와 범주에 영향을 미친다. 또한 남북관계와 동북아지역 안보상황 간에는 관련이 없지 않다. 전략목표로서 남북통일을 추구하고자 하는 경우 한국은 지역 환경, 국내정치, 남북한 간의 상호작용 모두를 동시에 관리해야 할 것이다.

남북통일에 도움이 되는 방향으로 동북아지역 관계를 효과적으로 관리하는 일은 외교 및 전략적으로 한국의 정책가들이 감당해야 할 가장 어려운 과업 가운데 하나일 것이다. 여기서의 주요 난제는 주변 강대국들과 비교하여 한국의 국력이 미약하다는 사실, 이들 강대국이 한국과의 관계보다 자신들 간의 관계를 보다 중요하게 생각할 가능성이 있다는 사실에 기인한다. 강대국들은 한반도 문제를 자국들 간의 많은 문제 가운데 하나의 문제로 취급할 가능성이 있다. 또한 강대국들의 한반도 정책은 고정적이라기보다는 지역 상황에 따라 달라진다. 오늘날 한국은 강대국들 간의 과도한 협력으로 남북통일 과정에서 자국의 영향력이 줄어들 가능성뿐만 아니라 이들 강대국들 간의 과도한 갈등으로 남북분단이 지속될 가능성을 매우 우려하고 있는데 이는 이 같은 이유 때문이다.

주변 4강 모두는 남북통일 측면에서의 최종 결과 또는 최종 상태에 관해 전략적으로 선호하는 분명한 모습을 견지하고 있다. 한국의 남북통일 전략에서는 이들 강대국의 선호를 반드시 고려해야 할 것이다. 이들 강대국의 선호 가운데 한국이 수용해야 할 부분을 파악해야 할 것이다. 한국의 목표 및 요구와 일치되는 방향으로 상황에 영향을 미칠 수 있는 부분이 무엇인지를 결정해야 할 것이다. 한편에서 보면 한국은 한반도 상황에 가장 잘 반응할 수 있는 입장일 것이다. 또 다른 한편에서 보면 남북을 통일하고자 하는 경우 한국은 미국의 지원 이외에 중국의 암묵적인 승인을 받을 필요가 있을 것이다.

따라서 남북통일에 관한 주요 강대국들의 정치적 목표와 선호를 검토해볼 필요가 있다.([도표 10.3] 참조) 마찬가지로 주변국들과 자국의 관계 측면에서 한국이 요망하는 남북통일 관련 목표들을 검토해볼 필요가 있다. 한미합동비전성명서를 공표한 2009년 6월 이후 미국은 남북통일 관련 자국의 선호를 한국의 선호와 공식적이고도 공개적으로 일치시켜 왔다. 이 성명서에서는 한미동맹의 남북통일 목표를 자유시장 원칙을 수용하는 통일된 민주 한국의 구현으로 정의하고 있다. 중국은 평화적인 대화를 통해 점진적으로 달성되는 자주적인 남북통일을 지원하는 입장이라고 말했다. 중국의 한반도 통일정책에서 주요 단어는 '자주적'이란 용어다. 왜냐하면 중국이 자국에 우호적이거나 적어도 적대적이지 않은 통일 한반도를 추구하고 있음이 분명하기 때문이다.[19] 남북통일에 관한 일본의 입장은 비교적 분명하지 않다. 그러나 일본은 자국에 우호적이면서 핵무기가 없는 한반도가 자국 안보에 대단히 중요한 의미가 있다고 생각하고 있을 것이다. 일본은 통일한국이 일본 안보에 위협적이지 않도록 하기 위한 주요 수단으로서 지속적인 한미동맹 유지를 일반적으로 원할 것이다.[20] 한반도에 대한 러시아의 관심은 주로 경제적 성격이다. 러시아는 한반도와 관련하여 미래에 있을 수 있는 에너지 및 운송 부문 프로젝트에 관심이 집중되어 있다. 유럽에서 진행되는 지정학적인 투쟁에서 미국에 대항하기 위한 지렛대로 한반도를 이용하고자 하는 경우 러시아가 남북통일을 방해하는 역할을 수행할 수도 있을 것이다. 그러나 러시아가 남북통일 과정에 대항하여 자국의 이익을 주장할 능력에는 한계가 있을 것이다.[21]

남북통일 관련 주요 열강들의 이익과 관점 측면에서의 이 같은 개관(槪觀)에 근거해 볼 때, 자국의 남북통일 정책 측면에서 이들 주요 열강과 관련하여 한국이 추구해야 할 근본 목표는 무엇인가? 첫째, 강대국들 간에 협력적인 분위기가 조성되는 경우 남북통일 가능성이 높아질 것이다. 주요 열강들 간에 지역 경쟁 또는 패권경쟁이 진행되는 상황에서는 남북통일은 전적으로 불가능하다고 말할 수는 없지만 매우 어려울 것이다. 특히 미국과 중국 간에 이 같은 경쟁이 벌어지는 경우 그러할 것이다. 한국은 주요 열강들 간의 관계의 수준과 성격을 통제할 능력이 없을 것이다. 그러나 아직도 한국은 강대국들 간의 경쟁을 완화하고 이들 간의 패권경쟁 또는 전면적인 지역 분쟁이 지역에 영향을 미치지 못하도록 하는 과정에서 도움이 되는 지역 차원의 협력과 다자적 메커니즘 촉진에 관심이 있다.

[도표 10.3] 통일한국 관련 이익과 선호

한미동맹	■ 2009년 6월의 한미 합동비전성명에 포함되어 있음 ■ 자유시장 원칙을 수용하는 민주적이고도 핵무기 없는 통일한국
중국	■ 중국에 우호적이거나 적어도 적대적이지 않은 핵무기 없는 통일한국 ■ 한미동맹 폐기 선호. 적어도 한반도에서의 보다 작은 역할을 담당하는 형태로 한미동맹 조정
일본	■ 핵무기가 없으며 일본에 적대적이지 않도록 한미동맹과 연계되어 있는 한국
러시아	■ 핵무기 없는 통일한국 ■ 남북통일에 미칠 영향력 제한적. 그러나 한반도에서의 에너지 및 운송 프로젝트에 관심.

둘째, 한국은 주변 4강과의 원만한 외교관계 유지에 관심이 있다. 남북통일 과정에서 지속적으로 자신의 입장을 밝히고, 남북통일 과정을 열심히 지원할 의사가 있음을 표명하는 일에 관심 있다. 한국은 지역 분쟁 가능성을 낮출 필요가 있다. 또는 한반도가 재차 강대국 경쟁의 중심지가 될 가능성을 저지할 필요가 있다. 한편 지난 수십 년 동안과 마찬가지로 향후에도 한미동맹은 한국의 안보와 경제적 번영을 보장해주는 주요 발판이 되어야 할 것이다. 이외에도 한국은 한미동맹에서 추구하는 목표가 남북통일 목표와 대립되는 것으로 인식되지 않도록 하는 일에 관심이 있다. 이는 한미동맹 안에서 안정과 통일이란 목표 간에 있을 수 있는 갈등을 관리할 목적으로 한국이 열심히 노력해야 함을 의미한다. 이들 모든 목표를 고려하는 문제, 특히 강대국들 간의 패권경쟁을 관리하고 강력한 한미동맹을 유지하는 과정에서의 갈등은 엄청난 수준일 것이다.

셋째, 남북통일 관련 미국의 역할 측면에서 한국이 열망해야 할 부분과 관련하여 말하면, 한국의 전략가들은 미래에도 한반도가 미국의 정책 측면에서 우선순위가 높은 지역이 되도록 노력해야 할 것이다. 남북통일 과정이 시작될 당시 미국이 한국에 강력한 정치적 지원을 제공해줄 준비가 되어 있도록 해야 할 것이다. 통일한국은 통일 과정에서 한반도 안보와 번영을 보장해준 한미동맹의 이점을 지속적으로 유지하는 문제에 지대한 관심이 있을 것이다. 한국의 전략가들은 통일 비용 관리에 도움을 줄 수 있는 국제사회 및 다자적 금융기관과 관련하여 미국의 지원을 얻고자 노력할 것이다.

한국은 통일한국이 자국에 우호적인 형태가 되도록 하는 일에 중국이 관심이 있다는 사실을 잘 알고 있다. 뿐만 아니라 중국이 남북통일 이후의 불확실성보다 한반도 현상유지와 안정을 원하고 있다는 사실을 잘 알고 있다.[22] 이 같은 현상유지와 안정을 겨냥한 정책을 통해 중국이 남북통일을 저지할 능력이 있다는 사실을 잘 알고 있다. 적어도 중국이 북한 정부를 지속적으로 지원하는 방식으로 남북통일 측면에서 걸림돌이 되도록 하는 것이 아니라 남북통일을 기정사실로 인정하도록 하는 것이 중요한 의미가 있을 것이다. 한중 양국은 평화적인 남북통일에 관심이 있다. 지역 안정 증진의 주요 선결요건으로서 북한이 도발을 포기하고 평화공존을 수용하도록 하는 일에 관심이 있다. 한국은 통일한국이 중국의 이익에 부합된다는 사실을 중국에 확인시켜 주고자 노력했다. 그러나 앞에서 언급한 형태의 한미동맹의 미래 모습은 분명히 말해 한중관계 발전을 어렵게 하는 주요 난제이자 걸림돌일 것이다. 중국은 한반도가 중국에 적대적이지 않도록 하는 일에 관심이 있다. 중국은 오늘날의 북한 위협을 빌미로 한미동맹이 보다 발전하여 궁극적으로 중국에게도 위협이 되는 상황을 우려하고 있다.

남북통일이 가능해지면 미국, 중국, 일본, 러시아, 남북한을 포함하는 동북아지역의 안정을 강화해주는 메커니즘이 중요한 의미가 있을 것이다. 6자회담에 기인하는 협의체가, 동북아지역 행위자들 간에 지속되고 있는 비공식적인 협의체가, 동북아지역 문제에 관한 협의를 가능케 하는 등 실제적인 역할을 수행하고 있다. 한국의 전략가들이 직면하고 있는 또 다른 도전은 어떻게 하면 미국과 중국이 북한과 관련하여 합심하도록 만들 수 있을 것인가란 부분일 것이다. 박근혜 정부는 북한 관련 한국, 미국 및 중국 간의 3자대화란 개념을 제시했지만 아직 이 같은 구상은 실현되지 않았다. 미중관계의 복잡성과 포괄성을 고려해보면 미국 정부와 중국 정부가 미중 양자대화에서 북한을 주요 의제로 다루기는 점차 어려울 것이다. 미래 한반도 안보상황과 관련이 있는 주요 사안 측면에서 이들이 상호 협력하도록 한국의 외교관들이 지속적으로 노력하면 효과가 있을 수도 있을 것이다. 중국 및 미국과 비교하여 세력이 약한 한국이 남북통일 관련 사안에 관한 이들 국가의 단기 및 장기 정책을 상호 조정하고, 이들 정책 간에 상충(相衝)을 방지할 수 있을 것인지는 두고 보아야 할 것이다.

마지막으로 한국은 남북통일을 방해하지 않도록 일본과 러시아의 지원을 얻을 필요가 있다. 이들 국가로부터 지원을 얻고, 이들과 협상하기 위한 최상의 방안은 6자회담 틀에서 현재 진행되는 협의를 지속하는 것일 것이다. 일본과 관련해서는 한미일 안보 협의를 이용하여 이처럼 할 수 있을 것이다. 이 같은 협의는 남북통일 과정을 지원 및 완충(緩衝)해주는 새로운 안보구도에 대한 지역 차원의 도움을 확보하고, 남북통일에 대한 지원을 얻을 목적의 것이 되어야 할 것이다.

남북통일 정책이 한국의 전략적 선택에 미치는 영향

6.25 전쟁 이후 한국은 지대한 관심과 전략적 사고(思考)를 기울이며 남북통일을 염원해왔을 뿐만 아니라 정치적 목표로서 일관되게 추구해왔다. 그러나 한국의 국내정치 담론과 국가전략에서 남북통일이란 주제가 지속적으로 중요하게 인식되어 왔으며, 오늘날 북한과 비교하여 국력

이 훨씬 막강함에도 불구하고 아직도 한국은 남북통일을 달성하기 위한 수단을 갖고 있지 않다. 북한이 협력하거나 붕괴되는 경우에만 남북통일 가능성이 있을 것이다. 그렇지 않은 경우 남북통일은 요원할 가능성이 있다.

남북통일이란 전략목표에 한국인들이 집착하고 있다는 사실이 한국의 외교정책 측면에서 몇몇 중요한 의미가 있다. 첫째, 이 책 전반에 걸쳐 분명히 보인 바처럼 남북통일 전략이 한국의 외교정책 목표와 이행에 상당한 영향을 미쳤다. 둘째, 남북통일 관련 한국의 국가전략이 한국의 대 주변국 외교 목표와 전략에 영향을 미쳤다. 또한 현재 진행형의 남북한 경쟁이 한국의 글로벌 외교정책 전략의 도처에 영향을 미쳤다. 셋째, 남북통일이 용이해지려면 모든 관련 부분들이 남북통일이란 단일 목표를 겨냥하도록 하는 형태의 전략이 요구된다. 다시 말해, 국내세력, 한반도 세력, 동북아 세력, 글로벌 세력 모두가 남북통일이란 단일 목표를 겨냥하도록 만들 필요가 있을 것이다. 그러나 이처럼 모든 관련 세력들이 남북통일에 도움이 되는 방향으로 배열될 가능성은 희박할 것이다. 마지막으로 한국이 남북통일에 집착하는 주요 동기는 다음과 같은 두 가지 방식으로 자주와 동맹 간에 항구적으로 지속되는 갈등과 직접 관련이 있다. 많은 한국인들은 통일한국의 국력이 자국의 안보환경을 자주적으로 조성할 수 있을 정도로 막강해질 것으로 희망하고 있다. 이는 자주를 강조하는 사람들의 사고다. 그러나 8장에서 암시한 바처럼 통일한국이 주변 4강이란 보다 막강한 국가들로 둘러싸여 있다는 사실에 기인하는 지리적 제약에서 벗어날 수 있을 정도로 막강해질 것이란 생각은 환상에 다름이 없다. 이는 한미동맹을 강조하는 사람들의 사고다.

한국인 입장에서 보면 남북통일은 안보 및 번영과 비교하여 부차적인 성격이다. 남북통일과 관련하여 유의해야 할 주요 이유는 이미 한국이 달성한 상대적 안보와 번영 가운데 상당 부분을 희생시키는 경우에나 남북통일이 가능해진다는 사실이다. 진정 평화통일 열망은 북한 내부 불안정으로 인한 남북통일 시나리오와 배치된다. 북한 김정은 정권의 내부 불안정조차도 북한이란 국가 또는 김정은 체제의 전면 붕괴를 초래하지 않을 가능성이 있다. 북한이 협력적이거나 불안정하다고 생각될 때마다 남북통일에 관한 한국인들의 관심이 증대되었다. 그러나 이들 순간이 도래할 때마다 한국에서 보수진영과 진보진영 간에 논쟁이 심화되었다.

더욱이 남북통일을 위해 한국은 미국의 지원과 중국의 암묵적인 동의를 얻어야 할 것이다. 그러나 이들 국가는 남북통일 유형과 통일한국의 외교 및 정치적 성향에 관해 상호 대립되는 선호를 지속적으로 견지하고 있다. 이들 상호 모순적인 선호로 인해 미국과 중국이 남북통일이란 민감한 주제와 관련하여 협력을 생각하며 대화에 임할 가능성이 크지 않은 것이다. 한국의 전략가들은 이 같은 사실을 염두에 둔 상태에서 남북통일 관련 미중 간의 간극을 줄이기 위한 방안을 강구해야 할 것이다.

제**11**장
에필로그: 한국의 전략적 선택과 한미동맹

이 책에서는 안보, 번영, 남북통일을 추구하며 한국이 한미동맹 유지 필요성과 자주에 대한 열망 사이를 왕래할 당시에서의 한국 외교정책의 진화(進化)를 역사적으로 기술했다. 역사적으로 한국의 전략적 선택은 주변 4강이란 보다 막강한 국가들에 둘러싸여 있는 국가로서의 한국의 상대적 열세란 요인에 많은 영향을 받았다. 한국은 안보와 번영 측면에서 외부 도움이 필요하다는 사실로 인해 안보목표 달성을 위해 막강한 외부 후원세력인 미국의 지원에 의존할 필요가 있었다. 이들 필요성은 소련과 중국의 지원을 받았으며 보다 막강하고 적대적인 북한의 군사적 위협에 직면했던 6.25 전쟁 이후 특히 절실했다. 그 후의 모든 한국 지도자들은 자국의 자주적인 이익을 천명할 목적에서 한미동맹 안에서 기동 공간을 찾고자 열심히 노력했다. 국력이 신장되고 냉전이 종식되면서 한국의 관심이 비교적 민족주의적인 편협한 성격에서 벗어났으며, 보다 국제화되었다. 특히 근대화의 산물인 국제무역을 통해 한국의 경제적 이익과 영향력이 새로운 국가들과 연계되면서 그러하였다. 한국의 국력 신장이란 부분이 또한 한미동맹 안에서 한미 양국의 역할과 책임의 성격과 분포를 변화시켰다. 한국이 선택할 수 있는 전략적 대안이 많아졌지만 자국의 안보 측면에서 한미동맹이 더 이상 필요하지 않을 정도로 많아진 것은 아니었다. 민주화로 국내정치가 외교정책에 보다 많은 영향을 미쳤으며, 한국 사회에서 제대로 정착된 진보세력과 보수세력 간에 한국의 전략적 선택의 문제에 관한 논쟁이 촉발되었다.

국력이 미약할 당시 한국은 미국이 자국을 방기(放棄)할 가능성을 우려했다. 이 같은 이유로 한국은 자국이 미국의 이익 측면에서 보다 유용한 대상이 되고자 노력했다. 오늘날에도 한국은 주요 세력의 위협에 대항하기 위한 보루로서 한미동맹을 지속적으로 필요로 하는 실정이다. 그러나 한국은 국력 신장 덕분에 자주국방을 통해 보다 많은 자율성을 추구할 수 있는 입장이다. 한국은 경제 및 군사적으로 북한을 따라잡고 결국 추월하면서 남북관계에서 훨씬 자신감을 갖게 되었다. 한국은 남북통일 과정에서 보다 적극적인 역할을 수행할 수 있게 되었다. 한미동맹은 남북통일을 지원하는 방향으로 발전해왔다. 그러나 한미동맹에서는 남북통일과 비교하여 한국의 안보, 안정 및 번영을 보다 중요하게 생각했다. 한국은 국력이 약화되고 있는 북한과 국력이 부상하고 있는 중국을 관리한다는 차원에서 한미동맹의 틀에서 벗어나 자주적인 역할을 추구해야 할 것이란 유혹을 받았다. 그러나 한국은 자국의 성공을 가능하게 해주었으며, 자국 입장에서 최상의 보험 정책이자 주요 안전보장자로서 미국을 필요로 한다는 사실로 인해 자주적인 외교정책 욕망을 자제했다.

오늘날 한국은 과거 어느 때와 비교해도 자국의 외교정책 방향과 전략적 선택을 평가하면서 주요 기로(岐路)에 서있는 실정이다. 오랜 기간 동안 한국은 한미동맹에 의존해왔는데, 이 같은 의존 필요성 여부를 보다 많이 성찰하게 될 것이다. 중국의 국력은 동북아지역 세력으로서 뿐만 아니라 그 영향력 측면에서 지속적으로 신장되었다. 결과적으로 한국은 자국의 안보를 보장해주는 주요 세력으로서 미국에 의존하는 것이 아닌 또 다른 대안을 고려해야 한다는 압력을 보다 많이 받게 될 것이다. 오랜 기간 동안 한국은 전략적으로 한미동맹을 선택했다. 한국은 자국 안보 측면에서 미국과 동맹관계를 유지해야 할 것이라고 생각했던 것이다. 중국이 경제력, 군사력, 글로벌 규범 조성 능력 측면에서 미국을 추월하는 경우 한국은 이 같은 선택을 재평가해야 한다는 압력을 특히 많이 받게 될 것이다. 그러나 중국이 지속적으로 경제를 성장시킬 수 있을 것인지, 동아시아 지역 안보를 보장해줄 수 있는 신뢰할 만한 국가가 될 것인지는 확실치 않을 것이다. 중국이 동아시아지역 규칙과 글로벌 규칙을 만들 수 있는 국가로 부상할 것인지는 더더욱 분명하지 않을 것이다. 이외에도 남북한 간에 국력의 격차가 지속적으로 벌어지고 있지만, 남북통일 방안이 한국의 전략적 선택에 미칠 영향뿐만 아니라 남북통일 자체가 이 같은 선택에 미칠 영향은 향후에도 분명하지 않을 것이다. 한국은 중견국가로서 국제 문제를 선도할 능력과 의지가 지속적으로 신장되면서 전략적 대안을 추구하는 과정에서 보다 많은 융통성을 누릴 수도 있을 것이다. 그러나 한국은 주변 4강과 비교하여 상대적으로 국력이 열세라는 점으로 인해 자국의 안보와 번영을 수호하고자 하는 경우 지속적으로 미국에 의존할 필요가 있을 것이다.

한국은 자국의 전략적 선택을 고려하면서 일종의 패러독스에 직면해 있다. 한편에서 보면 중견국가로서 국력이 신장되고 있으며 부상하고 있다는 사실은 한국이 나름의 전략적 선택을 할 수 있는 입장임을 의미할 것이다. 이는 국력 열세로 대미(對美) 의존이 필수적이었던 시절에는 누리지 못했던 부분일 것이다. 별다른 선택을 해본 경험이 없거나 수십 년 동안 미국에 의존하는 것 이외에 또 다른 대안이 없었다는 사실에 분노했던 일부 한국인 입장에서 보면 한국의 안보와 번영 측면에서 상당한 결과를 초래할 수 있는 대안을 놓고 열정적이고도 진지한 논쟁을 벌일 수 있는 기회가 전개되고 있는 것이다. 또 다른 한편에서 보면 한국은 한반도 안보환경 측면에서 긴장과 갈등이 고조되고, 강대국들이 한국의 비위를 맞추며 한국의 충성심을 얻기 위해 보다 많이 경쟁하면서, 전략적 선택을 해야 한다는 압박을 보다 많이 받게 될 것이다. 이 같은 선택이 한국이 원하는 것도 한국의 이익에 부합되는 것도 아닌 경우에서조차 그러할 것이다. 오늘날 한국은 한미동맹을 지속 유지해야 할 것인지, 중국과 같은 또 다른 안전보장 국가를 찾아나서야 할 것인지, 아니면 독자적인 자주국방 역량 강화를 위해 노력해야 할 것인지를 스스로 선택할 충분한 능력이 있다. 그러나 아직도 미국이 아닌 또 다른 대안을 선택하고자 하는 한국의 노력은 시기상조일 것이다. 적어도 예측 가능한 미래에는 그러할 것이다. 동아시아 지역에서의 중국의 경제 및 정치적 영향력 신장에도 불구하고 미국은 한반도 안보 측면에서 가장 능력이 있으며, 가장 헌신적일 뿐 아니라 한국과 전략적으로 뜻을 함께 하는 국가로 남아 있을 것이다. 더욱이 향후에도 미국은 중국과 비교하여 훨씬 막강할 것이며, 선도적인 수출 국가로서 한국이 번성하도록 해준 개방적이며 자유주의적인 글로벌 질서를 지속적으로 보장해줄 것이다. 중국은 한국의 안보를 보장해줄 또 다른 대안이 되고자 할 당시 필요한 열정뿐만 아니라 능력도 갖고 있지 않다. 중국이 북한을 지속적으로 후원해야 하는 상황에서는 특히 그러할 것이다. 주변 강대국들과 비교한 국력 열세를 고려해보면, 한국이 스스로 자국의 안보와 번영을 보장할 수 있는 것도 아닐 것이다.

트럼프 정부의 한반도 방위 공약 지속 가능성

자국이 선택해야 할 전략적 대안에 관한 한국인들의 논쟁이 점차 활기를 띤 측면도 없지 않았다. 그러나 이들 논쟁을 보다 가속화시킨 부분은 2016년 미국 대선이었다. 당시 공화당 후보 트럼프는 미 한반도 방위 공약의 지속 가능성에 의문을 제기하면서 한국처럼 부유한 국가의 경우 자국 방위에 대한 미국의 열정을 지속적으로 유지하려면 보다 많은 대가(代價)를 지불해야 한다고 주장했다. 미국 대선에서 트럼프가 승리한 이후 불과 몇 시간 만에 한국정부는 트럼프 행정부가 한국에 의미하는 바를 논의할 목적의 비상 국가안전보장회의를 소집했다.

한미동맹의 미래에 관한 논의 측면에서 보면 미국이 한국을 방기할 가능성에 관한 우려는 결코 새로운 것이 아니다. 2장에서 논의한 바처럼 1970년대 당시의 닉슨독트린과 주한미군을 철수시킬 것이란 카터의 언질로 인해 한국은 자주국방 노력을 적극 추진했다. 여기에는 은밀한 방식으로의 핵무기 개발 노력이 포함되어 있었다. 2000년대 중반 한국인들의 반미감정 표출과 노무현 정부와 부시 정부 간의 이념적 대립을 보며, 일부 미 국방성 전략가들은 미국의 아태지역 장기 전략 측면에서 한미동맹을 더 이상 중심적인 부분으로 생각하면 안 될 것이라는 결론을 내렸다. 그러나 한미동맹은 이들 난관을 극복했으며, 한미 양국 모두에서 한미동맹에 대한 지원이 그 후 반등했다. 8장에서 설명한 바처럼 한미 양국 모두는 고조되고 있는 북한 위협의 면전에서 안보 문제와 관련된 상호 조정을 보다 광범위하고 심도 깊게 해왔다. 한편 한미 양국은 지구상 여타 지역에서 국제사회 안정을 촉진시킬 목적으로 협력해왔다.

한반도 방위 공약의 범주를 줄이거나 억제하고자 하는 미국의 노력에 한국은 다음과 같은 3가지 방식으로 반응할 가능성이 있다. 첫째, 처음에 한국은 한반도 방위 공약을 유지하라고 미국을 설득하거나 미국으로부터 확인을 받고자 적극 노력할 가능성이 있다. 이들 노력에는 한국에 우호적이라고 생각되는 미국인들을 상대로 한 공공 차원 또는 개인 차원의 노력이 포함될 가능성이 있다. 이들 대상에는 미국정부, 학계 전문가, 대학교수, 미 의회 동료, 6.25 전쟁 참전용사, 전후 한국에서 근무했던 미군을 포함한 많은 미국인들이 포함되어 있을 것이다. 한국은 미국의 한반도 방위공약 유지가 미국의 국익에 부합된다는 사실을 주장하면서 미국인들과의 공식 및 비공식적인 관계를 동원할 것이다.

주한미군 감축 또는 철수에 대항할 목적으로의 이 같은 전면적인 노력이 성공할 것으로 한국정부가 믿어도 되는 그럴만한 이유가 있다. 한국은 미 의회에 많은 신뢰를 구축했다. 또한 재미 한인공동체를 통해 압력을 행사할 수 있을 것이다. 한미 양국이 직면하고 있는 북한 위협을 고려하여 최근 몇 년 시카고국제문제협의회(Chicago Council on Global Affairs: CCGA)와 같은 미국의 유력 연구기관은 한미동맹을 강력히 지지해왔다.

둘째, 미국의 한반도 방위 공약을 지속 유지하기 위한 한국의 노력이 실패하는 경우 한국은 그 보완책으로 자주국방 역량을 강화하는 것 이외에 별다른 대안이 없을 것이다. 한국은 자주국방 차원에서 북한 핵에 대응하기 위한 독자적인 핵무기 개발 비용을 포함하여 보다 많은 국방비를 사용해야 할 것이다. 독자적으로 글로벌 소비시장에 광범위하게 접근할 능력이 없다는 점에서 한국의 경제상황이 악화될 것이다. 결과적으로 한국은 경제안정화 대책을 갖고 일본 및 중국과 같은 국가들에 도움의 손길을 뻗칠 필요가 있을 것이다.

셋째, 한국의 보수 세력들이 일관되게 친미 성향을 견지해왔으며 장기간 지속된 한미동맹의 가장 큰 수혜자였다는 사실을 고려해보면 미국의 주한미군 감축이 한국의 국내정치에 직접 영향을 미칠 것이다. 이처럼 한국의 정치지도자들에게 영향을 주는 경우 진보세력들의 파워가 보다 막강해질 것이다. 그런데 이들 진보세력은 부상하는 중국과의 관계개선에 보다 적극적일 것이며, 가능한 한 동북아지역에서 다자안보구도를 촉진시키기 위해 적극 노력할 것이다. 노무현 정부와 부시 정부 당시 입증된 바처럼 한국의 진보 정부와 미국의 보수 정부가 결합되는 경우 한미동맹 해체를 용이하게 하는 갈등과 긴장이 초래될 가능성이 있다. 특히 이들 정부가 가장 중요하게 생각하는 부분 측면에서 또는 위협 인식 측면에서 상호 대립하는 경우 그러할 것이다. 한미동맹에 대한 미국의 열정이 압박을 받거나 급격히 줄어드는 경우 그러할 것이다.

한국의 전략적 선택을 결정짓는 요인

이 책에서는 향후 한국의 전략적 선택을 결정해주는 다음과 같은 요인들을 식별해내었다. 첫째, 한국의 외교정책 기회는 국제 안보환경이 원만한 경우 증대된다. 이 경우 한국은 다양한 대안을 통해, 보다 많은 융통성과 자율성을 갖고, 자국의 외교정책 목표를 추구할 수 있게 된다. 예를 들면 냉전 종식 이후의 노태우의 북방정책, 1990년대 후반 김대중의 햇볕정책은 보다 원만한 지역 안보환경 덕분이었다. 한국이 이들 정책을 추구할 수 있었던 것은 남북관계 안정 증진이란 목표를 겨냥하여 주변국의 협력을 얻고자 적극 노력했기 때문이었다.

둘째, 한국은 자국의 정책 선호가 미국의 선호와 같은 경우, 미국의 지원을 받는 경우, 보다 자주적으로 행동할 수 있었다. 한소 및 한중 국교정상화, 김대중 정부 초기 북한에 대한 보다 확대된 포용정책을 추구할 당시에서의 클린턴 정부와의 선호 일치, 이명박의 글로벌 코리아 정책 모두는 긴밀한 한미관계로 인해, 미국의 지원을 받아 가능해진 것이었다. 반면에 균형자 정책을 통해 보다 많은 자율성을 추구한 노무현의 노력은 앞의 경우와 달리 성공적이지 못했다. 부분적으로 이는 한국 내부의 저항 때문이기도 하지만 노무현 정부와 부시 정부의 정책의 차이 때문이었다.

셋째, 한국의 진보진영과 보수진영 간의 정치적 의견수렴 정도가 한국 외교정책의 성패에 영향을 미친 주요 요인이었다. 노태우의 북방정책은 진보진영과 보수진영 모두로부터 비교적 협력과 지원을 받았다. 노태우 정부의 한민족공동체통일방안은 진보진영과 보수진영의 아이디어에 입각하고 있었다. 반면에 김대중의 대북 포용정책은 2000년 6월 남북정상회담에 보수진영 인사들을 대동하지 못했다는 사실로 인해 제약을 받았다. 남북정상회담 이후 대북정책과 관련해 부상한 남남갈등으로 인해 제약을 받았다. 그러나 이 책에서 입증해 보인 바처럼 한반도 안보환경이 악화되는 경우 국내정치가 한국의 외교정책에 미치는 영향력은 감소했다.

한국은 자주적 행위자가 되고자 하는 열망을 견지하고 있을 뿐만 아니라 글로벌 차원에서 국력이 신장되고 있다. 그럼에도 불구하고 한국의 전략적 선택을 제약하는 가장 중요한 요인은 북한을 제외한 여타 주변국과 비교하여 한국이 경제 및 군사적 측면에서 열세란 사실이다. 이 같은 변함없는 실상으로 인해 한국은 [그림 1.2]에서 보인 바처럼 중립화를 통한 자주 또는 자율성 증대를 통한 국제화를 추구할 수 없었던 것이다. 그런데 [그림 1.2]는 건국 이후 한국 대통령들의 전략적 선택을 보여주고 있다. 지금까지 한국이 한미동맹을 포기할 의사가 없었다는 사실은 한국의 지도자들이 자주를 진정 가능한 대안으로 생각하지 않았음을 의미한다. 간단히 말해 한국은 자국의 안보와 번영이란 전략목표를 달성하고자 하는 경우 강대국에 의존하지 않을 수 없는 입장이다. 논리적으로 볼 때 한국의 최상의 후원자는 미국이다. 지구상에서 가장 막강할 뿐만 아니라, 한국과 민주적 가치를 공유하고 있으며, 동북아지역에서 지리적으로 멀리 떨어져 있는 미국인 것이다.

한미동맹에 관한 한국의 선호에 영향을 미칠 수 있는 요인에 미국과 중국의 상대적 세력전이(勢力轉移) 가능성이 있다. 9장에서 상세 설명한 바처럼 한국이 자국 안보를 보장해줄 국가로 미국을 대신하여 중국을 고려할 가능성이 있는 몇몇 경우가 있다. 첫째, 미국이 한국의 안보를 보장해줄 능력을 상실하거나 의향이 없어지는 경우에서조차 중국은 적어도 동북아지역에서 미국의 세력을 추월해야 할 것이다. 둘째, 중국은 국제질서는 아닐지라도 동북아지역 질서의 주요 설계자, 질서의 보장자, 동북아지역 질서 유지에 필요한 규칙의 창안자가 되어야 할 것이다. 셋째, 지난 수십 년 동안 미국이 한미동맹에 투자한 비용을 한국이 탕감해야 할 것이다. 안보 영역에서 한미 양국의 의사결정을 연계시켜주는 제도적 유대를 해체한 후, 민주주의 한국과 공산주의 중국 간의 간극을 극복해야 할 것이다.

자국의 안보 소요(所要)에 관한 한국의 기존 사고를 와해시킬 수도 있는 주요 돌발변수는 남북통일 전망이란 부분이다. 한국의 전략가들이 가장 중요하게 생각해왔으며 장기간 동안 지속적으로 견지해왔던 반면 환상에 다름이 없던 전략목표였던 남북통일 전망이란 부분이다. 남북통일 차원에서 극복해야 할 난관에 협상을 통한 남북통일 가능성 또는 북한 불안정과 붕괴로 인한 남북통일 가능성이란 부분이 있다. 그러나 이들 방안 모두는 북한 내부의 상황발전에 의존하는데, 북한 내부의 상황발전은 한국이 결정적인 방식으로 통제할 수 없을 것이다. 북한과 비교한 한국의 상대적 국력이 지속적으로 신장되는 경우에도 그러할 것이다. 더욱이 주변 열강들이 한반도와 관련하여 상호 대립되는 이익을 견지하고 있다는 사실이 남북통일을 어렵게 하는 지역 차원의 걸림돌일 것이다. 일부 한국의 전략가들은 남북통일이 동북아지역에서의 역사적인 한국의 열세를 만회해줄 정도로 한국과 주변국 간의 국력의 격차를 극복하기 위한 수단일 수 있다는 생각에 고무될 수 있을 것이다. 그러나 통일한국이 주변 열강들만큼 막강해질 가능성은 크지 않다.

이들 요인을 이해하는 경우 미국은 한미동맹의 지속 유지 가능성이 매우 높다는 사실을 알게 될 것이다. 지난 60년 동안 한미동맹을 유지시켜 온 한미 양국의 공동 이익이 대단히 신축성이 있는 형태란 사실을 알게 될 것이다.

중견국가 한국의 열망

지금까지 중견국가로서의 한국의 열망이 한미 안보동맹을 글로벌 차원의 포괄적인 동반자관계로 강화하고 넓히는 과정에서 도움이 되었다. 더욱이 한미 양국은 글로벌 금융안정, 세계보건, 국제개발, 에너지안보, 여타 비전통적인 안보 영역에서의 능력과 관심으로 인해 글로벌 차원의 도전에 대응하는 과정에서 공조할 수 있었다. 중견국가로서의 한국의 열망이 한미동맹에 불화와 갈등의 근원이 되는 상황이 있을 것이다. 그러나 그 가능성은 거의 없을 것이다.

한국의 국익이 미국의 국익과 항상 조화를 이루는 것은 아닐 것이다. 그러나 미중 경쟁 가능성에 대비한 완충(緩衝) 역할 차원에서 여타 중견국가들과의 협력 증진을 통한 지역 안정 유지가 한국의 열망인 정도에 비례하여 중견국가로서의 한국의 외교는 미국의 국익과 상충될 가능성이 없을 것이다. 한국이 중국 중심의 세계에서 생활하고 있음이 분명하지 않는 한, 중국이 글로벌, 지역 및 한반도 차원에서 한국에 제공해주는 이점이 한미동맹의 이점을 분명히 상회하지 않는 한, 한미동맹에 투자된 비용, 제도화된 협력, 공동 가치란 부분으로 인해 한국은 지속적으로 미국과 동맹 관계를 유지할 것이다. 이 같은 전략적 선택을 하게 될 것이다. 한편 한국의 전략적 선택의 필요성이 자주에 대한 열망으로 인해 지속적으로 제기될 것이다. 그러나 이 같은 선택은 자국의 안보와 번영을 유지하고 남북통일이란 전략목표를 추구하기 위한 최상의 수단으로서 한미동맹이 필요하다는 사실로 인해 제약을 받게 될 것이다.

중국의 부상과 한미동맹

미국의 한반도 방위 공약이 신뢰성이 있으며 미국이 글로벌 문제 측면에서 가장 막강한 행위자로 남아 있는 한 한미동맹은 한국이 자국의 전략목표를 추구하는 과정에서 의존할 수 있는 주요 발판일 것이다. 그러나 향후 중국 중심 세계질서가 오늘날의 미국 중심 세계질서를 무색하게 만들 것으로 생각하는 경우, 한국은 미국이 더 이상 한반도 안보 공약을 충족시켜줄 수 없는 가능성에 대비하기 시작할 수 있을 것이다. 이 같은 한국의 행동이 한미관계 측면에서 새로운 긴장과 갈등을 초래할 가능성이 있으며, 한미동맹의 지속 유지 가능성을 새롭게 시험하는 계기가 될 것이다. 더욱이 한미동맹의 범주와 목적을 북한 위협 억제로 국한시키고자 하는 중국의 열망으로 인해 한미동맹 측면에서 약한 고리인 한국을 중국이 주기적으로 건드리고자 하는 상황이 벌어질 수 있을 것이다. 기존 한미동맹과 불확실한 미래 모습 간에 한국이 시기상조적인 선택 또는 잘못된 선택을 하도록 중국이 유도하는 상황에서 이 같은 중국의 탐색 활동으로 인해 한미 간에 마찰이 초래될 수 있을 것이다. 오늘날 미국은 중국의 이 같은 도전에 대응할 수 있을 정도로 막강한 수준이다. 그러나 중국의 국력이 지속적으로 신장되면서 이 같은 도전의 강도와 심각성 정도가 증대될 것이다.

한미동맹을 지속적으로 유지시켜줄 부차적인 요인은 중국이 자국의 패권을 천명할수록 한국이 미국에 의존하고자 할 가능성이 높아진다는 사실이다. 적어도 한반도 안보에 관한 보장을 천명해달라고 미국에 요구할 가능성이 높아질 수 있을 것이다. 이 같은 측면에서 보면 미국에 대한 한국의 충성심을 유지하기 위한 최상의 전략은 미국의 한반도 방위 공약의 신빙성을 강화하는 것이다. 그러나 중국을 자극함으로써 한국이 강력한 한미동맹 유지를 요구하도록 교묘한 방식으로 한반도 방위 공약의 신빙성을 강화해야 할 것이다. 사드체계와 관련한 주권 차원에서의 한국의 의사결정에 중국이 관여하고자 했다는 사실과 그 후 한국인들이 사드체계의 한반도 배치를 보다 많이 지지하게 되었다는 사실은 한미동맹의 지속 유지 가능성을 강화시켜주는 역학에 관한 좋은 사례일 것이다.

남북통일 준비

냉전 종식 이후 한국인들의 남북통일 열망이 보다 고조되었다. 이는 한반도에서의 세력균형이 한국에 매우 유리한 방향으로 전환되었기 때문이었다. 그러나 다양한 측면에서의 북한의 취약성이 남북통일을 가로막는 걸림돌인 것도 사실이다. 오늘날 북한이 경제 및 사회적으로 심각한 상황에 처해 있음을 고려해보면 남북통일에 상당한 비용이 소요될 것이다. 남북통일이 한반도 내부와 외부 모두에서 심각한 불안정을 초래할 수 있을 것이다. 따라서 한국은 자국의 안보와 번영에 미칠 위기를 최소화하며 통일을 달성하기 위한 방안을 강구해야 할 것이다.

한미 양국은 남북통일을 한국이 주도하고 통일 이후 민주주의와 시장경제를 유지한다는 조건으로 남북통일에 공식적으로 동의한 바 있다. 이 같은 남북통일 과정에서의 위기는 상호조정 수준 및 기대(期待) 관리와 주로 관련이 있을 것이다. 특히 미국은 한미 양국이 공유하고 있는 2개 목표인 한반도 안정과 남북통일이란 부분의 상대적 중요성과 관련하여 한국과 상호 대립되는 상황이 벌어지지 않도록 해야 한다. 이 같은 측면에서 한반도 안정과 남북통일의 우선순위를 효과적으로 조정해야 할 것이다.

남북통일이 가능해지는 경우 미국은 분단 상태에서 통일 상태로의 전환에 관한 지역 국가들의 지원을 적절히 조정하는 방식으로, 주요 열강들 간의 불필요한 지역 갈등을 최소화하며 통일 과정을 관리하는 방식으로, 지역의 안정 조장에 관심이 있다. 이 같은 상호 조정 과정에서는 지역 차원의 메커니즘을 통해 중국을 포함한 여타 행위자들과의 긴밀한 협의가 요구될 것이다. 이 같은 메커니즘을 통해 모든 당사국들이 통일된 한반도를 가정하여 남북통일과 지역안정을 위해 정치 및 물질적으로 일사분란하게 지원할 수 있을 것이다. 한편 주변국들이 수용 가능한 형태의 통일한국의 지정학적 성향에 관해 의견을 수렴하는 일이 가장 중요한 목표일 것이다. 이 같은 과정에서 가장 중요한 문제는 통일한국이 미국과 지속적으로 동맹관계를 유지할 것인지 여부일 것이다. 또는 한반도 주변국들이 통일한국과 동아시아의 안전과 안정을 보존해주는 또 다른 방안, 미국과의 동맹이 아닌 또 다른 방안에 동의할 수 있을 것인지 여부일 것이다.

북한 불안정 상황에서 현장 상황이 전략기획을 앞서갈 수도 있을 것이다. 이 같은 상황에서 이들 목표를 상호 조정하는 일이 문제가 될 수 있을 것이다. 남북통일 기회가 조성되는 경우 민족주의의 분출로 한국 정부가 한국인들의 정서를 고려하여 성급하게 행동할 수도 있을 것이다. 이 같은 상황에서는 한국에 영향을 미치고자 하는 외부 세계의 노력이 후폭풍을 초래할 수 있으며, 성공하지 못할 가능성이 있을 것이다. 한국의 많은 젊은 세대가 북한을 별도 국가로 간주해야 한다고 생각할 수 있지만 대부분의 한국인들은 북한을 별도 국가로 생각하지 않고 있다. 결국 남북통일은 한국 내부의 이 같은 의견 대립 정도에 의해 영향을 받게 될 것이다. 미국은 한국의 조치를 강력히 지원하기로 결심한 결과 중국과의 갈등 가능성이 높아질 수 있을 것이다. 또는 미국이 지역 안정을 유지하기 위한 전략적 이해(理解)를 조정할 목적에서 중국과의 대화를 보다 중요하게 생각할 수도 있을 것이다. 미국은 이들 양자 간에 선택할 수 있을 것이다. 미국이 내린 선택이 통일 이후의 한미관계에 상당한 영향을 줄 것이다.

그러나 단기적으로 보면 통일한국은 한미동맹을 유지하는 것이 자국에 가장 많은 도움이 될 것이다. 주한미군 규모를 줄이거나 주한미군을 모두 철수시키는 경우에서조차 미국과 동맹을 유지하는 것이 가장 좋을 것이다. 장기적으로 보면 통일한국과 미국의 안보 동맹은 통일한국이 자신을 방어할 수 있을 정도로 막강하지 않은 경우 바람직할 것이다. 또는 통일 한반도의 안보를 보장해줄 수 있을 정도로 강력하고 만족스런 협력적 안보구도를 강구할 수 없는 경우 한미동맹 유지가 바람직할 것이다. 그런데 한반도의 전략적 중요성을 고려해보면 미국과 중국의 긴장과 갈등이 지속되는 한 협력적 안보구도는 달성이 어려울 것이다.

미주

제1장

1. 역자주: 한반도의 지정학적인 특성으로 한국은 동맹이 필요하다. 동맹을 맺는 경우 일정 부분 자율성을 상실하게 된다. 자율성 증진을 추구하는 경우 동맹이 약화될 가능성도 없지 않다.
2. 역자주: 냉전 당시 한국은 북한 위협에 초점을 맞추었던 반면 미국은 북한을 통한 소련 위협에 치중했다. 오늘날에도 한반도에서 한국은 북한 위협에 관심이 있는 반면 미국은 중국 위협에 관심이 있다.
3. Kwan Hwang, "Neutralization: An All-Weather Paradigm for Korean Reunification," *Asian Affairs* 25 (Winter 1999): 195-207, http://www.jstor.org/stable/30172449, and Tae-ryong Yoon, "Neutralize or Die: Reshuffling South Korea's Grand Strategy Cards and the Neutralization of South Korea Alone," *Pacific Focus* 30, no. 2 (2015): 270-295.

제2장

1. Victor D. Cha, *Powerplay: The Origins of the American Alliance System in Asia* (Princeton: Princeton University Press, 2016).
2. Min Yong Lee, "Vietnam War: South Korea's Search for National Security," in *The Park Chung Hee Era: The Transformation of South Korea*, ed. Byung-kook Kim and Ezra F. Vogel (Cambridge, Mass.: Harvard University Press, 2011), 426.
3. Young-ick Lew, *The Making of South Korea's First President: Syngman Rhee's Quest for Independence, 1875-1948* (Honolulu: University of Hawai'i Press, 2014).

4. Cha, *Powerplay*.

5. "The Syngman Rhee Era, 1946−1960," *Country Studies*, Library of Congress, http://countrystudies.us/south−korea/11.htm.

6. Yong−pyo Hong, *State Security and Regime Security: President Syngman Rhee and the Insecurity Dilemma in South Korea, 1953−60* (New York: St. Martin's Press, 1999).

7. Chung Hee Park, *Our Nation's Path: Ideology of Social Reconstruction* (Seoul: Hollym, 1970), 34−107; Chung−in Moon and Byung−joon Jun, "Modernization Strategy: Ideas and Influences," in *The Park Chung Hee Era*, ed. Kim and Vogel, 125.

8. Chung Hee Park, *Korea Reborn: A Model for Development* (Englewood Cliffs, N.J.: Prentice−Hall, 1979), 129, 132.

9. Ibid., 21.

10. Ibid., 22.

11. Chung Hee Park, *The Country, the Revolution, and I* (Seoul: Hollym, 1970), 166.

12. Moon and Jun, "Modernization Strategy," 120.

13. 다음에서 인용. Donald Kirk, *Korean Dynasty: Hyundai and Chung Ju Yung* (Hong Kong: Asia 2000, and Armonk, NY: M. E. Sharpe, 1994), 75.

14. 다음에서 인용 Nicholas Eberstadt, *Policy and Economic Performance in Divided Korea During the Cold War Era: 1945−91* (Washington, D.C.: AEI Press, 2010), 228.

15. Richard M. Steers, *Made in Korea: Chung Ju Yung and the Rise of Hyundai* (New York: Routledge, 1999), 52.

16. Kwang−il Baek, "The U.S.−ROK Security Relationship Within the Conceptual Framework of a Great and Small Power Alliance," *Journal of East and West Studies* 6 (1982): 118.

17. Taehyun Kim and Chang Jae Baik, "Taming and Tamed by the United States," in *The Park Chung Hee Era*, ed. Kim and Vogel, 58.

18. Ibid., 59.

19. Min Yong Lee, "Vietnam War: South Korea's Search for National

Security," in *The Park Chung Hee Era*, ed. Kim and Vogel, 405.

20. Ibid., 407.

21. "Record of National Security Council Action No. 2430," in *Foreign Relations of the United States, 1961–1963*, vol. 22: *Northeast Asia*, ed. Glenn W. LaFantasie, Edward C. Keefer, David W. Mabon, and Harriet Dashiell Schwar (Washington, D.C.: U.S. Government Printing Office, 1996), document 230, https://history.state.gov/historicaldocuments/frus1961–63v22/d230.

22. Kim and Baik, "Taming and Tamed by the United States," 65–67.

23. Ibid.

24. Ibid., 68–69.

25. 다음에서 인용. Lee, "Vietnam War," 409.

26. 박정희의 베트남전쟁 파병에 관한 한국 내부의 반응에 관해서는 다음을 참조. Edward Reynolds Wright and Suk–choon Cho, eds., *Korean Politics in Transition* (Seattle: University of Washington for the Royal Asiatic Society, Korea Branch, 1975).

27. 다음에서 인용. Hong–koo Han, "South Korea and the Vietnam War," in *Developmental Dictatorship and the Park Chung Hee Era: The Shaping of Modernity in the Republic of Korea*, ed. Byeong–cheon Lee (Paramus, N.J.: Homa & Sekey, 2006), 261.

28. 역자주: 베트남전쟁에 한국군은 청룡부대란 해병대를 은마부대란 공군을 또한 파병했다.

29. Lee, "Vietnam War," 415.

30. Ibid., 416.

31. Ibid., 412–413.

32. Ibid., 419.

33. Jong–pil Kim, "How Korea Got Free Phantoms," *JoongAng Ilbo*, August 11, 2015, http://koreajoongangdaily.joins.com/news/article/article.aspx?aid=3007795.

34. 다음에서 인용. Jung–hoon Lee, "Normalization of Relations with Japan: Toward a New Partnership," in *The Park Chung Hee Era*, ed. Kim and Vogel, 438.

35. "Visit of Prime Minister Sato, January 11–14, 1965," background paper, January 4, 1965, Japan and the United States, 1960–1976, JU00414, Digital National Security Archive, 2, http://search.proquest.com/dnsa/docview/1679105117/23430DAAD5CF46E6PQ/2?account id=37722.

36. Donald Stone Macdonald, *U.S.–Korea Relations from Liberation to Self–Reliance: The Twenty Year Record* (Boulder, Colo.: Westview Press, 1992), 129–130.

37. Lee, "Normalization of Relations with Japan," 450–451.

38. Lee, "Vietnam War," 407.

39. Victor D. Cha, *Alignment Despite Antagonism: The U.S.–Korea–Japan Security Triangle* (Stanford, Calif.: Stanford University Press, 1999), 28–35.

40. Lee, "Vietnam War".

41. 다음에서 인용. Don Oberdorfer and Robert Carlin, *The Two Koreas: A Contemporary History* (New York: Basic Books, 2013), 11.

42. ibid.

43. Governments of the Republic of Korea and the Democratic People's Republic of Korea, "The July 4 South–North Joint Communiqué," July 4, 1972, http://peacemaker.un.org/sites/peacemaker.un.org/files/KR%20KP_720704_The%20July%204%20South–North%20Joint%20Communiqu%C3%A9.pdf.

44. Ibid.

45. Oberdorfer and Carlin, *The Two Koreas*, 25.

46. Ibid.; Jong–dae Shin, "DPRK Perspectives on Korean Reunification After the July 4th Joint Communiqué," North Korea International Documentation Project, Woodrow Wilson International Center for Scholars, July 2012, document 1, https://www.wilsoncenter.org/publication/dprk–perspectives–korean–reunification–after–the–july–4th–joint–communique.

47. "Memorandum of Conversation," July 1971, in *Foreign Relations of the United States, 1969–1976*, vol. 17: China 1969–1972, ed. Stephen E.

Philips and Edward C. Keefer, (Washington, D.C.: U.S. Government Printing Office, 2006), document 139, https://history.state.gov/historicaldocuments/frus1969-76v17/d139.

48. "Memorandum of Conversation, Beijing, October 22, 1971, 4:15-8:28 p.m.," in *Foreign Relations of the United States, 1969-1976*, vol. E-13: *Documents on China 1969-1972*, ed. Steven E. Phillips and Edward C. Keefer (Washington, D.C.: U.S. Government Printing Office, 2006), document 44, https://history.state.gov/historicaldocuments/frus1969-76ve13/d44.

49. Shin, "DPRK Perspectives on Korean Reunification After the July 4th Joint Communiqué," document 2, http://digitalarchive.wilsoncenter.org/document/114018.

50. Im Hyug Baeg, "The Origins of the Yushin Regime: Machiavelli Unveiled," in *The Park Chung Hee Era*, ed. Kim and Vogel, 233-235.

51. 다음에서 인용. Jong-pil Kim, "The Start of the Yushin Era Brings Pushback with It," comp. Young gi Chun and Bong moon Kim, *JoongAng Ilbo*, July 30, 2015, http://koreajoongangdaily.joins.com/news/article/article.aspx?aid=3007225.

52. 예를 들면 다음을 참조. Kim Sung-hwan 김성환, "Park Chung-hee Was Going to Resign After Publicly Revealing Nuclear Weapons in '81" "박정희, 81년 핵무기 공개 후 전격 하야할 생각이었다," *Seoul Economy 서울경제*, November 8, 2010, http://economy.hankooki.com/lpage/politics/201011/e2010110811355493120.htm.

53. Myung-lim Park, "The Chaeya," in *The Park Chung Hee Era*, ed. Kim and Vogel, 372-400.

54. "Memorandum of Conversation, Washington, March 27, 1975, 5 p.m.," in *Foreign Relations of the United States, 1969-1976*, vol. E-12: *Documents on East and Southeast Asia, 1973-1976*, ed. Bradley Lynn Coleman, David Goldman, David Nickles, and Edward C. Keefer (Washington, D.C.: U.S. Department of State, 2011), document 265, https://history.state.gov.historicaldocuments/frus1969-76ve12/d265.

55. 역자주: 한미연합사령부 창설은 1970년대 초반 이후 유엔에서 비동맹국가들

의 비중이 높아지고, 6.25전쟁 당시 유엔군과 대적했던 중국이 유엔회원국이 되었다는 사실과 관련이 있었다. 중국과 비동맹국가들이 유엔군사령부 해체를 요구했던 것이다. 그러자 1974년 미국은 한미연합사령부를 창설하여 한반도 전쟁을 지휘하도록 해야 한다고 결심했다. 몇 년의 한미간 조정을 통해 한미연합사령부가 창설된 것이다. 여기서 보듯이 1978년의 한미연합사령부 창설은 카터 이전부터 추진된 것이다.; "Termination of the U.N. Command in Korea", *Foreign Relations of the United States, 1969–1976* Volume E–12, Documents on East and Southeast Asia, 1973–1976, Document 253.

56. Kang Choi and Joon-Sung Park, "South Korea: Fears of Abandonment and Entrapment," in *The Long Shadow: Nuclear Weapons and Security in 21st Century Asia*, ed. Muthiah Alagappa (Stanford, Calif.: Stanford University Press, 2008), 377–378; Michael J. Siler, "U.S. Nuclear Nonproliferation Policy in the Northeast Asian Region During the Cold War: The South Korean Case," *East Asian Studies* 16, nos. 3–4 (1998): 71–74.

57. Sheila Miyoshi Jager, *Brothers at War: The Unending Conflict in Korea* (New York: Norton, 2013), 413.

58. Pyong-choon Hahm, "Korea and the Emerging Asian Power Balance," *Foreign Affairs* 50, no. 2 (1972): 339, https://www.foreignaffairs.com/articles/asia/1972-01-01/korea-and-emerging-asian-power-balance.

59. 보다 상세히 알고자 하는 경우 다음 참조. Kee Kwang-seo 기광서, "Park Chung-hee Government's Foreign Policy Toward the Soviet Union and China-an Analysis of Presidential Records" "박정희 정부의 대중, 소 외교정책-대통령 기록을 분석을 중심으로," *Journal of Asiatic Studies 아세아연구* 58, no. 2 (2015): 78–105.

60. Ibid.; Jae Ho Chung, "South Korean Strategic Thought Toward China," in *South Korean Strategic Thought Toward Asia*, ed. Gilbert Rozman, In-Taek Hyun, and Shin-wha Lee (New York: Palgrave Macmillan, 2008), 156.

61. 다음에서 인용. *Chae-jin Lee, China and Korea: Dynamic Relations*

(Stanford, Calif.: Hoover Press, 1996), 105. 다음에서 인용한 바처럼 1972년경 한국 국회의원 가운데 대략 38%가 중국과의 국교정상화를 선호했다. Chung, "South Korean Strategic Thought Toward China," 155.

62. Chung-hee Park, "President Park's Special Foreign Policy Statement Regarding Peace and Unification," June 23, 1973, http://eng.unikorea.go.kr/content.do?cmsid=1889&mode=view&page=10&cid=32077.

63. Byung-Joon Ahn, "South Korea and the Communist Countries," *Asian Survey* 20, no. 11 (1980): 1102, http://www.jstor.org/stable/2643912.

64. Jae Ho Chung, *Between Ally and Partner: Korea-China Relations and the United States* (New York: Columbia University Press, 2007), 31.

65. Ibid., 32; Ahn, "South Korea and the Communist Countries," 1102–1103.

66. Siler, "U.S. Nuclear Nonproliferation Policy."

67. 다음에서 인용. Jong-pil Kim, "Korea Plays Cat-and-Mouse with Nukes," *JoongAng Ilbo*, August 10, 2015, http://koreajoongangdaily.joins.com/news/article/Article.aspx?aid=3007693.

68. "South Korea: Nuclear Developments Developments and Strategic Decisionmaking," U.S. National Security Archive, intelligence report, excised copy, June 1978, 13, http://nautilus.org/wp-content/uploads/2011/09/CIA_ROK_Nuclear_DecisionMaking.pdf.

69. Shim Yung-taek 심융택, *Baekgom Rising Toward the Sky 백곰 하늘로 솟아오르다* (Seoul 서울: Giparang 기파랑, 2013), 29.

70. Choi and Park, "South Korea," 275.

71. Scott Snyder and Joyce Lee, "Infusing Commitment with Credibility: The Role of Security Assurances in Cementing the U.S.-ROK Alliance," in *Security Assurances and Nuclear Nonproliferation*, ed. Jeffrey W. Knopf (Stanford, Calif.: Stanford University Press, 2012); Sangsun Shim, "The Causes of South Korea's Nuclear Choices: A Case Study in Nonproliferation," Ph.D. diss., University of Maryland, 2003, 44–48.

72. Siler, "U.S. Nuclear Nonproliferation Policy," 62; Hyung-a Kim, *Korea's Development Under Park Chung Hee: Rapid Industrialization,*

1961—79 (London: Routledge Curzon, 2004), 166.

73. Shim 심, *Baekgom Rising Toward the Sky* 백곰 하늘로 솟아오르다, 29.

74. "U.S. National Security Council Memorandum, ROK Weapons Plans," National Security Adviser Presidential Country Files for East Asia and the Pacific, Box 9, Korea (4), March 3, 1975, History and Public Policy Program Digital Archive, Gerald R. Ford Presidential Library, Ann Arbor, Mich., http://digitalarchive.wilsoncenter.org/document/114628. pdf?v=7b0fb5ebe540fe21b3072690ad1e5161.

75. Kim, "Korea Plays Cat—and—Mouse with Nukes."

76. 다음에서 인용. Alexandre Debs and Nuno Monteiro, *Nuclear Politics: The Strategic Causes of Proliferation* (New York: Cambridge University Press, 2017), 383.

77. "U.S. Department of State Memorandum, Approach to South Korea on Reprocessing," National Security Adviser Presidential Country Files for East Asia and the Pacific, Box 9, Korea (9), July 2, 1975, History and Public Policy Program Digital Archive, Gerald R. Ford Presidential Library, http://digitalarchive.wilsoncenter.org/document/114620; "US National Security Council Memorandum, Approach to South Korea on Reprocessing," National Security Adviser Presidential Country Files for East Asia and the Pacific, Box 9, Korea (9), July 8, 1975, History and Public Policy Program Digital Archive, Gerald R. Ford Presidential Library, http://digitalarchive.wilsoncenter.org/document/114621.

78. "Memorandum of Conversation, Seoul, August 27, 1975," in *Foreign Relations of the United States, 1969–1976*, vol. E–12: *Documents on East Asia and Southeast Asia, 1973–1976*, ed. Coleman et al., document 272, https://history.state.gov/historicaldocuments/frus1969—76ve12/d272.

79. "U.S. Department of State Cable, ROK Nuclear Reprocessing," National Security Adviser Presidential Country Files for East Asia and the Pacific, Box 11, Korea—State Department Telegrams, to SecState—NODIS (8), December 10, 1975, History and Public Policy Program Digital Archive, Gerald R. Ford Presidential Library, http://

digitalarchive.wilsoncenter.org/document/114611.

80. Kim, "Korea Plays Cat−and−Mouse with Nukes."

81. Sung Gul Hong, "Search for Deterrence: Nuclear Option," in *The Park Chung Hee Era*, ed. Kim and Vogel, 488. 다음에서 주목하고 있는 바처럼 1973년 경 박정희 당시의 한국은 군사 장비 가운데 일부를 생산하기 시작했다. Yong Sup Han, "South Korea's Military Capabilities and Strategy," in *Korea: The East Asian Pivot, ed. Jonathan D. Pollack* (Newport, R.I.: Naval War College Press, 2006), 222. 15억 달러에 달하는 미 군원의 지원을 받는 가운데 국방부는 1971년부터 1975년까지 군 현대화를 적극 추진했다.

82. Ibid.

83. Etel Solingen, *Nuclear Logics: Contrasting Paths in East Asia and the Middle East* (Princeton: Princeton University Press, 2007), 84.

84. Shim, "The Causes of South Korea's Nuclear Choices," 111−116.

85. Siler, "U.S. Nuclear Nonproliferation Policy," 75−78.

86. Han, "South Korea's Military Capabilities and Strategy," 222−223.

87. Ronald Reagan, "Joint Communiqué Following Discussions with President Chun Doo Hwan of the Republic of Korea," February 2, 1981, American Presidency Project, http://www.presidency.ucsb.edu/ws/?pid=44223.

88. Brian Bridges, *Korea and the West* (New York: Routledge and Kegan Paul, 1986), 6.

89. Michael Getler, "Viewing Maneuvers from the 'Royal Box'; President of South Korea, Weinberger Observe Exercises Under Very Tight Security," *Washington Post*, April 1, 1982.

90. 다음에서 인용. Bridges, *Korea and the West*, 60.

91. 다음에서 인용. Im Chun−gun 임춘건, *Nordpolitik and Korean Politics' Policy Choice 북방정책과 한국정치의 정책결정* (Paju 파주: Korean Studies Information 한국학술정보, 2008), 90, translated by Sung−tae (Jacky) Park.

92. 다음에서 인용. ibid., translated by Sung−tae (Jacky) Park.

93. Henry C. K. Liu, "Part 10: The Changing South Korean Position,"

Asia Times, February 7, 2007, http://www.atimes.com/atimes/Korea/IB07Dg01.html.

94. Yasuhiro Izumikawa, "South Korea's Nordpolitik and the Efficacy of Asymmetric Positive Sanctions," Korea Observer 37, no. 4 (2006): 616.

95. Ibid.

96. United Press International, "China to Let Seoul Try Hijackers in Return for Jet and Passengers," New York Times, May 9, 1983, http://www.nytimes.com/1983/05/09/world/china-to-let-seoul-try-hijackers-in-return-for-jet-and-passengers.html.

97. Chung, Between Ally and Partner, 34.

98. Christopher Wren, "China's Quiet Courtship of South Korea," New York Times, March 11, 1984, http://www.nytimes.com/1984/03/11/weekinreview/china-s-quiet-courtship-of-south-korea.html.

99. Izumikawa, "South Korea's Nordpolitik," 618.

100. Ibid., 616-617.

101. Ibid., 616.

102. Richard Halloran, "Seoul Proposing an Exchange of Envoys with North Korea," New York Times, January 22, 1982, http://www.nytimes.com/1982/01/22/world/seoul-proposing-an-exchange-of-envoys-with-north-korea.html.

103. Hyung Gu Lynn, Bipolar Orders: The Two Koreas Since 1989 (London: Fernwood, Zed Books, 2007), 159.

104. Oberdorfer and Carlin, The Two Koreas, 117.

105. Kyudok Hong, "South Korean Strategic Thought Toward Asia in the 1980s," in South Korean Strategic Thought Toward Asia, ed. Rozman, Hyun, and Lee, 36.3.

제3장

1. International Monetary Fund, World Economic Outlook Database, n.d., https://www.imf.org/external/pubs/ft/weo/2016/01/weodata/index.aspx; World Bank, World Data Bank, World Development Indicators,

n.d., http://databank.worldbank.org/data/reports.aspx?Code=NY. GDP.MKTP.CD&id=af3ce82b&report_name=Popular_indicators&popul artype=series&ispopular=y.

2. Kyudok Hong, "South Korean Strategic Thought Toward Asia in the 1980s," in *South Korean Strategic Thought Toward Asia*, ed. Gilbert Rozman, In-Taek Hyun, and Shin-wha Lee (New York: Palgrave Macmillan, 2008), 233-235.

3. Samuel Huntington, "Democracy's Third Wave," *Journal of Democracy* 2, no. 2 (1991), http://www.ned.org/docs/Samuel-P-Huntington-Democracy-Third-Wave.pdf.

4. Jae-sung Chun, "Evaluation of the Nordpolitik: The Inception of a Korean Diplomatic 'Grand Strategy,' " in *Reconsidering the Roh Tae-woo Era*, ed. Won-taek Kang (Paju, South Korea: Nanam, 2012), 215-216.

5. 1994년 6월 고조되고 있던 북미 핵 문제를 중재하기 위한 노력의 일환으로 카터가 성시시킨 김일성과 김영삼의 정상회담이 개최되었더라면 이들 갈등과 긴장은 완화되거나 제거될 수도 있었을 것이다. 북한의 권력 승계 과정에서 미국은 지속적으로 북한과 협상을 추구했다. 그러나 한국 내부의 정치적 압력을 의식했던 김영삼은 김일성 사망과 관련하여 조의를 표명하지 않았으며 김정일 치하 북한을 고장 난 비행기에 비유했다.

6. Jae-jung Suh, *Power, Interest, and Identity in Military Alliances* (New York: Palgrave MacMillan, 2007).

7. Gab-je Cho, *Oral Memoir of Roh Tae-woo* (Seoul: Chogabjedotcom, 2007).

8. Geun Lee, "Roh Administration's Nordpolitik," in *Reconsidering the Roh Tae-woo Era*, ed. Kang, 181-189.

9. Lee Hongkoo, interview by the author, July 2015, Seoul.

10. Ji-hyung Kim, "The Development of the Discussions on Unification During the Early Post-Cold War Era: Competition and Coexistence Between the Government and Nongovernment Sector," *International Journal of Korean History* 17, no. 1 (2012): 171-203.

11. Ham Taek-young 함택영 and Nam Goong-gon 남궁곤, *Korean Foreign*

Policy: History and Issues 한국 외교 정책: 역사와 쟁점 (Seoul 서울: Social Criticism 사회평론, 2010), 378–379.

12. Kim Chong-hwi, interview, quoted in Lee, "Roh Administration's Nordpolitik," 179.

13. Hong-choo Hyun, "Hyun Hong-choo, ROK Ambassador to USA, 1990–1993," in *Ambassador's Memoir: U.S.-Korea Relations Through the Eyes of the Ambassadors*, comp. Korea Economic Institute of America (Washington, D.C.: Korea Economic Institute of America, 2009), 60–61.

14. Tae-woo Roh, *Roh Tae-woo's Memoir: The Grand Strategy in Transition* (Seoul: Chosun News Press, 2011), 144.

15. Ham 함 and Nam 남, *Korean Foreign Policy 한국 외교 정책*, 396–398.

16. Kim Hang Hun 김창훈, *The Yesterday and Today of South Korean Foreign Policy 한국 외교의 어제와 오늘* (Paju 파주: Korea Studies Information 한국학술정보, 2013), 172–173.

17. Cho, *Oral Memoir of Roh Tae-woo*, 55, 60.

18. Don Oberdorfer and Robert Carlin, *The Two Koreas: A Contemporary History* (New York: Basic Books, 2013), 158.

19. Quoted in ibid., 157.

20. Roh, *Roh Tae-woo's Memoir*, 193.

21. Ibid., 210.

22. 다음에서 인용. Oberdorfer and Carlin, *The Two Koreas*, 160.

23. Roh, *Roh Tae-woo's Memoir*, 215–217.

24. 다음에서 인용. Oberdorfer and Carlin, *The Two Koreas*, 154–165.

25. Ibid., 166–169.

26. Roh, *Roh Tae-woo's Memoir*, 222–224.

27. Scott Snyder, *China's Rise and the Two Koreas: Politics, Economics, Security* (Boulder, Colo.: Lynne Rienner, 2009), 28–29.

28. Ham 함 and Nam 남, *Korean Foreign Policy 한국 외교 정책*, 398–399.

29. Jae Ho Chung, "South Korean Strategic Thought Toward China," in *South Korean Strategic Thought Toward Asia*, ed. Rozman, Hyun, and Lee, 160.

30. Uk Heo and Terence Roehrig, *South Korea Since 1980* (Cambridge: Cambridge University Press, 2010), 185.

31. Ham 함 and Nam 남, *Korean Foreign Policy 한국 외교 정책*, 400.

32. 다음에서 인용. Oberdorfer and Carlin, *The Two Koreas*, 190.

33. Chung, "South Korean Strategic Thought Toward China," 44. 또한 다음을 참조. Ham 함 and Nam 남, *Korean Foreign Policy 한국 외교 정책*, 398-399.

34. Samuel S. Kim, *The Two Koreas and the Great Powers* (Cambridge: Cambridge University Press, 2006), 75.

35. Jae Ho Chung, *Between Ally and Partner: Korea-China Relations and the United States* (New York: Columbia University Press, 2007), 69-74.

36. Ibid., 73.

37. Roh, *Roh Tae-woo's Memoir*, 255.

38. Cho, *Oral Memoir of Roh Tae-woo*, 63-66, 104.

39. Chung, Between Ally and Partner, 90 (quote from Hwang), 91.

40. 다음에서 인용. Young-june Park, "South Korea's Diplomacy and the Evolution of Korea-Japan Security Relations, 1965-2015," *Seoul Journal of Japanese Studies* 2, no. 1 (2016): 117, http://s-space.snu.ac.kr/bitstream/10371/97040/1/06_PARK%20Young-June.pdf.

41. Tae-woo Roh, *The Collection of President Roh Tae-woo's Speeches, vol. 2: 1989. 2. 25-1990. 1. 31* (Seoul: Presidential Secretariat, 1990), 341-343.

42. World Economic Outlook Database, International Monetary Fund, "Report for Selected Countries," October 2016, http://www.imf.org/external/pubs/ft/weo/2016/02/weodata/weorept.aspx?pr.x=25&pr.y=13&sy=1980&ey=2021&scsm=1&ssd=1&sort=country&ds=.&br=1&c=512%2C672%2C914%2C946%2C612%2C137%2C614%2C546%2C311%2C962%2C213%2C674%2C911%2C676%2C193%2C548%2C122%2C556%2C912%2C678%2C313%2C181%2C419%2C867%2C513%2C682%2C316%2C684%2C913%2C273%2C124%2C868%2C339%2C921%2C638%2C948%2C514%2C943%2C218%2C686%2C963%2C688%2C616%2C518%2C223%2C728

%2C516%2C558%2C918%2C138%2C748%2C196%2C618%2C278%2C624
%2C692%2C522%2C694%2C622%2C142%2C156%2C449%2C626%2C564
%2C628%2C565%2C228%2C283%2C924%2C853%2C233%2C288%2C63
2%2C293%2C636%2C566%2C634%2C964%2C238%2C182%2C662%2C3
59%2C960%2C453%2C423%2C968%2C935%2C922%2C128%2C714%2C6
11%2C862%2C321%2C135%2C243%2C716%2C248%2C456%2C469%2C7
22%2C253%2C942%2C642%2C718%2C643%2C724%2C939%2C576%2C
644%2C936%2C819%2C961%2C172%2C813%2C132%2C199%2C646%2C7
33%2C648%2C184%2C915%2C524%2C134%2C361%2C652%2C362%2C1
74%2C364%2C328%2C732%2C258%2C366%2C656%2C734%2C654%2C
144%2C336%2C146%2C263%2C463%2C268%2C528%2C532%2C923%2
C944%2C738%2C176%2C578%2C534%2C537%2C536%2C742%2C429%
2C866%2C433%2C369%2C178%2C744%2C436%2C186%2C136%2C925%
2C343%2C869%2C158%2C746%2C439%2C926%2C916%2C466%2C664%
2C112%2C826%2C111%2C542%2C298%2C967%2C927%2C443%2C846%
2C917%2C299%2C544%2C582%2C941%2C474%2C446%2C754%2C666%
2C698%2C668&s=NGDPD&grp=0&a=.

43. Stockholm International Peace Research Institute, Military Expenditure Database, https://www.sipri.org/databases/milex.

44. Brian Bridges, *Japan and Korea in the 1990s: From Antagonism to Adjustment* (Aldershot, U.K.: Edward Elgar, 1993), 57.

45. ibid.

46. C. S. Eliot Kang and Yoshinori Kaseda, "South Korea's Security Relations with Japan: A View on Current Trend," in *Korea in the 21st Century*, ed. Seung-ho Joo and Tae-hwan Kwak (Hauppauge, N.Y.: Nova Science, 2001), 235.

47. Cho, *Oral Memoir of Roh Tae-woo*, 52.

48. Roh, *Roh Tae-woo's Memoir*, 324-325.

49. Ahn Jung-shik 안정식, *Is an Autonomous North Korea Policy Possible for South Korea? Post-Cold War Conflicts and Cooperation Between ROK and U.S. Policies Toward North Korea* 한국의 자주적 대북정책은 가능한가 탈냉전기 한미 대북정책의 갈등과 협력 (Seoul 서울: Hanwool 한울,

2007), 72–73, translation by Sung-tae (Jacky) Park.

50. Hyun, "Hyun Hong-choo,," 52–55.

51. David Straub, *Anti-Americanism in Democratizing South Korea* (Stanford, Calif.: Shorenstein Asia-Pacific Research Center, Stanford University, 2015), 39.

52. Ibid.

53. "Seoul Had Own Designs on N-Bomb," *Fay Observer*, March 31, 1994, http://www.fayobserver.com/military/seoul-had-own-designs-on-n-bomb/article_cabc4cd5-8797-57dc-9b8b-cb9dd97d6219.html.

54. "S. Korea Says U.S. Blocked Its Plan for N-Arms," *Deseret News*, March 28, 1994, http://www.deseretnews.com/article/344169/S-KOREA-SAYS-US-BLOCKED-ITS-PLAN-FOR-N-ARMS.html?pg=all.

55. Ham 함 and Nam 남, *Korean Foreign Policy 한국 외교 정책*, 390–392.

56. Clyde Haberman, "Korean Opposition, Declaring Extensive Fraud, Pledges to Keep Fighting," *New York Times*, December 18, 1987, http://www.nytimes.com/1987/12/18/world/korean-opposition-declaring-extensive-fraud-pledges-to-keep-fighting.html?pagewanted=all.

57. "Rest in Peace, Former President Kim Young-sam," *Dong-A Ilbo*, November 23, 2015, http://english.donga.com/List/3/all/26/411805/1.

58. Ahn 안, *Is An Autonomous North Korea Policy Possible for South Korea? 한국의 자주적 대북정책은 가능한가*, 84–85.

59. Thomas L. Wilborn, *Strategic Implications of the U.S.-DPRK Framework Agreement* (Carlisle, Pa.: Strategic Studies Institute, U.S. Army War College, 1995), 23, http://fas.org/nuke/guide/dprk/nuke/us_dprk.pdf.

60. Gi-Wook Shin, *One Alliance, Two Lenses: U.S.-Korea Relations in a New Era* (Stanford, Calif.: Stanford University Press, 2010), 168.

61. 다음에서 인용. Chae-Jin Lee, *A Troubled Peace: U.S. Policy and the Two Koreas* (Baltimore: Johns Hopkins University Press, 2006), 168.

62. 다음에서 인용. Ahn 안, *Is an Autonomous North Korea Policy Possible*

for South Korea? 한국의 자주적 대북정책은 가능한가, 85, translated by Sung-tae (Jacky) Park.

63. Ibid., 94-97.

64. Ibid., 94, translated by Sung-tae (Jacky) Park.

65. U.S. Department of Defense, "U.S. Security Strategy for the East Asia-Pacific Region," February 27, 1995, http://nautilus.org/global-problem-solving/us-security-strategy-for-the-east-asia-pacific-region/.

66. Gilbert Rozman, *Strategic Thinking About the Korean Nuclear Crisis: Four Parties Caught Between North Korea and the United States* (New York: Palgrave Macmillan, 2007), 54.

67. Oknim Chung, "The Role of South Korea's NGOs: The Political Context," in *Paved with Good Intentions: The NGO Experience in North Korea*, ed. L. Gordon Flake and Scott Snyder (Westport, Conn.: Greenwood, 2003).

68. 역자주: 북미제네바합의 관련 협상에서 북한이 가장 중요하게 생각한 부분은 북미국교정상화와 그 후의 북일국교정상화였다. 소련과 중국이 한국을 인정한 것과 마찬가지로 미국과 일본이 북한을 외교적으로 인정하도록 만드는 일이었다. 이 부분이 완벽히 이행되지 않는 경우 합의가 깨질 수밖에 없었다. 이 경우 북한 경수로 건설비용 등 예기치 못한 손실이 발생할 수 있었다.

69. Philip Bowring and International Herald Tribune, "In South Korea, Mixed Feelings About Joining the Rich Club," *New York Times*, September 10, 1996, http://www.nytimes.com/1996/09/10/opinion/in-south-korea-mixed-feelings-about-joining-the-rich-club.html.

70. 다음에서 인용. Samuel S. Kim, "Korea's Segyehwa Drive: Promise Versus Performance," in *Korea's Globalization*, ed. Samuel S. Kim (Cambridge: Cambridge University Press, 2000), 244.

71. Lee, "Roh Administration's Nordpolitik," 178.

72. Paul Lewis, "South Korean Chief, at U.N., Calls for World Talks and Unification," *New York Times*, October 19, 1988, http://www.nytimes.com/1988/10/19/world/south-korean-chief-at-un-calls-for-world-talks-and-unification.html.

제4장

1. Dae-jung Kim, *Kim Dae-jung's Three Stage Approach to Korean Reunification* (Los Angeles: Center for Multiethnic and Transnational Studies, University of Southern California, 1997), 9–13.
2. Ibid., 11–13.
3. Lee Hongkoo, interviewed by the author, July 2015, Seoul.
4. Dae-jung Kim, *Kim Dae-jung's Memoir, vol. 2* (Seoul: Samin Press, 2011), 304.
5. Dong-won Lim, *Peacemaker: Twenty Years of Inter-Korean Relations and the North Korean Nuclear Issue: A Memoir* (Stanford, Calif.: Shorenstein Asia-Pacific Research Center, 2012), 165–166, 258.
6. 다음에서 인용 Kihl Young Hwan, *Transforming Korean Politics: Democracy, Reform, and Culture* (New York: M. E. Sharpe, 2005), 249.
7. Korea Institute of Public Administration, *Republic of Korea's Major Policies and Government Operation of Former Administrations*, vol. 6: *Kim Dae-jung Administration* (Seoul: Daeyoung Press, 2014), 66.
8. Ibid., 128–129.
9. Ibid., 66.
10. "Address by His Excellency Kim Dae-jung, President of the Republic of Korea," speech to a joint session of the U.S. Congress, 105th Cong., 2nd sess., June 10, 1998, https://www.gpo.gov/fdsys/granule/CREC-1998-06-10/CREC-1998-06-10-pt1-PgH4334.
11. Korea Institute of Public Administration, *Republic of Korea's Major Policies and Government Operation of Former Administrations*, 6:130.
12. Insung Kim and Karin Lee, "Mt. Kumgang and Inter-Korean Relations," National Committee on North Korea, November 10, 2009, http://www.ncnk.org/resources/briefing-papers/all-briefing-papers/mt.-kumgang-and-inter-korean-relations.
13. Moon, "Understanding the DJ Doctrine," 42.
14. Donald Kirk and the International Herald Tribune, "North Korea Sub

Is Snagged Off South," *New York Times*, June 23, 1998, http://www.nytimes.com/1998/06/23/news/north-korea-sub-is-snagged-off-south.html.

15. Donald Kirk, "Four Killed as North and South Korean Navy Vessels Trade Fire," *New York Times*, June 29, 2002, http://www.nytimes.com/2002/06/29/world/four-killed-as-north-and-south-korean-navy-vessels-trade-fire.html.

16. Donald Kirk, "Slaughter on the 'Northern Limit Line,'" *Korea Times*, July 2, 2015, http://www.koreatimes.co.kr/www/news/opinon/2015/07/162_182065.html.

17. "Inter-Korean Vice-Ministerial Meeting to Be Held in July," *Korea Times*, March 10, 2000.

18. Governments of the Republic of Korea and the Democratic People's Republic of Korea, "South-North Joint Declaration," June 15, 2000, http://www.usip.org/sites/default/files/file/resources/collections/peace_agreements/n_skorea06152000.pdf.

19. 다음에서 인용. Young-jin Oh, "Kim Apologizes for Summit Scandal," *Korea Times*, February 14, 2003.

20. Moon, "Understanding the DJ Doctrine," 36.

21. 다음에서 인용. Calvin Sims, "Summit Glow Fades as Koreans Face Obstacles to Unity," *New York Times*, June 22, 2000, http://partners.nytimes.com/library/world/asia/062200korea-summit.html.

22. 다음에서 인용. Howard W. French, "Two Koreas Agree to First Meeting of Their Leaders," *New York Times*, April 10, 2000, http://www.nytimes.com/2000/04/10/world/two-koreas-agree-to-first-meeting-of-their-leaders.html.

23. 다음에서 인용. Steven Mufson, "Korean Summit Seen as Election Ploy," *Washington Post*, April 11, 2000, https://www.washingtonpost.com/archive/politics/2000/04/11/korean-summit-seen-as-election-ploy/98ed8575-0d47-4f7a-9450-f1a94d209263/.

24. Katharine H. S. Moon, *Protesting America: Democracy and the U.S.-Korea Alliance* (Berkeley: University of California Press, 2012), 40.

25. 다음에서 인용. "President Gives Details Behind Summit Declaration," Yonhap News Agency, June 15, 2000.

26. Korea Institute of Public Administration, *Republic of Korea's Major Policies and Government Operation of Former Administrations*, 6:124–125.

27. Richard V. Allen, "On the Korea Tightrope, 1980," *New York Times*, January 21, 1998, http://www.nytimes.com/1998/01/21/opinion/on-the-korea-tightrope-1980.html.

28. "KEDO Marks 'First Concrete' Pouring Milestone," *KEDO News*, August 7, 2002, https://kedo.org/news_detail.asp?NewsID=22.

29. Glenn Kessler, "South Korea Offers to Supply Energy If North Gives Up Arms," *Washington Post*, July 13, 2005, http://www.washingtonpost.com/wp-dyn/content/article/2005/07/12/AR2005071200220.html.

30. Peter Maass, "The Last Emperor," *New York Times*, October 19, 2003, http://www.nytimes.com/2003/10/19/magazine/the-last-emperor.html; Jay Kim, "Repercussions of N. Korea's Long-Range Missile Launch," *Korea Times*, September 9, 2011, http://www.koreatimes.co.kr/www/news/opinon/2016/08/306_94569.html.

31. Federation of American Scientists, "Kumgchangni," January 16, 2000, https://fas.org/nuke/guide/dprk/facility/kumchangni.htm.

32. Yoichi Funabashi, *The Peninsula Question: A Chronicle of the Second North Korean Nuclear Crisis* (Washington, D.C.: Brookings Institution Press, 2007), 118–119.

33. David E. Sanger, "Korean Clash May Ruin U.S. Reconciliation Bid," *New York Times*, June 17, 1999, http://partners.nytimes.com/library/world/asia/061799korea-us.html.

34. Chung-in Moon, *The Sunshine Policy: In Defense of Engagement as a Path to Peace in Korea* (Seoul: Yonsei University Press, 2012), 24.

35. 다음에서 인용. Lim, *Peacemaker*, 188.

36. Stephen Bosworth, "USA Ambassador to ROK, 1997–2000," in *Ambassador's Memoir: U.S.-Korea Relations Through the Eyes of the Ambassadors*, comp. Korea Economic Institute of America (Washington,

D.C.: Korea Economic Institute of America, 2009), 124.

37. Dae-jung Kim, "Address by President Kim Dae-jung of the Republic of Korea, Lessons of German Reunification and the Korean Peninsula," March 9, 2000, http://www.monde-diplomatique.fr/dossiers/coree/A/1904.

38. 다음에서 인용. Don Kirk, "U.S. Suffers a Setback in Its North Korea Policy," *New York Times*, February 24, 2003, http://www.nytimes.com/2003/02/24/international/asia/us-suffers-a-setback-in-its-north-korea-policy.html.

39. Moon, Sunshine Policy, 46; Don Kirk, "South Koreans Challenge Northerner on U.S. Troops," *New York Times*, August 7, 2001, http://www.nytimes.com/2001/08/07/world/south-koreans-challenge-northerner-on-us-troops.html.

40. Hee-young Song, "Skepticism," *Chosun Ilbo*, March 15, 2001.

41. 다음에서 인용. Mike Chinoy, *Meltdown: The Inside Story of the North Korean Nuclear Crisis* (New York: St. Martin's Press, 2008), 73-74.

42. 다음에서 인용. John Swenson-Wright, "Springtime in North Korea," *Guardian*, May 19, 2006, https://www.theguardian.com/commentisfree/2006/may/19/springtimeinnorthkorea2?index=0.

43. 다음에서 인용. Chinoy, *Meltdown*, 132.

44. 다음에서 인용. James Brooke, "South Korea Criticizes U.S. Plan for Exerting Pressure on North," *New York Times*, December 30, 2002, http://www.nytimes.com/2002/12/31/world/threats-responses-nuclear-politics-south-korea-criticizes-us-plan-for-exerting.html.

45. Bruce Cumings, "Unilateralism and Its Discontents: The Passing of the Cold War Alliance and Changing Public Opinion in the Republic of Korea," in *Korean Attitudes Toward the United States: Changing Dynamics*, ed. David I. Steinberg (Armonk, N.Y.: M. E. Sharpe, 2005), 97-98.

46. "Possibility of Unification Within 10 Years" "10년내 통일 가능성," public-opinion poll, Gallup Korea 한국갤럽조사연구소, November 11, 2002, http://www.gallup.co.kr/gallupdb/newsContent.asp?seqNo=3

98&pagepos=79&search=&searchKeyword=&selectYear=; Gi-Wook Shin, *One Alliance, Two Lenses: U.S.-Korea Relations in a New Era* (Stanford, Calif.: Stanford University Press, 2010).

47. Shin, *One Alliance, Two Lenses*.

48. David Straub, *Anti-Americanism in Democratizing South Korea* (Stanford, Calif.: Shorenstein Asia-Pacific Research Center, 2015), 2.

49. Don Kirk, "U.S. Dumping of Chemical Riles Koreans," *New York Times*, July 15, 2000, http://www.nytimes.com/2000/07/15/news/us-dumping-of-chemical-riles-koreans.html; Straub, Anti-Americanism in Democratizing South Korea, 69-88.

50. Kirk, "U.S. Dumping of Chemical Riles Koreans"; Ho-jeong Lee, "Calls to Boycott U.S. Goods Spread on Web," *JoongAng Ilbo*, March 4, 2002, http://koreajoongangdaily.joins.com/news/article/article.aspx?aid=1901090; Straub, *Anti-Americanism in Democratizing South Korea*, 133-156.

51. Straub, *Anti-Americanism in Democratizing South Korea*, 3-6; Shin, *One Alliance, Two Lenses*.

52. Doug Struck, "Resentment Toward U.S. Troops Is Boiling Over in South Korea," *Washington Post*, December 9, 2002, https://www.washingtonpost.com/archive/politics/2002/12/09/resentment-toward-us-troops-is-boiling-over-in-south-korea/142fa387-a604-41a9-bcad-9bf3abd39515/; Straub, Anti-Americanism in Democratizing South Korea, 157-178.

53. Meredith Woo-Cumings, "Unilateralism and Its Discontents: The Passing of the Cold War Alliance and Changing Public Opinion in the Republic of Korea," in *Korean Attitudes Toward the United States*, ed. Steinberg, 56.

54. Victor D. Cha, "Anti-Americanism and the U.S. Role in Inter-Korean Relations," in *Korean Attitudes Toward the United States*, ed. Steinberg, 128.

55. Ibid., 130.

56. Moon, *Protesting America*, 46.

57. Ibid., 141–142.

58. Korea Institute of Public Administration, *Republic of Korea's Major Policies and Government Operation of Former Administrations*, 6:124.

59. "Kim Dae-jung's Live Interview with CNN," *Korea Times*, May 5, 1999.

60. Kim, *Kim Dae-jung's Memoir*, 2:342–351.

61. Lim, *Peacemaker*, 166.

62. Kang Won-taek, Kim Geun-taek, Kim Gi-sik, Kim Doo-kwan, Kim Min-woong, Kim Sung-jae, Kim Sung-hoon, et al., 강원택, 김근택, 김기식, 김두관, 김민웅, 김성재, 김성훈 외, *Thinking About Dae-jung Kim 김대중을 생각한다* (Seoul 서울: Samin 삼인, 2011), 91–92.

63. Dae-jung Kim, "Speech of H.E. President Kim Dae-jung of the Republic of Korea ASEAN+3 Summit," Association of Southeast Asian Nations, 1998, http://asean.org/?static_post=speech-of-he-president-kim-dae-jung-of-the-republic-of-korea-asean3-summit.

64. Termsak Chalermpalanupap, "Towards an East Asia Community: The Journey Has Begun," Association of Southeast Asian Nations, October 19, 2002, http://asean.org/towards-an-east-asia-community-the-journey-has-begun-by-termsak-chalermpalanupap/.

65. "Trilateral Meeting of Leaders of China, Japan, S Korea," *China Daily*, May 27, 2010, http://www.chinadaily.com.cn/china/2010-05/27/content_9899091.htm.

66. "Korea, China, Japan to Establish Trilateral Cooperation Secretariat in Korea," *Korea.net*, May 29, 2010, http://www.korea.net/NewsFocus/Policies/view?articleId=81417.

67. Dae-jung Kim, "Regionalism in the Age of Asia," *Global Asia* 1, no. 1 (2006), https://www.globalasia.org/wp-content/uploads/2006/09/76.pdf.

68. 다음에서 인용. "Japan-Republic of Korea Joint Declaration: A New Japan-Republic of Korea Partnership Towards the Twenty-First Century," October 8, 1998, http://www.mofa.go.jp/region/asia-paci/

korea/joint9810.html; "Japan's Rising Nationalism Enrages Asia," *Guardian*, July 15, 2001, https://www.theguardian.com/world/2001/jul/15/theobserver.

69. "Japan, South Korea Conduct Joint Military Exercise," Associated Press, August 4, 1999; Mark E. Manyin, *Japan—South Korea Relations: Converging Interests and Implications for the United States* (Washington, D.C.: Congressional Research Service, 1999), http://congressionalresearch.com/RL30382/document.php?study=JAPAN—SOUTH+KOREA+RELATIONS+CONVERGING+INTERESTS+AND+IMPLICATIONS+FOR+THE+UNITED+STATES.

70. "Japan's Rising Nationalism Enrages Asia."

71. "S. Korea, Japan Resume Naval Drill," United Press International, September 12, 2002, http://www.upi.com/Business_News/Security-Industry/2002/09/11/SKorea—Japan—resume—naval—drill/UPI-20291031746470/?st_rec=80981111136441.

72. Norman D. Levin and Yong—Sup Han, *Sunshine in Korea: The South Korean Debate Over Policies Toward North Korea* (Washington, D.C.: RAND Center for Asia Policy, 2002), 127, http://www.rand.org/content/dam/rand/pubs/monograph_reports/2005/RAND_MR1555.pdf.

73. Ibid., 128.

74. Eric Johnston, "The North Korean Abduction Issue and Its Effect on Japanese Domestic Politics," Japan Policy Research Institute, June 2004, http://www.jpri.org/publications/workingpapers/wp101.html.

75. "President Kim Dae—jung Returns Home from Asian Trip," *Korea Herald*, November 20, 1998.

76. Jae Ho Chung, *Between Ally and Partner: Korea—China Relations and the United States* (New York: Columbia University Press, 2007), 115.

77. Kwan—woo Jun, "Seoul Reaffirms No Plan to Join U.S.—Led Theater Missile Defense Plan," *Korea Herald*, May 4, 1999.

78. "China Supports Korean Peace Regime Through Four—Party Talks; Zhu Says Korean Firms Welcome in Chinese Mobile Phone Market," *Korea Herald*, October 19, 2000.

79. Bonnie Glaser, Scott Snyder, and John S. Park, *Keeping an Eye on an Unruly Neighbor: Chinese Views of Economic Reform and Stability in North Korea*, working paper (Washington, D.C.: U.S. Institute of Peace, 2008), 11, https://www.usip.org/sites/default/files/Jan2008. pdf.

80. C. S. Eliot Kang, "The Four-Party Peace Talks: Lost Without a Map," *Comparative Strategy* 17, no. 4 (1998): 330, http://www.tandfonline. com/doi/pdf/10.1080/01495939808403151.

81. 역자주: 수출국에서 장려금이나 보조금을 지원받은 물품이 수입돼 국내산업이 피해를 입을 경우 이 같은 제품의 수입을 억제하기 위해 부과하는 누진관세.

82. Scott Snyder, *China's Rise and the Two Koreas* (Boulder, Colo.: Lynne Rienner, 2009).

83. Peter Graff, "Putin Goes to Seoul as Korean Families Meet," *Moscow Times*, February 26, 2001.

84. Martin Fackler, "South Koreans Express Fatigue with a Recalcitrant North," *New York Times*, May 27, 2009, http://www.nytimes. com/2009/05/28/world/asia/28seoul.html.

85. Chan Yul Yoo, "South Korea's Sunshine Policy Revisited," *Korea Social Science Journal* 31, no. 2 (2004): 3, http://www.kossrec.org/wp-content/uploads/2015/04/유찬열최종본.doc.

86. Ministry of National Defense, Republic of Korea, *2010 White Paper* (Seoul: Republic of Korea, 2010), 18, https://www.nti.org/media/pdfs/2010WhitePaperAll_eng.pdf?_=1340662780.

87. Min Bok Lee, "Human Rights in North Korea," *Korea Focus 9*, no. 3 (2001), http://www.koreafocus.or.kr/design1/layout/content_print. asp?group_id=637.

88. Ibid., 73-75.

제5장

1. Moo-hyun Roh, *National Security Strategy* (Seoul: Republic of Korea,

2005).

2. Jongryn Mo, "Grassroots Influences on the U.S.–ROK Alliance: The Role of Civil Society," paper presented at the workshop "Influence of Stakeholders on the U.S.–ROK Alliance," Center for U.S.–Korea Policy and the East Asia Institute, Seoul, February 22, 2010, 7, http://www.asiafoundation.org/resources/pdfs/JongrynMoROKCivilSociety.pdf.

3. 다음에서 인용. Chung–Bae Kim, "Visions and Tasks of a Cooperative Self–Reliant Defense," in *Security and Foreign Policy of the ROK Government*, ed. Su–hoon Lee (Seoul: Happyreading, 2007), 105.

4. Chung Kyung–hwan 정경환, "Problems of and Directions for Improvement in Roh Moo–hyun Administration's North Korea Policy" 노무현 정권 대북정책의 문제점과 개선방향, in *Evaluation of the Roh Mu Hyun Administration's North Korea Policy* 노무현 정권 대북정책의 평가 (Seoul 서울: Lee Kyung 이경, 2008), 20–21.

5. Blue House, Republic of Korea, *Peace and Prosperity National Security Policy* (Seoul: Blue House, Republic of Korea, 2004).

6. Ju–heum Lee, "Balanced and Pragmatic Diplomacy: Conceptual Background and Accomplishments," in *Security and Foreign Policy of the ROK Government*, ed. Lee, 73.

7. Shin–hong Park, "Before Roh–Bush Talks, Seoul Airs Balancing Role," *JoongAng Ilbo*, June 1, 2005, http://koreajoongangdaily.joins.com/news/article/article.aspx?aid=2576004

8. Hoon Choi and Ji–soo Kim, "President Says Forces Are Being Strengthened," *JoongAng Ilbo*, May 20, 2004, http://koreajoongangdaily.joins.com/news/article/article.aspx?aid=2417226.

9. Chung–bae Kim, "Visions and Tasks of a Cooperative Self–Reliant Defense," in *Security and Foreign Policy of the ROK Government*, ed. Lee, 146.

10. Ibid., 104–147.

11. James Brooke, "A Quiet Foreign Invasion of Korea's Giants," *New York Times*, May 20, 2004, http://www.nytimes.com/2004/05/20/

business/a-quiet-foreign-invasion-of-korea-s-giants.html.

12. Presidential Commission on Policy Planning, *Korea's Future: Vision & Strategy: Korea's Ambition to Become an Advanced Power by 2030* (Seoul: Seoul Selection, 2008), 323.

13. 다음에서 인용. David C. Kang, "South Korea's Embrace of Interdependence in Pursuit of Security," in *Strategic Asia 2006-07: Trade, Interdependence, and Security*, ed. Ashley J. Tellis and Michael Wills (Seattle: National Bureau of Economic Research, 2006), 162.

14. 다음에서 인용. Chung정경환, "Problems of and Directions for Improvement in Roh Moo-hyun Administration's Nordpolitik" 노무현 정권 대북정책의 문제점과 개선방향, 31, translated by Sungtae (Jacky) Park.

15. Su-hoon Lee, "Northeast Asian Cooperation Initiative of the Roh Moo-hyun Government," in *Security and Foreign Policy of the ROK Government*, ed. Lee, 22-36.

16. "Two Koreas Issue 'Peace Declaration,' " *Chosun Ilbo*, October 4, 2007, http://english.chosun.com/site/data/html_dir/2007/10/04/2007100461031.html.

17. 다음에서 인용. Man-bok Kim, Jong-chun Baek, and Jae-jung Lee, *Roh Mu-hyun's Conception for Peace on the Korean Peninsula: 10.4 South-North Summit Declaration* (Seoul: Tongil, 2015), 200.

18. Ham Taek-young 함택영 and Nam Goong-gon, 남궁곤, *Korean Foreign Policy: History and Issues 한국 외교 정책: 역사와 쟁점* (Seoul 서울: Social Criticism 사회평론, 2010), 624-626.

19. 다음에서 인용. "Again Roh Fails to Consult the People," *Chosun Ilbo*, March 22, 2005, http://english.chosun.com/site/data/html_dir/2005/03/22/2005032261037.html.

20. Su-Hoon Lee, "South Korea's Middle Power Diplomacy," in *Asia's Middle Powers? The Identity and Regional Policy of South Korea and Vietnam*, ed. Joon-Woo Park, Gi-Wook Shin, and Donald W. Keyser (Stanford, Calif.: Walter H. Shorenstein Asia-Pacific Research Center, 2013), 104.

21. Tae-hyo Kim, "[Outlook] Creating 'Korea Style' Strategic Flexibility," *JoongAng Ilbo*, March 14, 2005, http://koreajoongangdaily.joins.com/news/article/article.aspx?aid=2541429.

22. Yong-sup Han, "Analysing South Korea's 'Defence Reform 2020,'" *Military Technology* 31, no. 10 (2007): 71-75.

23. Scott Snyder, *China's Rise and the Two Koreas: Politics, Economics, Security* (Boulder, Colo.: Lynne Rienner, 2009), 186.

24. Kim, Baek, and Lee, *Roh Mu-hyun's Conception for Peace on the Korean Peninsula*, 64-65.

25. 다음에서 인용. Cho Kyung-guen 조경근, "The Roh Moo-hyun Administration's Northeast Asia Balancer Diplomacy" "노무현 정부의 '동북아 균형외교 정책'," in *Evaluation of the Roh Moo-hyun Administration's Nordpolitik* 노무현 정권 대북정책의 평가, 74.

26. Lee, "Balanced and Pragmatic Diplomacy," 74.

27. "Roh's Aide Calls FTA with U.S. the Last Word on Seoul's Pro-American Policy," Yonhap News Agency, August 1, 2006.

28. Woosang Kim, "Breakup of Triangular Alliance Will Only Lead to Isolation," *Korea Focus* 13, no. 3 (2005), http://www.koreafocus.or.kr/design1/layout/content_print.asp?group_id=153.

29. Cho, "Roh Moo-hyun Administration's Balanced Diplomacy in East Asia," 98-99.

30. "Korea Wants to Have Its Cake and Eat It, Too," *Chosun Ilbo*, March 31, 2005, http://english.chosun.com/site/data/html_dir/2005/03/31/2005033161035.html.

31. Cho, "Roh Moo-hyun Administration's Balanced Diplomacy in East Asia," 32, 81-82.

32. 다음에서 인용. "Kim Dae-jung Tells New Uri Leaders to Accept Alliance," *Chosun Ilbo*, April 8, 2005, http://english.chosun.com/site/data/html_dir/2005/04/08/2005040861032.html.

33. Presidential Commission on Policy Planning, *Korea's Future*, 330-331.

34. 다음에서 인용되어 있듯이. Lee, "Northeast Asian Cooperation Initiative of the Roh Moo-hyun Government," 16.

35. Ibid., 34-38.

36. Scott Snyder, "Middle Kingdom Diplomacy and the North Korean Nuclear Crisis," *Comparative Connections* 5, no. 3 (2003), https://csis-prod.s3.amazonaws.com/s3fs-public/legacy_files/files/media/csis/pubs/0303qchina_korea.pdf; Sung-han Kim, "Northeast Asian Regionalism in Korea," Council on Foreign Relations, December 2009, http://www.cfr.org/content/publications/attachments/NEAsiaSecurityKim.pdf.

37. Hosup Kim, "Evaluation of President Roh Moo-hyun's Policy Toward Japan," *Korean Journal of International Relations* 45, no. 2 (2005), http://koreafocus.or.kr/design1/layout/content_print.asp?group_id=256.

38. "Japan-Republic of Korea Summit Meeting," June 7, 2003, http://japan.kantei.go.jp/koizumiphoto/2003/06/07korea_e.html.

39. Ibid.

40. 다음에서 인용. Yong-kyun Ahn, "Controversy Surrounds Roh's 'Takeshima' Slip," *Chosun Ilbo*, July 22, 2004, http://english.chosun.com/site/data/html_dir/2004/07/22/2004072261039.html.

41. "'Takeshima Day' Bill Passes," *Chosun Ilbo*, March 16, 2005, http://english.chosun.com/site/data/html_dir/2005/03/16/2005031661023.html.

42. "Roh Warns of Diplomatic War with Japan," *Chosun Ilbo*, March 23, 2005, http://english.chosun.com/site/data/html_dir/2005/03/23/2005032361023.html.

43. "Leading the News: Seoul, Tokyo End a Face-off at Sea Over Remote Islets," *Wall Street Journal Asia*, April 24, 2006.

44. Nat Kretchun, "South Korea-Japan Political Relations in 2007: Roh and Abe's Path to Estrangement," in *SAIS U.S.-Korea Yearbook* (Baltimore: School of Advanced International Studies, Johns Hopkins University, 2007), 100, http://uskoreainstitute.org/wp-content/uploads/2010/05/YB07-Chapt8.pdf.

45. Scott Snyder to former Bush administration official, and official to

Snyder, email, December 9, 2016.

46. Kim Hang Hun 김창훈, *The Yesterday and Today of South Korean Foreign Policy* 한국 외교의 어제와 오늘 (Paju 파주: Korea Studies Information 한국학술정보, 2013), 465.

47. Yong-won Yoo and Jeong-rok Shin, "Roh Speech Stresses Self-Reliance," *Chosun Ilbo*, August 14, 2003, http://english.chosun.com/site/data/html_dir/2003/08/15/2003081561002.html.

48. Seong-ho Sheen, "Strategic Thought Toward Asia in *the Roh Moo-hyun Era,*" in *South Korean Strategic Thought Toward Asia*, ed. Gilbert Rozman, In-Taek Hyun, and Shin-wha Lee (New York: Palgrave Macmillan, 2008), 112.

49. Jae Ho Chung, "South Korean Strategic Thought Toward China," in *South Korean Strategic Thought Toward Asia*, ed. Rozman, Hyun, and Lee, 166.

50. Peter Hays Gries, "The Koguryo Controversy, National Identity, and Sino-Korean Relations Today," *East Asia* 22, no. 4 (2005): 3, http://www.ou.edu/uschina/gries/articles/texts/Gries2005KoguryoEAIQ.pdf.

51. 다음에서 인용. "What China's Northeast Project Is All About," *Chosun Ilbo*, September 30, 2009, http://english.chosun.com/site/data/html_dir/2008/05/30/2008053061001.html.

52. Gries, "The Koguryo Controversy," 3.

53. Jae Ho Chung, "China's 'Soft' Clash with South Korea: The History War and Beyond," *Asian Survey* 49, no. 3 (2009): 473, http://www.jstor.org/stable/10.1525/as.2009.49.3.468.

54. "What China's Northeast Project Is All About."

55. Hyun-jin Seo, "China-Korea Truce in Ancient Kingdom Feud," *Asia Times*, August 25, 2004, http://www.atimes.com/atimes/Korea/FH25Dg01.html.

56. Hyun-jin Seo, "Skepticism Lingers Over History Issue; Beijing Pledges Not to Stake Claim to Goguryeo in History Textbooks," *Korea Herald*, August 25, 2004, http://yaleglobal.yale.edu/content/skepticism-lingers-over-history-issue.

57. Chung-in Moon and Chun-fu Li, "Reactive Nationalism and South Korea's Foreign Policy on China and Japan: A Comparative Analysis," *Pacific Focus* 25, no. 3 (2010): 349.

58. "Forced Repatriation for 70 Refugees," *AsiaNews*, November 11, 2004, http://www.asianews.it/news-en/Forced-repatriation-for-70-refugees-1881.html.

59. Duyeon Kim, "Korea-Russia Bilateral Trade Hits Record in 2006," Arirang News, February 26, 2007, http://www.arirang.co.kr/News/News_View.asp?nseq=69029.

60. Jung-rok Shin, "Korea, Russia to Form 'Comprehensive Partnership,'" *Chosun Ilbo*, September 21, 2004, http://english.chosun.com/site/data/html_dir/2004/09/21/2004092161028.html.

61. Sheen, "Strategic Thought Toward Asia in the Roh Moo-hyun Era," 115.

62. Bong-jo Rhee, "The Implementation and Challenges of the Engagement Policy," in *Security and Foreign Policy of the ROK Government*, ed. Lee, 155.

63. 다음에서 인용. James Brooke, "North Threatens End of Armistice," *New York Times*, February 19, 2003.

64. 다음에서 인용. Chung-in Moon, "Diplomacy of Defiance and Facilitation: Six Party Talks and the Roh Moo Hyun Government," *Asian Perspective* 32, no. 4 (2008): 75.

65. Rhee, "The Implementation and Challenges of the Engagement Policy," 174, 그림은 통일부가 제공한 것임.

66. Glenn Kessler, "South Korea Offers to Supply Energy If North Gives Up Arms," *Washington Post*, July 13, 2005, http://www.washingtonpost.com/wp-dyn/content/article/2005/07/12/AR2005071200220.html.

67. Sheen, "Strategic Thought Toward Asia in the Roh Moo-hyun Era," 104-105.

68. 다음에서 주목한 바처럼. Hyo-jun Lee, "U.S. Bid for a Pullout Seen Unlikely to Pass," *JoongAng Ilbo*, February 27, 2003, http://koreajoongangdaily.joins.com/news/article/Article.aspx?aid=1940755.

69. Victor D. Cha, "Korea: A Peninsula in Crisis and Flux," in *Strategic Asia 2004–05: Confronting Terrorism in the Pursuit of Power*, ed. Ashley J. Tellis and Michael Wills (Seattle: National Bureau of Asian Research, 2004), 148–149.

70. 다음에서 인용. James Brooke, "Seoul Again Delays Vote on Military Backing for U.S. in Iraq," *New York Times*, March 28, 2003, http://www.nytimes.com/2003/03/28/international/worldspecial/seoul-again-delays-vote-on-military-backing-for.html.

71. Kim 김, *The Yesterday and Today of South Korean Foreign Policy* 한국 외교의 어제와 오늘, 420–421.

72. Ibid., 420–423.

73. Il-hyeon Jang, "SPI Talks Postponed to After U.S. Cabinet Reshuffle," *Chosun Ilbo*, November 21, 2004, http://english.chosun.com/site/data/html_dir/2004/11/22/2004112261028.html.

74. 다음에서 인용. Tong Kim, "Timing of OPCON Transfer," *Korea Times*, March 21, 2010, http://www.koreatimes.co.kr/www/news/opinon/2010/03/167_62736.html.

75. Kim 김, *The Yesterday and Today of South Korean Foreign Policy* 한국 외교의 어제와 오늘, 461–463.

76. Samuel S. Kim, *The Two Koreas and the Great Powers* (Cambridge: Cambridge University Press, 2006), 593.

77. Governments of the United States and the Republic of Korea, "Statement on the Launch of the Strategic Consultation for Allied Partnership," U.S. Department of State, January 19, 2006, https://2001-2009.state.gov/r/pa/prs/ps/2006/59447.htm.

78. Larry A. Niksch, *Korea: U.S.-Korean Relations, Issues for Congress* (Washington, D.C.: Congressional Research Service, July 21, 2006), 15, http://digital.library.unt.edu/ark:/67531/metacrs9488/m1/1/high_res_d/RL33567_2006Jul21.pdf.

79. "NK Human Rights," *Korea Times*, November 21, 2017, http://www.koreatimes.co.kr/www/opinion/2017/02/202_14138.html.

제6장

1. Young-jin Oh, "Subdued Ode to Old Freedom Fighter," *Korea Times*, August 19, 2008, http://www.koreatimes.co.kr/www/news/opinon/2015/10/164_29618.html.

2. Park Byung-chul 박병철, "Lee Myung-bak Administration and Diplomatic Strategy Towards the U.S." "이명박 정부와 대미외교전략," in *Establishment of the Lee Myung-bak Administration and the Direction for Reunification Policies 이명박 정부 출범과 통일정책의 방향* (Seoul 서울: Lee Kyung 이경, 2008), 80-81.

3. Blue House, Republic of Korea, *White Paper. vol. 4: Global Leadership and Improvement of National Status* (Seoul: Government of the Republic of Korea, 2013), 68-85.

4. Myung-bak Lee, "President of the Republic of Korea at the Sixty-Fourth Session of the General Assembly of the United Nations," September 23, 2009, http://www.un.org/ga/64/generaldebate/pdf/KR_en.pdf.

5. Myung-bak Lee, "Full Text of Lee's Address to U.S. Congress," Yonhap News Agency, October 14, 2011, http://english.yonhapnews.co.kr/national/2011/10/14/30/0301000000AEN20111014001000315F.HTML.

6. Park 박, "Lee Myung-bak Administration and Diplomatic Strategy Towards the U.S." "이명박 정부와 대미외교전략," 53.

7. Blue House, *Republic of Korea, Global Korea: The National Security Strategy of the Republic of Korea* (Seoul: Blue House, Republic of Korea, 2009), 8.

8. Blue House, *White Paper*, 4:56-57.

9. Blue House, *Global Korea*, 12.

10. Ibid., 11.

11. James Ro, "President Lee Emphasizes Reciprocity in N. Korea Policy," *Korea.net*, September 22, 2009, http://www.korea.net/NewsFocus/policies/view?articleId=75167.

12. Ibid.

13. Jo-hee Lee, "Foreign, Unification Ministries at Odds," *Korea Herald*, January 4, 2008.

14. Blue House, *White Paper*, 4:70.

15. Ibid., 4:73-74.

16. Governments of the Republic of Korea and the United States, "Joint Vision for the Alliance of the United States of America and the Republic of Korea," June 16, 2009, https://www.whitehouse.gov/the-press-office/joint-vision-alliance-united-states-america-and-republic-korea.

17. 다음에서 인용. Jongryn Mo and John G. Ikenberry, *The Rise of Korean Leadership* (New York: Palgrave Macmillan, 2013), 9.

18. Blue House, *White Paper*, 4:367.

19. Jill Kosch O'Donnell, "The Global Green Growth Institute: On a Mission to Prove Green Growth," Green Growth Quarterly Update II-2012, Council of Foreign Relations, November 2012, http://www.cfr.org/south-korea/global-green-growth-institute-mission-prove-green-growth/p29398.

20. Blue House, *White Paper*, 4:423-426.

21. Ibid., 417.

22. Myung-bak Lee, "How Korea Solved Its Banking Crisis," *Wall Street Journal*, March 27, 2009, http://www.wsj.com/articles/SB12381105 9672252885.

23. Myung-bak Lee and Kevin Rudd, "The G20 Can Lead the Way to Balanced Growth," *Financial Times*, September 2, 2009, http://www.ft.com/cms/s/0/55fd681a-97f3-11de-8d3d-00144feabdc0.html#axzz3tQc1G4Og.

24. Mo and Ikenberry, *Rise of Korean Leadership*, 18-30; Colin Bradford, "South Korea as a Middle Power in Global Governance: 'Punching Above Its Weight' Based on National Assets and Dynamic Trajectory," in Colin I. Bradford, Toby Dalton, Brendan M. Howe, Jill Kosch O'Donnell, Andrew O'Neil, and Scott A. Snyder, *Middle-Power Korea:*

Contributions to the Global Agenda (New York: Council on Foreign Relations Press, 2015).

25. Blue House, *White Paper*, 4:59.

26. O'Donnell, "Global Green Growth Institute."

27. Blue House, *White Paper*, 4:423-426.

28. "South Korea 'Hints' at Delaying Command Transition Amid Security Concerns," Yonhap News Agency, January 20, 2010.

29. *North Korea Chronology 2010* (Brooklyn, N.Y.: Social Science Research Council, 2010), 50-51.

30. Ibid.

31. Anthony H. Cordesman and Aaron Lin, *The Changing Military Balance in the Koreas and Northeast Asia* (Washington, D.C.: Center for Strategic and International Studies, 2015).

32. 역자주: 전쟁의 수준(Level of War)는 전략적 수준(Strategic Level of War), 작전적 수준(Operational Level of War), 전술적 수준(Tactical Level of War)로 구분된다. 통상 전략적 수준은 청와대 국가안전보장회의를, 작전적 수준은 한미연합사령부 및 구성군사령부를, 전술적 수준은 육군의 군단, 해군의 함대사령부, 공군의 비행단 이하 조직을 의미한다.

33. Andrew Yeo, "China, Japan, South Korea Trilateral Cooperation: Implications for Northeast Asian Politics and Order," *East Asia Institute Briefing*, November 2012, 2, https://www.files.ethz.ch/isn/154972/2012110618151837.pdf.

34. Ibid., 3-5.

35. Min Gyo Koo, "Embracing Asia, South Korean Style: Preferential Trading Arrangements as Instruments of Foreign Policy," *East Asia Institute Issue Briefing*, November 2009, http://www.eai.or.kr/data/bbs/eng_report/2009111215515244.pdf.

36. Duk-kun Byun, "Seoul Declares Ambitious Diplomatic Initiative for Asia," Yonhap News Agency, March 8, 2008, http://english.yonhapnews.co.kr/national/2009/03/07/16/0301000000AEN20090307003200315F.HTML.

37. 다음에서 인용. Mo and Ikenberry, *Rise of Korean Leadership*, 22.

38. 다음에서 인용. Associated Press, "Lee Pushes Better Ties with Japan," *Japan Times*, March 2, 2008.

39. Kenji E. Kushida and Phillip Y. Libscy, "The Rise and Fall of the Democratic Party of Japan," in *Japan Under the DPJ: The Politics of Transition and Governance*, ed. Kenji E. Kushida and Phillip Y. Lipscy (Stanford, Calif.: Shorenstein Asia-Pacific Research Center, 2013).

40. Ibid., 34.

41. Martin Fackler, "Japan Apologizes to South Korea on Colonization," *New York Times*, August 10, 2010, http://www.nytimes.com/2010/08/11/world/asia/11japan.html?_r=0.

42. 다음에서 인용. Ito Masami, " 'Comfort Women' Issue Resolved: Noda," *Japan Times*, October 18, 2011.

43. Sun-ah Shim, "Court Says Seoul's Inaction Over Former Comfort Women Unconstitutional," Yonhap News Agency, August 30, 2011, http://english.yonhapnews.co.kr/national/2011/08/30/27/0302000000AEN20110830007951315F.HTML.

44. Seongho Sheen and Jina Kim, "What Went Wrong with the ROK-Japan Military Pact?" East-West Center: *Asia Pacific Bulletin* 176 (July 2012), http://www.eastwestcenter.org/sites/default/files/private/apb176.pdf.

45. Jae-soon Chang, "Lee Strongly Urges Japan to Resolve 'Comfort Women' Issue," Yonhap News Agency, December 18, 2011, http://english.yonhapnews.co.kr/national/2011/12/18/43/0301000000AEN20111218001100315F.HTML.

46. Ralph A. Cossa, "Japan-South Korea Relations: Time to Open Both Eyes," Council on Foreign Relations, July 2012, http://www.cfr.org/south-korea/japan-south-korea-relations-time-open-both-eyes/p28736.

47. Sheen and Kim, "What Went Wrong with the ROK-Japan Military Pact?"

48. "S. Korea Postpones Signing Controversial Military Pact with Japan," Yonhap News Agency, June 29, 2012, http://english.yonhapnews.

co.kr/national/2012/06/29/57/0301000000AEN20120629008900315F.
HTML.

49. Ibid.

50. Sang—Hun Choe, "South Korean's Visit to Disputed Islets Angers
Japan," *New York Times*, August 10, 2012, http://www.nytimes.
com/2012/08/11/world/asia/south—koreans—visit—to—disputed—islets—
angers—japan.html.

51. 다음에서 인용. Evan Ramstad, "Tensions Rise Between Tokyo, Seoul
Over Islets," *Wall Street Journal*, August 10, 2012, http://www.wsj.
com/articles/SB10000872396390443991704577580381363545026.

52. Masami Ito, "Tokyo Seeks ICJ Ruling on Takeshima," *Japan Times*,
August 18, 2012, http://www.japantimes.co.jp/news/2012/08/18/
national/tokyo—seeks—icj—ruling—on—takeshima/.

53. Blue House, *White Paper*, 4:125—126.

54. Ibid., 102.

55. 다음에서 인용. Michael Ha, "Chinese Official Calls Korea—US Alliance
Historical Relic," *Korea Times*, May 28, 2008, http://www.koreatimes.
co.kr/www/news/nation/2011/04/116_24932.html.

56. Suk—hee Han, "South Korea Seeks to Balance Relations with China
and the United States," Council on Foreign Relations report, November
2012, http://www.cfr.org/south—korea/south—korea—seeks—balance—
relations—china—united—states/p29447.

57. Jeremy Chan, "The Incredible Shrinking Crisis: The Sinking of the
Cheonan and Sino—Korean Relations," in *U.S.—Korea Institute at
SAIS: 2010 Yearbook* (Baltimore: School of Advanced International
Studies, Johns Hopkins University, 2010), 24.

58. Jeremy Page, Jay Solomon, and Julian E. Barnes, "China Warns U.S.
as Korea Tensions Rise," *Wall Street Journal*, November 26, 2010,
http://www.wsj.com/articles/SB10001424052748704008704575638420
698918004.

59. Scott Snyder and See—Won Byun, "Cheonan and Yeonpyeong: The
Northeast Asian Response to North Korea's Provocations," *RUSI*

Journal 156, no. 2 (2011): 76.

60. Jiyoon Kim, Karl Friedhoff, Chungku Kang, and Euicheol Lee, *Asan Report: South Korean Attitudes on China* (Seoul: Asan Institute for Policy Studies, July 2014), 18–19, http://en.asaninst.org/contents/south-korean-attitudes-on-china/.

61. "China Fisherman Dies in Clash with South Korea Coast Guard," BBC, December 18, 2010, http://www.bbc.com/news/world-asia-pacific-12026765.

62. "China Blames S. Korea for Clash with Chinese Trawler," *Chosun Ilbo*, December 22, 2010, http://english.chosun.com/site/data/html_dir/2010/12/22/2010122200755.html.

63. "South Korean Coastguard 'Killed by Chinese Fisherman,' " Reuters, December 12, 2011, http://www.reuters.com/article/us-korea-china-idUSTRE7BB03Z20111212.

64. "Four Fishing Inspectors Wounded," *Korea Times*, April 30, 2012, http://www.koreatimes.co.kr/www/news/nation/2012/05/117_110010.html.

65. Scott Snyder, "China-Korea Relations: Under New Leadership," *Comparative Connections*, 2013, 3, https://csis-prod.s3.amazonaws.com/s3fs-public/legacy_files/files/publication/1203qchina_korea.pdf.

66. Mansoo Lee, "Korea's Dynamic Economic Partnership with a Rising China: Time for Change," *Journal of International and Area Studies* 19, no. 2 (2012): 68, http://www.jstor.org/stable/43107240.

67. 다음에서 인용. "Lee Suggests 'Shuttle Diplomacy' with N. Korea," *Chosun Ilbo*, March 12, 2008, http://english.chosun.com/site/data/html_dir/2008/03/12/2008031261012.html.

68. Jae-nam Ko, "Preparations for Korea-Russia Dialogue and Future Tasks," *Analysis of Current International Issues*, May 2010, http://www.koreafocus.or.kr/design2/layout/content_print.asp?group_id=103069.

69. Cheong-mo Yoo, "S. Korea, Russia Agree on Gas Pipeline Project Involving N. Korea," Yonhap News Agency, September 29, 2008.

70. G. A. Ivanshetsov, "Comprehensive Review of Russia–Republic of Korea Relations," in *Russia–Republic of Korea Relations: Revising the Bilateral Agenda* (Moscow: Russian International Affairs Council, 2013), 10, http://www.slideshare.net/RussianCouncil/wp-russia-koreaen.

71. Ibid., 9–11.

72. Yoo, "S. Korea, Russia Agree on Gas Pipeline Project Involving N. Korea."

73. Ibid.

74. Kwang–Yeon Lee, "Pipeline Diplomacy: The Russia–DPRK–ROK Gas Pipeline Project," in *U.S. Korea Institute at SAIS: 2011 Yearbook* (Baltimore: School of Advanced International Studies, Johns Hopkins University, 2011), 105.

75. Hyun–kyung Han, "Lee, Medvedev to Discuss Pipelines," *Korea Times*, November 1, 2011, http://www.koreatimes.co.kr/www/news/nation/2011/11/116_97813.html.

76. Ministry of Unification, Republic of Korea, *White Paper* (Seoul: Republic of Korea, 2010), 18, http://eng.unikorea.go.kr/content.do?cmsid=1819.

77. Mo and Ikenberry, *Rise of Korean Leadership*, 15.

78. Blue House, White Paper, 4:60–61.

79. 다음에서 인용. Sung–ki Jung, "Big Ticket Inter–Korean Projects Put on Backburner," *Korea Times*, January 7, 2008, http://www.koreatimes.co.kr/www/news/nation/2009/09/120_16859.html.

80. Young–hie Kim, "Lee and the North," *Korea JoongAng Daily*, December 28, 2007, http://koreajoongangdaily.joins.com/news/article/Article.aspx?aid=2884398.

81. Blue House, Republic of Korea, *White Paper*, vol. 5: *Nordpolitik and Security Policies with Principle* (Seoul: Blue House, 2013), 101–102.

82. Ministry of Unification, Republic of Korea, "The Republic of Korea's Policy Toward North Korea," 2012, http://eng.unikorea.go.kr/cwsboard/board.do?mode=download&bid=1112&cid=32794&filena

me=32794_201408221407435220.PDF.

83. Jae-soon Chang, "S. Korea: N. Korea Not Cooperating in Shooting Probe," Associated Press, July 12, 2008.

84. Ji-hyun Kim, "Lee Gets Tough on Tourist Killing," *Korea Herald*, July 17, 2008.

85. U.S. Department of State, "Press Availability with Secretary Gates, Korean Foreign Minister Yu, and Korean Defense Minister Kim," July 21, 2010, http://www.state.gov/secretary/20092013clinton/rm/2010/07/145014.htm.

86. Ji-hyun Kim, "Seoul Holds Back Full PSI Support," *Korea Herald*, January 18, 2010, http://www.koreaherald.com/view.php?ud=201001180010.

87. "Grand Bargain," *Korea Times*, September 22, 2009, http://www.koreatimes.co.kr/www/news/opinion/2009/0937_52267.html.

88. Blue House, *White Paper*, 4:61.

89. Sang-ho Son, "N. Korean Submarine Torpedoed Cheonan," *Korea Times,* May 20, 2010.

90. Blue House, *White Paper*, 4: 197

91. 다음에서 인용 "Govt. Sends Mixed Message About N. Korea Policy," *Choson Ilbo*, December 30, 2010, http://english.chosun.com/site/data/html_dir/2010/12/30/2010123001108.html.

92. "Obama Has Misgivings About Korea-U.S.FTA," *Choson Ilbo*, February 15, 2008, http://english.choson.com/site/data/html_dir/2008/02/15/2008021561013.html.

93. Blaine Harden, "In S. Korea, a Reversal on U.S.Beef Imports," *Washington Post*, June 4, 2008, A-13, http://www.washingtonpost.com/wp-dyn/content/article/2008/06/03/AR2008060301714.html; Hyung-JiM Kim, "South Koreans Rally Against U.S. Beef; Government Rejects Calls to Renegotiate Deal," Associated Press, May 6, 2008.

94. Jung-a Song, "S. Korea President Apologizes for US Beef Deal," *Financial Times*, May 23, 2008, 3.

95. Ibid.; Vershbow quoted in Jung-a Song, "Seoul Seeks New Talks on U.S. Beef," *Financial Times*, June 3, 2008, http://www.ft.com/content/f92de8dc-3185-11dd-b77c-0000779fd2ac.

96. Sang-hun Choe, "South Korea Ends Legal Hurdle for Imported American Beef," *New York Times*, June 6, 2008.

97. Blue House, *White Paper*, 4;90-92.

98. Hyuk-chul Kwon, "S. Korea's Ballastic Missile Firing Range May Increase," *Hankyoreh*, January 20, 2011, http://english.hani.co.kr/arti/english_edition/e_northkorea/479702.html.

99. "Seoul Wants Missile Range to Cover Whole Peninsula," *Chosun Ilbo*, September 19, 2011, http://english.chosun.com/site/data/html_dir/2011/09/20/2011092000599.html.

100. Chen Kane, Stephanie Lieggi, and Miles Pomper, "Time for Leadership: South Korea and Nuclear Proliferation," *Arms Control Today*, March 2011, 22-28, https://www.armscontrol.org/act/2011_03/SouthKorea.

101. Sang-hun Choe, "South Korea and U.S. Differ on Nuclear Enrichment," *New York Times*, December 5, 2011, http://www.nytimes.com/2011/12/06/world/asia/south-korea-and-us-differ-on-nuclear-enrichment.html.

102. Gwang-lip Moon, "Another Nuclear Issue to Keep Seoul, D.C. Busy," *JoongAng Ilbo*, December 9, 2010.

103. Ibid.

104. Toby Dalton, "Will South Korean Nuclear Leadership Make a Difference in 2016?" *Asia Unbound*, September 16, 2015, http://blogs.cfr.org/asia/2015/09/16/will-south-korean-nuclear-leadership-make-a-difference-in-2016/.

제7장

1. Geun-hye Park, "A Plan for Peace in North Asia," *Wall Street Journal*, November 12, 2012, http://www.wsj.com/articles/SB10001424127887323894704578114310294100492.

2. Ibid.

3. Tae-hwan Kim, "Beyond Geopolitics: South Korea's Eurasia Initiative as a New Nordpolitik," *Asan Forum*, February 16, 2015, http://www. theasanforum.org/beyond-geopolitics-south-koreas-eurasia-initiative-as-a-new-nordpolitik/.

4. 한반도신뢰프로세스는 대선 유세 당시 박근혜 후보가 포린어페어즈에 기고한 글에 가장 잘 나타나 있다. Geun-hye Park, "A New Kind of Korea," *Foreign Affairs*, September-October 2011, https://www.foreignaffairs.com/articles/northeast-asia/2011-09-01/new-kind-korea. 또한 다음을 참조, Ministry of Foreign Affairs, Republic of Korea, Eurasia Initiative, Initiative, 2013, http://www.mofa.go.kr/ENG/image/common/title/res/0707_eurasia_bro.pdf.

5. "Full Text of Park's Inauguration Speech," Yonhap News Agency, February 25, 2013, http://english.yonhapnews.co.kr/national/2013/02/25/95/0301000000AEN20130225001500315F.HTML.

6. Park, "A New Kind of Korea."

7. "Full Text of Park's Speech on N. Korea," Yonhap News Agency, March 28, 2014, http://english.yonhapnews.co.kr/full/2014/03/28/40/1200000000AEN20140328008000315F.html.

8. Sarah Kim and Won-yeob Jeong, "Unification Committee Launched," *JoongAng Ilbo*, July 16, 2014, http://koreajoongangdaily.joins.com/news/article/article.aspx?aid=2992086

9. "Park's Office Chooses 'Bonanza' for Korean Word 'Daebak,'" Yonhap News Agency, February 20, 2014, http://english.yonhapnews.co.kr/news/2014/02/20/79/0200000000AEN20140220008300315F.html.

10. Dae-jin Hwang, "Eleventh-Hour Agreement Saves Kaesong Industrial Complex," *Chosun Ilbo*, August 16, 2013, http://english.chosun.com/site/data/html_dir/2013/08/16/2013081600868.html.

11. Chico Harlan, "For Some North and South Koreans, a Long-Awaited Family Reunion," *Washington Post*, February 20, 2014, https://www.washingtonpost.com/world/for-some-koreans-a-long-awaited-reunion/2014/02/20/2e6d916c-9a19-11e3-b1de-e666d78c3937_story.

html.

12. Sang-hun Choe, "In Unusual Trip, North Korean Aides Attend Games in South," *New York Times*, October 3, 2014, http://www.nytimes.com/2014/10/04/world/asia/north-korean-aides-south-games-kim-jong-un.html.

13. James Pearson and Ju-Min Park, "North, South Korea Reach Agreement to Ease Tensions," Reuters, August 24, 2015, http://www.reuters.com/article/us-northkorea-southkorea-idUSKCN0QR02D20150824.

14. Quoted in "S. Korean FM Warns N. Korea Against Nuclear Test," Yonhap News Agency, April 22, 2014, http://english.yonhapnews.co.kr/northkorea/2014/04/22/50/0401000000AEN20140422005000315F.html.

15. Elizabeth Shim, "U.N. Security Council Passes Sanctions on North Korea," United Press International, March 2, 2016, http://www.upi.com/Top_News/World-News/2016/03/02/UN-Security-Council-passes-sanctions-on-North-Korea/4621456934780/.

16. "Workers' Party in N. Korea Holds Seventh Congress," Korea Broadcasting Service, May 12, 2016, http://world.kbs.co.kr/english/event/nkorea_nuclear/now_02_detail.htm?No=2504.

17. Ministry of Foreign Affairs, *Eurasia Initiative*.

18. Jeremy Page and Alastair Gale, "China President's Visit to South Korea Before North Seen as Telling," *Wall Street Journal*, June 27, 2014, http://www.wsj.com/articles/chinas-president-xi-to-visit-seoul-1403858327.

19. Jonathan Kaiman, "Who's Who (and Who Isn't) at China's Big Parade," *Los Angeles Times*, September 2, 2015, http://www.latimes.com/world/asia/la-fg-whos-who-china-parade-20150902-story.html.

20. Michael J. Green, "Korea in the Middle," *JoongAng Ilbo*, June 11, 2014, http://koreajoongangdaily.joins.com/news/article/article.aspx?aid=2990401.

21. Sungtae "Jacky" Park, "How China Sees THAAD," Center for Strategic and International Studies, March 30, 2016, https://www.csis.org/analysis/pacnet-32-how-china-sees-thaad.

22. White House, "Press Conference with President Obama and President Park of the Republic of Korea," April 25, 2014, https://www.whitehouse.gov/the-press-office/2014/04/25/press-conference-president-obama-and-president-park-republic-korea.

23. Sang-hun Choe, "Japan and South Korea Settle Dispute Over Wartime 'Comfort Women,' " *New York Times*, December 28, 2015, http://www.nytimes.com/2015/12/29/world/asia/comfort-women-south-korea-japan.html?_r=0.

24. Geun-hye Park, "Address to the Nation on the Agreement on the 'Comfort Women' Issue," *Korea.Net*, December 31, 2015, http://www.korea.net/Government/Briefing-Room/Presidential-Speeches/view?articleId=136045.

25. White House, "Remarks by President Obama and President Park of South Korea in a Joint Press Conference," May 7, 2013, https://www.whitehouse.gov/photos-and-video/video/2013/05/07/president-obama-holds-press-conference-president-park-south-korea#transcript.

26. White House, "Remarks by President Obama and President Park of the Republic of Korea in Joint Press Conference," October 16, 2015, https://www.whitehouse.gov/the-press-office/2015/10/16/remarks-president-obama-and-president-park-republic-korea-joint-press.

27. Mark E. Manyin, *Emma Chanlett-Avery, and Mary Beth-Nikitin, U.S.-South Korea Relations* (Washington, D.C.: Congressional Research Service, October 4, 2011), 8, http://fpc.state.gov/documents/organization/175896.pdf.

28. Jeyup S. Kwaak, "President Park Apologizes for Ferry Response," *Wall Street Journal*, April 29, 2014, http://www.wsj.com/articles/SB10001424052702304163604579530750831476112.

29. "Coping with Outbreaks of MERS," *New York Times*, June 20, 2015,

http://www.nytimes.com/2015/06/21/opinion/sunday/coping-with-outbreaks-of-mers.html.

제8장

1. John J. Mearsheimer, *The Tragedy of Great Power Politics* (New York: Norton, 2014).

2. Quoted in Sunghan Kim, "Global Governance and Middle Powers: South Korea's Role in the G20," February 2013, http://www.cfr.org/south-korea/global-governance-middle-powers-south-koreas-role-g20/p30062.

3. Jongryn Mo and John G. Ikenberry, *The Rise of Korean Leadership* (New York: Palgrave Macmillan, 2013), 5.

4. Colin I. Bradford, Toby Dalton, Brendan M. Howe, Jill Kosch O'Donnell, Andrew O'Neil, and Scott A. Snyder, *Middle-Power Korea: Contributions to the Global Agenda* (Washington, D.C.: Council on Foreign Relations Press, 2015).

5. Andrew O'Neil, "South Korea as a Middle Power: Global Ambitions and Looming Challenges," in Bradford et al., *Middle-Power Korea*, 76–77.

6. Andrew F. Cooper, Richard A. Higgott, and Kim R. Nossal, *Relocating Middle Powers: Australia and Canada in a Changing World Order* (Vancouver: University of British Columbia Press, 1993); Bruce Gilley and Andrew O'Neil, "China's Rise Through the Prism of Middle Powers," in *Middle Powers and the Rise of China*, ed. Andrew O'Neil and Bruce Gilley (Washington, D.C.: Georgetown University Press, 2014), 8–13.

7. Yul Sohn, "Searching for a New Identity: South Korea's Middle Power Diplomacy," *FRIDE Policy Brief*, no. 212 (December 2015), http://fride.org/descarga/PB212_South_Korea_middle_power_diplomacy.pdf.

8. Sook-Jong Lee, Chaesung Chun, Hyeejung Suh, and Patrick Thompson, *Middle Power in Action: The Evolving Nature of Diplomacy in the Age of Multilateralism* (Seoul: East Asia Institute, April 2015),

5-6, http://www.eai.or.kr/data/bbs/eng_report/2015050116322756.
pdf.

9. 역자주: 한반도는 주변 미국, 일본, 중국 및 러시아란 주요 4강의 이익이 교차하는 지구상 유일 지역이다.

10. Sohn, "Searching for a New Identity."

11. Andrew Carr, "Is Australia a Middle Power? A Systemic Impact Approach," *Australian Journal of International Affairs* 68, no. 1 (2013): 79-80.

12. Mo and Ikenberry, *Rise of Korean Leadership*, 1-16.

13. Myung-bak Lee and Kevin Rudd, "The G20 Can Lead the Way to Balanced Growth," *Financial Times*, September 2, 2009, http://www.ft.com/cms/s/0/55fd681a-97f3-11de-8d3d-00144feabdc0.html#axzz3t Qc1G4Og.

14. Mo and Ikenberry, *Rise of Korean Leadership*, 17-30.

15. Colin I. Bradford, "South Korea as a Middle Power in Global Governance: Punching Above Its Weight Based on National Assets and Dynamic Trajectory," in Bradford et al., *Middle-Power Korea*, 8-20.

16. Mo and Ikenberry, *Rise of Korean Leadership*, 31-49.

17. 역자주: 한국의 군사력과 경제력은 세계적으로 보면 상당한 수준이다. 그러나 주변 4강과 비교하면 미약한 수준이다. 따라서 동북아지역에서 한국은 경제 및 군사적 측면에서 행동이 제약을 받게 된다.

18. 역자주: 이 부분과 관련해서는 미국의 전문가들도 관점이 양분되어 있다. 북한 2차 핵위기를 초래한 것이 미국이란 관점도 없지 않다. 본 책자에서 언급하고 있는 바처럼 미 공화당의 반대로 1994년의 북미제네바합의를 미국이 수년 동안 준수하지 않은 것이다.

제9장

1. 역자주: 국가안보 관련 의사결정 수준에는 전략적, 작전적 및 전술적 수준이 있다. 전략적 수준은 청와대 국가안전보장회의를 의미한다. 물론 국가안보장회의의 의장은 대통령이다. 전략적 수준에서는 국제사회에서 한국이 나아가야 할 방향 등 차원 높은 문제를 결정한다. 예를 들면 한미동맹을 체결할

것인지의 여부는 대통령 수준에서만 결정할 수 있는 사항이다. 한국군 병력을 몇 만으로 유지할 것인지의 문제도 대통령이 결정할 사항이다.

2. Chung-in Moon, "China's Rise and Security Dynamics on the Korean Peninsula," paper presented at the conference "China, the United States, and the East Asian Order: Managing Instability," November 22-23, 2013, Beijing.

3. Jae Ho Chung, *Between Ally and Partner: Korea-China Relations and the United States* (New York: Columbia University Press, 2007).

4. Miki Tanikawa and Don Kirk, "Mushrooms with Garlics and Tariffs," *New York Times*, April 17, 2001, http://www.nytimes.com/2001/04/17/business/mushrooms-with-garlic-and-tariffs.html.

5. Scott Snyder, *China's Rise and the Two Koreas: Politics, Economics, Security* (Boulder, Colo.: Lynne Rienner, 2009), 49, 63.

6. Jae-ho Chung, "Dragon in the Eyes of South Korea," in *Korea: The East Asian Pivot*, ed. Jonathan D. Pollack (Newport, R.I.: Naval War College Press, 2004), 253-266.

7. Hyeong Jung Park, *Looking Back and Looking Forward: North Korea, Northeast Asia, and the ROK-U.S. Alliance*, working paper (Washington, D.C.: Center for Northeast Asian Policy Studies, Brookings Institution, December 17, 2007), https://www.brookings.edu/research/looking-back-and-looking-forward-north-korea-northeast-asia-and-the-rok-u-s-alliance/.

8. Jong-cheol Choi, "Strategic Flexibility of USFK and South Korea's Strategic Responses," *Korea Focus*, June 2006, http://www.koreafocus.or.kr/design1/layout/content_print.asp?group_id=101200.

9. 역자주: 전시작전통제권 전환 관련 위키리크스 자료를 보면 한미 FTA는 노무현 정부가 요청한 것이 아니고 미국이 원한 듯 보인다. "PRESIDENT ROH'S INFORMAL COMMENTS ON OPCON, NORTH KOREA, USG, AND DOMESTIC POLITICS(2006년 8월 19일)" https://wikileaks.org/plusd/cables/06SEOUL2827_a.html; "ROH MOO-HYUN'S TURBULENT TERM: HISTORIANS MAY BE KINDER"(2008년 2월 25일). https://wikileaks.org/plusd/cables/08SEOUL365_a.html

10. Bae Geung Chan, "Moving Forward with Korea's 'Northeast Asian Cooperation Initiative,'" *Korea Focus*, November 2004, http://www.koreafocus.or.kr/design1/layout/content_print.asp?group_id=174.

11. 다음에서 인용. Michael Ha, "Chinese Official Calls Korea—US Alliance Historical Relic," *Korea Times*, May 28, 2008, http://www.koreatimes.co.kr/www/news/nation/2011/04/116_24932.html. http://www.koreaherald.com/view.php?ud=20160807000276; "Reining in China's Illegal Fishing," *Korea JoongAng Daily*, June 8, 2016, http://koreajoongangdaily.joins.com/news/article/article.aspx?aid=3019685; and "Pirates in the West Sea," *Korea Herald*, October 11, 2016, http://www.koreaherald.com/view.php?ud=20161011000701.

12. "S. Korea Not in Dilemma Over Rivalry Between U.S., China: FM," Yonhap News Agency, March 30, 2015, http://english.yonhapnews.co.kr/national/2015/03/30/29/0301000000AEN20150330003351315F.html.

13. Robert S. Ross, "Balance of Power Politics and the Rise of China: Accommodation and Balancing in East Asia," *Security Studies* 15, no. 3 (2006): 381.

14. David C. Kang, "Between Balancing and Bandwagoning: South Korea's Response to China," *Journal of East Asian Studies* 9, no. 1 (2009): 1–29.

15. "Editorial: Park Must Balance Diplomacy Between China and Japan—U.S. Alliance," *Mainichi*, September 5, 2015, http://mainichi.jp/graph/2015/09/05/20150905p2a00m0na008000c/001.html.

16. Dingding Chen, "Is a China—South Korea Alliance Possible?" *The Diplomat*, July 9, 2014, http://thediplomat.com/2014/07/is-a-china-south-korea-alliance-possible/.

17. Ibid.

18. Kang Choi and Ki—bum Kim, "Breaking the Myth of Missile Defense," *Seoul Times*, August 6, 2014, http://theseoultimes.com/ST/?url=/ST/db/read.php?idx=12466; "Bad Neighbor," *Korea Herald*, August 7, 2016, http://www.koreaherald.com/view.php?ud=20160807000276;

"Reining in China's Illegal Fishing," *Korea JoongAng Daily*, June 8, 2016, http://koreajoongangdaily.joins.com/news/article/article.aspx?aid=3019685; and "Pirates in the West Sea," *Korea Herald*, October 11, 2016, http://www.koreaherald.com/view.php?ud=2016 1011000701.

19. Chung, *Between Ally and Partner*, 119–121.

20. Ellen Kim and Victor Cha, "Between a Rock and a Hard Place: South Korea's Strategic Dilemmas with China and the United States," *Asia Policy* 21, no. 1 (2016): 112–113, https://muse.jhu.edu/article/609180/pdf.

21. Sukhee Han, "The Rise of China, Power Transition, and Korea's Strategic Hedging," Institute of China Studies, University of Malaya, May 5–6, 2009, http://ics.um.edu.my/images/ics/may2009/hansh.pdf.

22. U.S.–China Economic and Security Review Commission, *2014 Annual Report to Congress* (Washington, D.C.: U.S.–China Economic and Security Review Commission, 2014), 435, http://origin.www.uscc.gov/sites/default/files/annual_reports/Complete%20Report.PDF.

23. Gilbert Rozman, "Option 5: Rethinking Middle Power Diplomacy," *Asan Forum*, June 11, 2015, http://www.theasanforum.org/option-5-rethinking-middle-power-diplomacy/.

24. Jin Park, "Korea Between the United States and China: How Does Hedging Work?" *Joint U.S.–Korea Academic Studies 26* (2015), http://www.keia.org/sites/default/files/publications/korea_between_the_united_states_and_china.pdf.

25. Chung-in Moon, "Theory of Balancing Role in Northeast Asia," *Chosun Ilbo*, April 12, 2005.

26. 다음에서 인용. "S. Korea Not in Dilemma Over Rivalry Between U.S., China."

27. Jin-kyu Kang and Yong-ho Shin, "Foreign Minister Under Fire for 'Blessing' Remark," *JoongAng Ilbo*, April 1, 2015, http://koreajoongangdaily.joins.com/news/article/Article.aspx?aid=3002571.

28. Sukjoon Yoon, "Strategic Dilemma or Great Blessing?" Center for Strategic and International Studies, April 13, 2015, https://www.csis.org/analysis/pacnet-23-strategic-dilemma-or-great-blessing.

29. Byung Moo Hwang, "Maneuvering in the Geopolitical Middle: South Korea's Strategic Posture," *Global Asia* 9, no. 3 (2014): 43, https://www.globalasia.org/wp-content/uploads/2014/09/583.pdf.

30. Seong-kon Kim, "Is Korea a Pawn on the International Chessboard?" *Korea Herald*, March 1, 2016, http://www.koreaherald.com/view.php?ud=20160301000326.

31. Pyong-choon Hahm, "Korea and the Emerging Asian Power Balance," *Foreign Affairs*, January 1972, https://www.foreignaffairs.com/articles/asia/1972-01-01/korea-and-emerging-asian-power-balance.

32. David C. Kang, *East Asia Before the West: Five Centuries of Trade and Tribute* (New York: Columbia University Press, 2012).

33. 역자주: 미국의 전략가들은 한반도가 중국의 영향력으로 들어가는 경우 미국의 방어선이 알류샨열도로 후퇴해야 할 것으로 생각하고 있다. William O. Odom, "The US Military in Unified Korea", *The Korean Journal of Defense Analysis*, Vol. XII, No.1, Summer 2000, abstract, 10.; Robert Dujarric, "Korea after Unification: An Opportunity to Strengthen the Korean-American Partnership", *The Korean Journal of Defense Analysis*, Vol. XII, No.1, Summer 2000, pp. abstract, 53.

34. Jae-jung Suh, *Power, Interest, and Identity in Military Alliances* (New York: Palgrave MacMillan, 2007).

제10장

1. Ji-eun Seo, "Unification May Be Jackpot: Park," *JoongAng Ilbo*, January 7, 2014, http://koreajoongangdaily.joins.com/news/article/article.aspx?aid=2983129Unification: *Debates on the North in the South, 1948-2008* (Seoul: Jimoondang, 2010), 358.

2. 다음에서 인용. Norman D. Levin and Yong-Sup Han, *Sunshine in*

Korea: The South Korean Debate Over Policies Toward North Korea (Santa Monica, Calif.: RAND, 2002), 52.

3. Don Oberdorfer, "S. Korean Leader Makes New Overture to North," *Washington Post*, October 19, 1988.

4. Peter James Spielmann, "North Korea Proposes Northern−Southern Confederation," Associated Press, October 19, 1988.

5. Seong−ho Jhe, "Comparison of the South's Confederation Proposal with the North's 'Low Stage Federation' Proposal−from the Perspective of International Law," *International Journal of Korean Unification Studies* 12, no. 1 (2002): 165−197.

6. Hong−koo Lee, "Keep the Continuity Flowing," *JoongAng Ilbo*, February 19, 2013, http://koreajoongangdaily.joins.com/news/article/article.aspx?aid=2967302.

7. David E. Sanger, "In Nuclear Deal, Seoul Halts War Game with U.S.," *New York Times*, January 7, 1992, http://www.nytimes.com/1992/01/07/world/in−nuclear−deal−seoul−halts−war−game−with−us.html.

8. David E. Sanger, "Koreas Sign Pact Renouncing Force in a Step to Unity," *New York Times*, December 13, 1991, http://www.nytimes.com/1991/12/13/world/koreas−sign−pact−renouncing−force−in−a−step−to−unity.html?pagewanted=all.

9. 다음에서 인용. Hakjoon Kim, *The Domestic Politics of Korean Unification: Debates on the North in the South, 1948−2008* (Seoul: Jimoondang, 2010), 358.

10. Lorien Holland, "Forty−Five Years After North Korea Invaded South Korea, Young," United Press International, December 18, 1995, http://www.upi.com/Archives/1995/12/18/Forty−five−years−after−North−Korea−invaded−South−Korea−young/3077819262800/.

11. Don Kirk, "The Warnings from Korean History," *Time Asia*, July 3, 2000, http://www.cnn.com/ASIANOW/time/magazine/2000/0703/korea.viewpoint.html.

12. Kim, *Domestic Politics of Korean Unification*, 548−551.

13. Scott Snyder, "The End of History, the Rise of Ideology, and the Future of Democracy on the Korean Peninsula," *Journal of East Asian Studies* 3, no. 2 (2003): 199–224.

14. Anthony Faiola, "A Crack in the Door in N. Korea," *Washington Post*, November 24, 2003.

15. Seo, "Unification May Be Jackpot."

16. Sang-ho Song, "Candidates Struggle to Find Unique North Korea Policies," *Korea Herald*, October 24, 2012, http://www.koreaherald. com/view.php?ud=20121024001082.

17. Ji-eun Seo, "President Makes History in Dresden," *JoongAng Ilbo*, March 29, 2014, http://koreajoongangdaily.joins.com/news/article/ Article.aspx?aid=2987120.

18. Jin-kyu Kang, "Two Koreas Reach Deal to Avoid Military Confrontation," *JoongAng Ilbo*, August 25, 2015, http://koreajoongang daily.joins.com/news/article/article.aspx?aid=3008350.

19. Simon Tisdall, "WikiLeaks Row: China Wants Korean Reunification, Officials Confirm," *Guardian*, November 10, 2010, https://www. theguardian.com/world/2010/nov/30/china-wants-korean-reunifi cation.

20. Sheila A. Smith, "North Korea in Japan's Strategic Thinking," *Asan Forum*, October 7, 2013, http://www.theasanforum.org/north-korea-in-japans-strategic-thinking/.

21. Georgy Toloraya, "A Neighborly Concern: Russia's Evolving Approach to Korean Problems," *38 North*, February 18, 2016, http://38north. org/2016/02/gtoloraya021816/.

22. 역자주: 본 책자에서 저자가 지속적으로 암시하고 있는 바처럼 미국 또한 통일 이후의 불확실성보다 한반도 현상유지와 안정을 원하고 있다.

기로에 선 대한민국
패권경쟁 시대에서의 자주와 동맹

발행일	2018년 4월 20일
지은이	스콧 스나이더(Scott A. Snyder)
옮긴이	권영근 · 권율
펴낸이	이정수
책임 편집	최민서 · 신지항
펴낸곳	연경문화사
등록	1-995호
주소	서울시 강서구 양천로 551-24 한화비즈메트로 2차 807호
대표전화	02-332-3923
팩시밀리	02-332-3928
이메일	ykmedia@naver.com
값	20,000원
ISBN	978-89-8298-187-6 (93340)

이 도서의 국립중앙도서관 출판예정도서목록(CIP)은 서지정보유통지원시스템
홈페이지(http://seoji.nl.go.kr)와 국가자료공동목록시스템(http://www.nl.go.kr/kolisnet)
에서 이용하실 수 있습니다. (CIP제어번호 : CIP2018011743)